한국 북방 국경의 흐름

한국 북방 국경의 흐름

발행일   단군기원 4355년(2022) 3월 2일 1쇄 발행
책임저자 허우범, 남주성
공동저자 임찬경, 길이숙, 신민식, 남의현, 최규흥, 정택선, 복기대
발행인   신민식
발행처   도서출판 대한사랑
주소   서울시 영등포구 당산로41 SK v1센터 E동 1005호(당산동4가)
전화   02-719-3737
팩스   02-2678-3738
홈페이지 https://www.daehansarang.org
출판등록 2021년 6월 3일(제 2021-000098호)
Copyright ⓒ 2022 도서출판 대한사랑

ISBN   979-11-974945-1-2

한국 북방 국경의 흐름

**한반도는 한 번도
중국 땅이었던 적이 없다!**

책임저자: 허우범, 남주성
공동저자: 임찬경, 길이숙, 신민식, 남의현, 최규흥, 정택선, 복기대

도서출판
대한사랑

서 문

　조물주보다 건물주가 더 높은 지위에 있는 나라, 학생들의 꿈이 건물주인 나라, 부동산에 올인하고 조금이라도 더 좋은 건물을 가지고 넓은 땅을 가지려는 것은 대한민국 모든 사람의 공통된 욕망입니다. 그런데 이 본성에 반하는 아주 겸손한 학자분들이 우리나라에 계십니다. 원래 우리 영토였던 것도 중국이나 일본 것이었다고 겸손하게 사양하는 분들이 있습니다. 소위 말하는 강단사학계입니다. 이 분들은 우리의 역사 강토를 축소하기 급급합니다. 그런데 실상을 알고 보면 불편한 진실이 있습니다. 사실을 추구하는 학문이 아니라, 선대 학자들이 잘못 만든 학설을 지키려 고집을 피우고 있기 때문입니다.

　우리는 어릴 때부터 한반도라는 이름을 들으며 살았습니다. 한반도라는 말을 들으면 압록강과 두만강으로 경계 지어진 남쪽이 우리의 국토이고, 과거에도 그 아래쪽이 우리 역사 강토인 것처럼 자연스럽게 인식하게 됩니다. 일본은 한국 영토를 토끼 모양으로 가르쳤고, 이에 반해 호랑이 모양이라고 한반도를 형상해서 그리기도 하지만, 반도 내로 역사 영토를 제한하는 인식을 갖게 합니다.

　현재 주류 사학계는 우리 역사 영토를 넓히는 것에 아주 인색합니다. 홍산문화 유적이 발굴되어도 한민족과 무관한 유물로 치부하고 한국사로 연결하지 않습니다. 중앙박물관은, 위나라 영역이 북한 북부와 충청도까지 그려진, 중국의 동북공정에 부합하는 지도를 전시하였습니다. 이 역사관이 그대로 투영되어, 조선의 영토가 현재 북한과 남한의 영토이고, 그 이전의 고려 영토도 한반도를 넘지 못한다고 배워 왔습니다.

　그러나 한국의 역사 강토가 지금처럼 좁아진 시기는 길지 않습니다. 서기전 128년에 설치되었던 창해군滄海郡과 서기전 110년에 설치되었던 무제대武帝臺를 통해, 위만조선의 위치가 북경 동쪽 발해渤海 연안에 있었음을 알 수 있습니다. 고구려 장수왕이 천도한 평양은 현재 북한 평양이 아니라 요녕성 요양遼陽임이 밝혀지고 있습니다. 청천강이라 배웠던 살수대첩의 살수도 한반도가 아니라 만주에 있었습니다. 고려 때만 해도 칭제건원을 했고, 고려의 서경은 현재의 북한 평양이 아니라 요동에 있었습니다. 고려의 천리장성이 현재 북한 땅에 있었다고 배웠지만, 북한 어디를 살펴보아도 천리장성 흔적은 없습니다. 윤관의 9성도 함경도가 아니라 두만강 바깥에 있었습니다. 그런데 언젠가부터 우리는 사대주의와 일본의 식민사관에 매몰되어 우리 스스로 역사 강역을 축소시키기에 급급합니다. 넓은 역사 강역을 주장하면, '국뽕', '환빠'라고 손가락질하며 매도합니다.

　이에 사단법인 대한사랑은 잘못된 역사 영토 개념을 바로잡는 노력의 일환으로, 그동안 잘못 알려진 영토사 관련 논문을 공모하고 2021년 6월에 학술발표회를 개최하였습니다. 본 도서는 당시 발표된 영토사 관련 논문을 묶은 책입니다.

　아무쪼록 이 책이, 그동안 한반도로 좁혀져 웅크린 가슴을 안고 살았던 우리 국민에게 호연지기와 과거사에 대한 자신감을 키워주는 계기가 되었으면 하는 작은 소망을 가져봅니다.

　　　　　　　　　　　　　　　　　　대한사랑 이사장　박 석 재

차 례

한국 북방 국경의 흐름

복기대

중국 길림대 고고학과 역사학 박사

인하대학교 융합고고학과 교수

● ● ●

저 서

『요서지역 청동기시대 문화 연구』

『몽골 동부지역의 고대문화를 찾아서』

한국 북방 국경의 흐름

1. 들어가는 말

현재의 한국사의 특징을 간단하게 표현할 때 반드시 들어가는 말이 '식민사관'과 '반도사관'이라는 말이다. 즉 '식민사관'이라면 일본이 한국을 지배하기 위해 만든 사관이라는 것이고, '반도사관'이라는 말은 한국의 역사 범위는 한반도를 넘지 못한다는 것이다. 이 두 말 모두가 일본이 만든 한국사를 말할 때 하는 말들인데 이 말들은 한국사의 부정적인 표현으로 흔히 쓰는 말이다. 그런데 구체적으로 식민사관이 무엇인지, 반도사관이 무엇인지 실증을 제시해 보라 하면 대부분이 하지 못한다. 이 중에서도 반도사관이 한국사에 부정적인 이미지를 주는데 큰 역할을 하고 있는데 반도사관의 증거를 확인해 보라 하면 대부분이 주저하는 것을 볼 수 있는데, 그것은 첫째로 일본이 조작을 잘하여 표가 나지 않기 때문이고, 둘째로 이 문제에 대하여 구체적으로 확인해 보지 않았기 때문이다.

이 반도사관 문제는, 한 나라의 역사를 연구할 때 먼저 해야 하는 것이 국경사 연구인데, 한국은 국경사 연구를 중시하지 않아 반도사관 문제의 본질을 알 수가 없었던 것이다. 필자 역시 이런 문제를 모르다가 한국 국경사 전체를 확인해 볼 수 있는 기회가 있어 일본이 만든 오늘날 한국사의 틀을 면밀히 조사해 본 적이 있었다. 그 과정에서 일본이 어떻게 한국의 국경사를 조작했는지 알 수 있었고 반도사관이라는 것이 무엇인지 알게 되었다.

일본이 한국 국경사를 연구하게 된 배경을 간단하게 정리해 보면, 일본은 정부가 개입을 하고, 자금은 남만주철도 주식회사에서 지원하였고 연구 책임자는 정부정책에 호응을 해야 한다는 시라토리 쿠라키치가 주도하였다. 그들은 바로 동북아시아 모든 역사지리는 중국사 위주로 정리하였고, 그 과정에서 쏘우키치 등이 1910년대 『조선역사지리』와 『만주역사지리』를 편

찬하였다. 이때 그들이 가장 주안점을 둔 것은 고려 국경사였다. 고려 국경
을 어떻게 재단하느냐에 따라 다른 역사를 연동시킬 수 있기 때문이다. 이
작업은 쓰다 쏘우키치가 맡았는데 그의 생각을 근거로 고려의 국경선을 현
재 압록강 하구에서 원산만으로 설정을 한 것이었다. 이렇게 편찬한 역사
지리서는 1907년 일본과 청나라가 맺은 압록강을 대한제국과 청나라의 국
경선으로 정한 것이나, 1909년 청나라와 일본 간에 맺어진 간도협정을 정
당화하는 역사적 근거를 만드는데 큰 역할을 하였다.[1]

　이 선을 근거로 하여 모든 한국의 국경사의 기본 틀이 잡혔고, 이 틀이 오
늘날까지 이어지고 있었던 것이다.

　이런 고려 국경사에 대하여 우리 학계는 거꾸로 일본의 영향을 가장 적게

『조선역사지리』의 고려 국경선

---

1) 이 두 협정을 할 때 대한제국은 외교권이 없어 어떠한 조약에도 관여를 할 수도 없었고, 그
내용을 알 수도 없었다.

받은 시대가 고려시대라고 인식을 하면서 반론 없이 그대로 활용하고 있는 것이다. 최근 학계의 인식과는 다르게 최근 일본이 활용했던 많은 자료들을 하나하나 조사해 일본의 주장을 조목조목 반박하는 글이 발표가 되기 시작하였다. 다행히도 새로운 연구결과들이 점점 긍정적인 평가를 받으면서 서서히 동조하거나 혹은 더욱더 발전시키고 있는 것이 눈에 띄게 많아졌는데 참 다행한 일이다. 이런 과정에서 이번에 고려사에 머무는 것이 아니라 고대사부터 조선 전기까지 전체 한국 국경사 중 서북지역의 국경흐름을 알 수 있는 연구논문들이 학회를 통하여 발표되었다. 이번에 발표된 논문들은 다양한 문헌들을 활용하기도 하고, 최근에 나온 새로운 학설들을 기반으로 하여 발전시킨 것들로 학문의 발전과정에서 긍정적인 평가를 받을 만한 내용들이 많은 것을 볼 수 있다. 이번 학회에 많은 논문이 발표가 되었지만 지면상 모든 논문을 실을 수가 없어 시대별로 선별하여 아래의 논문들을 책으로 묶고자 한다.

2. 국경의 시대별 이해

글의 순서는 시대별로 배열하였는데 가장 이른 시기의 국경을 다룬 것은 임찬경이었다. 그의 글은 「위만조선(衛滿朝鮮) 시기의 창해군(滄海郡)과 무제대(武帝臺)위치 연구」인데, 이 글은 기원전 2세기 무렵의 위만조선의 국경사에 관한 글이다. 그동안 위만조선은 지금 북한의 평양에 있었던 것으로 이해를 하고 한국 고대사를 풀어 나갔는데 이와는 다르게 위만조선의 위치를 오늘날 중국 동부 하북성을 바탕으로 연구를 하였다. 그의 주장을 간단하게 정리해 보면 다음과 같다.

첫째는 창해군의 위치 문제이다. 이 창해군은 예군 남여가 전한에 투항을 하자 이곳을 창해군으로 한 지역이다.[2] 임찬경은 이 창해군이 현재의 중국 하북성 창주(滄州) 동쪽에서 그 북쪽의 천진(天津)에 이르는 발해 연안에 설치되려 했었다고 서술했다. 이 지역이 바로 고대 예(濊)의 지역인데, 한(漢)은 이 지역 즉 '예주(濊州)'를 빼앗아 창해군을 설치했다가 2년만인 서기전 126년에 폐지했다는 주장이다.

둘째는 무제대의 위치 문제이다. 무제대는 서한의 무제가 전한의 국경지역을 다니면서 묵은 곳이나 혹은 기념비적인 일을 하면 그곳에 기념으로 건물을 짓는 것을 말하는 것이다. 여러 무제대 중 동방의 무제대를 발해연안인 현재 중국 하북성 창주(滄州)의 황화시(黃驊市)로 보았다. 그는 이 무제대의 위치가 옛 예(濊)의 지역으로 서기전 128년에 그 일대에 창해군이

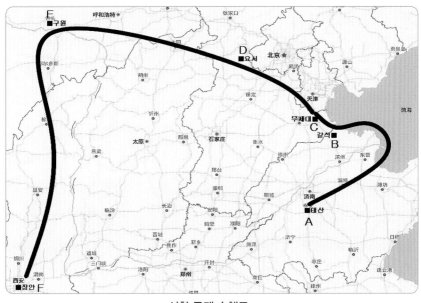

서한 무제 순행도

────────────

2) 복기대, 「전한(前漢)의 동역(東域) 4군 설치 배경과 그 위치에 관하여」, 『인문과학연구』 Vol.0 No.52, 강원대학교 인문과학연구소, 2017.

설치되었다가 2년 뒤에 폐지되면서 한(漢)이 통제하는 지역인데 이 지역은 북쪽으로 위만조선의 변경을 바라볼 수 있는 지역이라는 것이다.

즉 위만조선의 남쪽 국경이 현재 중국 하북성 중부 지역 어딘가로 볼 수 있다는 주장이었다. 이런 주장은 이전에도 있었지만 위치는 구체적으로 제시하지 못하였는데 임찬경은 구체적으로 위치를 제시한 발전이 있었던 것이다.

길이숙은 「모본왕의 『三國史記』 요서(遼西) 정벌기사를 중심으로 본 고구려 초기의 정복활동」에 관한 연구를 발표하였다. 글쓴이는 『삼국사기』 「고구려본기」에 실려 있는 고구려 초기 기록 중 고구려가 동한과 전쟁을 치루면서 현재 중국 하북성 동북부나 산서성 동북부 지역으로 진출한 내용을 근거로 연구한 것으로 고구려 초기의 서남지역 국경사를 이해할 수 있는 중요한 연구였다. 그동안 학계에서는 이 기록들에 대하여 거의 믿을 수 없는 기록들이라 하여 묻어둔 것이었는데 이를 다시 해석한 것이다. 그의 논지는 고구려 유리왕이 천도한 국내성인 현재 중국 요녕성 철령 지역에서 출발하여 서남쪽으로 길을 잡아 한 나라를 공격하여 성공하였다는 것이다.[3] 이런 고구려의 서남진출은 매우 큰 위험을 감수하면서 진행되었을 것인데, 고구려는 왜 그랬을까 하는 것이다. 이에 대하여 글쓴이는 새로운 가설을 제시하였는데, 당시 현재 중국 요녕성 서부 지역에는 동한의 낙랑군과 현도군이 있었는데 이들은 드넓은 초원에서 자라는 야생말이나 다른 물자를 확보하기 위하여 북으로 올라갈 가능성이 높았는데 고구려가 이를 차단하기 위한 것으로 본 것이다.

---

3) 복기대, 「고구려 국내성 및 환도성 위치 연구」, 『인문과학연구』 Vol.0 No.65, 강원대학교 인문과학연구소, 2020.
남의현, 『고구려 7차 遷都와 도읍지 연구 -丸都城의 위치를 중심으로-』 2021.6월 대한사랑 학술발표회 발표논문 참조.

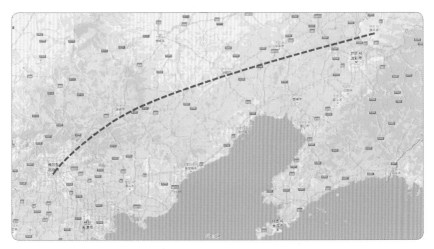

고구려가 설치한 차이나계의 북진차단선(추정)

즉 고구려의 대외무역의 중요한 자원을 지키기 위한 전략으로 풀이한 것이다. 또 다른 목적은 안보적 측면에서 요서 지역에 고구려가 군대를 주둔을 시켜 동한이 고구려를 공격하면 고구려는 바로 동한에 보복 공격을 하기 위한 것으로 보았다. 그의 이런 주장은 설득력이 있는 것으로 그동안 묵혔던 『삼국사기』 고구려 초기의 대외관계 기록을 다시 해석해 볼 수 있는 가능성을 열어 놓았다.

신민식은 「압록수와 평양의 위치 재 비정에 따른 살수 위치 검토」를 발표하였는데 이 연구는 고구려 후기 고구려 전쟁사에서 빛나는 살수대첩이 벌어졌던 살수의 위치가 어딘가 하는 것이다. 그동안 우리 학계에서는 이 살수가 오늘날 북한 평안도의 청천강으로 보고 있었다. 그러나 이 청천강을 살수로 보는 것에 대하여 많은 회의를 갖고 있었지만 고구려 평양성이 오늘날 북한의 평양이었다고 인식을 하고 있었기 때문에, 자연지리 여건상 청천강이 살수일 가능성이 적었지만 어쩔 수 없이 청천강에 비정을 한 것이었다. 그는 고구려 시대에 거론되었던 살수를 모두 언급하였는데, 가장 이른 기록인 고구려, 신라가 싸웠던 살수를 이병도가 현재 충청도 청천면의 '박대천'을 살수로 비정한 것을 여러 가지 이유를 들어 비판하였다. 그러면서 이병도가 훗날 평안도의 청천강을 살수로 본 것은 박대천보다는 가능성이 있지만 그 역시 많은 문제가 있음을 지적하였다. 그 지적의 근거는 첫째, 살수대첩 당시 수나라 군대는 진격 방향으로 대능하인 요수를 건너서 다시 동쪽으로 압록강을 건너 살수로 갔고, 살수를 건너 평양성 30리 부근에 진을 쳤다고 기록이 되어 있는데 만약 청천강이 살수라고 한다면 동에서 서로 흐르는 한반도 압록강을 동쪽으로 건널 수가 없다는 것이다.

둘째, 정조가 '청천강은 천연의 요새가 될 수 없는 강인데 어떻게 30만 수나라 군대를 전멸시킬 수 있는 살수가 될 수 있느냐'고 언급한 것이었다. 필자는 이런 이유를 들어 평양의 살수설 역시 동의할 수 없다는 입장이었다. 그러면서 그는 당시의 여러 정황을 고려하여 살수의 위치를 비정하였다. 고려한 내용들을 정리해보면 다음과 같다.

1. 고구려시대 압록강(鴨淥江)은 지금의 중국 요하이다.
2. 당시 고구려의 수도는 오늘날 중국 요양이었다.
3. 『대명일통지』에서는 현재 중국 요녕성 혼하를 살수로 정확하게 기록하고 있다.

이런 이유로 살수는 1과 2의 사이에 있어야 하는데, 이 사이에 있는 강은 현재 혼하와 태자하이다. 그런데 3처럼 15세기 중국 기록에 혼하가 살수라고 기록을 해놓은 것이라는 논리로, 살수대첩의 살수는 오늘날 중국 요녕성 혼하라는 주장인 것이다.

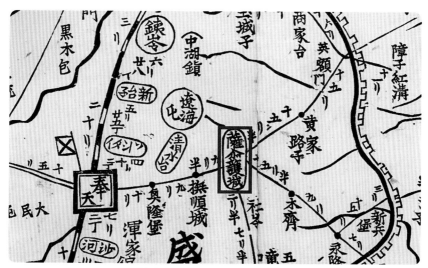

1905년 '러일전쟁' 당시 혼하 지역 전투 표시도

『대명일통지』의 '살수'

이 논문은 그간 새롭게 제기되었던 고구려의 평양성과[4] 압록강의 위치를[5] 확인하고 난 후 이를 바탕으로 연구된 것으로 매우 설득력이 크다고 본다.

남의현의 연구는 「고구려 7차 遷都와 도읍지 연구 -丸都城의 위치를 중심으로」이다. 이 연구는 『삼국사기』에 기록된 고구려 도읍을 옮긴 과정을 설명한 것이다. 고구려 도읍지 연구에 있어서 가장 중요한 것은 압록강(鴨淥江)의 위치가 어딘가 하는 것이다. 다양한 사료를 통해 살펴본 바와 같이 수·당·요·금 시대의 압록강(鴨淥江)은 요동과 요서를 구분하는 강이다. 이 강은 첫째, 수·당 시대의 압록은 고구려의 서쪽에 위치하며 고구려 수도 평양성을 지키는 천혜의 요새 역할을 해야 한다. 둘째, 이 강은 장강, 황하와 더불어 천하를 대표하는 3대 강의 크기이다. 셋째, 수·당 시대 압록강은 강폭이 평균 580미터가 되어야 하고 수많은 부두를 가지고 있고 이 부두들은 거선들로 가득 차 있어야 한다. 이런 기본적인 특징을 고려할 때 지금 북한과 중국 간의 국경으로 되어 있는 압록강은 고대의 압록강이 될 수 없고, 지금 요하가 고구려 시대의 압록강이라는 것이다. 이런 가능성을 뒷받침해주는 것이 『신당서』에 기록된 가탐의 '도리기' 내용이다. 이 기록은 당나라에서 발해 왕성을 가는 길을 설명하는 것으로 압록강 당은포구로 가는 여정이 나오는데 마전도, 고사도, 득물도를 거치는 것으로 기록되어 있다. 이 섬들은 명대에 편찬된 『주해도편』과 『도서편』 등에 그대로 남아 있는데, 당은포구는 현재 요하 입구의 어딘가에 위치하는 포구였던 것이다.[6] 또한

---

4) 복기대, 「고구려 평양위치 관련 기록의 검토」, 『日本文化學報』 Vol.0 No.69, 한국일본문화학회 2016

5) 윤한택, 『압록(鴨綠)과 고려의 북계』, 주류성출판사, 2017.

6) 복기대, 「『신당서(新唐書)』의 가탐 「도리기」 재해석」, 『인문과학연구』 Vol.0 No.57, 강원대학교 인문과학연구소 2018

고대의 압록강인 요하 유역의 주요 도시와 부두들

압록이 발원하는 백산 곧 장백산으로 여진의 중심지이며 장백산에서 동요하가 발원한다는 『봉천통지』의 기록을 통해, 고대에 압록강은 요하임을 역시 확인할 수 있었다.

이렇게 압록강의 위치를 확인하고 고구려의 첫 도읍지를 비정한 다음 졸본 이후 7차 천도를 맞추면 고구려의 도읍지 천도 위치를 알 수 있다는 것이다. 그 몇 예를 들어 보면 고구려의 국내성은 지금의 중국 길림성 집안이 아니고 요녕성 철령시 근처이며 장수왕이 천도한 평양은 결코 지금의 북한 평양이 될 수 없는 것이다. 그러므로 전체적으로 고구려 도읍지 관련 연구는 새롭게 진행되어야 한다는 것을 제의하고 있다.

남주성은 「윤관 9성의 위치에 대한 연구-전투 지역 분석을 중심으로-『고려사절요』」라는 논문에서 고려 예종 때 윤관이 원수가 되어 정벌한 9성 지역의 위치를 추적하였다. 그는 고려에서는 '여진의 궁한리(弓漢里) 밖은 외길 하나만 있는 산악지대로서 이곳을 통제하면 여진의 침입을 막을 수 있다고 알았는데, 빼앗아 보니 수륙으로 도로가 통하지 않는 것이 없었다'고 하였다. 이런 외길밖에 없다는 생각으로 궁한리가 함경도 마천령이라는 비정을 하고 여기에 맞춰 9성의 위치를 현재 함경도 길주 이남으로 비정을 하였는데, 이는 지리 조건이 맞지 않아 설득력이 없다는 것이다. 그는 당시의 전투상황으로 보아서 함주와 영주는 가까이 있어야 하는데 함주는 최남방에 있고, 영주는 최북단 길주에 병합되었고, 또한 고려에 귀부한 5수는 현재 중국 길림성 연변 일대의 모란강, 부르하투하, 해란하, 두만강, 알아하 등이므로 역시 지리상 맞지 않는다는 것이다. 구체적으로 윤관이 9성을 설치한 지역이 할라전인데 이 위치에 대하여, 明·淸代 쓰여진 『성경통지』,『만주

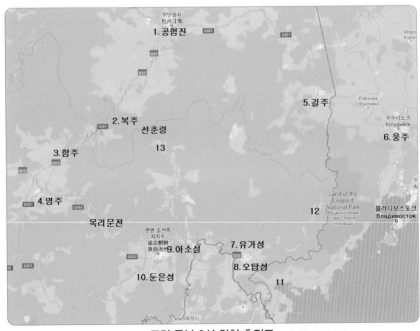

고려 동북 9성 위치 추정도

원류고』, 그리고 근대에 쓰여진 『길림통지』, 『동북여지석략』 등에서는 영고
탑에서 두만강에 이르는 해란하 유역이라고 고증하고 있다는 것이다.

즉, 윤관 9성의 위치는 현재 중국 흑룡강성 모란강시와 영안시 일대, 그
리고 연변조선족자치주 일대와 수분하가 지나는 동녕시 및 우수리스크를
연결하는 지역에 설치한 것으로 추정하였다. 그 후 곧 여진에게 돌려주고
철수하면서 함경도에 교치(僑治)된 것으로 보았다.

허우범의 「고려 서경 위치 고찰」은 그간 고려시대에 서경이 현재 북한의
평양이라거나 혹은 요양이라는 주장에 대하여 검토를 하였다. 글쓴이는 고
려 서경 위치에 대한 두 가지 주장에 대하여 검토해 본 결과, 고려 서경은
중국 요녕성 환인 지역임을 주장하였는데 다음과 같은 이유에서였다.

첫째, 당이 고구려 장수왕 시기에 천도한 평양인 요양을 빼앗자 고구려
는 동쪽으로 옮겨갔는데 그 위치가 압록수 동남쪽 약 천리 떨어진 곳이었
다는 점이다. 고구려 때의 압록수는 요하이므로 이로부터 동남쪽으로 천리
떨어진 곳을 살펴보면 지금의 환인 지역이다.

둘째, 서경은 황폐화되었던 지역이라는 점이다. 환인 일대는 고구려의 평
양 중에 하나이면서 끊임없는 전란으로 폐허가 된 곳이었다. 그런데 요양
은 항구가 있는 지역이라 늘 교류가 있기 때문에 폐허가 될 수 없는 지역이
라는 것이다.

셋째, 환인은 요동을 공략하는데 있어서 매우 중요한 요충지에 위치하였
다는 점이다. 특히, 우왕의 명을 받은 최영은 요동정벌 기간을 한 달 이내
로 계산하였다. 5만여 명의 대군이 한 달 이내에 요동을 공략하고 돌아오
려면 적의 매복과 저항이 없는 도로를 이용해야만 한다. 현재의 환인에서
관전을 거쳐 철령까지 가는 국도와 성도는 바로 이러한 목적을 수행하기에

매우 적합한 길이기 때문이다.

넷째, 우왕의 요동정벌 목적지가 요심 지역임이 분명한데, 요양이 서경이라면 고려는 평양에서 자국의 서경을 공략하는 것이 되기 때문이다.

이런 정황 중에 첫째, 둘째, 넷째로 제시된 근거는 매우 설득력이 있는 것으로 지금까지 고려의 서경 위치 인식에 큰 변화가 있을 것으로 본다.

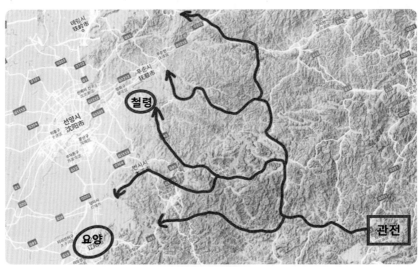

여말선초 교통로

최규흥의 「세종대왕의 6진과 일제가 인위적으로 정해놓은 육진」과 정택선의 「위상수학을 활용한 세종대왕의 회령부 고지도 분석」은 옛 지도를 위상수학을 활용하여 그 위치를 추적하는 방법을 활용하여, 세종 때 설치한 6진의 위치를 연구하였다. 현재 우리가 알고 있는 6진의 위치는 현재 두만강 유역이다. 많은 사람들은 근대 조선시대 고지도에 나타난 경흥, 경원, 온성, 종성, 회령, 무산이 현재 북한 두만강 유역에 위치한 것이라고 믿고 있고 의심조차 하고 있지 않다. 이렇게 인식하고 있는 6진 관련 조선의 지도들은 현재의 두만강 유역의 6진을 그린 것이 아니라 현재 두만강에서 북쪽으로 올라간 현재 러시아의 블라디보스톡으로 흘러드는 수분하 일대로 비정하였다. 이런 비정은 현재 우리가 인식하고 있는 조선의 국경선보다 훨씬 더 북으로 올라간 것으로 조선 전기 북방 국경사에 매우 중요한 단서를 제공해 주었다. 이 연구팀의 연구들을 아주 정밀하게 분석을 하면 문제점도 있겠지만, 문헌기록으로 볼 때 세종 때 영토가 현재 블라디보스톡 지역까지 진출한 것을 감안한다면 이들의 주장이 충분히 가능성이 있다고 봐야 하는 것이다.

이 논문에서 새로운 것은, 일본이 19세기 초부터 수학자들을 독일에 유학을 시켰는데 이들이 훗날 많은 지도를 만든 것이 아닌가 하는 추측을 하였다. 뿐만 아니라 우리나라에서도 수학자들이 역사 연구에 많은 참여를 해야 한다는, 다양한 분야에서 역사 연구의 필요성을 주장하였다. 이 연구팀의 연구 방법은 위상수학이라는 새로운 연구방법을 활용한 연구였다. 그

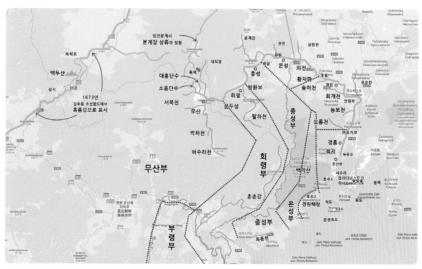

조선전기 6진 위치 표시도

러므로 이 새로운 방법의 연구는 어떻게 하는지를 설명하고 하나의 예를 들어주었으면 다른 사람들도 빨리 이해가 되었을 것이라 본다.

3. 맺음말

앞에서 이 책에 실린 전체 논문을 시대별로 정리해 봤는데 시대적으로는 기원전 3세기 무렵부터 기원후 15세기 무렵까지의 한국 국경사 얼개들이었다. 이 얼개들을 정리한 논문들에는 기본적으로 연구사 정리와 많은 논거를 제시하면서 논지를 펴나가고 있기 때문에 믿음이 간다. 이 논문들을 근거로 볼 때 지금 우리가 알고 있었던 국경과는 너무나 다르다는 것을 알 수 있었다. 달라도 어느 정도가 다른 것이 아니라 전혀 다른 것이다. 그러나 앞에서 말한 것과 같이 문헌들을 고증하고, 자연지리를 설명하기 때문에 이 결과들을 무시할 수 없는 것이다. 그렇다면 지금까지 우리가 알고 있었던 국경사는 어떻게 성립된 것일까? 이렇게 성립된 한국 국경사 성립의 이유는 간단하다. 그 이유는 이른바 한4군이라는 전한의 행정구역이 현재 북한이나 한국의 경기도 지역에 설치되었다고 확정을 하고 이것을 기본으로 하여 한국의 역사지리를 그렸기 때문이다. 즉 낙랑군, 대방군 남쪽에 백제를 그려야 했고, 그 남쪽에 마한을 그렸기 때문이다. 이런 국경사는 1910년대 일본에서 만들었고 오늘날 우리들이 그대로 사용했기 때문이다. 그런데 여기서 분명하게 알고 가야 하는 것은 일본의 1910년대 이 설, 즉 한4군이 북한의 평양 지역에 있었다고 확정을 하였지만 이런 주장을 하는 조선의 학자들도 많았다는 것이다. 그 대표적인 사람이 조선 후기 정약용이었다. 그는 『강역고』나 『경세유표』에서 아주 구체적으로 일본이 한 주장과 비슷한 주장을 하였다.[7] 이와는 다르게 박지원을 비롯한 많은 사람들이 한4군은 현재 중국 만주에 있었다는 주장을 하였다. 그러나 일본은 일본에 호의적인 생각을 갖고 있던 정약용의 견해를 참고했는지 모르겠지만 정약용과 비슷한 내용으로 한4군의 위치를 정하고 다른 이견을 말하지 못하도록 하였다. 이런 결과들은 오늘날까지 이어져 왔고 결국 한국사를 반도사관으로 인식하도록 한 것이다. 이제는 낙랑군이 오늘날 평안도와 황해도에 있었고, 그 영향이 오늘날 서울에 이르렀다는 이 굴레를 벗어나야 한다. 물론 이런 굴레는 아주 서서히 벗어나고 있지만 무슨 이유인지 한편에서는 학문이라는 논리를 무시하면서 일본학자들의 논리를 고수하고 있다. 이런 시점에서 이런 연구 결과들이 나오게 된 것이다. 이런 연구 결과들이 나온 것은 때늦은 감이 없지 않지만 그래도 다행인 것이다. 이런 결과들이 한국 국경사 연구의 토대가 될 것이다.

한 나라의 역사 연구를 할 때 가장 기본적으로 해야 하는 것이 국경사이다. 그리고 나서 그 안에서 이루어진 일들을 연구하는 것이 역사연구의 순서일 것이다. 그렇게 하지 않고 역사연구를 하게 되면 주변국과 문제가 일어났을 때 큰 문제가 생기는 것이다. 왜냐하면 이웃 나라는 기본적인 연구를 하고, 그 결과로 문제를 일으키는 것이고, 우리는 그들에게 대응을 하기 위하여 연구를 시작하면 때는 이미 늦은 것이다. 조선시대 이성계가 반역을 일으킬 때 명나라와 무슨 협의를 하였는지, 명나라는 줄곧 이성계 정권을 무시하는 정책으로 일관하였다. 뿐만 아니라 태종이나 세종이 다시 옛 국경을 찾고자 노력을 할 때 명나라는 조선을 그들의 나라로 생각하면서 조선의 부탁을 들어주고 있는 것을 볼 수 있다. 무슨 이유인지는 구체적으로

---

7) 우리가 잘 알고 있는 정약용의 『여유당전서』라는 문집은 1930년대 조선총독부 시절에 처음 만든 것이다.

알 수는 없지만 추측이 가는 것은 역사적인 문제인 것 같다. 그래서 그런지 명나라는 사신을 보낼 때마다 기자 사당을 확인하고 관리하는 것을 참견하는 것을 볼 수 있다. 기자가 와서 이 조선을 세웠다는데, 기자 때부터 명나라의 국경은 조선까지 왔다고 생각한 것이 아닐까?

위만조선(衛滿朝鮮) 시기의 창해군(滄海郡)과 무제대(武帝臺) 위치 연구

임찬경

한국고대사 전문 연구자

인하대학교 연구교수, 국학연구소 연구원 역임

• • •

저서

『고구려와 위만조선의 경계 : 위만조선, 졸본, 평양의 위치 연구』

『독립운동가가 바라본 한국 고대사』

한국 북방 국경의 흐름

I. 서론

사마천(司馬遷, 서기전 135~서기전 90년)은 서기전 91년에 『사기(史記)』의 집필을 완성했다.[1] 『사기』의 기록에 의하면, 위만조선(衛滿朝鮮)은 서기전 194년에 건국되었고, 서기전 109년에 한(漢)의 침략을 받아 서기전 108년에 멸망한 국가이다. 서기전 108년에 태사령(太史令)이 된 사마천은 역사를 기록하는 사관(史官)의 입장에서 위만조선의 멸망을 지켜보았고, 그 위만조선의 역사를 「조선열전(朝鮮列傳)」에 기록하였다. 사마천은 역사가로서의 강한 사명감을 갖고, 과거의 사실관계를 가능한 빠뜨리지 않고 철저하게 기록하려 노력했다지만,[2] 그가 위만조선에 대해 기록한 「조선열전」만큼은 위만조선의 실상을 온전하게 전하지 못할 정도로 너무 간략하다. 하지만 그 간략함에도 불구하고 위만조선의 시기를 반영한 당대(當代)의 사료(史料)로써, 위만조선 관련 사실은 기본적으로 「조선열전」의 기록을 바탕으로 이해되거나 혹은 재구성되는 것이 바람직할 것이다.

그러나 사마천 이후 각 시대의 역사가들은 「조선열전」에 기록된 것과도 크게 다르게 위만조선을 해석 및 서술하였는데, 그 다름의 정도가 지나치게 심하여 위만조선의 역사를 왜곡(歪曲) 혹은 조작(造作)하는 수준이다.

---

1) 袁传璋, 『太史公生平著作考论』(中国: 安徽人民出版社, 2005), pp.12-15.
2) 『사기』를 저술한 사마천의 글쓰기 방식에 대해 그 스스로가 「태사공자서(太史公自序)」에서 다음과 같이 말하고 있다. "소자(小子)가 어리석으나, 선인(先人)들이 차례대로 배열(排列)해 놓은 구문(舊聞)을 감히 빠뜨리지 않겠습니다(小子不敏, 請悉論先人所次舊聞, 弗敢闕)." 그의 부친인 사마담(史馬談)이 죽음 직전에 사마천에게 앞으로 꼭 "태사(太史)가 되어서 자신이 이루지 못한 논저(論著) 즉 사서(史書)를 반드시 완성하라(余死, 汝必為太史. 為太史, 無忘吾所欲論著矣)"고 간곡하게 유언하자, 사마천이 눈물을 흘리며 그의 부친에게 답한 말이다. 위에 인용한 말처럼, 실제로 사마천은 자신의 시대에 수집 가능한 거의 모든 문헌과 직간접적인 체험을 그의 『사기』에 담아내고 있다.

가장 근본적이면서도 심각한 왜곡은 위만조선이 현재의 평양 대동강 일대에서 건국되었다고 조작한 것이다. 「조선열전」의 원문(原文)을 그 당대(當代)의 시대상황에 맞게 엄밀하게 분석하면, 위만조선은 현재의 북경 동쪽과 동남쪽 발해(渤海) 연안에 있던 국가임이 분명하다. 그럼에도 한국과 중국 및 일본의 역사 연구자들 대다수는 위만조선이 현재의 평양 대동강 일대에 있었던 것처럼 역사를 왜곡했고, 위만조선의 그 위치 왜곡으로부터 한국고대사 전반은 크게 왜곡될 수밖에 없었다.

필자는 몇 년 전 논문과 저서를 발표하여, 위만조선은 현재의 평양 일대에서 건국된 것이 아니라 현재의 북경 동쪽 및 동남쪽의 발해 연안에서 건국되었으며, 한국고대사의 전반적인 왜곡을 바로잡으려면 무엇보다도 먼저 위만조선의 위치 왜곡부터 바로잡아야 한다고 주장했다.[3] 그러나 필자의 연구결과 발표 이후에도, 한국과 중국 및 일본의 역사학계에서 위만조선이 현재의 평양 일대에서 건국되었다는 왜곡된 역사서술을 바로잡으려는 공식적 움직임은 좀처럼 보이지 않는다. 위만조선과 관련한 오랜 역사왜곡의 뿌리가 너무 깊고 커서, 쉽게 그 왜곡이 제거되기 어려운 점도 있지만, 한편으로는 아직도 그 역사왜곡을 유지시킬 필요가 있는 세력이 한국과 중국 및 일본의 역사학계를 장악하고 있기 때문이다.

이번에 발표하는 아래의 논문도 역시 위만조선의 위치와 관련된 것이다. 특히 이 논문에서는 서기전 128년에 설치되었던 창해군(滄海郡)과 서기전 110년에 설치되었던 무제대(武帝臺)를 통해, 위만조선의 지정학적 위치를 재검토해보려 한다. 이러한 검토를 통해, 서기전 194년에 건국되어 서기전 108년에 멸망한 위만조선은 현재의 평양 대동강 일대에 있지 않았음을 다

---

3) 임찬경, 「조선 즉 위만조선과 창해군의 위치에 관한 연구」, 『국학연구』 제22집(국학연구소, 2018). 임찬경, 『고구려와 위만조선의 경계』(서울: 한국학술정보, 2019), pp.370-372.

시 한번 밝혀낼 것이다. 또한 결론에서 현재의 북경 동쪽 및 동남쪽 일대에 있었던 위만조선을 한국고대사와 관련하여 어떻게 재해석해야 할지, 과연 한국고대사의 범주(範疇)에 위만조선을 어떻게 연관시킬 수 있을지 등에 대해 검토해 보고자 한다.

Ⅱ. 창해군의 위치

1. 위만조선 및 창해군 위치 왜곡의 원인

위만조선의 위치를 현재의 평양 대동강 일대로 왜곡하는 한국과 중국 및 일본의 역사 연구자들은 또한 창해군과 관련된 예(濊)의 위치도 한반도와 그 일대로 왜곡하는데, 그들이 주요한 근거로 제시하는 사료는 『후한서(後漢書)』의 다음과 같은 기록이다.

예(濊)는 북쪽에 고구려 및 옥저(沃沮)가 있고, 남쪽은 진한(辰韓)과 마주하며, 동쪽은 대해(大海)에 이르고, 서쪽은 낙랑에 닿는다. 예(濊) 및 옥저와 고구려는 본래 모두가 조선의 지역이다. 일찍이 무왕(武王)이 기자(箕子)를 조선에 봉하니, 기자(箕子)는 예의와 농사짓는 법과 양잠(養蠶)을 가르쳤다. 또 팔조(八條)의 가르침을 정하니, 그 나라 사람들이 마침내 서로 도둑질을 하지 않아 문을 닫지 아니하고, 부인들은 정절(貞節)을 지키며, 음식은 변두(籩豆)를 사용하여 먹었다. 그 뒤 40여 세(世)를 지나 조선후(朝鮮侯) 준(準)에 이르러 스스로 왕이라 칭하였다. 한(漢) 초기의 대혼란에 연(燕)·제(齊)·조(趙)의 사람으로서 그 지역으로 피란(避亂)한 자가 수만 명이나 되었는데, 연(燕)의 위만(衛滿)은 준(準)을 공격하여 깨뜨리고, 스스로 조선의 왕이 되어 나라가 손자 우거(右渠)에게까지

전하여졌다. 원삭(元朔) 원년(서기전 128년)에 예군(濊君) 남려(南閭) 등이 우거를 배반하고 28만 구(口)를 이끌고 요동(遼東)에 귀속하였으므로, 무제(武帝)는 그 지역으로 창해군(蒼海郡)을 만들었으나, 수년 후에 곧 폐지하였다.[4]

위에 인용한 『후한서』는 범엽(范曄, 398-445년)이 432년에서 445년 사이에 작성한 사서(史書)이다. 그런데 『후한서』의 작성 시점에서 550여 년 전인 서기전 128년의 창해군 설치 사건을 기록하면서, 사실(史實)과는 크게 다른 여러 왜곡이 발생하였다. 위의 인용문을 보면, 주(周)의 무왕(武王)에 의해 봉해진 기자조선(箕子朝鮮)이 한반도에 세워졌고, 그 40여 세손(世孫)인 준왕(準王) 시기에 위만이 그 나라를 빼앗아 위만조선을 세웠으며, 위만의 손자 우거의 시기인 서기전 128년에 창해군이 세워졌는데, 그 창해군은 한반도와 한(漢)의 요동 사이에 있었던 것처럼 역사가 왜곡되었다. 위의 기록에서 위만이 서기전 194년에 위만조선을 세운 사실, 서기전 128년에 창해군이 설치된 사실 이외의 다른 서술들은 모두 역사왜곡인 것이다.

어떻게 이런 심각한 왜곡이 그럴듯한 사실처럼 사서에 기록될 수 있었는가? 바로 『후한서』의 작성 시점에서 550여 년 이전에 존재했던 예(濊)란 지명 및 종족의 명칭을 한반도로 옮겨놓으면서 가능했던 역사 조작(造作)인 것이다. 『후한서』는 광무제(光武帝)가 건국한 서기 25년부터 219년 멸망한 때까지의 후한(後漢)의 역사를 기록한 사서이다. 그 후한(後漢)의 역사를 432년에서 445년 사이에 범엽(范曄)이 기록하면서, 한반도에 기자조선을

---

4) 『後漢書』卷115 「東夷列傳」 濊 "濊北與高句驪·沃沮, 南與辰韓接, 東窮大海, 西至樂浪. 濊及沃沮·句驪本皆朝鮮之地也. 昔武王封箕子於朝鮮, 箕子教以禮義田蠶, 又制八條之教. 其人終不相盜, 無門戶之閉. 婦人貞信. 飲食以籩豆. 其後四十餘世, 至朝鮮侯準, 自稱王. 漢初大亂, 燕·齊·趙人往避地者數萬口, 而燕人衛滿擊破準而自王朝鮮, 傳國至孫右渠. 元朔元年, 濊君南閭畔右渠, 率二十八萬口詣遼東內屬, 武帝以其地爲蒼海郡, 數年乃罷."

이은 위만조선과 그 주위에 예(濊)가 있었다고 조작(造作)한 것이다. 또한 서기전 128년에 창해군이 되었던 예(濊)의 집단은 서기전 108년 위만조선의 멸망 이후 북쪽의 고구려 및 옥저, 남쪽의 진한, 동쪽의 동해, 서쪽의 낙랑에 둘러싸인 한반도 안의 국가로 왜곡하여 서술한 것이다.

그러므로 『후한서』에 기록된 바와 같은 역사인식을 근거로 창해군의 위치를 연구하여 발표된 기존 한국과 중국 및 일본의 창해군 관련 연구는 모두 역사왜곡 그 자체에서 크게 벗어날 수가 없다. 근본적으로 창해군 관련 연구의 사료가 될 수 없는 『후한서』의 관련 기록을 바탕으로 연구했기 때문이다. 사실 위에 인용한 『후한서』의 예(濊) 관련 기록도 그 이전인 280년에서 290년 사이에 진수(陳壽, 233-297년)가 완성한 『삼국지(三國志)』의 예(濊) 관련 기록을 그대로 인용하면서,[5] 몇 가지의 왜곡을 더하고, 또한 창해군 관련 기록을 덧붙인 것에 불과하다. 엄밀하게 비판하면, 280년에서 290년 사이에 진수(陳壽)가 『삼국지』에서 왜곡한 조선 및 예(濊) 관련 기록을 범엽(范曄)이 432년에서 445년 사이에 『후한서』에서 그대로 인용하면서 한편으로 창해군 등 몇 가지 왜곡을 덧붙였는데, 그로부터 1,600여년이 지난 현재에도 그런 왜곡들이 극복되지 못한 채 한국과 중국 및 일본의 역사학계에서 그대로 유지되고 있는 실정인 것이다.

5) 일반적으로 『후한서』권115의 「동이열전」은 『삼국지』권30 「위서」권30 「동이전」의 내용을 그대로 옮기면서 후한(後漢) 시기의 교섭 사실을 일부 보완한 것으로 평가되고 있다. 大韓民國文教部 國史編纂委員會 編, 『국역 中國正史 朝鮮傳』(서울: 國史編纂委員會, 1986), p.11.

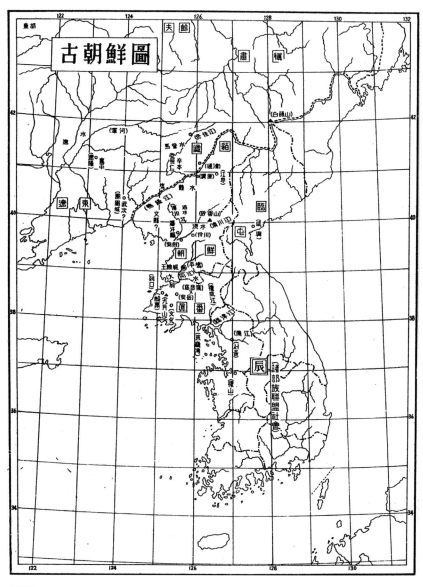

지도 1 『삼국지』 및 『후한서』의 기록에 따라 왜곡된 위만조선 지도[6] 『삼국지』 및 『후한 서』의 기록 등에 따라 위와 같은 위만조선 지도를 작성하고, 이 지도를 바탕으 로 한국 고대사를 해석하고 또 서술하면서 역사의 왜곡은 피할 수 없었다.

---

6) 震檀學會, 『韓國史(古代篇)』(서울: 乙酉文化社, 1959), p.124.

진수(陳壽)는 『삼국지』에서 예(濊)의 위치를 다음과 같이 기록했다.

예(濊)는 남쪽은 진한(辰韓)과 마주하며, 북쪽은 고구려 및 옥저
(沃沮)에 닿았고, 동쪽은 대해(大海)에 이른다. 지금의 조선 동쪽
모두가 그 지역이다.[7]

150여 년 뒤에 범엽(范曄)은 『후한서』를 쓰면서 위의 『삼국지』 기록을 그
대로 베끼면서도 다음과 같이 창해군과 관련된 역사왜곡을 덧붙여놓았다.

예(濊)는 북쪽에 고구려 및 옥저(沃沮)가 있고, 남쪽은 진한(辰韓)
과 마주하며, 동쪽은 대해(大海)에 이르고, 서쪽은 낙랑에 닿는다.
예(濊) 및 옥저와 고구려는 본래 모두가 조선의 지역이다. …(중략)
… 원삭(元朔) 원년(서기전 128년)에 예군(濊君) 남려(南閭) 등이 우
거를 배반하고 28만 구(口)를 이끌고 요동(遼東)에 귀속하였으므
로, 무제(武帝)는 그 지역으로 창해군(蒼海郡)을 만들었으나, 수년
후에 곧 폐지하였다.[8]

『삼국지』와 『후한서』의 조선 및 예(濊) 관련 기록을 비교하며 분석하면,
그 왜곡의 상황을 분명하게 알 수 있다. 『삼국지』에서는 예(濊)에 대해 "지
금의 조선 동쪽 모두가 그 지역이다(今朝鮮之東皆其地也)"라고 기록했다.
그렇다면 진수(陳壽)가 『삼국지』를 쓰던 280년에서 290년 사이에 그 스스
로 언급한 "지금의 조선"은 과연 어디일까? 조선 즉 위만조선은 서기전

---

7) 『三國志』卷30 「魏書」卷30 「東夷傳」 濊 "濊南與辰韓, 北與高句麗·沃沮接, 東窮大海, 今朝鮮之
東皆其地也."
8) 『後漢書』卷115 「東夷列傳」 濊 "濊北與高句驪·沃沮, 南與辰韓接, 東窮大海, 西至樂浪. 濊及沃
沮·句驪本皆朝鮮之地也. …(중략)… 元朔元年, 濊君南閭畔右渠, 率二十八萬口詣遼東內屬, 武帝以
其地爲蒼海郡, 數年乃罷."

108년에 멸망했는데, 280년에서 290년 사이에 과연 어떤 조선이 어디에 존재했던 것일까? 그런데 『삼국지』를 인용한 『후한서』의 예(濊)가 "서쪽은 낙랑에 닿는다"는 기록과 비교하면, 『삼국지』의 "지금의 조선 동쪽 모두가 그 지역이다"의 조선은 곧 낙랑 즉 낙랑군인 것이다.

　지금까지의 서술을 종합하면, 진수(陳壽)는 현재의 평양 일대에 있었던 낙랑군을 『삼국지』를 쓰던 시점의 "지금의 조선"으로 인식했고, 더 나아가 그 "지금의 조선"인 낙랑군을 바로 서기전 194년에 건국된 위만조선과 연결시켰다. 바로 이러한 잘못된 역사인식에서 위만조선을 현재의 평양 일대에 위치시키는 매우 심각한 역사왜곡이 가능했던 것이다. 서기전 194년에 건국되어 서기전 108년에 멸망한 위만조선과 한반도에 있었던 낙랑군은 그 위치가 전혀 다르다는 사실을 밝히지 않고, 모두 "지금의 조선"과 연관시켜 서술하면서 왜곡이 발생한 것이다. 또한 『삼국지』를 쓰던 시점의 "지금의 조선" 즉 낙랑군 동쪽에 있던 예(濊)와 서기전 128년 창해군의 설치와 관련된 예(濊)는 전혀 다른 것인데도, 마치 이들을 같은 예(濊)로 왜곡하여, 결과적으로 "지금의 조선" 즉 한반도에 있던 예(濊)의 지역 인근에 서기전 128년에 창해군이 설치되었던 것처럼 역사를 왜곡한 것이다.

　사실 위만조선은 서기전 108년에 멸망하였고, 그 위치도 처음부터 한반도에 있지 않았기 때문에 한반도에 있었던 낙랑군을 조선 즉 위만조선과 연관시킬 수 없는 것이다. 『삼국사기(三國史記)』의 낙랑국 및 낙랑군 관련 기록을 분석하면, 한반도에 있었던 낙랑국 및 낙랑군은 위만조선과 직접적인 관계가 없음이 더욱 분명하게 파악된다.

　뒤에서 다시 논증(論證)하겠지만, 서기전 194년에 건국된 위만조선은 현재의 북경 동쪽 및 동남쪽의 발해 연안에 있었다. 이 위만조선은 서기전 108년에 멸망하고, 그 중심 지역에 한사군 중의 낙랑군이 설치되었다.

『삼국사기』에 의하면, 고구려는 한사군의 중심이라 할 수 있는 이 낙랑군
을 37년에 습격하여 완전하게 멸망시켜 버린다. 낙랑군이 역사 속으로 사
라지는 대단한 역사적 상징성을 지닌 사건임에도『삼국사기』는 다음과 같
이 매우 간결하게 이 사건을 기록했다.

(대무신왕) 20년(서기 37년) 왕은 낙랑을 습격하여 이를 멸망시켰다.[9]

이로써 한(漢)의 무제가 서기전 108년에 현재의 북경 동쪽 일대에 세웠던
낙랑군은 역사 속에서 완전하게 사라지고, 단지 낙랑군이 있던 그 지역에
낙랑이란 지명만이 남아있게 되었다. 37년에 고구려가 낙랑군을 멸망시키
고 또 그 지역을 점령했지만, 후한(後漢)의 광무제(光武帝)는 그에 대한 어
떠한 군사적 대응을 하지 못했다. 광무제는 25년에 후한(後漢)을 세우고
아직도 내란 중인 중원(中原)을 통일시키는 전쟁에 집중하고 있었기 때문이
었다. 고구려의 낙랑 정복에 대한 후한(後漢) 광무제의 군사적 대응은 그 7
년 뒤인 서기 44년(광무제 건무 20년, 대무신왕 27년)에야 시작될 수 있었다. 이
에 대해『삼국사기』는 다음과 같이 기록하고 있다.

(대무신왕) 27년(서기 44년) 9월에 후한의 광무제가 군사를 파견하
여 바다를 건너 낙랑을 쳐서 그 땅을 빼앗아 군현을 삼으니 살수
(薩水) 이남이 한(漢)에 속하게 되었다.[10]

여기서 광무제가 고구려로부터 빼앗은 낙랑이란 서기 37년에 고구려가
멸망시킨 후한(後漢)의 낙랑군이 아니라, 서기 32년(대무신왕 15년, 광무제 건

---

9) 『三國史記』卷第14「高句麗本紀」第2 大武神王 20年 "王襲樂浪滅之."
10) 『三國史記』卷第14「高句麗本紀」第2 大武神王 27年 "春九月, 漢光武帝遣兵渡海伐樂浪, 取其
地爲郡縣, 薩水已南屬漢."

무 8년) 고구려가 멸망시킨 최리(崔理)의 낙랑국(樂浪國)을 말하는 것이다. 이 낙랑국은 한반도의 대동강 일대를 중심으로 한 국가였는데, 명칭을 낙랑(국)으로 부르고 있었던 것이다. 한반도의 낙랑(국)은 한무제(漢武帝)가 서기전 108년에 세운 낙랑군과는 완전하게 다른 것이다. 『삼국사기』는 고구려에 의한 최리의 낙랑(국) 멸망에 대해 다음과 같이 기록하고 있다.

> (대무신왕)15년(서기 32년) 4월 왕자 호동이 옥저 지방을 유람하였는데, 마침 낙랑왕(樂浪王) 최리(崔理)가 그곳을 순행하다가 호동을 보고 "군(君)의 얼굴을 보니 보통 사람이 아닌 듯하니 혹 북국신왕(北國神王)의 아들이 아니냐?"하며 드디어 그를 데리고 돌아와 사위로 삼았다. 그 후 호동이 귀국하여 몰래 사람을 보내 최리의 딸에게 "너의 나라 무고(武庫)에 들어가 고각(鼓角)을 부수면, 내가 예(禮)로써 맞이할 것이요, 그렇지 않으면 맞지 않겠다."고 하였다. 낙랑에는 고각이 있어 적병이 오면 저절로 울리기 때문에 부수게 한 것이다.
>
> 이에 최리의 딸은 잘 드는 칼을 가지고 무고에 들어가 북의 가죽과 취각(吹角)의 주둥아리를 부순 후 호동에게 알렸다.
>
> 호동은 대무신왕에게 낙랑을 습격하자고 하였다. 최리는 고각이 울리지 아니하므로 방어하지 않고 있다가 갑자기 군사가 성 아래에 몰려든 후에야 고각이 부숴진 것을 알았다. 마침내 그 딸을 죽이고 나와 항복하였다.[11]

---

11) 『三國史記』卷第14「高句麗本紀」第2 大武神王 15年 "夏四月, 王子好童遊於沃沮. 樂浪王崔理出行因見之. 問曰, 觀君顔色非常人, 豈非北國神王之子乎. 遂同歸以女妻之. 後好童還國, 潛遣人告崔氏女曰, 若能入而國武庫割破鼓角, 則我以禮迎, 不然則否. 先是, 樂浪有鼓角, 若有敵兵則自鳴, 故令破之. 於是, 崔女將利刀潛入庫中, 割鼓面角口, 以報好童. 好童勸王襲樂浪, 崔理以鼓角不鳴, 不備. 我兵掩至城下, 然後知鼓角皆破, 遂殺女子出降(或云 欲滅樂浪遂請婚 娶其女 爲子妻 後使歸本國 壞其兵物)."

위의 『삼국사기』 기록처럼 원래 현재의 평양 일대에는 최리가 낙랑왕으로서 지배하고 있던 낙랑(국)이 있었다. 비록 명칭이 비슷하지만, 이 낙랑국은 전한(前漢)의 무제(武帝)가 서기전 108년에 설치했던 한사군 중의 낙랑군과는 전혀 관계가 없는 완전히 다른 하나의 독립국이었다.

서기 44년 광무제는 고구려에 의해 이미 서기 32년에 멸망된 최리의 낙랑국을 고구려로부터 빼앗아 후한의 군현으로 삼은 것이다. 그렇다면 서기 44년 왜 광무제는 어려움을 무릅쓰고 바다를 건너 한반도에 진출하며 낙랑군을 세웠던 것일까? 광무제는 왜 서기 37년에 고구려에게 빼앗긴 발해 연안의 낙랑군을 직접 되찾는 것이 아닌, 전혀 다른 한반도의 옛 낙랑국을 서기 44년에 고구려로부터 빼앗아 군현으로 삼았는가?

광무제의 이러한 군사행동은 현재의 북경 동쪽 일대 등에 위치한 낙랑군을 서기 37년에 점령하여 더욱 세력을 서쪽으로 확장하려는 고구려와 정면에서 전면적인 군사대결을 피하면서, 배후의 약한 부분을 공격하여 점령함으로써 적대적 관계인 고구려의 앞뒤 두 방향에서 고구려의 군사적 행동을 억제하기 위한 목적에서 이루어진 전략적 행동으로 볼 수 있다. 다른 한편으로는 당시의 고구려가 군사적으로 서진(西進)에 집중하고 있고, 또한 그 군사적 위력이 상당하기 때문에, 광무제의 한반도 낙랑군 건설이라는 우회적인 방법이 실현 가능성이 높다고 판단했기 때문일 수도 있다.

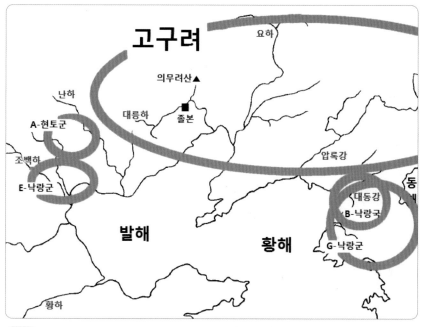

지도② 『삼국사기』에 의한 낙랑국, 발해 연안의 낙랑군, 한반도의 낙랑군 변천 지도[12]
『삼국사기』에 의하면, 서기 14년 현토군(A) 중의 고구려현을 고구려가 빼앗음.
32년 고구려가 최리(崔理)의 낙랑국(B)을 멸망시킴. 37년 고구려가 서기전 108
년에 세워진 낙랑군(E)을 멸망시킴. 44년 후한의 광무제가 바다를 건너 옛 낙랑
국(B) 지역을 빼앗아 낙랑군(G)을 세움.

그리고 광무제의 이러한 전략은 성공적이었다. 광무제가 한반도 중북부
살수(薩水) 이남 지역에 낙랑군을 설치하자, 주변의 정치세력들이 내부(來
附)해 왔다. 『후한서』에 의하면 낙랑군을 설치하던 그 해에 한(韓)의 염사(廉
斯) 사람 소마시(蘇馬諟) 등이 낙랑에 와서 공물을 바쳤고, 광무제는 소마시
를 한(漢)의 염사읍군(廉斯邑君)으로 봉하며 낙랑군에 소속시켰다고 한다.
또한 건무23년(서기 47년) 겨울에 구려 잠지락(蠶支落)의 대가(大加) 대승(戴

---

12) 임찬경, 『고구려와 위만조선의 경계』(서울: 한국학술정보, 2019), p.144.

升) 등 만여 명이 낙랑에 투항하였다고 한다.[13] 대승의 투항에 대해서 『삼국
사기』는 "(민중왕) 4년 10월에 잠우부락(蠶友部落)의 대가 대승 등 1만여 호
가 낙랑으로 가서 한(漢)에 귀부(歸附)하였다."라고 기록하고 있다.[14] 이 두
기록에서 "만여 명"과 "1만여 호"라는 그 사람의 숫자에서는 큰 차이를 보이
지만,[15] 고구려의 고위관료가 백성을 이끌고 후한의 낙랑군으로 투항했다는
내용은 일치하고 있다. 이렇듯 광무제가 한반도에 세운 낙랑군은 이미 그
자리에 오래 존속했던 예전의 낙랑국을 기반으로 주변을 통합하며 한반도
안에 하나의 한족(漢族) 중심 문화 및 정치권을 형성할 수 있었다.

고구려는 점령했던 낙랑국 옛 터를 비록 후한에게 빼앗겼지만, 현재의 북
경 동남쪽 일대에 있던 예전의 낙랑군 지역을 기반으로 더욱 서쪽으로 그
영역을 계속 확대하는 데에 집중했다. 당시 고구려가 진출하고자 하는 방
향은 중원대륙으로 향하고 있었다. 고구려가 한반도 안의 남부지역으로 눈
을 돌려 남진정책을 추진하기 시작한 것은 뒤의 미천왕(美川王) 이후 시기
이며, 그 이전 시기 고구려의 군사적 진출은 서쪽의 대륙으로 집중되고 있
었던 것이다. 그러므로 서기 37년 후한의 낙랑군 일대를 점령한 것에 이어
고구려는 모본왕 2년(서기 49년, 광무제 건무 25년) 후한(後漢)의 우북평(右北
平), 어양(漁陽), 상곡(上谷), 태원(太原)을 습격하여 일시 점령하였다.[16]

이러한 후한(後漢) 이후의 상황을 반영하며 작성된 『삼국지』 및 『후한서』

13) 『後漢書』卷85 「東夷列傳」第75 韓 및 句驪 "建武二十年, 韓人廉斯人蘇馬諟等詣樂浪貢獻. 光
武封蘇馬諟為漢廉斯邑君, 使屬樂浪郡, 四時朝謁." "二十三年冬, 句驪蠶支落大加戴升等萬餘口詣
樂浪內屬."
14) 『三國史記』卷第14 「高句麗本紀」第2 閔中王4年 "冬十月, 蠶友落部大家戴升等一萬餘家, 詣樂
浪投漢(後漢書云 大加戴升等萬餘口)."
15) 1개의 호(戶)를 5명으로 보았을 때, "1만여 명"과 "1만여 호"라는 표현에는 그 수에서 4만
명의 차이가 생긴다.
16) 임찬경, 「고려시대 한사군 인식에 대한 검토」 『국학연구』 제20집(국학연구소, 2016),
pp.98-104.

에서 한반도에 있던 낙랑군 지역을 "지금의 조선"으로 기록하였고, 또 그 "지금의 조선"을 서기전 194년에 건국된 위만조선과 연관시켜, 마치 위만 조선이 한반도의 현재 평양 일대에서 건국된 것처럼 왜곡할 수 있었고, 또 한 창해군과 관련된 예(滅)도 한반도 인근에 있었으며, 그럼으로써 창해군 이 한반도 인근에 설치되었었다는 왜곡이 일어났던 것이다.

위에서 검토했듯, 『삼국지』 및 『후한서』의 왜곡을 바탕으로 현재 한국과 중국 및 일본의 역사학계에서 창해군의 위치와 관련된 역사왜곡이 아직까 지 줄곧 유지되고 있는 것이다. 그러나 『사기』의 위만조선 및 예(滅) 관련 기록을 사실 그대로 분석하면, 창해군 설치의 원인이 된 예(滅)의 실체와 그 위치를 어느 정도 파악할 수 있다.

2. 창해군의 설치와 그 위치

창해군이 설치된 그 지역과 예(滅)의 관련성에 대해, 『사기』에는 다음과 같이 기록되었다.

> 최근 남이(南夷)를 불러들이려 하며, 야랑(夜郎)을 조회(朝會)시키 고, 강(羌)과 북(僰)을 항복시키며, 예주(滅州)를 빼앗아 성읍(城邑) 을 세우고, 흉노에 깊이 들어가 그 롱성(龍城)을 불태웠는데, 여러 사람들이 이를 옳다고 말합니다. 이는 남의 신하된 자의 이익이 될 수 있으나 천하를 위한 장구한 계책은 아닙니다. 지금 중국은 개 짖는 소리에 놀랄 일이 없을 정도로 태평스러운데, 나라 밖으로 먼 곳의 수비에 얽매어 국가를 피폐하게 하는 것은 백성을 자식처럼 사랑하는 군주의 도리가 아닙니다.[17]

---

17) 『史記』卷112 「平津侯主父列傳」 第52 "今欲招南夷, 朝夜郎, 降羌僰, 略滅州, 建城邑, 深入匈

위의 인용문은 엄안(嚴安, 서기전 156~서기전 78년)이 무제(武帝)에게 상소한 내용인데, 혹자는 이 상소가 원광(元光) 원년 즉 서기전 134년의 일이라고 주장한다.[18] 그러나 위의 인용문에 나오는 위청(衛靑)이 흉노를 공격하여 롱성(龍城)을 불태운 사건은 서기전 129년에서 서기전 128년 사이에 일어난 일이다.[19] 그러므로 위의 상소는 서기전 128년 이후의 어느 시기에 이루어졌고, 위 인용문의 "예주(濊州)를 빼앗아 성읍을 세우고"는 당시 일어났던 창해군의 설치를 말한 것이 분명하다.

여기서 예주(濊州)란 표현에 담긴 함의(含意)는 적지 않은 것으로 보인다. 진(秦) 시기에 주(州)란 행정단위는 없었다. 주(州)란 행정 개념이 쓰인 것은 무제(武帝)가 십삼주(十三州)를 설치한 서기전 106년 이후이다.[20] 물론 무제가 설치한 십삼주(十三州)에도 예주(濊州)는 없다. 그러므로 위 인용문 중의 예주(濊州)는 예(濊)와 관련된 일정 지역을 지칭한 것일 뿐이다.

그런데 예주(濊州)와 관련하여 '略' 자를 사용하고 있다. 위의 인용문에 나타난 여러 지명들이 한(漢)의 변경에서 중국으로 병합(倂合)되는 지역이거나, 혹은 서로 맞서 싸우고 있는 지역들이다. 그러므로 예주(濊州)와 관련하여 쓰인 '略' 자도 한(漢)의 강역에 포함되지 않았던 지역을 '빼앗거나' 새로 '다스리게 되었다'는 의미로 해석되어야 한다. 인용문의 전체 맥락으로 볼 때, 서기전 128년 이전에는 한(漢)의 강역에 포함되지 않았지만, 새로 차지해 한(漢)이 성읍을 건설했던 지역이 예주(濊州)인데, 예(濊)와 연관될

奴, 燔其蘢城, 議者美之. 此人臣之利也, 非天下之長策也. 今中國無狗吠之驚, 而外累於遠方之備, 靡敝國家, 非所以子民也."

18) 申采浩, 『朝鮮史(29)』「第四編 列國 爭雄時代(6) 第二章 列國의 分立」(『朝鮮日報』1931.7.14).

19) 『史記』卷110「匈奴列傳」第50 "自馬邑軍後五年之秋, 漢使四將軍各萬騎擊胡關市下。將軍衛青出上谷, 至蘢城, 得胡首虜七百人."

20) 周振鶴, 「汉武帝十三刺史部所属郡国考」『复旦学报 : 社会科学版』1993年第5期, p.86.

수 있는 그 지역은 과연 어디일까?

그런데 중국 고대문헌을 뒤져보면, 진(秦)의 여불위(呂不韋, 서기전 292~서기전 235년)가 서기전 241년 무렵에 완성한 일종의 백과전서인 『여씨춘추(呂氏春秋)』에서 종족의 명칭으로 예(濊)가 나타난다. 『여씨춘추』「시군람(恃君覽)」에서 문화가 상대적으로 발달한 진(秦) 등의 중원 국가들을 중심에 놓고 사방(四方)의 종족을 설명하는 부분에서 진(秦)의 동쪽에 있는 이(夷)와 함께 예(濊)가 다음처럼 서술되는 것이다.

> 비빈(非濱)의 동쪽은 이(夷)와 예(濊)의 터전인데 대해(大解), 능어(陵魚), 기(其), 녹야(鹿野), 요산(搖山), 양도(揚島), 대인(大人)이 거주하는 곳으로서 대부분 군주(君主)가 없다.[21]

위의 인용문에서 "非濱"의 "非"는 "渭"로 바꾸어 해석할 수 있다.[22] 여기서 위(渭)는 감숙성(甘肅省)에서 발원(發源)하여 섬서성(陝西省) 서안시(西安市) 고릉현(高陵縣)에서 경하(涇河)와 만나서 황하로 흘러드는 위하(渭河)를 의미한다. 당시 진(秦)의 수도인 함양(咸陽)은 바로 위하를 끼고 있다. 그러므로 위빈(渭濱)은 위하의 강변 즉 『여씨춘추』가 편찬되던 당시의 함양을 중심으로 한 진(秦)의 중심지를 의미한다. 그러므로 위 인용문의 첫 부분은 "위빈(渭濱) 즉 진(秦)의 중심지 동쪽은 이(夷)와 예(濊)의 터전인데"라고 해

---

21) 『呂氏春秋』「恃君覽」恃君 "非濱之東, 夷濊之鄕, 大解, 陵魚, 其, 鹿野, 搖山, 揚島, 大人之居, 多無君 ; 揚, 漢之南, 百越之際, 敝凱諸, 夫風, 餘靡之地, 縛婁, 陽禺, 驩兜之國, 多無君 ; 氐, 羌, 呼唐, 離水之西, 僰人, 野人, 篇笮之川, 舟人, 送龍, 突人之鄕, 多無君 ; 鴈門之北, 鷹隼, 所鷙, 須窺之國, 饕餮, 窮奇之地, 叔逆之所, 儋耳之居, 多無君 ; 此四方之無君者也. 其民麋鹿禽獸, 少者使長, 長者畏壯, 有力者賢, 暴傲者尊, 日夜相殘, 無時休息, 以盡其類.".
22) "非"는 음(音)이 유사한 "渭"를 잘못 기재한 것이므로 원문 자체를 "渭"로 바꾸어 해석해야 문맥에 맞다는 관점이다(关贤柱 等 译注, 『呂氏春秋全译』(中国: 贵州人民出版社, 1997), p.743).

석된다. 이렇게 『여씨춘추』에 기록된 이(夷)와 예(穢)의 위치를 지도에 표시하면 아래와 같다.

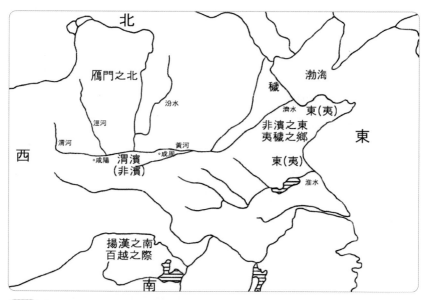

지도 3 『여씨춘추』의 수도 함양을 중심으로 한 동쪽의 이민족 개념 표시

위의 [지도 3]에서 보듯, 서기전 241년 무렵에 완성된 『여씨춘추』의 편찬자들은 현재의 산동성 북쪽에 위치한 발해의 서쪽 연안에 바다를 끼고 있는 예(穢)가 그 남쪽의 동이(東夷)와 이웃하고 있었다고 인식했었던 것이다. 현재 중국의 역사학계에서는 예(穢)와 음(音)과 뜻이 유사한 고대 문헌의 예(濊)를 같은 종족으로 추정하며, 그 위치를 비정(比定)하고 있다. 또한 중국의 역사학계에는 위의 [지도 3]과 같이 발해 서안(西岸)에 예(濊)가 존재했음을 인정하는 다수의 연구가 있다.

유의당(劉義棠, 1926~1998년)은 발해 연안에 흩어져 있던 예(穢)가 뒤에 중원 여러 나라의 개척에 밀려서 동북으로 쫓겨갔다고 설명한다.[23] 허헌범

---

23) 劉義棠, 『中國邊疆民族史』(臺灣: 臺灣中華書局, 1982), pp.78-81.

(許憲範)은 『수경주(水經注)』의 예(濊) 및 예읍(濊邑) 관련 기록을 예(穢)의 위치와 연결시키고 있다. 『수경주』에 기록된 장무(章武) 서쪽에 예읍이 있는데, 이 예읍이 바로 예(濊)가 중심적으로 거주하던 터전이라고 본다.[24] 이덕산(李德山)과 란범(欒凡)은 그의 공동저서에서 "예(穢)의 초기 거주지는 마땅히 지금의 산동성 경계에 있는 발해 연안 지역이다. 뒤에 중원 여러 나라의 계속되는 핍박(逼迫)을 받아 종족 전체가 동북으로 옮기면서 지금의 하북성 창현(滄縣) 등의 지역을 거쳐 최종적으로 동북에 거주하게 되었다."고 설명한다.[25]

이렇듯 유의당, 허헌범, 이덕산, 란범 등의 연구에 의하여 추정된 예(穢)의 위치는 현재의 하북성 발해 연안 일대로서 아래의 [지도 4]와 같다. 아래의 [지도 4]에서 둥근 원으로 표시된 지역이 예(穢)의 존재 지역 범위로 추정되는 것이다.

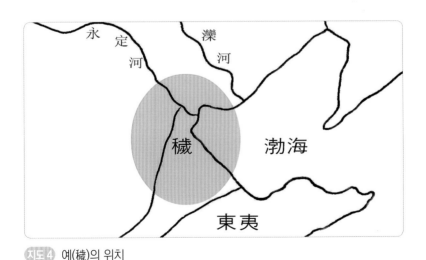

지도 4 예(穢)의 위치

---

24) 许宪范,「濊貊迁徙考」『民族研究』1985年第4期, p.36.

25) 李德山/欒凡 著,『中国东北古民族发展史』(中国: 中国社会科学出版社, 2003), p.85.

전한(前漢) 성제(成帝, 서기전 51-서기전 7년) 때의 사람이라 알려진 상흠(桑欽)이 지은『수경(水經)』에서는 기수(淇水)를 설명하면서 그 물가에 예읍(濊邑)이 있었다고 기록했다.[26] 역도원(酈道元, 466-527년)이 주석(註釋)을 붙인『수경주(水經注)』에서는 예읍(濊邑) 근처에 예수(濊水)도 있었다고 기록하였다.[27] 예읍(濊邑)과 예수(濊水)가 있던 지역은 현재의 중국 하북성 창주(滄州)의 동쪽 발해와 가까운 지역으로서, 위의 [지도 4]에 표시된 예(濊)의 지역과 일치한다.

위에서 검토한 여러 사항을 종합하면, 한(漢)이 서기전 128년에 예주(濊州)를 차지하여 설치했던 창해군은 바로 위의 [지도 4]에 그려진 예(濊)의 지역 범위에 위치했을 것으로 판단된다. 그 지역은 진(秦)의 시기인 서기전 241년에 작성된『여씨춘추』에 예(濊)의 거주지로 기록되었고, 그 이후의 시기에도 오래도록 예(濊)와 관련된 지명이 남아있던 말 그대로 예(濊)의 지역이다. 또한 아래의 무제대(武帝臺)를 검토하면서 언급하겠지만, 그 지역은 서기전 110년 무렵에도 위만조선과의 접경(接境) 지역이었다.

Ⅲ. 무제대의 위치

앞에서 언급한 창해군이 설치된 창주(滄州) 동쪽 및 동북쪽 발해 연안 일대에 한(漢)의 무제(武帝) 시기에 쌓은 무제대(武帝臺)도 있다. 역도원(酈道元, 472~527년)은 그의 저서인『수경주』에서 옛 예(濊) 및 예주(濊州)의 지역에 세워졌던 무제대를 다음과 같이 기록하였다.

---

26)『水經』卷上 淇水 "又東北過濊邑北"
27)『水經注』卷9 淇水 "又東北過濊邑北, 濊水出焉."

청하(清河)는 다시 동북으로 흘러 예읍(濊邑) 북쪽을 지나는데, 여기서 예수(濊水)가 나온다. 다시 동북으로 향읍(鄕邑) 남쪽을 지나고, 청하는 다시 동쪽으로 흘러, 두 물길로 나뉘어 지류가 오른쪽으로 나간다. 동쪽으로 한무제(漢武帝)의 옛 대(臺) 북쪽을 지난다. 《위토지기(魏土地記)》에 "장무현(章武縣) 동쪽 100리에 무제대가 있는데, 남북으로 두 곳의 대(臺)가 있으며, 그 거리가 60리이고, 터의 높이가 60장(丈)이다. 사람들이 한무제가 동쪽으로 해상을 순시하며 쌓은 것"이라고 말한다. 다시 동쪽으로 바다로 들어간다.[28]

위수(魏收, 506-572년)가 편찬한 『위서(魏書)』에도 부양군(浮陽郡) 아래 4개 현(縣) 중의 하나인 장무(章武)에 무제대가 있다고 기록하였다.[29] 위에 인용한 『수경주』에 의하면, 이 지역의 무제대는 2개가 해안을 따라 남북으로 늘어서도록 설치되었으며, 두 무제대 사이의 거리는 60리 정도이다. 무제대의 용도는 요망(瞭望), 혹은 관망(觀望)이다. 세울 당시에는 해안의 산이 없는 벌판에 위치하여, 높은 대(臺)를 쌓고 바다와 또 다른 지역들을 요망 및 관망할 목적으로 만든 것이다.

무제가 설치한 무제대의 설치 시기에 대한 직접적인 기록은 발견되지 않는다. 단지 무제가 무제대가 설치된 지역을 방문하는 시점을 찾아, 그 설치 시기를 추정할 수 있다. 『사기』에서 그 시기를 찾아보면 서기전 110년 4월 무렵인데, 당시 무제의 무제대 설치 지역 방문 기록은 다음과 같다.

---

28) 『水經注』卷9 「淇水」"清河又東北過濊邑北, 濊水出焉. 又東北過鄕邑南, 清河又東, 分為二水, 枝津右出焉. 東逕漢武帝故臺北, 《魏土地記》曰: 章武縣東百里有武帝臺, 南北有二臺, 相去六十里, 基高六十丈, 俗云: 漢武帝東巡海上所築. 又東注于海."

29) 『魏書』卷106上 「地形志」2上 第5 滄州 浮陽郡 "章武: 二漢屬勃海, 晉屬章武, 後屬. 治章武城. 有漢武帝臺. 漳水, 入海. 有沾水. 大家姑祠, 俗云海神, 或云麻姑神.

(元封 원년) 무제가 태산(泰山)에서 봉선(封禪)을 이미 마치자, 비바람으로 인한 재해가 없었는데, 방사(方士)들이 다시 봉래(蓬萊)의 여러 신선들을 찾을 수 있을 것처럼 말하자, 무제는 기뻐하며 신선을 만날 수 있다고 기대하게 되어, 다시 동쪽으로 해상에 이르러 바라보며, 봉래를 만나기를 갈망했다. 봉거도위(奉車都尉) 곽자후(霍子侯)가 갑자기 병에 걸려, 그날로 죽었다. 무제는 마침내 떠나, 해안을 따라, 북쪽으로 갈석(碣石)에 이르렀고, 요서(遼西)로부터 순시하며 북변(北邊)을 거쳐 구원(九原)에 이르렀다. 5월, 감천(甘泉)에 돌아왔다.[30]

위의 인용문에 실린 무제의 순행(巡幸) 노선을 지도에 표시하면, 아래의 [지도 5]와 같다.

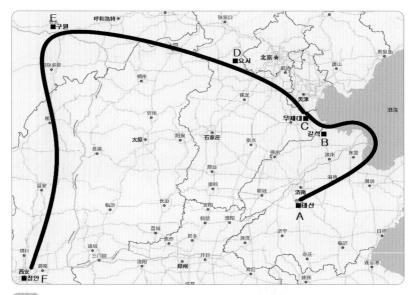

지도 5 서기전 110년 무제의 태산-갈석-무제대-요서-구원-장안 순행 노선

---

30) 『史記』卷12「孝武本紀」第12 "天子既已封禪泰山, 無風雨菑, 而方士更言蓬萊諸神山若將可得, 於是上欣然庶幾遇之, 乃復東至海上望, 冀遇蓬萊焉. 奉車子侯暴病, 一日死. 上乃遂去, 并海上, 北至碣石, 巡自遼西, 歷北邊至九原. 五月, 返至甘泉."

위의 [지도 5]에서 무제는 서기전 110년에 태산(泰山, A)에서 동쪽으로 바다에 이르고, 다시 바다를 거슬러 올라가며, 먼저 갈석(碣石, B)에 이르고, 다음 요서(D)로부터 순시(巡視)하며 북변(北邊)을 거쳐 구원(九原, E)에 이르러, 다시 남쪽으로 직행하여 장안(長安, F)의 감천궁(甘泉宮)으로 환궁(還宮)하였다. 이러한 순행 중에 바로 갈석(B) 다음으로 무제대(C)의 지역에 도착하여, 무제대를 쌓고, 그 대(臺) 위에서 요망 및 관망을 하였던 것이다.

위에 실은 [지도 5]의 순행 노선에서 B 지점의 갈석은 현재의 산동성 무체현(無棣縣)에 있는 마수산(馬首山)인데, 이곳이 진시황(秦始皇)은 물론 한무제(漢武帝)가 올랐다는 갈석이다. 혹은 역사 연구자들 중에 현재의 진황도(秦皇島) 일대에 한무제가 올랐다는 갈석이 있었다고 서술하는 경우도 있지만, 한무제 시기에는 발해의 북쪽인 진황도 일대까지 한(漢)의 정치력이 미치지 못했다. 만약 갈석을 진황도 일대에 설정하면, 위의 [지도 5]로 표시된 위 『사기』 인용문의 무제 순행 노선이 날짜 등과 맞지 않게 된다. 또한 만약 갈석을 진황도 일대에 설정하면, 서기전 110년에 무제대는 설치되지도 못했다. 위의 [지도 5]처럼 갈석이 무제대의 남쪽 인근인 산동성 무체현(無棣縣)에 있었기에, 태산에서 4월에 시작된 일정이 갈석을 거쳐 그 북쪽 해안에 무제대를 쌓고 또 요서를 거쳐 구원까지 이르렀다가 한 달 이내인 5월에 감천궁 환궁(還宮)으로 마무리될 수 있었다. B 지점이 갈석임은 일찍이 저명한 역사지리학가인 고염무(顧炎武, 1613-1682년)가 그의 저서인 『조역지(肇域志)』에서도 그 사실을 확인해 주었다.[31]

2018년 8월 국학연구소는 답사단을 조직하여 위에 언급된 갈석과 무제대를 답사하였다. 무제대는 창주(滄州)에 소속된 황화시(黃驊市)에 있었으

---

31) (清)顾炎武. 谭其骧等点校, 『肇域志』(中国: 上海:古籍出版社, 2004), p.2496.

며, 현지에 가서 무제대소학(武帝台小学)만 찾으면 그 학교 서쪽 300m 지점에서 유적을 찾을 수 있다. 동쪽의 해안과 직선거리로 16km 정도 떨어진 지점이지만, 유적 사방의 지표면에는 조개껍질들이 깔려있어, 과거 오랜 기간 동안 유적 인근이 바닷물에 접해있었음을 알 수 있다. 무제대임을 알리는 비석이 하나 서 있었고, 키 작은 잡목과 잡초에 수북이 덮여있는 높은 제방 정도로 외관이 파악될 뿐이다.

서기전 110년 4월 무렵 한무제가 무제대에 올라 바라본 북쪽의 해안이 바로 위만조선과의 접경 지역이었을 것이다. 서기전 128년 이후 창해군의 설치 및 폐지를 거치며 한(漢)에 의해 장악되어 통제되기 시작한 발해 연안의 최북단 지점에 무제대가 설치되었을 것으로 판단된다.

IV. 창해군과 무제대를 통한 위만조선의 지정학적 위치 검토

1. 창해군 설치 및 폐지 뒤의 한과 위만조선의 관계

서기전 128년에 한(漢)이 창해군을 설치한 동기(動機)에는 위만조선을 멸망시킬 목적이 작용하고 있었다. 『사기』의 기록에는 창해군 설치의 그러한 목적이 드러나 있다.

그 이후로 엄조(嚴助)와 주매신(朱買臣) 등이 동구(東甌)를 끌어들이고 양월(兩越)에서 일을 벌이니 강회(江淮) 사이가 소란해지고 비용이 크게 소모되었다. 당몽(唐蒙)과 사마상여(司馬相如)는 서남이(西南夷)에 이르는 도로를 열어 천여 리에 걸쳐 산을 뚫고 길을 통하게 하며 파촉(巴蜀) 땅을 넓혔으나, 파촉 백성들은 피폐해졌다.

팽오(彭吳)가 거래로 조선(朝鮮)을 멸망시키고자 창해군(滄海郡)을
설치하니 연(燕)과 제(齊) 사이가 바람에 휩쓸리듯 소란해졌다.[32]

창해군은 예(濊)의 터전인 "예주(濊州)를 빼앗아 설치하였는데",[33] 설치와
함께 그 예주(濊州) 인근의 연(燕)과 제(齊)의 사람들이 큰 어려움을 겪으며
소란스러워졌다. 창해군을 유지하는 것이 힘이 들자, 결국 서기전 126년에
공손홍(公孫弘)의 건의를 받아들여 창해군을 다음의 인용문처럼 해체할 수
밖에 없었다.

원삭(元朔) 3년(서기전 126년), 장구(張歐)가 면직되고 공손홍(公孫
弘)을 어사대부(御史大夫)로 삼았다. 이때는 서남이(西南夷)와 통
하고 동쪽으로는 창해군을 설치했으며, 북쪽으로는 삭방군(朔方
郡)을 세웠었다. 공손홍이 수차례 간언하여 쓸모가 없는 땅을 받드
는 일로 중국(中國)을 피폐하게 하니 폐지를 청하였다. 이에 천자
가 주매신(朱買臣) 등을 시켜 삭방군을 세워 얻는 편익을 들어 공
손홍을 나무랐는데, 열 가지를 들었으나 공손홍은 한 가지도 반박
하지 못했다. 공손홍이 즉시 사죄하며 "제가 산동(山東)의 비루한
사람이라 그러한 이점이 있는지는 몰랐는데, 그렇다면 서남이와
창해는 폐지하고 삭방군에만 전념하시길 바랍니다"라고 말했다.
무제가 이내 이를 허락했다.[34]

32) 『史記』卷30「平準書」第8 "自是之後, 嚴助朱買臣等招來東甌, 事兩越, 江淮之閒蕭然煩費矣.
唐蒙司馬相如開路西南夷, 鑿山通道千餘里, 以廣巴蜀, 巴蜀之民罷焉. 彭吳賈滅朝鮮, 置滄海之郡,
則燕齊之閒靡然發動."
33) 『史記』卷112「平津侯主父列傳」第52 "略濊州, 建城邑, "
34) 『史記』卷112「平津侯主父列傳」第52 公孫弘 "元朔三年, 張歐免, 以弘爲御史大夫. 是時通西
南夷, 東置滄海, 北筑朔方之郡. 弘數諫, 以爲罷敝中國以奉無用之地, 願罷之. 於是天子乃使朱買
臣等難弘置朔方之便. 發十策, 弘不得一. 弘乃謝曰:山東鄙人, 不知其便若是, 願罷西南夷滄海而專
奉朔方. 上乃許之."

이렇듯 창해군을 폐지함으로써, 창해군을 통해 위만조선을 멸망시키려는 한(漢)의 시도는 실패하고 말았다. 그 뒤인 서기전 109년에 위만조선을 상대로 전쟁을 일으켜 서기전 108년에 결국 멸망시키기까지 한(漢)이 위만조선과 적대적 관계를 유지하게 된 원인의 하나가 바로 창해군의 설치였을 것이다. 위만조선의 일부 혹은 위만조선과 우호 관계에 있던 예의 세력들인 예주(濊州)를 "빼앗아[略]" 창해군을 설치하였으니, 당연히 위만조선의 격렬한 대응이 있었을 것이고, 이런 위만조선의 저항이 한(漢)이 창해군을 더 이상 유지하지 못하고 폐지하는 주요한 요인으로 작용했을 것이다.

2. 창해군 설치 및 폐지 뒤의 위만조선과 흉노의 관계

서기전 195년 노관의 흉노 망명 이후 상곡(上谷)과 요동 및 어양(漁陽) 일대는 흉노와 그 이외의 북방민족에 의해 자주 짓밟히면서 이미 한(漢)이 통제하기 어려운 지역이 되었다. "흉노는 나날이 강성해져, 해마다 변경에 들어왔고, 백성을 죽이고 가축과 재산을 약탈함이 매우 심하고 많았는데, 운중(雲中)과 요동이 가장 심했다."는 사서의 기록을 보면,[35] 현재의 북경 일대는 흉노에 의해 심하게 유린(蹂躪)당하고 있었다. 이런 상황은 한(漢)의 무제(武帝) 시기까지도 계속되었다. 서기전 129년에는 흉노가 어양(漁陽)을 심하게 약탈하였으며, 창해군이 설치되던 서기전 128년에는 흉노가 요서(遼西)의 태수(太守)를 죽이고 2천여 명을 약탈하기도 했다. 창해군이 설치된 이듬해인 서기전 127년에는 상곡군의 치소(治所)인 조양(造陽)을 흉노에 내줄 정도였다.[36]

---

35) 『史記』卷110 「匈奴列傳」第50 "匈奴日已驕, 歲入邊, 殺略人民畜産甚多, 雲中遼東最甚, 至代郡萬餘人."
36) 『史記』卷110 「匈奴列傳」第50 "自馬邑軍後五年之秋, 漢使四將軍各萬騎擊胡關市下. 將軍衛

그런데 위의 『사기』 기록에서 서기전 128년에 흉노가 약탈한 요서(遼西)가 과연 어디였을까? 서기전 195년에서 서기전 128년에 이르는 기간의 역사 기록을 종합하면, 서기전 128년 흉노가 공격한 요서는, 현재의 북경 서쪽 인근 일대에 있었음이 틀림없다. 한국과 중국의 다수 학자들은 이 요서를 현재의 대릉하(大陵河)에서 난하(灤河) 사이의 너른 지역에 위치시키기도 하는데, 이는 상상(想像) 속의 역사로서 사실(史實)과 전혀 관계없는 허구(虛構)임이 명백하다. 『사기』의 다음 기록에서 분명히 알 수 있다.

> (흉노의) 좌방(左方)의 왕과 여러 장수(將帥)들은 동쪽 방향에 머물렀는데, 상곡(上谷)과 그 동쪽 지역을 담당했으며, 동쪽으로 예맥(穢貊) 및 조선과 접하고 있었다.[37]

서기전 135년에 태어난 사마천은 서기전 91년에 『사기』를 완성하고 그 이듬해에 죽었다. 사마천의 생존 시기 내내 대다수 한인(漢人)들의 가장 큰 관심거리는 바로 흉노였을 것이다. 여러 직접적인 체험을 통해, 역사를 기록하는 사관(史官)의 입장에서, 사마천은 흉노와의 전쟁을 『사기』에 생생하게 담아낼 수 있었다. 특히 사마천은 「흉노열전」에 한(漢)의 무제(武帝)가 즉위한 서기전 141년을 "지금의 황제가 즉위하자(今帝卽位)"라고 표현하고, 그 뒤에 서기전 91년까지 흉노와 벌어진 여러 사건들을 자세히 기록하

青出上谷, 至蘢城, 得胡首虜七百人. 公孫賀出雲中, 無所得. 公孫敖出代郡, 爲胡所敗七千餘人. 李廣出鴈門, 爲胡所敗, 而匈奴生得廣, 廣后得亡歸. 漢囚敖廣, 敖廣贖爲庶人. 其冬, 匈奴數入盜邊, 漁陽尤甚. 漢使將軍韓安國屯漁陽備胡. 其明年秋, 匈奴二萬騎入漢, 殺遼西太守, 略二千餘人. 胡又入敗漁陽太守軍千餘人, 圍漢將軍安國, 安國時千餘騎亦且盡, 會燕救至, 匈奴乃去. 匈奴又入鴈門, 殺略千餘人. 於是漢使將軍衛靑將三萬騎出鴈門, 李息出代郡, 擊胡. 得首虜數千人. 其明年, 衛靑復出雲中以西至隴西, 擊胡之樓煩白羊王於河南, 得胡首虜數千, 牛羊百餘萬. 於是漢遂取河南地, 筑朔方, 復繕故秦時蒙恬所爲塞, 因河爲固. 漢亦棄上谷之什辟縣造陽地以予胡. 是歲, 漢之元朔二年也."

37) 『史記』卷110「匈奴列傳」第50 "諸左方王將居東方, 直上谷以往者, 東接穢貊朝鮮"

고 있다. 자신의 생존 기간에 일어났던 사건 다수를 생생하게 「흉노열전」에 기록한 사마천은 "(흉노가) 동쪽으로 예맥(穢貊) 및 조선과 접하고 있었다."고 분명하게 서술했다. 사마천 시기의 조선 즉 위만조선이 한반도에 있지 않았기 때문에 가능했던 서술인 것이다. 그러므로 창해군이 설치된 서기전 128년에 흉노가 공격한 요서는 현재의 북경 서쪽 일대에 있었으며, 북경 동쪽은 바로 위만조선이 있어서 북경 북쪽의 흉노와 서로 접하고 있었기에 "(흉노가) 동쪽으로 예맥(穢貊) 및 조선과 접하고 있었다."는 서술이 가능했던 것이다.

바로 위에서 언급했듯, 창해군이 설치되던 서기전 128년에 위만조선은 현재의 북경 동쪽 조백하(潮白河) 즉 패수(浿水)를 경계로 그 서쪽 한(漢)의 지역과 적대적으로 맞서고 있었으며, 그 북경 북쪽으로는 흉노와 위만조선이 서로 우호적 교류관계를 유지하고 있었다. 서기전 194년 건국 당시부터 위만조선이 현재의 북경 동쪽 및 동남쪽을 그 주요한 터전으로 하고 있었기 때문에 가능한 일이었다. 이러한 위만조선의 지정학적 위치를 전제로 하면, 다음과 같은 추정은 사실로 성립되기 어렵다.

> 흉노는 조선과 인접하고 있었기 때문에 그 중간 지점을 차단하여 흉노와 조선의 연계를 끊으면서도 흉노를 공격하기 위한 하나의 거점을 마련하기 위한 목적도 있었던 것이다. 이와 같이 전한 무제가 창해군을 설치한 목적도 흉노의 서쪽 지역은 월지와 연계하여 차단하려고 하였다. 같은 목적으로 동쪽 지역은 창해군을 설치하여 흉노를 공격할 때 우익으로 삼고자 한 것이다. 위에서 살펴본 것과 같이 전한에서 창해군을 설치하려 한 목적은 요동반도에 있는 해안가의 소금과 내륙의 철을 확보할 수 있게 되고, 흉노와 인접하고 있는 고조선의 변경을 확보하여 흉노를 견제할 수 있는 지리적인 이점이 있기 때문이다. 한의 입장에서는 고조선과 흉노를

견제하려는 의도와 거기에 더하여 요동군을 벗어난 지역에 중국의 군을 설치하여 통치영역을 확대하고자 한 천자관(天子觀)의 발로도 있었다고 볼 수 있다.[38]

위만조선의 위치를 한반도 혹은 현재의 요하 일대에 있었던 것으로 판단하면 위의 인용문과 같은 추정이 가능한 것이다. 그러나 역사적 실제로는 위만조선이 현재의 북경 동쪽 및 동남쪽 일대에 있었으며, 또한 위만조선이 그러한 지정학적 위치에 맞게 서북쪽에 접한 흉노와 우호적 교류관계를 유지하고 있었기 때문에, 한(漢)이 현재의 창주(滄州)에서 천진(天津)에 이르는 발해 연안 옛 예(濊)의 지역에 서기전 128년에 설치해 유지시키려던 창해군이 흉노와 위만조선의 관계에 어떤 큰 영향을 미치기는 어려웠을 것이다.

3. 창해군 설치 뒤 위만조선과 고구려 등 동쪽 제국과의 관계

창해군이 현재의 창주(滄州)에서 천진(天津)에 이르는 발해 연안 옛 예(濊)의 지역에 설치되려던 서기전 128년에 위만조선은 현재의 북경 동쪽 및 동남쪽 발해 연안 일대를 장악하여 동쪽으로는 난하(灤河) 서쪽까지 그 영향을 미치고 있었다. 난하 유역과 그 동쪽으로는 구려 및 고구려가 압록강 중류 일대까지 차지하고 있었다. 고구려의 북쪽 일대에는 부여 등이 있었다. 한반도에도 여러 소국(小國)들이 존재했다.

위만조선과 그 동쪽의 국가들은 우호적 교류관계를 유지해 오고 있었다. 사실 고구려와 부여 등의 국가들은 위만조선을 통해 중원의 유용한 문화를 받아들일 수 있었다. 또한 위만조선이 서쪽의 전선(戰線)을 막아 주었기

---

38) 박노석, 「고조선대 창해군에 대한 재 고찰」『전북사학』 제50호(전북사학회, 2017), pp.19-20.

때문에, 소모적인 전란(戰亂)을 피하며 지속적인 발전을 이룰 수 있었다. 위만조선 이외에, 고구려와 부여 등은 북방의 교역로를 통해 흉노 등과도 활발하게 교류하며, 유목과 기마(騎馬)의 문화도 흡수하여 내재화(內在化)시켜가고 있었다. 한반도의 소국들도 위만조선과 흉노 등의 문화를 받아들이고 교류하며 발전하고 있었다.

고구려 및 부여 등의 동쪽 국가들에게 창해군의 설치로 인한 소란은 크게 느껴질 수 없었다. 단지 창해군의 설치 및 폐지 과정에 발생하는 유민(流民)과 이민(移民)을 지켜보며, 또 이를 수용했을 뿐이었다. 사실 고대의 국가들에게 인구(人口)의 수용 능력은 한계가 있을 수 없었다. 평시에는 통제되지 않는, 선(線)이 없는 변경을 통해 얼마든지 새로운 인구의 이동과 수용이 가능했는데, 물론 이동과 수용 이후 그들의 생존이 그들 스스로의 몫이었을 뿐이다. 창해군의 설치와 폐지로 인하여, 실제로 예(濊)와 관련된 다수의 인구가 고구려 및 부여 그리고 한반도까지 흘러 들어온 것으로 보인다. 물론 이러한 인구의 이동과 수용은 늘 있어왔던 일이지만, 서기전 128년에서 서기전 126년이란 짧은 기간에 창해군의 설치에 동원되었던 예(濊) 등은 물론 한인(漢人)까지 다수가 이동하여 현지에 정착했을 것이다. 물론 이러한 인구의 이동과 수용은 당시로서는 문화접변(文化接變, acculturation)으로 인한 긍정적 사회변화를 촉진하는 것이었다.

4. 창해군 설치로 인한 위만조선과 예(濊)의 변화

위만조선은 창해군의 설치 및 폐지 과정에 현재의 창주(滄州) 동쪽에서 천진(天津) 남쪽에 이르는 발해 연안 지역의 영토를 잃어버렸다. 그렇다고 창해군의 설치가 한(漢)과 위만조선의 전쟁으로 확대되지는 않았다. 왜냐하면 창해군의 설치 지역에 있던 일부의 정치세력이 그 군(郡)의 설치에 직접 또는 간접적으로 참여했기 때문에(이를 두고 "예군 남려 등이 28만 명을 이끌고 귀속해왔다"라는 기록도 남겨졌지만), 위만조선이 전면적으로 나서서 한(漢)과 전쟁으로 그 문제를 해결할 수는 없었다.

서기전 194년 건국 당시부터 위만조선은 여러 성격이 다른 정치집단이 융합하여 하나의 국가를 형성하였다. 위만이 패수(浿水)를 건너 망명해서 통합한 집단으로는 현재의 조백하(潮白河) 유역 일대에 있던 조선 지역의 본토인들, 진번(眞蕃), 그리고 연(燕)과 제(齊) 및 조(趙) 등으로부터의 망명자들, 그리고 예(濊)의 세력 등이 있었다. 이들 중 현재의 창주(滄州) 발해 연안에 있던 예(濊)가 창해군의 설치에 직간접적으로 연관된 것이었다. 물론 위에서 이미 검토했듯, 창해군을 설치하는 한(漢)의 근본적 목적은 위만조선을 멸망시키는 것이었다. 그렇지만 창해군 설치는 한(漢)이 의도한 대로 성공하지 못했다. 위만조선을 멸망시키려던 목적을 이루지 못하고, 창해군도 유지시키지 못했으며, 단지 예(濊)를 해체시키는 수준의 결과에 그치고 말았던 것이다.

그런 차원에서, 창해군 설치 및 폐지 과정에서 가장 크게 상처를 입은 집단은 예(濊)로 볼 수 있다. 한(漢)이 "예주(濊州)를 빼앗아" 창해군을 설치했다고 표현했듯, 예(濊)의 지역은 비록 연(燕)과 제(齊) 등으로부터 온 다수의 망명자들을 포함하고 있었지만, 예(濊)란 정체성을 나름대로 강하게 유지하고 있었다. 그러나 창해군의 설치와 폐지 과정에 예(濊) 및 예주(濊州)는 철저하게 해체되었다. 예(濊)의 정체성을 지닌 구성원들은 유민(流民) 또는 이민(移民)의 형태로 중원(中原) 혹은 고구려와 부여 및 한반도 등으로 뿔뿔이 흩어져버렸다. 예주(濊州)는 완전히 분해되어 역사 속으로 사라졌고, 그 자리의 남부인 현재의 천진(天津) 이남 일대를 한(漢)이 차지했다. 물론

한(漢)이 차지한 그 이북 지역은 여전히 위만조선의 영역이었다. 그렇게 예(濊)의 지역은 완전하게 사라진 것이다. 그리고 한(漢)이 새로 차지한 예(濊)의 그 지역에 서기전 110년 한(漢)의 무제대(武帝臺)가 쌓여진 것이다. 그 무제대 북쪽이 한(漢)과 위만조선의 새로운 변경이 되었다.

V. 결론

이 논문에서는 두 가지의 문제를 살펴보았다.

첫째는 창해군의 위치 문제이다. 필자는 창해군이 현재의 중국 하북성 창주(滄州) 동쪽에서 그 북쪽의 천진(天津)에 이르는 발해 연안에 설치되려 했었다고 서술했다. 이 지역이 바로 고대 예(濊)의 지역인데, 한(漢)은 이 지역 즉 "예주(濊州)"를 빼앗아 창해군을 설치했다가 2년 만인 서기전 126년에 폐지했다고 설명했다.

둘째는 무제대의 위치 문제이다. 무제대는 중국 창주(創主) 소속 황화시(黃骅市)의 발해 연안에 있다. 무제대가 서 있는 그 지역은 옛 예(濊)의 지역인데, 서기전 128년에 그 일대에 창해군이 설치되었다가 2년 뒤에 폐지되면서 한(漢)이 통제하는 지역이 되었다. 서기전 110년 한(漢)의 무제가 무제대를 세울 당시에 그 지역은 북쪽으로 위만조선의 변경을 바라볼 수 있는 지역이었다.

위와 같은 서술은 위만조선이 서기전 194년에 현재의 북경 동쪽 및 동남쪽 일대에서 건국되었다는 역사인식에 바탕하고 있다. 필자는 몇 년 전 이러한 위만조선의 위치에 관한 논문을 학술지에 발표했는데,[39] 여기에서 그

---

39) 임찬경, 「조선 즉 위만조선과 창해군의 위치에 관한 연구」 『국학연구』 제22집(국학연구소, 2018). 임찬경, 『고구려와 위만조선의 경계』(서울: 한국학술정보, 2019), pp.370-372.

논문을 바탕으로 위와 같은 창해군 위치를 서술할 수 있었다. 위만조선이 한반도 평양 일대 혹은 요동 일대에서 건국되었다고 인식하고 있는 연구자들에게는 다소 논란이 되겠지만, 필자로서는 겸허히 학술적 비판과 함께 따뜻한 가르침을 청할 뿐이다.

논문을 마치며, 꼭 덧붙이고 싶은 말은 역시 위만조선의 위치에 관한 것이다. 이 논문을 준비하면서, 창해군과 관련된 기존의 연구성과들 대부분을 검토하였다. 그 논문들의 대부분은 위만조선의 위치를 현재의 평양으로 설정했고, 소수는 위만조선이 요동에 있었을 가능성을 인정했다. 더 검토해 볼 필요가 있지 않을까?

연왕(燕王) 노관(盧綰, 서기전 256-서기전 194년)이 서기전 195년에 흉노로 망명하자, 위만도 동쪽으로 망명하여 패수를 건너 진(秦)이 점령했다가 버려둔 지역인 상하장(上下鄣)에 정착했다. 위만이 서기전 194년 위만조선을 건국하기 이전에 정착했던 상하장(上下障)은 「조선열전」에 '秦故空地上下鄣'이라고 기록되었다. 과연 상하장(上下障)은 어디일까? 한국의 대다수 역사학자들은 상하장(上下障)을 지금의 압록강 혹은 그 이남의 한반도 일대에서 찾고 있다.[40] 이렇게 상하장(上下障)을 요동반도의 천산산맥(千山山脈) 동남쪽에서 압록강과 청천강 일대까지에서 찾아 설명하는 한국의 역사학자들이 주요한 근거로 제시하는 사료(史料)는 위에서 비판한 『삼국지』 및 『후한서』의 조선 관련 기록과 함께 『삼국지』「동이전」에 실린 '위략(魏

---

40) 震檀學會, 『韓國史(古代篇)』(서울: 乙酉文化社, 1959). 李丙燾, 「衛氏朝鮮興亡考」『韓國古代史研究』(서울: 博英社, 1976). 金貞培, 「衛滿朝鮮의 國家的 性格」『韓國古代의 國家起源과 形成』(서울: 고려대학교출판부, 1986). 徐榮洙, 「古朝鮮의 위치와 강역」『韓國史市民講座』제2집 (서울: 一潮閣, 1988). 송호정, 「古朝鮮의 位置와 中心地 문제에 대한 고찰」『한국고대사연구』 58(한국고대사학회, 2010). 박준형, 「기원전 3~2세기 고조선의 중심지와 서계의 변화」『사학연구』제108호(한국사학회, 2012). 오현수, 「『사기』「조선열전」 기재 '秦故空地上下鄣'에 대한 검토: 秦故空地上下鄣의 공간적 범위와 기능」『韓國史學報』제70호(고려사학회, 2018).

略)'의 다음과 같은 기록이다.

예전에 기자(箕子)의 후예인 조선후(朝鮮侯)는 주(周)가 쇠약해
지자, 연(燕)이 스스로 높여 왕을 칭하고 동쪽으로 침략하려는 것
을 보고, 조선후도 역시 스스로 왕을 칭하고 군사를 일으켜 연(燕)
을 공격하여 주(周)의 왕실을 받들려 하였는데, 그의 대부(大夫) 예
(禮)가 간청하므로 중지하였다. 그리하여 예(禮)를 서쪽에 파견하
여 연(燕)을 설득하게 하니, 연(燕)도 전쟁을 멈추고 조선을 침략하
지 않았다. 그 뒤에 자손이 점점 교만하고 포악해지자, 연(燕)은 장
군 진개(秦開)를 파견하여 조선의 서쪽 지방을 침공하고 2천여 리
의 땅을 빼앗아 만번한(滿番汗)에 이르는 지역을 경계로 삼았다.
마침내 조선의 세력은 약화되었다. 진(秦)이 천하를 통일한 뒤, 몽
염(蒙恬)을 시켜서 장성을 쌓게 하여 요동에까지 이르렀다. 이때에
부(否)가 조선왕이 되었는데, 진(秦)의 습격을 두려워한 나머지 정
략적으로 진(秦)에 복속은 하였으나 조회(朝會)에는 나가지 않았
다. 부(否)가 죽고 그 아들 준(準)이 즉위하였다. 그 뒤 20여 년이
지나 진승(陳勝)과 항우(項羽)가 군사를 일으켜 천하가 어지러워
지자, 연(燕)·제(齊)·조(趙)의 백성들이 괴로움을 견디다 못해 차츰
차츰 준(準)에게 망명하므로, 준(準)은 이들을 서부 지역에 거주하
게 하였다. 한(漢) 때에 이르러 노관(盧綰)으로 연왕(燕王)을 삼으
니, 조선과 연(燕)은 패수를 경계로 하게 되었다. 노관이 배반하고
흉노로 도망간 뒤, 연(燕)의 사람 위만도 망명하여 오랑캐의 복장
을 하고 동쪽으로 패수를 건너 준(準)에게 항복하였다. 위만이 서
쪽 변방에 거주하도록 해주면 중국의 망명자를 거두어 조선의 번
병(藩屏)이 되겠다고 준(準)을 설득하였다. 준(準)은 그를 믿고 사
랑하여 박사에 임명하고 규(圭)를 내려주며, 백리의 땅을 봉해 주

어 서쪽 변경을 지키게 하였다. 위만이 중국의 망명자들을 유인하
여 그 무리가 점점 많아지자, 사람을 준(準)에게 파견하여 속여서
말하기를, "한(漢)의 군대가 열 군데로 쳐들어오니, 들어가 숙위(宿
衛)하기를 청합니다."하고는 드디어 되돌아서서 준(準)을 공격하였
다. 준(準)은 만(滿)과 싸웠으나 상대가 되지 못하였다.[41]

위의 『삼국지』인용문은 조선왕 준(準)이 위만에게 한반도의 남쪽으로 쫓
겨나 한왕(韓王)이 되어 한(韓)을 건국하는 과정을 기록한 것이다. 앞의 본
문에서 인용한 『삼국지』의 예(濊) 관련 기록과 연관시켜 분석하면, '위략'의
조선 관련 기록은 그 자체가 근본적으로 심각한 역사왜곡에서 출발하고 있
음을 알 수 있다. '위략'은 주(周)의 무왕(武王)이 서기전 1046년에 상(商)을
멸망시킨 뒤 기자(箕子)를 조선에 봉하여 기자조선이 성립되었는데, 그 조
선이 한반도의 현재 평양 일대에 있었다는 허무맹랑하고 심각한 역사왜곡
을 전제로 출발하고 있다. 그 이후 줄곧 기자(箕子)의 후손이 통치하던 기
자조선은 준왕(準王) 때에 위만에 의해 위만조선으로 변화되고, 준왕(準王)
은 한(韓)의 지역으로 가서 한왕(韓王)이 된다는 것이다. 기자조선-위만조
선으로 연결되며 그 정치중심이 줄곧 현재의 평양 일대에 있으므로, 연(燕)
의 장수인 진개(秦開)가 동쪽으로 침략하여 확보한 땅도 압록강 근처까지
이르고, 진(秦)이 쌓은 장성도 요동을 거쳐 압록강을 건너 한반도로 들어오

---

41) 『三國志』卷30「魏書」卷30「東夷傳」韓 "魏略曰: 昔箕子之後朝鮮侯, 見周衰, 燕自尊爲王, 欲
東略地, 朝鮮侯亦自稱爲王, 欲興兵逆擊燕以尊周室. 其大夫禮諫之, 乃止. 使禮西說燕, 燕止之. 不
攻. 後子孫稍驕虐, 燕乃遣將秦開攻其西方, 取地二千餘里, 至滿番汗爲界. 朝鮮遂弱. 及秦幷天下,
使蒙恬築長城, 到遼東. 時朝鮮王否立, 畏秦襲之, 略服屬秦, 不肯朝會. 否死, 其子準立. 二十餘年
而陳·項起, 天下亂, 燕·齊·趙民愁苦, 稍稍亡往準, 準乃置之於西方. 及漢以盧綰爲燕王, 朝鮮與燕
界於浿水. 及綰反, 入匈奴, 燕人衛滿亡命, 爲胡服, 東度浿水, 詣準降, 說準求居西界, 收中國亡命
爲朝鮮藩屏. 準信寵之, 拜爲博士, 賜以圭, 封之百里, 令守西邊. 滿誘亡黨, 衆稍多, 乃詐遣人告準,
言漢兵十道至, 求入宿衛, 遂還攻準. 準與滿戰, 不敵也."

고, 위만이 망명하며 건넜다는 패수(浿水)도 압록강 혹은 그 이남의 청천강이 되는 것이다. 이런 왜곡된 역사로 위의 본문에서 소개한 [지도 1]에 담긴 위만조선의 지도를 작성하고, 그에 따라 한국고대사를 서술하기 시작하는 것이다. 정말 더 검토할 필요가 있지 않을까?

본문의 [지도 1]과 같은 역사왜곡과 함께 위만조선에 대한 역사적 정체성 문제도 다시 한번 검토할 필요가 있다. 일찍이 고려에 사신으로 왔던 북송(北宋)의 서긍(徐兢, 1091-1153년)은 1124년에 『선화봉사고려도경(宣和奉使高麗圖經)』을 완성했는데, 그 책에 고려의 역사를 서술하면서 〈기자조선-위만조선-한사군〉으로 연결되는 역사체계와 〈부여-고구려-발해-고려〉로 연결되는 '이원적(二元的) 역사체계'를 설정하고, 현토군을 매개로 위만조선과 고구려를 억지로 연결시킴으로써 〈기자조선-위만조선-한사군-고구려(부여)-발해-고려〉로 이어지는 고려의 역사를 서술했다(아래의 [도표 1] 참조).

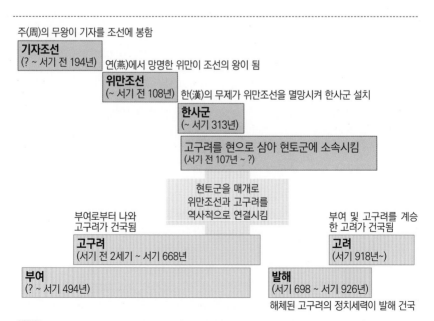

주(周)의 무왕이 기자를 조선에 봉함

기자조선
(? ~ 서기 전 194년) 연(燕)에서 망명한 위만이 조선의 왕이 됨

위만조선
(~ 서기 전 108년) 한(漢)의 무제가 위만조선을 멸망시켜 한사군 설치

한사군
(~ 서기 313년)

고구려를 현으로 삼아 현토군에 소속시킴
(서기 전 107년 ~ ?)

현토군을 매개로
위만조선과 고구려를
역사적으로 연결시킴

부여로부터 나와
고구려가 건국됨

고구려
(서기 전 2세기 ~ 서기 668년

부여 및 고구려를 계승
한 고려가 건국됨

고려
(서기 918년~)

부여
(? ~ 서기 494년)

발해
(서기 698 ~ 서기 926년)
해체된 고구려의 정치세력이 발해 건국

도표1 『고려도경』의 이원적(二元的) 고려 역사 서술 체계

그런데 『선화봉사고려도경』에서, 〈기자조선-위만조선-한사군〉으로 연결되는 역사체계와 〈부여-고구려-발해-고려〉로 연결되는 '이원적(二元的) 역사체계'를 현토군을 매개로 위만조선과 고구려를 억지로 연결시킴으로써 〈기자조선-위만조선-한사군-고구려(부여)-발해-고려〉로 이어지는 고려의 역사를 만들어 내는 것이 과연 역사적으로 정당한가? 본문에 소개한 [지도 1]과 같이 한반도 평양 일대에 위만조선이 존재했다고 그려 넣고, 그 뒤에 한사군 중의 낙랑군도 평양 일대에 그려 넣고, 그 이후의 역사를 한반도를 중심으로 서술해 놓고, 결국에는 위만조선을 한국고대사의 한 출발점으로 설정해 놓는 것이 과연 역사적 진실(眞實)을 반영한 것인가? 위만조선의 정체성 문제도 한번 검토해 볼 필요가 있지 않을까?

이 논문의 결론은 서기전 128년에 설치된 창해군은 한반도 혹은 그 인근 요동반도 어디에도 없었다는 것이다. 창해군과 마찬가지로 위만조선도 한반도나 혹은 그 인근 요동반도 어디에도 없었다는 것이다. 서기전 110년에 세워진 무제대는 현재 중국 창주(滄州) 동쪽에 있는데, 그 곳은 창해군이 설치되었다가 폐지되었었던 지역의 일부라는 것이다. 이 논문의 부족한 점은 이후의 연구를 통해 보충하고자 한다.

참·고·문·헌

1. 원전

- 『呂氏春秋』
- 『史記』
- 『水經』
- 『三國志』
- 『後漢書』
- 『水經注』
- 『魏書』
- 『宣和奉使高麗圖經』
- 『三國史記』

2. 단행본

- 震檀學會, 『韓國史(古代篇)』(서울: 乙酉文化社, 1959)
- 李丙燾, 『韓國古代史研究』(서울: 博英社, 1976)
- 劉義棠, 『中國邊疆民族史』(臺灣: 臺灣中華書局, 1982)
- 大韓民國文教部 國史編纂委員會 編, 『국역 中國正史 朝鮮傳』(서울: 國史編纂委員會, 1986)
- 关贤柱 等 译注, 『呂氏春秋全译』(中国: 贵州人民出版社, 1997)
- 노태돈, 『단군과 고조선사』(서울: 사계절, 2000)
- 李德山/栾凡 著, 『中国东北古民族发展史』(中国: 中国社会科学出版社, 2003)
- (清)顾炎武. 谭其骧等点校, 『肇域志』(中国: 上海:古籍出版社, 2004)
- 袁传璋, 『太史公生平著作考论』(中国: 安徽人民出版社, 2005)
- 임찬경, 『고구려와 위만조선의 경계』(서울: 한국학술정보, 2019)

3. 학술지 및 논문

- 申采浩, 『朝鮮史(29)』「第四編 列國 爭雄時代(6) 第二章 列國의 分立」(『朝鮮日報』 1931.7.14.)

- 李丙燾, 「衛氏朝鮮興亡考」『韓國古代史研究』(서울: 博英社, 1976)

- 許宪范, 「濊貊迁徙考」『民族研究』1985年第4期

- 金貞培, 「衛滿朝鮮의 國家的 性格」『韓國古代의 國家起源과 形成』(서울: 고려대학교출판부, 1986)

- 尹乃鉉, 「古朝鮮의 위치와 疆域」『韓國古代史新論』(서울: 一志社, 1986)

- 徐榮洙, 「古朝鮮의 위치와 강역」『韓國史市民講座』제2집(서울: 一潮閣, 1988)

- 周振鹤, 「汉武帝十三刺史部所属郡国考」『复旦学报:社会科学版』1993年第5期

- 徐榮洙, 「衛滿朝鮮의 形成過程과 國家的 性格」『韓國古代史研究』第9輯(한국고대사학회, 1996)

- 李鍾旭, 「古朝鮮史의 展開와 그 領域」『白山學報』第47號(白山學會, 1996)

- 權五重, 「滄海郡과 遼東東部都尉」『역사학보』168(역사학회, 2000)

- 송호정, 「古朝鮮의 位置와 中心地 문제에 대한 고찰」『한국고대사연구』58(한국고대사학회, 2010)

- 박준형, 「기원전 3~2세기 고조선의 중심지와 서계의 변화」『사학연구』 제108호(한국사학회, 2012)

- 임찬경, 「고려시대 한사군 인식에 대한 검토」『국학연구』 제20집(국학연구소, 2016)

- 洪承賢, 「燕·秦·漢長城 수축을 통해 본 衛滿朝鮮의 西界」『韓國史學報』제70호(고려사학회, 2018)

- 박노석, 「고조선대 창해군에 대한 재 고찰」『전북사학』 제50호(전북사학회, 2017)

- 임찬경, 「조선 즉 위만조선과 창해군의 위치에 관한 연구」『국학연구』 제22집(국학연구소, 2018)

- 오현수, 「『사기』「조선열전」 기재 '秦故空地上下鄣'에 대한 검토: 秦故空地上

下部의 공간적 범위와 기능」『韓國史學報』 제70호(고려사학회, 2018)

- 이준성, 「濊君 南閭의 동향과 滄海郡·玄菟郡 설치」『白山學報』116권(백산학회, 2020)
- 최슬기, 「蒼海郡 위치비정의 쟁점과 전제」『고조선단군학』 제44집(고조선단군학회, 2021)

모본왕의『三國史記』
요서(遼西) 정벌 기사를 중심으로 본
고구려 초기의 정복활동

길이숙

단국대학교 사학과 졸업
인하대학교 융합고고학과 통합과정

Ⅰ. 머리말

본고는 모본왕의 요서 정벌에 관한 호기심을 가지고 출발하였다. 고구려는 수·당(隋唐)을 물리친 자랑스런 역사가 있지만, 모본왕의 기사는 매우 신선한 느낌을 준다. 수·당을 물리친 기저에는 고구려 건국 초기부터 숱한 정복 과정이 있었던 것이다.

'삼국사기 초기 불신론'은 고구려, 백제, 신라, 가야 4국의 국가 형성을 2, 3세기 내지는 4세기로 늦추어 잡고, 그 시대의 역사도 '원삼국시대'라는 애매한 표현으로 대체하고 있다. 이러한 상황에서 모본왕의 요서 진출이나 그로 인한 결과물일 것으로 생각되는 태조왕의 요서 10성 설치는 그 시기나 규모, 위치 등에서 받아들이기 힘든 요소를 안고 있다.

『三國史記』「高句麗本紀」에

"모본왕 2년(49) 봄에 장수를 보내 한(漢)의 북평(北平)·어양(漁陽)·상곡(上谷)·태원(太原)을 습격하였으나 요동태수 채동(蔡彤)이 은혜와 신의로 대우하였으므로 다시 화해하고 친하게 지냈다."

라는 기사와,

"태조대왕 3(55) 봄 2월에 요서(遼西)에 10성을 쌓아 한의 침략에 대비하였다."

라는 기사는 6년밖에 차이가 나지 않는다. 두 기사는 서로 긴밀한 연관이 있을 것으로 생각된다. 태조대왕의 요서 10성 설치 기사는 『三國史記』에만 보이는 반면, 모본왕의 기사는 중국 측 사서에도[1] 같은 내용이 보이므로,

---

1) 『後漢書』 두 군데와 『資治通鑑』에 보인다.

『三國史記』의 기록이 과장되었다고 볼 수 없다. 또한 모본왕의 정복이 그저 시위성으로 끝났다고 단정하기도 어렵다. 중국 측 사서에 반복하여 기록될 정도면 그 충격이 가볍지 않았다는 증거이다.

『三國史記』는 서기전 1세기부터 시작되는 현존하는 한국의 역사서로는 가장 이른 시기의 것이다. 중국 측 사료를 일부 참고한 것으로 보이지만, 고려인 혹은 조선인의 손(재작업)으로 편찬된『三國史記』는 우리의 시각으로 쓴 역사서로서 가치가 매우 크기 때문에, 본고는『三國史記』를 1차 사료로 하여 작성하였다.

고구려 건국 당시 조선지역이었던 요동과 한반도의 상황은[2], 서기전 3세기경부터 조선의 중심 영토가 북부여에 계승되고 난 후, 그 외 지역의 많은 거수국들이[3] 중심점 없이 흩어져 있던 시기이다.

대외적으로 훈족에게 약세를 면치 못하던 한은, 무제가 즉위하면서 강성정책으로 기조를 바꾸어 서역으로는 외교를 통해 훈족을 고립시키고, 동쪽으로는 위만을 복속시켜 훈과의 군사동맹을 차단하고[4] 한의 군사적, 경제적인 어려움을 해결하고자 하였다.[5] 한의 위만에 대한 공격은 성공적이지 못했으나, 위만조선은 자체 내분으로 결국 몰락하였다. 교역(특히 말) 중심지역을 손에 넣음으로써 한은 훈족과의 경쟁에서 우위을 점하고 부흥의 기틀을 마

---

2) 윤내현, 『고조선연구 상』(서울: 만권당, 2019), p.537.
遼東에 대해 몇 가지 說이 있는데, 본고에서는 灤河 동쪽의 요동과 난하 서쪽의 요서를 채택한다.
3) 윤내현(2019), p.326, 고조선 정치사회 체제에 대해 아직 거수국을 대신할만한 학설은 안 나온 것 같다.
4)『漢書』卷73 韋賢傳 第43 太僕王舜·中壘校尉劉歆議曰 ... 孝武皇帝愍中國罷勞無安寧之時 ... 東伐朝鮮, 起玄菟·樂浪, 以斷匈奴之左臂
5) 복기대, 「전한(前漢)의 동역(東域) 4군 설치 배경과 그 위치에 관하여」, 『인문과학연구』52 (2017), p.439-482.

련하였다.[6] 위만 조선이 있던 지역에는 교역의 거점으로 사군이 설치되었다.

사군의 위치에 대해서는 크게 한반도 안에 있었다고 보는 견해와 난하 유역에 있었다고 보는 견해로 나뉘는데, 위만조선의 위치를 알면 한사군이 설치된 지역을 알 수가 있다. 현재 위만조선은 난하 이동에 있었다고 보는 견해가 설득력을 얻고 있다.[7]

본고는『三國史記』「高句麗本紀」의 초기 기록에 나오는 추모왕(鄒牟王)대부터 모본왕대까지 대외적인 정복 활동과 태조대왕의 10성 축조 등을 한 선으로 연결하여 요동을 회복하려는 고구려인들의 모습을 살피도록 하겠다. 태조대왕의 요서 10성은 1)유리명왕, 대무신왕, 모본왕이 정복한 지역에 설치하였거나, 2)유리명왕과 대무신왕이 회복한 지역에 성을 설치하고, 모본왕이 점령한 지역의 주둔군이 후방에서 안전을 도모하였을 수도 있고, 3)모본왕이 정복한 요서 지역에 10성을 쌓았을 가능성 등 여러 가능성이 있으므로 충분히 사실로 받아들일 수 있다.

모본왕의 정복과 태조왕의 업적은 낙랑과 현도가 요동으로 가는 길목 중간에 있다고 여겨지는 상황에서, 어떻게 집안에서[8] 산서성까지 침공하여 하북성 지역을 복속시켰느냐 하는 문제를 푸는 것이 관건이라고 하겠다.[9] 우리는 그동안 사서에 기록된 많은 고리를 무관심과 억측으로 끊어내고, 방치하였다. 본고에서는 고구려 초기 놓치고 있던 강국의 고리를 재작업하여 연결해 보도록 하겠다.

---

6) 복기대(2017), p.469.

7) 윤내현(2019), pp.455-503 ; 복기대(2017), pp.470-477 ; 최태영, 『한국 고대사를 생각한다』(서울: 눈빛출판사, 2019) pp.109-113 ; 김종서, 「고조선과 한사군의 위치 비정 연구」, 중앙대학교 박사 (2005), pp.90-121.

8) 현재 학계에서 국내성은 집안으로 비정되고 있다.

9) 고구려에서 태원까지는 왕복 8,000km나 된다. 박세이(2012), p.126.

Ⅱ. 연구사 검토

『三國史記』, 『後漢書』, 『資治通鑑』 기사에 보이는 모본왕의 요서정벌에 관한 몇 편의 선행연구를 살펴보겠다. 모본왕의 요서 정벌을 믿을 수 없다는 견해[10]가 있지만, 근래 연구는 대체로 긍정적이다.

기수연(1998)은 『三國志』 「烏丸鮮卑傳」을 인용하여 모본왕 2년(49년)에 요동속국(遼東屬國) 및 요서군(遼西郡), 우북평(右北平), 어양(漁陽), 광양(廣陽), 상곡(上谷), 대군(代郡), 안문(雁門), 태원(太原) 등지에 모두 오환인이 활동했으며, 중심 세력은 상곡, 우북평, 요서, 요동속국 등지에 거주했음을 알 수 있다고 했다.[11] 따라서 중국 동북방은 실질적으로 후한의 지배가 미치지 못하는 곳이었으므로, 고구려가 이 지역에서 이들과 패권을 다투면서 상당 부분 영향력을 행사했다고 보았다. 이들 지역에 대한 일시적인 진출은 충분히 가능한 일이라고 하였다.[12]

박노석(2002)은 유리명왕과 대무신왕, 모본왕으로 이어진 요서 정벌에 주목하였다. 요서를 장악함으로써 후한의 본토 지원을 차단하여 요동군을 고립시키는 작전을 실행했다고 하였다. 당시 고구려는 선비족 중 만리 집단을 속국으로 삼고 있었기 때문에[13] 선비와 오환과 더불어 연합작전을 폈다고 보았다. 후한이 적극적인 방어를 하지 못한 이유는 후방에서 훈, 오

---

10) 『後漢書集解』 註. "陳景雲曰 太原二字 非衍卽誤 貊人入寇東邊諸郡 不能西至太原內之地也 東夷傳同."
이만열, 『講座 三國時代史』(서울: 지식산업사, 1976), p.37.
11) 『三國志』 卷30, 「烏丸鮮卑傳」 魏書曰, ... 建武二十五(49)年, 烏丸大人郝旦等九千餘人率衆詣闕, 封其渠帥爲侯王者八十餘人, 使居塞內, 布列遼東屬國·遼西·右北平·漁陽·廣陽·上谷·代郡·鴈門·太原·朔方諸郡界 ......
12) 기수연, 「『後漢書』 「東夷列傳」 〈高句麗傳〉에 대한 분석 연구」, 『사학지』 31 (1998), pp.668-669.
13) 유리명왕 11년, 『後漢書』 卷20 「銚期王覇祭遵列傳」 第10, ... 其異種滿離·高句驪之屬 ...

환, 선비에게 공격당할 수 있고, 고구려와 선비의 역공을 받아 요동마저 상
실할 위험이 있기 때문이라는 것이다.[14]

서영교(2005)는 고구려의 군사 활동을 사냥과 연관해서 해석하였다.[15] 모본
왕의 기사에서 다음과 같이 자연재해와 군사활동을 연계해서 보고 있다.[16]

* 원년(48) 가을 8월에 홍수가 크게 나서 산이 20여 곳 무너졌다.[17]

* 2년(49) 봄에 장수를 보내 한(漢)의 북평(北平), 어양(漁陽), 상곡
(上谷), 태원(太原) 등을 습격하였다. 그런데 요동태수(遼東大守)
제융(祭肜)이 은혜와 신의로 대우하므로 다시 화친을 맺었다.

* 〔2년(49)〕 3월에 폭풍이 불어 나무가 뽑혔다.[18]

* 〔2년(49)〕 여름 4월에 서리와 우박이 내렸다.[19]

* 〔2년(49)〕 가을 8월에 사신을 보내어 나라 안의 굶주린 백성에게
식량을 주어 먹여 살렸다.[20]

즉 자연재해로 식량이 수급이 좋지 않아 약탈을 위한 사냥대를 조직하였
다고 하였다.[21]

14) 박노석, 「모본왕대의 후한 공격」, 『대동사학』 1, (2002), pp.15-22.
15) 徐榮敎, 「고구려의 수렵습속과 유목민-1-2세기 선비족과의 관계를 중심으로-」, 『고구려
발해연구』 21 (2005), pp.305-335.
16) 서영교(2005), p.316.
17) 『三國史記』 卷第14 高句麗本紀 第2 慕本王 元年, 秋八月, 大水, 山崩二十餘所.
18) 『三國史記』 卷第14 高句麗本紀 第2 慕本王 三月, 暴風拔樹.
19) 『三國史記』 卷第14 高句麗本紀 第2 慕本王 夏四月, 殞霜雨雹.
20) 『三國史記』 卷第14 高句麗本紀 第2 慕本王 秋八月, 發使賑恤國內饑民.
21) 서영교(2005), 46년부터 이어진 자연 재해로 훈족이 약화되어 한은 훈족을 남북으로 분

윤병모(2010)는 『三國史記』의 기록보다 중국계 기록인 『後漢書』를 중시하여 요서 원정의 주체를 玄菟郡에 속한 고구려현의 원고구려로 보았다.[22] 즉 서기전 107년 이전부터 존재한 구려가 선비족의 협조를 얻어 원정했다는 것이고. 또한 추모의 고구려가 범(凡)맥인계, 범(凡)고구려인계와 연합하여 이루어진 세력으로서 그 성격이 약탈전적인 원정으로 보았다.[23]

박세이(2012)는 모본왕의 유주, 병주 침공은 당시 후한의 사정이 안정적이지 못했던 것에 기인했다고 하였다. 후한에서 요서로 빠지는 통로가 막혀, 후한의 요서와 요동 경영이 지장을 받아 방치 상태에 놓이게 되고, 이를 틈타 고구려가 선비와 오환을 규합하여 후한의 변경 지역 원정을 감행한 것이라고 하였다.[24]

장유리(2015)는 유리명왕대에 선비의 한 집단을 복속시키면서 서방 진출의 기반을 마련하였다고 하였다. 49년 모본왕의 요서 진출은 이미 요서에 영역을 확보하였고(서기전 9년에서 서기 12년 사이), 후한 변군의 방어체제가 붕괴되었으며, 북훈누의 지원이 있어 가능했다고 보았다. 기수연, 김효진의 생각과는 달리 당시 후한의 사정은 주변 이종족 세력과의 관계에서 매우 우세를 보이고 있다고 하였다. 특히 해당 시기는 북훈누와 후한의 갈등이 최고조에 오르는 때였는데 고구려가 북훈누의 편을 들어 후한을 공격했다고 보았다. 이미 유리명왕 시기 훈족 편에 선 적이 있어 서로 연계되어 있었고, 북훈누가 고구려에 후한 공격을 요청하면서 이루어졌다는 것이다. 고구려, 북훈누, 선비 對 후한, 남훈누, 오환의 대립 구조에서 태원을 공격한 것은 후한과 남훈누의 교통로를 끊으려는 의도로 보았다. 후한은 중국 통

열시켰다고 한다. p.316 ; p.317
22) 윤병모, 「A.D 2세기 이전 고구려의 요서원정」, 『국학연구』 17 (2010), p.81.
23) 윤병모(2010), p.96.
24) 박세이, 「고구려 태조왕대 이전의 선비 관계」, 『지역과 역사』 30 (2012), p.133.

일 이후 대내외적인 안정을 추구하면서 고구려를 재물의 이익으로 회유하여 국제질서를 구축하게 된다. 그 뒤 후한의 이이제이에 맞서 고구려는(태조대왕) 유리명왕대부터 영유해 오던 요서에 10성을 쌓았다고 하였다.[25]

김효진(2018)은 이 사건의 배경으로 고구려 내의 복잡한 왕위 계승 과정과 요동태수 채융(『三國史記』: 채동)의 적극적인 이민족 정책에 고구려가 위기감을 느꼈을 것이라고 했다. 당시 4군은 훈족과 선비의 연이은 공격으로 피폐해져 있었다. 이는 요동군과는 대조되는 상황이었다. 훈이 북쪽으로 후퇴하여 벌어진 '막남지공(漠南地空)'의 상황은 고구려의 공격 루트로 활용되었을 것이고, 이때의 공격은 점령의 의도보다는 제반 시설 파괴와 약탈이라는 일종의 시위적 성격이 강했던 것으로 추측하였다.[26]

서영교, 윤병모와 김효진의 연구는 고구려가 참여한 요서 정벌이 있었다는 것에는 동의하나, 그 의미를 과소평가하고 있다. 윤병모는 요서 원정의 주체는 고구려가 아니라 고구려현이 주도한 전쟁으로 보았다. 거기에 고구려가 동조해 약탈을 일삼았다는 것이다. 현도군의 현 단위에서 漢(후한)이라는 나라를 상대로 전쟁을 벌일 수는 없다. 고구려현에 고구려가 동조하였다는 것도 수긍하기 어렵다. 더구나 고구려현은 유리명왕 33년에 이미 고구려에 복속되었다.

김효진은 고구려의 요동군에 대한 위기감이 요서의 제반 시설을 파괴하는 정도의 시위를 하려고 원정을 하였다는 것인데, 그렇다면 그것은 너무 무모한 원정이 아닌지 묻고 싶다. 장유리는 고구려 초기 정복 활동의 연장선상에서 모본왕의 요서 진출을 해석하고 태조대왕대에 요서 10성을 축조하는 것까지 연결해서 보았다.

25) 장유리, 「고구려 초기의 서방정책」, 『한국전통문화대학교』 석사, (2015), pp.23-29.
26) 김효진, 「고구려 모본왕대 4군 공격 배경과 영향」, 『한국고대사탐구』 29 (2018), pp.29-30.

위와 같은 연구는 당시 한(漢)과 대치되는 집단들의 이해관계에 얽힌 연합, 분리를 살펴봄으로써 모본왕의 요서 정벌을 해석하는 것이다. 기본적으로 초기 고구려가 요서를 정벌하기에는 부족함이 있다는 전제를 깔고 있다. 훈족과 오환, 선비는 모본왕 기사에 직접적인 언급이 없으나, 연구에서는 그들의 역할을 주도적인 것으로 보고 있다. 고구려가 요서를 원정하였다고 하여도 고구려의 중심과 요서가 너무 멀어 정복지를 관리할 수 없다고 생각하여 채동의 회유에 넘어갔다고 보거나, 아예 처음부터 노략질 정도의 시도였다고 단정하고 있다.

당시 훈족은 선우(單于) 내에서 분란이 벌어지고, 대흉년이 이어져 쇠망의 조짐이 있었으므로 서진하는 고구려를 막을 수 없었을 것이다.[27] 이에 오환이 쇠약해진 훈족을 공격하여 일부 세력을 북쪽으로 몰아내었다.[28] 당시 오환은 국가체제 정비가 제대로 되어 있지 않았다.[29] 그렇지만 고구려가 오환 선비를 연합하여 한을 공격하였다고 하는 박세이의 논증은 의미가 있다고 본다. 오환은 당시 후한의 변방 5군인 대(代), 상곡, 어양, 우북평, 요서군의 새외지역에 자리하고 있었고[30], 이들 중 세 지역은 모본왕이 정복한 지역과 겹쳐진다.

선비는 유리명왕 11년에 고구려에 복속되는데, 그 범위가 얼마나 되는지 자세히 알 수는 없다. 다만 고구려가 선비와 연합하였다면, 복속시킨 선비일 것이다. 따라서 후한의 기록에 선비 운운은 고구려를 비껴 기록한 것일

27) 정인보,『朝鮮史硏究 上』, (서울: 우리역사연구재단, 2018), p.723.
28)『後漢書』卷90「烏桓鮮卑列傳」第80 烏桓 二十二年, 匈奴國亂, 烏桓乘弱擊破之, 匈奴轉北徙數千里, 漠南地空, 帝乃以幣帛賂烏桓.
29) 박세이(2012), p.136 ; 정인보(2018), p.724 ;『後漢書』卷90「烏桓鮮卑列傳」第80 烏桓
30)『資治通鑑』卷43,「漢紀」25, 建武 21年(45) 烏桓與匈奴・鮮卑連兵為寇 … 五郡民庶 家受其辜(胡注:五郡, 謂代郡, 上谷, 漁陽, 右北平, 遼西也) 至於郡縣損壞 百姓流亡 邊陲蕭條 無復人迹.『三國志』卷30,「烏丸鮮卑傳」30, 魏書曰, …… 建武二十五年(49), 烏丸大人郝旦等九千餘人率衆詣闕, 封其渠帥爲侯王者八十餘人, 使居塞內, 布列遼東屬國・遼西・右北平・漁陽・廣陽・上谷・代郡・鴈門・太原・朔方諸郡界 ……

가능성이 크다.[31] 고구려에 복속되어 고구려와 같이 활동함으로써 그들의 존재가 부각된 것이다. 선비가 후한의 변방을 보호함과 동시에 침략하지 않는 조건으로 재화를 받은 기록은[32] 선비 즉 고구려가 요서 지역에 건재함으로써 위협을 느낀 후한이 선물을 바친 기록일 가능성 혹은 고구려와 선비를 분리시키려는 계략일 가능성이 있다.

고구려 초기의 요서 정벌을 유리명왕 대무신왕 모본왕에서 태조대왕까지 이어진 사건으로 본 장유리의 시각은 본고의 논지와 같고, 태조대왕의 요서 10성을 유리명왕이 복속시킨 지역으로 본 것도 의미 있다고 본다. 다만 세력이 약해진 북훈누의 요청을 과연 고구려가 받아들였을 것인지, 북훈누의 요청과 지원이 있었다면, 고구려는 자체적으로 요서 10성을 쌓을 수 있었을 것인지에 대해서 생각해 봐야 한다. 북훈누가 당연히 자기들의 지분을 요구할 것이기 때문이다.

이상 모본왕의 요서 정벌을 긍정적으로 본다고 해도, 부정할 수 없기 때문에 조건적으로 긍정하는 듯한 인상이다. 즉 건국 후 80-90년 만의 비교적 가까운 시기의 일이기 때문에 정벌 가치 면에서 높이 평가하지 않는다.

---

31) 『通典』에는 고(구)려(高麗)·발해(渤海)의 국호를 쓰는 대신 일부러 '東夷之地'로 표현하고 있다. 송영대. 「『通典』에 기재된 '東夷之地' 의미 분석」. 『한국동양정치사상사연구』 18(2) (2019), pp.37-66.

정인보(2018), p.724 ; 선비는 고구려에 복속하여 고구려 군사의 지원을 받던 처지로서 태조대왕 때까지도 고구려에 복속하여 있었다.

32) 『三國志』 卷30,「烏丸鮮卑傳」 30, 鮮卑, 魏書曰 ... 建武 30(54)年, 鮮卑大人於仇賁率種人詣闕朝貢, 封於仇賁爲王. 永平中, 祭肜爲遼東太守, 誘賂鮮卑, 使斬叛烏丸欽志賁等首, 於是鮮卑自燉煌·酒泉以東邑落大人, 皆詣遼東受賞賜, 靑·徐二州給錢, 歲二億七千萬以爲常. 건무 30년(54)에 鮮卑大人 어구분(於仇賁)이 무리를 이끌고 궁궐을 방문하여 조공을 바치니, 이에 [광무제는] 어구분을 왕으로 봉하였다. 영평년간(58~75)에 제융(祭肜)이 遼東太守가 되어 선비인들을 유혹하여 재물을 주어 배반한 오환 흠지분(欽志賁) 등의 목을 베게 하였다. 이때 돈황[군](燉煌郡)과 주천[군](酒泉郡) 동쪽에 있던 선비의 邑落 대인들은 모두 요동[군](遼東郡)을 방문하여 상으로 준 물품(賞賜)를 받았다. 청주(靑州)와 서주(徐州)의 두 개 주에서 전(錢)을 지급하였는데, 해마다 2억 7천만 [전]을 [요동군으로 보내는 액수로] 규정하였다.

당시 도읍지인 집안의 국내성부터 태원까지는 너무 먼 거리로 경략의 주체를 고구려로 보지 않는다. 약탈전(시위)이었으며, 요동 태수가 은혜와 신의로 대우하였으므로 철수했다고 본다.

본고는 선행 연구자들의 의견을 참조하면서, 연구를 진행해 보고자 한다.

Ⅲ.『三國史記』기사를 중심으로 본 모본왕의 요서(遼西) 정벌

1. 초기 정복 기사의 검토

고구려가 성립하는 초기 과정에서 전쟁을 통해 영토를 늘려나가는 모습을 보면, 모본왕의 요서 정벌이 처음부터 영토 확장의 공감대가 형성된 상태에서 이루어진 것임을 알 수 있다. 모본왕의 정복 활동은 고구려 건국 80여 년 만의 일이다. 건국 후 비교적 이른 시기의 일이라 그 사실 여부가 의심스러울 수도 있으나, 타지에서 온 1대 추모왕이 나라의 기반이 약한 시기에 정복 성과를 이루어 냈다는 것이 사실은 더 의아하다고 할 것이다. 다음은『三國史記』에 보이는 초기 고구려의 정복 활동을 살펴서 모본왕의 요서 정벌이 대를 이어서 자연스럽게 준비된 것임을 알아보겠다.

> * 1-1) 시조(始祖) 동명성왕(東明聖王) 원년(元年)에 "그 땅이 말갈
> 부락에 잇닿아 있기에 침입과 도적질의 피해를 입을까 두려워하여
> 마침내 그들을 물리치니, 말갈이 두려워 굴복하고 감히 침범하지
> 못하였다."[33]

---

33)『三國史記』卷第13「髙句麗本紀」第1 東明聖王 元年 …其地連靺鞨部落, 恐侵盜爲害, 遂攘斥之, 靺鞨畏服, 不敢犯焉.

* 1-2) 동명성왕 2년(서기전 36) 여름 6월에 송양이 나라를 들어 항복해오니 그 땅을 다물도(多勿都)로 삼고 송양(松讓)을 봉하여 임금을 삼았다. 고구려 말에 옛 땅을 회복하는 것을 다물이라 한 까닭에 그렇게 지칭한 것이다.[34]

* 1-3) [6년(B.C. 32)] 겨울 10월에 왕이 오이와 부분노(扶芬奴)에게 명하여 태백산 동남쪽에 있는 행인국(荇人國)을 쳐서 그 땅을 빼앗아 성읍으로 삼았다.[35]

* 1-4) [10년(B.C. 28)] 겨울 11월에 왕이 부위염(扶尉猒)에게 명하여 북옥저(北沃沮)를 정벌하여 멸망시키고, 그 땅을 성읍으로 삼았다.[36]

라 하여 건국 원년부터 10년 사이에 말갈과 비류국(沸流國), 행인국, 북옥저를 복속시키고 있다. 더구나 비류국을 복속시키면서 옛 땅을 회복한다고 하였으니, 신생국 고구려에게 옛 땅은 어디를 말함인가?

　지양미는 비류국을 북부여로 보았다[37]. "북부여 해모수의 도읍지 흘승골성(紇升骨城, 『三國遺事』)과 고구려 동명제의 졸본(卒本)은 같은 곳이고,[38] 졸본과 관련 있는 강은 비류수이다. 비류수 상류에 비류국이 있었고, 추모

---

34) 『三國史記』「高句麗本紀」第1 東明聖王 二年夏六月 松讓以國来降, 以其地為多勿都, 封松讓為主. 麗語謂復舊土為多勿, 故以名焉.
35) 『三國史記』「高句麗本紀」第1 東明聖王 六年, 冬十月, 王命烏伊·扶芬奴, 伐大白山東南荇人國, 取其地為城邑.
36) 『三國史記』「高句麗本紀」第1 東明聖王 十年, 冬十一月, 王命扶尉猒, 伐北沃沮滅之, 以其地爲城邑.
37) 『三國史記』「高句麗本紀」第1 東明聖王 一年 … 王見沸流水中有菜葉逐流下, 知有人在上流者, 因以獵徃尋, 至沸流國. 其國王松讓 …
38) 『三國史記』卷第37「雜志」第6 地理4 高句麗按通典云, "朱蒙以漢建昭二年, 自北扶餘東南行, 渡普迷水, 至紇升骨城居焉, 號曰句麗, 以髙爲氏." 古記云, "朱蒙自扶餘逃難, 至卒本." 則紇升骨城·卒夲似一處也

왕은 비류국왕 송양을 다물후로 봉했다. 다물은 옛 땅을 회복한다는 뜻이
므로 비류수 상류가 졸본지역의 홀승골일 가능성이 있다"[39]는 것이다.[40]

따라서 건국 초기부터 나라가 역사의 뒤편으로 사라질 때까지 자신들이
계승하였다고 생각한 북부여와 그 이전 조선(古朝鮮)의 영토를 회복하는데
전심하였다. 그렇게 치열하게 요동과 요서 지역을 쟁취하려는 이유는 중원
의 무리에게 빼앗긴 영토를 되찾겠다는 것이다.

琉璃王

* 2-1) 유리왕 11년(서기전 9) 부분노의 계책으로 선비를 쳐서 속국
으로 삼았다.[41]

* 2-2) 유리왕 31년(12) 한의 왕망(王莽)이 우리의 병력을 징발하여
오랑캐를 정벌하려고 하였으나, 우리나라 사람들이 가려고 하지
않았다. 엄우가 우리 장수 연비(延丕)를 유인하여 목을 베어 머리

---

39) 지양미, 「문헌에 나타난 북부여 도읍지 위치 연구」, 국제뇌교육종합대학원 석사 (2011),
pp.13-20.

40) 紇升骨城은 『魏書』에서 고구려가 처음 도읍한 곳으로 적혀진 이래 『周書』 『北史』 『通典』 등
이 이를 따르고 있다. 국내 자료로는 廣開土王陵碑에서 "沸流谷 忽本西 城山"에 도읍하였다고
하였고, 『三國史記』 권37 地理志 高句麗條와 『삼국유사』 권1 紀異篇 北扶餘條에서 인용한 古
記에서는 卒本(州)에 도읍하였다고 하였다. 『三國史記』는 紇升骨城과 卒本을 같은 곳으로 이
해하였으며, 『삼국유사』는 홀승골성은 북부여가 도읍한 곳으로, 졸본주는 고구려가 도읍한
곳으로 구분하여 이해하고 있다. 근래에는 홀승골성은 升紇骨城이 전도된 것이며 졸본은 곧
卒忽(솔골) 또는 승흘골의 異稱이라 하여 음운상의 유사성을 근거로 양자가 같은 곳이라고
보기도 한다(이병도, 『국역 삼국사기』, 217쪽) - 한국사데이터베이스 『三國史記』 卷第13 「高
句麗本紀」 第1 시조 동명성왕(東明聖王) 주 40)

41) 『三國史記』 卷第13 「高句麗本紀」 第1 琉璃王 十一年, 夏四月, 王謂羣臣曰, "鮮卑恃險, 不我
和親, 利則出抄, 不利則入守, 爲國之患. 若有人能折此者, 我將重賞之." 扶芬奴進曰, "鮮卑險固之
國, 人勇而愚, 難以力鬪, 易以謀屈." 王曰, "然則爲之奈何." 答曰, "宜使人反間入彼, 僞說, '我國小
而兵弱, 怯而難動.'則鮮卑必易我, 不爲之備. 臣俟其隙, 率精兵從間路, 依山林以望其城. 王使以羸
兵出其城南, 彼必空城而遠追之. 臣以精兵, 走入其城, 王親率勇騎挾擊之, 則可克矣." 王從之. 鮮卑
果開門出兵追之. 扶芬奴將兵走入其城, 鮮卑望之, 大驚還奔. 扶芬奴當開拒戰, 斬殺甚多. 王擧旗,
鳴鼓而前, 鮮卑首尾受敵, 計窮力屈, 降爲屬國

를 수도로 보냈다. 양한서(兩漢書)와 남북사(南北史)는 모두 "구려후(句麗侯) 추(騶)를 유인하여 목을 베었다."고 하였다.[42]

* 2-3) 유리왕 33년(14) 서쪽으로 양맥(梁貊)을 멸망시키고 한의 현도군에 속한 고구려현(高句麗縣)을 차지하였다.[43]

유리왕 11년에 복속시킨 선비[44]가 선비 일파 중 어느 정도 규모인지는 모르겠지만, 그 지역이 지금의 적봉이나 그 서쪽일 가능성이 크다. 전한의 북쪽에 훈족과 동호가 있었는데[45] 동호는 선비와 오환으로 나누어지고, 부여 서쪽이 선비이기 때문이다. 부분노의 계책으로 고구려에 복속된 선비 일족도 본거지와 크게 떨어져 있지 않았을 것으로 생각된다.[46]

유리왕 31년 구려후(句麗侯)에 대해 정인보는 侯가 候의 잘못이라고 보아 고구려현의 '候' 벼슬을 하던 추라는 인물을 『三國史記』에서는 우리 장수 연비(延丕)라고 한 것을 두고 그가 당시 고구려의 벼슬도 같이 누리고 있었다고 보았다.[47]

---

42) 『三國史記』卷第13 「高句麗本紀」第1 琉璃王 三十一年 漢, 王莽發我兵伐胡. 吾人不欲行, 强迫遣之, 皆亡出塞, 因犯法爲寇. 遼西大尹田譚追擊之, 爲所殺, 州郡歸咎於我. 嚴尤奏言, "貊人犯法, 宜令州郡, 且慰安之. 今猥被以大罪, 恐其遂叛. 扶餘之屬, 必有和者, 匈奴未克, 扶餘·濊貊復起, 此大憂也." 王莽不聽, 詔尤擊之. 尤誘我將延丕斬之, 傳首京師 (兩漢書及南北史皆云, "誘句麗侯騶, 斬之."). 莽悅之, 更名吾王爲下句麗侯, 布告天下, 令咸知焉. 於是, 寇漢邊地愈甚.

43) 『三國史記』卷第13 「高句麗本紀」第1 琉璃王 三十三年 秋八月, 王命烏伊·摩離, 領兵二萬, 西伐梁貊, 滅其國, 進兵襲取漢高句麗縣 縣屬玄免郡..

44) 『後漢書』卷20, 銚期王霸祭遵 列傳10, 祭遵傳 附 祭肜傳, 建武 25年(49) 乃使招呼鮮卑 示以財利 其大都護偏何 遣使奉獻 願得歸化 肜厚納賞賜 稍復親附. 其異種滿離 高句驪之屬 逐駱驛款塞 上貂裘好馬 帝輒倍其賞賜 其後偏何邑落諸豪並歸義 願自效

45) 林澐 著, 복기대 역, 『북방고고학논총』, (서울: 학연문화사, 2013), pp.82-83.

46) 정인보, 『朝鮮史研究 上』, (서울: 우리역사연구재단, 2018), pp.584-585, 훈족에게 밀린 선비족이 동서 요하 부근까지 진출하면서 서쪽과 북쪽으로 강역을 확장해 나가던 고구려와 거리상으로 점차 가까워지게 되었다.

47) 정인보(2018), p.422.

유리왕 33년 서기 14년 기사는 요서 진출의 교두보를 마련하는 발판이 된다고 하겠다. 정인보는 이때의 현도(玄菟)가[48] 서개마 한 현만 거느리게 되어 군으로서의 존재 의미를 상실했다고 하였다.[49]

- 유리왕은 고구려 서북쪽의 선비와 서쪽의 고구려현을 복속하여 요하 서쪽으로 강역을 더 넓혔고, 현도는 서개마 한 현만 남아 유명무실해졌다.

大武神王

* 3-1) 대무신왕 11년(28) 가을 7월에 한의 요동태수가 쳐들어왔다가 물러났다.[50]

* 3-2) 대무신왕 15년(32) 여름 4월에 왕자 호동(好童)이 옥저(沃沮)로 놀러 갔을 때 낙랑왕(樂浪王) 최리(崔理)를 만나 딸과 인연을 맺고, 낙랑을 침공하여 항복을 받았다.[51]

* 3-3) 대무신왕 20년(37) 왕이 낙랑을 습격하여 멸하였다.[52]

* 3-4) 대무신왕 27년(44) 가을 9월에 한(漢) 광무제가 군사를 보내 바다를 건너 낙랑을 정벌하고, 그 땅을 빼앗아 군현으로 삼아, 살수(薩水) 이남을 한에 속하게 하였다.[53]

윤내현(2019), p.486, "현도군의 고구려현은 현도군의 행정구역으로서 그전에 고구려인들이 살았던 요서 지역에 붙인 이름으로 보아야 한다."
48) 서개마현, 고구려현, 상은태현의 3개 현
49) 정인보(2018), p.418
50) 『三國史記』卷第14「高句麗本紀」第2 大武神王 十一年, 秋七月, 漢遼東大守, 將兵來伐 ... 遂引退
51) 『三國史記』卷第14「高句麗本紀」第2 大武神王 十五年夏四月 ... 好童勸王襲樂浪. 崔理以鼓角不鳴不備. 我兵掩至城下, 然後知鼓角皆破. 遂殺女子, 出降
52) 『三國史記』卷第14「高句麗本紀」第2 大武神王 二十年 ... 王襲樂浪滅之.
53) 『三國史記』卷第14「高句麗本紀」第2 大武神王 二十七年秋九月 漢光武帝遣兵渡海伐樂浪, 取其地爲郡·縣, 薩水已南屬漢.

81

대무신왕 11년(28) 기사는 한의 요동 태수가 쳐들어왔으나 물리쳤다는 내용이다. 고대의 요동은 진장성(秦長城)의 서쪽에 있었다. 후한의 요서가 난하 중류와 그 서부 유역임을[54] 볼 때, 요동은 요서의 이동 즉 난하의 동쪽으로 보아도 될 것 같다. 대무신왕 15년(32) 호동의 기지로 최리의 낙랑국의 항복을 받고, 20년(37) 한의 낙랑을 멸하였다.

27년(44) 후한의 침략을 받았는데 이때 대무신왕 20년에 빼앗은 낙랑을 도로 잃었다고 보는 견해가 대부분이고, 더 많은 땅을 잃게 되었다는 의견이 있다.[55] 광무제가 바다를 건너 낙랑을 정벌하였다는 기록에 북한 평양으로 가서 최리의 낙랑국을 점령했다고 보는 견해도 있으나, 사군이 경제적 교역을 염두에 두고 설치되었기 때문에 지금 평양이 그 목적에 부합된다고 보기 어렵다. 고구려의 후방을 치기 위해 설치하였을 가능성도, 후한의 입장에서는 사방이 적으로 둘러싸이기 때문에 실효성에 의심이 간다. 더구나 후한의 지원군은 바다 건너에 있어서 위급할 시 도움을 받기 힘들다. 따라서 북한 평양에 낙랑군을 설치했다고 볼 수 없다.

- 대무신왕은 낙랑을 멸하였다. 이후 광무제의 군사는 바다를 건너 낙랑을 정벌하고, 그 땅을 빼앗아 살수 이남이 한에 속하게 되었다.

閔中王

* 4-1) 민중왕 4년(47) 겨울 10월에 잠우부락(蠶友)의 대가(大家) 대승(戴升) 등 1만여 가(家)가 낙랑으로 가서 한(漢)에 투항하였다.

---

54) 윤내현, 『한국 열국사 연구』, (서울: 만권당, 2016), p.374, 각주 25)

55) 복기대, 「한사군은 어떻게 갈석에서 대동강까지 왔나? - 한사군인식2 -」, 『선도문화』 25 (2018), p.255.

이정훈은 모본왕의 요서 정벌이 아버지 대무신왕의 복수를 한 것으로 보았다. 『고구려의 국제정치 역사지리』, (서울: 주류성, 2019), p.342.

『후한서(後漢書)』에는 "대가(大加) 대승 등 만여 구(口)"라 하였다.[56]

慕本王

* 5-1) 모본왕 2년(49) 봄에 장수를 보내 한(漢)의 북평(北平)·어양
(漁陽)·상곡(上谷)·태원(太原)을 습격하였으나 요동태수 채동(蔡彤)
이 은혜와 신의로 대우하였으므로 다시 화해하고 친하게 지냈다.[57]

모본왕 2년의 요서진출 기사는『三國史記』이외에『後漢書』,『資治通鑑』
에도 보인다.

* 5-2) "정월 요동요외(遼東徼外) 貊人(맥인)이 右北平(우북평), 어
양, 상곡, 태원을 구략(寇掠)하자 요동태수 祭彤(제융)이 그들을 불
러 항복하게 하였다."[58]

* 5-3) "25년 봄 句麗(구려)가 右北平(우북평), 어양, 상곡, 태원을
寇掠하자 요동태수 祭彤(제동)이 은신으로 그들을 부르니 모두 다
시 요새로 돌아갔다."[59]

* 5-4) "봄 정월에 요동요외(遼東徼外) 貊人(맥인)이 변방을 노략질
하므로 태수 祭彤(제융)이 그들을 불러 항복하게 하였다."[60]

---

56)『三國史記』卷第14「高句麗本紀」第2 閔中王 4年 冬十月, 蠶友落部大家戴升等一萬餘家, 詣
樂浪投漢 後漢書云, "大加戴升等萬餘口".
57)『三國史記』卷第十四「高句麗本紀」第二 慕本王 二年 春, 遣將襲漢北平·漁陽·上谷·大原, 而
遼東大守蔡彤, 以恩信待之, 乃復和親
58)『後漢書』卷1下「光武帝紀」第1下 (建武 二十五年(49) 春正月) 遼東徼外貊人 (貊人, 穢貊國
人也. 貊音陌.) 寇右北平·漁陽·上谷·太原, 遼東太守祭彤招降之. 烏桓大人來朝. (大人謂渠帥也.)
(冬十月) 夫餘王遣使奉獻. 夫餘國在海東, 去玄菟千里餘.
59)『後漢書』卷85「東夷列傳」第75 高句驪 建武二十五年春, 句驪寇右北平·漁陽·上谷·太原, 而
遼東太守祭彤以恩信招之, 皆復款塞
60)『資治通鑑』卷44「漢紀」36 (建武二十五年(49)) 春, 正月, 遼東徼外貊人寇邊. (徼, 古弔翻,

위의 4가지 사료를 비교해 보면[61], 요서 진출의 주체가 각각 다르게 기록되어 있고, 요동태수의 이름이 다르고, 공략지가 북평과 우북평으로 다르게 보인다. 하지만 내용은 크게 다른 점이 없기 때문에, 상이점은 기록의 잘못이거나, 타국을 일부러 낮추어 부르는 말로 표기한 것일 수 있다. 고려(高(句)麗)를 구려(句麗)나 맥(貊)으로 표기하였지만 모두 고구려를 가리키고 있다. 같은 기록이 네 군데에 나오기 때문에 모본왕 요서 진출 기록을 허위나 과장으로 볼 수는 없다.

모본왕 때 장수를 파견하여 북평, 어양, 상곡, 태원을 습격하였다. 요동태수 채동의 항복으로 태원에서는 물러난 것으로 보인다. 북평(혹은 우북평), 어양, 상곡에서도 철군하지는 않았을 것이다. 정인보는 모본왕 시대의 막강한 국력이 이미 대무신왕 때부터 축적되었다고 보았다.[62]

- 모본왕이 하북성, 산서성 지역에 있는 (우)북평, 어양, 상곡, 태원을 경하였다.

태조왕

* 6-1) 태조왕 3(55) 봄 2월에 요서(遼西)에 10성을 쌓아 한의 침략에 대비하였다.[63]

* 6-2) 『太白逸史』「高句麗國本紀」를 보면,[64] 조대기(朝代記)를 인용하여 다음과 같이 遼西 10城을 말하고 있다.[65]

貊, 莫百翻.) 太守祭肜招降之. (降, 戶江翻.)

61) 괄호안의 한글은 사료 간의 차이를 임의로 기록한 것

62) 정인보(2018), p.725.

63) 『三國史記』卷第15 「高句麗本紀」第3 太祖大王 三年春二月 築遼西十城, 以備漢兵.

64) 안경전(2012), 「高句麗國本紀」, p.609.

65) 안경전(2012), p.608, 朝代記 曰 太祖隆武三年 築遼西十城 以備漢 十城 一曰安市 在開平府東北七十里, 二曰石城 在建安西五十里, 三曰建安 在安市南七十里, 四曰建興 在灤河西, 五曰遼東

태조(太祖) 융무(隆武)[66] 3년에 요서에 10성을 쌓아 한나라의 침략
에 대비하였다.

安市城(안시성, 개평부에서 동북쪽으로 70리 떨어진 곳),

石城(석성, 건안성에서 서쪽으로 50리 떨어진 곳),

建安城(건안성, 안시성에서 남쪽으로 70리 떨어진 곳),

建興城(건흥성, 난하의 서쪽),

遼東城(요동성, 창려의 서남쪽 경계),

豐城(풍성, 안시성에서 서북쪽으로 100리 떨어진 곳),

韓城(한성, 풍성에서 남쪽으로 200리 떨어진 곳),

玉田堡(옥전보, 옛날의 요동국으로 한성에서 서남쪽으로 60리 떨어
진 곳),

澤城(택성, 요택성에서 서남쪽으로 50리 떨어진 곳),

遼澤城(요택성, 황하 북류의 왼쪽 언덕에 있다.)[67]

더하여 융무 5년(태조대왕 5년) 봄 정월에 백암성(白巖城)과 용도성을 쌓았
다는 기록이 있다.[68]

在昌黎西南境, 六曰豐城 在安市西北一百里, 七曰韓城 在豐城南二百里, 八曰玉田堡 舊遼東國 在
韓城西南六十里, 九曰澤城 在遼澤西南五十里, 十曰遼澤 在黃河北流左岸, 五年春正月 又築白岩
城甬道城

66) 기존 기록에서 보이지 않는 太祖王의 연호이다.

67) 윤내현은 『한국 열국사 연구』 p.374, 주 25)에서 오늘날 요서 지역에서 발견되는 성들을
모두 진시왕이 쌓은 만리장성과 연결하는데, 그것은 잘못된 것이며 고구려가 쌓은 성들이 많
다고 하였다. 또한 덕흥리 고분(영락 18, 서기 408)의 묘주는 國小大兄, 遼東太守, 東夷校尉,
幽州刺使를 역임했다. 그는 고구려인으로 하북성 지역에서 관리를 하다가 평양으로 돌아온
것으로 보인다. 남창희 인하대 교수는 천진 가는 길에 고성의 흔적들을 보았는데 그것이 어
느 나라의 유적인지 연구해 보아야 한다고 하였다.

68) 안경전(2012), 「高句麗國本紀」, p.606.
고려진은 북경 安定門 밖 60리쯤에 있다. 안시성은 開平府 동북쪽 70리에 있는데 지금의 탕지
보 이다. 고려성은 河間縣 서북쪽에 있다. 모두 태조 무열제께서 쌓으신 것이다. 安市城 在開
平府東北七十里 今湯池堡 高麗城 在河間縣 西北十二里 皆太祖武烈帝所築也

『三國史記』에 보이는 10성(城) 축조 기사는 너무 간단하다. 태조대왕은 7살의 어린 나이에 등극하여 당시(10살)에도 태후가 섭정하였을 것이다. 따라서 요서에 10성을 쌓으려면 그 이전에 요서는 이미 고구려의 땅이어야 된다. 이전 유리왕이나, 대무신왕, 모본왕의 정복 기사에서 그 힌트를 얻을 수 있겠다. 유리왕대는 고구려현을 정복했으므로 현도에 속한 고구려현이 요서 10성을 쌓는데 도움이 되었을 것이다. 모본왕의 (우)북평, 어양, 상곡 등지 정벌은 요서 10성을 쌓는 결정적인 바탕이 되었을 것으로 보인다.

2. 초기 도읍지와 위치 추정

* 5-1) 모본왕은 재위 2년(49) 봄에 장수를 보내 한(漢)의 북평(北平)·어양(漁陽)·상곡(上谷)·태원(太原)을 공격하였다.

모본왕의 군대가 어디에서 출발하였는지 알 수 없지만, 강역의 크기에 따라 수도 및 근방에서 파견되었거나, 서쪽 지역 군대가 출동하였을 수 있다. 우선 초기의 도읍지를 알아보고, 서쪽 변경을 유추해 보도록 하겠다.

모본왕 시기 수도는 유리명왕이 천도한 국내성이다. 따라서 국내성의 위치가 중요하지만, 국내성은 이전 추모왕의 도읍지와 근거리 또는 연계 도로가 있었을 것이므로 참고적으로 졸본을 알아보겠다.

추모왕의 첫 도읍지 졸본의 위치에 대해 현재 학계에서 통용되고 있는 설은 지금의 ① 요녕성 본계시 환인현이다. 이런 관점은 시라토니 구라키치(白鳥庫吉)에서 시작되었는데[69], 현재 혼강(渾江) 유역을 비류수로 비정하고, 졸본을 환인현 오녀산성으로, 두 번째 도읍 국내성은 오늘날 길림성 집

69) 복기대, 「고구려 도읍지 천도에 대한 재검토」, 『단군학연구』 22 (2010), p.203 ; 白鳥庫吉, 「丸都城及國內城考」, 『朝鮮史研究』, (도쿄: 岩波書店, 1940) 원 발표는 『史學雜誌』 (1914) pp.25-45.

안시로 비정하였다. 이병도를 비롯하여 한중일 삼국의 대다수 학자들이 지지하고 있으며.[70] 근래에는 기경량이 오녀산을 주몽이 나라를 세운 골령(卒=忽=鶻), 즉 졸본으로 보고 있다.[71]

시기	수도	위치비정		근거(주장자)
추모왕	졸본	①본계시 환인현	오녀산성	시라토니 구라키치(白鳥庫吉), 기경량
			나합성이나 고려묘자촌지역	노태돈
		②솔빈(수분하/흥경:허투아라[72])		정인보, 박창화/안정복, 정약용
		③의무려산 동쪽		임찬경, 복기대, 『三國史記』卷第37「雜志」第6 地理4 高句麗
		④개원		『숙종실록』31권, 숙종 23년 5월 18일
	북옥저 성읍	⑤눌견(상춘)=〉장춘 朱家城子		『太白逸史』「高句麗國本紀」
유리명왕	국내 위나암성	⑪길림성 집안시		도리이 류조(鳥居龍藏), 시라토니 구라키치(白鳥庫吉)
		⑫철령 또는 그 근처		복기대

표1 초기 도읍지 비정

70) 王承禮, 「吉林遼寧的高句麗遺蹟」, 『考古與文物』, 1984-6(1984) ; 魏存成, 「高句麗初, 中期的都城」, 『北方文物』1985-2(1985) ; 李殿福 孫玉良, 「高句麗的都城」, 『博物館研究』1990-1(1990) ; 王綿厚, 『高句麗古城研究』, 文物出版社(2002), p.44 ; 여호규, 「高句麗 國內 遷都의 시기와 배경」 38(2005) ; 王志剛, 唐淼/陳爽 옮김, 「고구려 '졸본'과 '국내'에 대한 고증」, 『경계를 넘어서는 고구려·발해사 연구』, (서울: 도서출판 혜안, 2020), pp55-71 "환인현 경내에 남아 있는 고구려 유적의 분포 특징을 보면 고구려 건국 전후와 초기까지 기간의 유적은 모두 지금 혼강 중류 근처에 위치하고 있다. 범위는 서쪽 환인현성부터 동쪽 부이강과 혼강이 합류하는 구역에 이른다. 이 구역이 '졸본'의 지리 공간 범위로 파악된다. '비류수'는 혼강을 가리킨다고 본다."
71) 기경량, 「고구려 초기 왕도 졸본의 위치와 성격」, 『인문학연구』(2017), pp.129-162.
72) 지양미(2011), p.24, 흥경은 청나라의 발원지, 누루하치 선조의 묘소가 있는 곳, 요녕성

그러나 졸본으로 알려진 오녀산성의 발굴결과, 산성의 고구려 시대 유물은 제3기가 기원후 1-4세기 중반, 제4기가 5세기 중-후반, 6세기 초-후반으로 나타나 추모왕이 도읍으로 삼았다고 보기에는 연대가 맞지 않는다.[73] 노태돈은 나합성이나 고려묘자촌 지역을 유력한 대상지로 거론하였다.[74]

다음으로 졸본천을 ②수분하로 보는 설이 있다. 정인보는 안정복, 김정호가 솔빈을 졸본으로 비정한 것을 탁견으로 받아들였다.[75] 문성재는 발음상 졸본-솔빈-휼품-속빈-소빈-수분은 같은 계열의 발음을 공유하고 있으며 위치나 지명 등에서 사서에 묘사된 졸본과 가장 근접해 있다고 보았다.[76] 박창화도 졸본이 솔빈 지방, 수분하 유역으로[77] 목단강 하류의 동안(東岸)이라고 했다.[78]

임찬경은, 고려시대에 고구려 첫 도읍을 비정한 『三國史記』와 『三國遺事』를 기초 사료로 해서, 『漢書』 및 『後漢書』 등의 문헌과, 1125년 멸망하기 이전의 요와 교류하면서 형성된 지리적 정보를 활용하여, 졸본을 ③요하 서쪽 의무려산(醫巫閭山) 남쪽 일대로 비정하였다.[79] 『三國史記』와 『三

신빈 만주족 자치현 서쪽에 있으며, 일명 허투아라(赫圖阿拉)로 알려져 있다. 6년 동안 후금의 수도였다.

73) 이성욱, 「五女山城의 年代와 性格」, 고려대 석사, (2020), pp.1-138.
74) 노태돈, 『고구려발해사 연구』, (파주: 지식산업사, 2020) pp.15-46.
75) 정인보(2018), pp.349-352.
76) 정인보(2018), p.200, 주) 93 ; 수분하는 지금 흑룡강성 동녕현에 있는 강과 도시라고 하였다.
77) 박창화, 『우리나라 강역고』 (서울: 민속원, 2004), p.201.
78) 박창화(2004), p.192.
79) 임찬경, 「고구려 첫 도읍 위치 비정에 관한 검토」. 『선도문화』 20(2016), pp.306-312.
"1125년 요가 멸망하기 이전에 연경(지금의 북경 일대)에 왕래하는 고려의 사신들이 동경(현재의 요양)을 지나고 요수를 건너 서쪽으로 하루 이틀을 가면 의주에 이르러서 다시 연경 방향으로 향한다는 것이다. 이러한 왕래 과정에 고구려 초기 도읍이 그 곳에 위치했음을 알게 되었다. 요가 멸망한 1125년 이후 20년만인 1145년에 『삼국사기』가 완성되었는데, 그때의 편찬자들에게는 요의 동경이나 요수 및 그 서쪽의 의무려산 일대에 대한 여러 유형의 지리정보가 있었을 것이며, 이러한 지역들에서 고구려의 첫 도읍인 흘승골성과 졸본의 위치를 비정했

國遺事』두 사서의 비정 과정에 '현도군'이란 지명이 나오고, 그 3개 현 중 고구려현이 있지만, 고구려현이 고구려국은 아니라고 하였다.[80]

＊ 살펴보건대『통전(通典)』에서 이르기를 "주몽이 한(漢) 건소(建昭) 2년(기원전 37년)에 북부여로부터 동남쪽으로 나아가 보술수(普述水)를 건너 흘승골성(紇升骨城)에 이르러 자리를 잡고 국호를 구려라 하고 '고(高)'로써 성씨를 삼았다"라 하였으며, 古記에서 이르기를 "주몽이 부여(扶餘)로부터 난을 피해 도망하여 졸본(卒本)에 이르렀다."라 하였으니, 곧 흘승골성과 졸본은 같은 한 곳이다.『漢書志』에서 이르기를 "요동군은 낙양(洛陽)에서 3천6백 리 떨어져 있으며, 속한 현으로서 무려(無慮)가 있다."고 했다.[81] 곧『周禮』에서 보이는 북진(北鎭)의 의무려산(醫巫閭山)이며, 대요(大遼)때에 그 아래에 의주(醫州)를 설치하였다. [또 한서지에] "현도군은 낙양(洛陽)에서 동북으로 4천 리 떨어져 있고, 속한 현이 셋이며, 고구려가 그중 하나이다."라 하였으니, 곧 이른바 주몽이 도읍한 곳이라고 말하는 흘승골성과 졸본은 아마도 한의 현도군의 경계이고, 대요국 동경의 서쪽이며,『漢志』에 이른바 현도의 속현 고구려가 이것일 것이다. 옛날 대요가 멸망하지 않았을 때에 요(遼)의 황제가 연경(燕京)에 있었으니, 곧 우리의 조빙하는 사신들이 동경(東京)을 지나 요수(遼水)를 건너 하루 이틀에 의주(醫州)에 이르러, 연계(燕薊)로 향하였음으로 고로 그렇다는 것을 알 수 있다.[82]

던 것이다."

80) 임찬경,「고려시대 한사군 인식에 대한 검토 –『삼국사기』의 현토와 낙랑인식을 중심으로-」,『국학연구』20(2016), pp.67-95.

81) 난하 이동에 있었던 요동군에 속한 無慮라고 하면 북진의 의무려산이 아닐 가능성이 크다.

82)『三國史記』卷第37「雜志」第6 地理4 高句麗. 按通典云, "朱蒙以漢建昭二年, 自北扶餘東南

＊訖升骨城 在大遼醫州界.[83]

＊卒本州 玄菟郡之界.[84]

 이정훈은 의무려산 이동의 북진(北鎭)을 졸본으로 보았고,[85] 복기대도 의
무려산 동쪽, 북진을 아우르는 금주(錦州)를 졸본으로 추정하면서, 금주는
바다가 가까워 소금과 해산물을 쉽게 얻을 수 있고, 농사도 지을 수 있으며
땔감도 충분히 공급받을 수 있는 좋은 지역이라고 하였다.[86]

 지양미는 졸본을 요동경계, 즉 동경의 서쪽[87]에 있다고 하였다. 북부여 해
모수의 도읍지와 고구려 동명제의 졸본은 같은 곳이라고 하면서 부여의 도
읍지를 개원으로 비정하였다. 개원에 있던 부여는 동부여일 가능성도 언급
하였다.[88]

行, 渡普逑水, 至紇升骨城居焉, 號曰句麗, 以高爲氏." 古記云, "朱蒙自扶餘逃難, 至卒本." 則紇升
骨城·卒本似一處也. 漢書志云, "遼東郡, 距洛陽三千六百里, 屬縣有無慮." 則周禮北鎭醫巫閭山也,
大遼於其下置醫州. "玄菟郡, 距洛陽東北四千里, 所屬三縣, 高句麗是其一焉." 則所謂朱蒙所都紇
升骨城·卒本者, 蓋漢玄菟郡之界, 大遼國東京之西, 漢志所謂玄菟屬縣高句麗是歟. 昔大遼未亡時,
遼帝在燕景, 則吾人朝聘者, 過京涉遼水, 一兩日行至醫州, 以向燕薊, 故知其然也.
83) 『三國遺事』 卷第1 「紀異」 第1 北扶餘
84) 『三國遺事』 卷第1 「紀異」 第1 高句麗
85) 이정훈, 『고구려의 국제정치 역사지리』, (서울; 주류성, 2019), p.488.
86) 복기대, 「고구려 국내성 및 환도성 위치 연구」, 『인문과학연구』 65 20), p.175.
87) 『三國史記』 卷第37 「雜志」 第6 地理4 高句麗 … 昔大遼未亡時, 遼帝在燕景 則吾人朝聘者,
過東京涉遼水, 一兩日行至醫州, 以向燕薊, 故知其然也.
88) 지양미, 「문헌에 나타난 북부여 도읍지 위치 연구」, 국제뇌교육종합대학원 석사, (2011),
p.62.

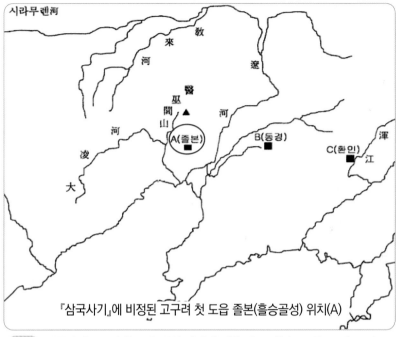

『삼국사기』에 비정된 고구려 첫 도읍 졸본(흘승골성) 위치(A)

지도 1 임찬경, 「고구려 첫 도읍 위치 비정에 관한 검토」, 『선도문화』20 (2016)

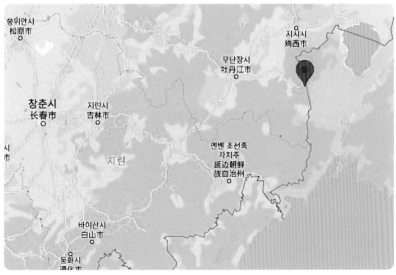

지도 2 수분하(출처: 구글 지도)

양홍진은[89] 『三國史記』「高句麗本紀」에 기록되어 있는 일식을 분석하여 서기 200년까지 평균식분의 중심지가 요동 지역에 있음을 확인하였다. 또한, 서리 기록을 살펴서 고구려 초기가 후기보다 고위도 지방에 위치하였음을 추정하였다.[90]

『숙종실록』31권, 숙종 23년 5월 18일 정유,
* 영중추부사 남구만이 『盛京圖』라는 지도를 바치다. "요동(遼東) ... ④개원현(開原縣)은 바로 옛날의 부여국(扶餘國)이며, 고구려의 시조 주몽(朱蒙)이 나라를 세운 곳입니다.[91]"

지도3 요녕성 개원시(남:철령시, 북:장춘시) (출처: 구글 지도)

---

89) 한국천문연구원 연구원
90) 양홍진, 「천문 기상 기록을 이용한 고대 평양 위치 연구(I)」, 『고구려의 평양과 그 여운』, (서울: 주류성, 2017), pp.215-228, p.221. 지도 참조, 이 지도로 도읍지를 추정하기는 어렵지만, 참고용으로 볼 수 있다.
91) 領中樞府事南九萬上箚曰, ... 開原縣, 乃古扶餘國, 高句麗始祖朱蒙發迹之地

그런데『太白逸史』「高句麗國本紀」에 흥미로운 기사가 나온다.

> * 평락(平樂) 11년 갑오(서기전 27)년 10월 북옥저를 쳐서 멸하고,
> 이듬해 을미년에 졸본에서 눌견(訥見)으로 도읍을 옮기셨다. 눌견
> 은 지금의 상춘 주가성자(朱家城子)이다.[92]

이 기사는 삼국사기 동명성왕 10년조와 관련이 있는 내용인 듯하다.

1-4) 겨울 11월에 왕이 부위염(扶尉猒)에게 명하여 북옥저를 정벌하여 멸
망시키고, 그 땅을 성읍으로 삼았다.

이상, 오녀산성은 축성 시기가 추모왕의 졸본 시기보다 늦고, 삼국사기
나 기타 사료 및 일식 등의 자료를 근거로 초기 도읍지를 추정해 볼 때, 졸
본은 의무려산 이동이나, 철령지역 위쪽에 있을 가능성이 더 높다고 하겠
다. 여기서는 국내성과 연관성을 위해 졸본을 알아보았다.

이후 유리명왕은 국내로 천도하였다.

1) 유리명왕 21년(2년) 봄 3월 ... 국내(國內) 위나암(尉那巖)에 이르러 ...
"신[薛支]이 ... 국내 위나암에 이르렀는데, 그 산수가 깊고 험준하며 땅이
오곡을 키우기에 알맞고, 또 순록, 사슴, 물고기, 자라가 많이 생산되는 것
을 보았습니다. 왕께서 만약 도읍을 옮기시면 단지 백성의 이익이 무궁할
뿐만 아니라 전쟁의 걱정도 면할 만합니다." 하였다.[93]

2) 3년(유리명왕 22) 겨울 10월에 왕이 국내로 도읍을 옮기고 위나암성(尉

---

92) 안경전(2012), p.561, 눌견은 늘봄의 이두식 표기로 常春을 말한다. 상춘은 오늘날 長春
으로 바뀌었고,『삼한관경본기』에는 상춘 주가성자에 구월산 삼성묘가 있다고 한다.
93)『三國史記』卷第13,「高句麗本紀」第1, 琉璃王 二十一年春三月 郊豕逸, 王命掌牲薛支逐之.
至國內尉那巖得之, 拘於國內人家養之, 返見王曰, "臣逐豕至國內尉那巖, 見其山水深險, 地宜五
穀, 又多麋·鹿·魚·鼈之産. 王若移都, 則不唯民利之無窮, 又可免兵革之患也."

那巖城)을 쌓았다.[94]

　1912년 도리이 류조는 ⑪집안현성 북쪽 마선구 상류에서 산성을 발견하고, 환도성으로 비정하였다. 또한 근처의 다른 성을 국내 위나암성으로 비정하였다. 집안에 있는 석성이 국내성이라는 주장을 고고학 자료로 살펴보면, 가장 이른 시기의 유물이 4세기 초(320년)의 것으로 확인되고, 축성연대도 4세기 중반일 가능성이 높다. 유리왕의 국내성에서 출토된 유물과 매우 유사한 유물이 고국원왕의 환도산성에서도 출토되었다. 국내성과 환도산성의 축성연대는 비슷한 시기로 봐야 한다.[95]

　『三國史記』에 국내성은 '압록(鴨綠) 이북 북조(北朝)의 경내에 있다.'고 하였는데[96] 『三國史記』 편찬 당시 북조는 금나라였다. 당시 금나라는 동요하를 넘지 못하였기 때문에 국내성은 금나라 땅에 있었으며,[97] 당시의 압록강은 현재 요하이다.[98]

　복기대에 의하면, 『通典』에서 말하는 압록은 청하(淸河)나 동요하(東遼河)일 가능성이 높다.[99] 청하는 옛 개원성(開元城) 남쪽을 지나 서쪽으로 가다가 요하와 합류하여 발해로 들어가고, 동요하는 서쪽에서 오는 물과 철

---

94) 『三國史記』 卷第13 「高句麗本紀」 第1, 琉璃王 二十二年冬十月 王遷都於國內, 築尉那巖城.

95) 복기대(2010), pp.210-217.

96) 『三國史記』 卷第37 「雜志」 第6 地理4 高句麗 自朱蒙立都紇升骨城, 歷四十年, 孺留王二十二年, 移都國內城 按漢書, 樂浪郡屬縣有不而, 又總章二年, 英國公李勣奉勅, 以高句麗諸城置都督府及州縣, 目録云, "鴨綠以北, 已降城十一, 其一國內城, 從平壤至此十七驛." 則此城亦在北朝境內, 但不知其何所耳.

97) 복기대(2020), p.176.

98) 고광진, 「고구려시대의 압록수 위치연구」, 『국제뇌교육종합대학원대학교』 석사, (2011) ; 남의현, 「중국의 『中朝邊界史』를 통해 본 한중국경문제 : 『중조변계사』에 대한 비판과 14세기 이전 '鴨綠水[鴨淥江]' 위치 재고」, 『인문과학연구』57 (2018), pp.25-75.

99) 『通典』馬紫水一名鴨綠水 水源出東北靺鞨白山 水色似鴨頭 故俗名之 去遼東五百里 經國內城南 又西與一水合 卽鹽難水也 二水合流 西南至安平城入海 高麗之中此水最大 波瀾淸澈所經鎭濟 皆貯大船 其國特此以爲天塹 水闊三百步

령시 강평에서 만나 요하가 되어 발해만으로 들어간다. 왕적(王寂)의 『遼東行部志』에 의하면, 왕적(王寂)은 함주 근처 산속에서 폐허가 된 고구려의 궁궐터를 보았다.[100] 함주는 지금의 ⑫ 철령이나 그 언저리로 추정된다(『遼史』, 『金史』)는 것이다.[101] 복기대의 국내(國內) 철령설은 매우 구체적이다.

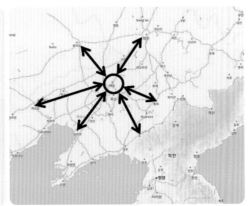

지도 4 墜理圖, 함주(아래) 및 신주 표시도

지도 5 국내성, 환도성을 중심으로 한 고구려 교류관계 표시도

국내성은 앞 유리명왕 조의 1)번 항목 "산수가 깊고 험준하며 … 만약 도읍을 옮기면 백성의 이익이 무궁할 뿐만 아니라 전쟁의 걱정도 면할 만한 곳"을 만족시켜야 할 것이다.

---

100) 王寂, 『遼東行部志』丁丑次咸平宿府治之安忠堂咸平禹別九州其地則冀州之域舜置十二州即幽州之分周封箕子始教民以禮義秦併六國置為遼東郡及高麗既強侵據其地唐高宗命李勣東征高麗置為安東都護府其後為渤海大氏所有契丹既滅大氏卒入於遼逐為咸州以安東軍節度治之本朝撫定置咸州詳穩後升為咸平府兼總管本路兵馬事昔予運漕遼東居此者凡二年以是遷移區併粗得知之是日易傳於山下民家旁有古城甚大問路人云此高麗廢城也予駐立於頹基極目四顧想其當時營建恃以為萬世之計後不旋踵已為人所有良可歎哉迺作詩以弔之句麗方竊據唐將已專征【謂李勣也】國破千年恨兵窮百戰平信知宗子固不及眾心誠試望含元殿離離禾黍生
101) 복기대(2020), p.178.
102) 복기대(2020), p.178.
103) 복기대(2020), p.194.

복기대의 의견을 보도록 한다.

"철령 지역의 지리를 보면, 수로(요하)를 이용하여 바로 바다(발해만)로 갈 수 있고,[104] 동으로 육로를 통해 심양과 요양, 한반도로 가는데 편리하다. 서남쪽으로 가면 현재 요서 지역으로 진출할 수 있는데 넓은 구릉성 평야가 있고, 강수량도 적당하여 남만주 지역에서는 상대적으로 살기 좋은 지역이다."

북으로도 어디든 갈 수 있어 교통과 교역 중심지가 될 수 있는 조건을 갖추고 있다. 따라서 경제적으로 요충지가 될 수 있다. 북에서 나는 식량과 운송에 필요한 동물들을 중계할 수 있고, 남쪽에서 나는 소금과 해산물을 중계하여 무역할 수 있기 때문이다. 철령의 국내성은 산중에 있는데, 안보상으로 안전하였을 것이다."

고구려는 평양, 한성, 국내성 3경제(京制)를[105] 운영하면서, 철령시 일대는 굳건히 유지한 것으로 보인다. 왜냐하면 중국 지역으로 가는 중요한 길목이기도 하고, 북방지역과 교역을 위해서도 필요한 지역이기 때문이다.[106]"

이상 고구려 초기 도읍인 졸본과 국내성을 알아보았다. 기존 일본학자들의 학설을 비판하여 새롭게 비정된 졸본과 국내성은, 현재의 압록강이 아니라, 요하 부근이다. 따라서 고구려 강역의 서쪽 경계는 요하 이서였을 것이다. 임찬경에 따르면 고려 시기 김부식이나 일연이 인식한 졸본은 의무려산 이동에 있었다. 최소한 초기 고구려 강역의 서쪽 경계는 의무려산이다. 대무신왕이

---

104) 남의현, 「奉天通志에 나타난 鴨綠江과 요하의 특징 고찰」, 『명청사연구』 46 (2016)
105) 『周書』 「異域列傳」 高句麗 … 治平壤城 其城, 東西六里, 南臨浿水. 城內唯積倉儲器備, 寇賊至日, 方入固守. 王則爲宅於其側, 不常居之. 其外有國內城及漢城, 亦別都也.
『北史』 卷94 列傳 第82, … 都平壤城, 亦曰長安城, 東西六里, (東西六里 諸本脫「西」字, 據周書 卷49·隋書 卷81 高麗傳補.) 隨山屈曲, 南臨浿水. 城內唯積倉儲器, 備寇賊至日, 方入固守. 王別爲宅於其側, 不常居之. 其外復有國內城及漢城, 亦別都也. 其國中呼爲三京
106) 이상 복기대(2020), p192-194

졸본에 東明王 사당을 세운[107] 이후로 고구려의 왕들이 줄곧 시조 사당에 제사를 지내러 다닌다.[108] 따라서 한의 가장 바깥에 있는 현도는 고구려 쪽으로 최대한 와봐야 그 경계가 의무려산이나 대릉하까지일 것으로 추정된다.

3. 慕本王의 요서 원정길과 후한의 세력 범위

후한의 동쪽 경계가 어디까지인가는 한무제가 위만조선을 멸하고 그 지역에 설치한 사군을 우선 살펴봐야 한다.

한의 사군은 동시에 설치된 것이 아니라 서기전 108년에 낙랑, 진번, 임둔 3군이 먼저 설치되었고, 이듬해인 서기전 107년에 현도군이 설치되었다. 따라서 낙랑, 진번, 임둔은 한(漢)과 가까운 위만조선 영역에 설치되었을 것이고, 현도는 3군보다는 바깥 지역에 설치되었을 것이다.[109] 위만조선의 강역은 난하의 동쪽 지역에서 지금의 요하 이서 지역 어디쯤으로 추정되는데 당시 한의 요동군은 난하 이동 장성 안쪽에, 요서군은 난하 이서에 있었다. 그런데 요동군과 낙랑군은 지역적으로 연해 있었거나 중첩되었을 것으로 보인다.[110] 진번과 임둔은 낙랑과 현도에 통합되어[111] 당시 고구려와 후한 사이에는 전한이 설치한 낙랑과 현도가 자리하고 있었다.[112]

한사군 비정에 도움이 될 만한 발굴결과가 있다.[113] 요녕성 금서시(錦西

---

107) 『三國史記』 卷第14 「高句麗本紀」 第2, 大武神王 三年春三月
108) 임찬경(2016), 「고려시대 한사군 인식에 대한 검토 - 『삼국사기』의 현토와 낙랑인식을 중심으로-」, p.90.
109) 윤내현, 『한국 고대사 신론』, (서울: 만권당, 2014), pp.420-421.
110) 정인보(2018), p.393-399.
111) 『漢書』 卷7 「昭帝紀」 第7 (始元五年(B.C.82)夏六月) 罷儋耳·眞番郡, 『後漢書』 「東夷列傳 濊」, 至昭帝始元五年, 罷臨屯·眞番, 以幷樂浪·玄菟.
112) 『漢書』 卷28下 「地理志」 第8下.
113) 복기대, 「임둔태수장 봉니를 통해 본 한사군의 위치」, 『백산학보』 61 (2001), pp.47-65.

市)에 있는 성터 제3기층에서 '임둔태수장(臨屯太守章)' 봉니와 '승(丞)' 자 봉니가 각 1점씩 수습되었다. 이 유적은 4개 문화층으로 이루어져 있는데, 제1기와 2기층은 고조선 문화의 특징을 보이고, 제3기층부터 외부의 문화 요소가 유입된다. 전한(前漢) 중기부터 후한(後漢) 시기에 이르러 고조선의 특징은 약해지고, 중국의 특징을 가진 유물이 주류를 이룬다. 이 시기에 이 곳이 사군 지역이었음을 말해준다고 하겠다.

이 유적 서북쪽에 위치한 조양시 건평현 일대도 전한 중기에 이르러 중국 지배층 문화가 두드러지게 나타난다. 지금의 요하 이서 지역은 원래 고조선 의 영토였으나, 전국시대에 중국의 혼란으로 이주민이 많이 들어왔고, 전한 중기에 이르러 한사군이 설치됨에 따라 전한의 관리들이 이 지역에 거주하게 되었으며 이에 따라 전한의 지배층 문화가 자리하게 되었던 것으로 보인다.

유리명왕 33년(서기14)에 이르면 현도는 고구려, 상은태, 서개마현 중 서 개마 한 현만 거느리게 되어 그 존재 의미를 상실한다.[114] 중국의 대표적 포 털 바이두 백과사전에서 정리한 바에 따르면,[115] 서기 32년 동한은 현도군 을 다시 축소시켜, 현도군 동부의 7개 현을 요동군에 흡수시키는데, 이때 현도군은 이름뿐인 군으로서 단지 요동군 안에 현도성만이 '현도'라는 이

---

114) 정인보(2018), pp.417-418.

115) 이기훈, 『중국이 쓴 한국사』(서울: 주류성, 2019), pp.106-107 ; 비정한 현재 지명과 이 후의 내용은 생략하였다. ; 1)현도군은 원래 위만조선의 속국이었던 옥저의 옛 땅이었다. 2)기 원전 109년 위만의 나라를 멸한 후 4군을 두는데 모두 유주에 속했다. 현도군의 면적이 가장 넓었다. 치소는 부소성이다. 3)기원전 82년 한나라가 현도군의 강역을 조정하였으나 서쪽으 로 옮기지는 않았다. 진번과 임둔을 폐지하여 현도와 낙랑에 속하게 하였다. 4)기원 1년 현도 군의 치소를 고구려현으로 옮겼다. 강 안쪽 지역은 현도군, 바깥쪽 지역은 낙랑군이었다. 낙 랑군과 이웃하고, 북쪽으로 부여와 경계를 이루었고, 서쪽은 요동군으로 장성을 경계로 하였 다. 5)서기 12년 왕망이 세운 신나라 말에 고구려현에 속한 부족들이 현도의 관할지를 차지 하기 시작한다. 6)본문. 7)서기 107년 장성 안쪽의 후성, 고현, 요양 세 개의 현을 현도에 속하 게 하였으며 현도군을 장성 안쪽으로 이주시켜 ... 고구려가 다시 현도군의 장성 안쪽 관할지 를 차지하기 시작하여 여러차례 침략한다. 후략

름을 가지고 있었다.[116]

2-3) 유리명왕 33년(서기 14) 가을 8월에 왕이 오이(烏伊)와 마리(摩離)에게 명하여 군사 2만을 거느리고 서쪽으로 양맥(梁貊)을 정벌하여 그 나라를 멸망시키고, 군대를 내어 보내 한의 고구려현(高句麗縣)을 습격하여 차지하였다.

3-3) 대무신왕 20년(37) 왕이 낙랑을 습격하여 멸하였다.

3-4) 대무신왕 27년(44) 가을 9월에 한(漢) 광무제가 군사를 보내 바다를 건너 낙랑을 정벌하고, 그 땅을 빼앗아 군현으로 삼아, 살수(薩水) 이남을 한에 속하게 하였다.

대무신왕 20년(37) 고구려는 한의 낙랑을 습격하여 멸하였다. 그러나 7년 후 광무제가 바다를 건너 쳐들어왔다. 여기서 말하는 바다가 발해인지 황해인지에 따라 광무제가 설치한 낙랑의 위치가 달라질 것이다. 낙랑군은 당시 요동(난하의 동쪽)에 있었고, 대무신왕은 그 낙랑을 정복하였다. 광무제가 바다를 건너서 갈 수 있는 곳을 유추해 보면 난하(요동), 요하(요동반도), 대동강(북한 평양)이다. 그리하여 낙랑을 정벌하고 그 땅을 빼앗아 – 회복한 것이 아니다 – 살수 이남이 한에 속하게 된 것이다.

살수는 어디인가? 명나라 초기에 살수를 혼하(渾河) 상류로 기록하고 있다.[117] 오늘날 요녕성 무순시(撫順市)에서 서남으로 흘러가는 강이다. 이 살수와 광무제가 정복한 낙랑의 살수가 같은 곳이라면[118] 지금의 요동반도가 광무제 시대부터 설치된 낙랑이 있는 지역이다. 대련 일대에는 많은 후한대

---

116) 이기훈(2019), p.107.

117) 李賢等, 『大明一統志』 권25, 遼東都指揮使司, 山川, 薩水. 天順 五年

118) 안경전(2012), 「高句麗國本紀」, p.629, 주22) 이덕수는 요동반도의 대양하라고 하였고, 정인보는 주남하라고 하였다. 그밖에 청천강과 청주 무심천으로 보는 견해가 있다.

의 유적, 전실묘가 나타난다. 고구려의 대표적인 무덤 양식은 석실묘인데, 이 두 양식이 만나는 곳이 요양(遼陽)이다. 요양 남쪽으로는 석실묘가, 요양 북쪽으로는 전실묘가 거의 나타나지 않는다. 그래서 복기대는 요동반도 중간에서 고구려와 후한이 국경선을 맞대고 있었을 것으로 보았다.[119] 이로 볼 때 광무제의 군대는 지금의 요하로 상륙하여 요동반도 쪽에 낙랑을 새롭게 설치한 것으로 생각할 수 있다. 그런데 그곳은 한의 낙랑이 아닌 다른 낙랑이었다.[120]

그렇다면 난하 이동에 있는 기존의 낙랑은 어떻게 되었을까? 광무제의 군대가 난하가 아니라 요동반도 쪽으로 온 이유는 두 가지로 생각해 볼 수 있다. 하나는 고구려가 난하 근처의 낙랑은 정복하지 않았다는 것이고, 또 하나는 후한이 난하 근처의 낙랑을 회복하기에는 형편이 좋지 못하였다는 것이다. 고구려가 이미 고구려현을 회복한 상황에서 후한이 난하 인근의 낙랑 지역을 쳤을 때 승리를 장담할 수 없기 때문이다. 그래서 기존의 낙랑은 고구려에 속하고, 광무제는 요동반도의 서안과 그 서쪽의 일부 지역을 차지한 것일 가능성이 있다.[121] 고구려의 입장에서는 난하 유역의 낙랑을 회

---

119) 복기대(2018), p.258, 지금 요동반도 중간 부분에서 고구려는 동한과 남쪽 국경선을 맞대게 되는 것이다. 복기대 교수는 구체적으로 "요동반도 남단과 서안이다."라고 말하였다.
120) 이 낙랑을 한반도 평양의 낙랑으로 해석하는 경우가 있다. 임찬경은 다음과 같이 논하고 있다. "원래 한반도 중북부에 존재했던 낙랑국은 서기 32년 고구려에 의해 멸망되었고, 서기전 108년 이후 중국의 동북부에 설치되었던 낙랑군은 고구려의 군사적 서진(西進) 과정에 서기 37년에 멸망되었으며, 그 이후 서기 44년 후한의 광무제가 바다를 건너 한반도의 옛 낙랑국 지역에 다시 낙랑군을 설치했다고 인식했음을 알 수 있었다." 「고려시대 한사군 인식에 대한 검토 -『삼국사기』의 현토와 낙랑인식을 중심으로-」, 『국학연구』 20 (2016), p.102, p108.
안경전(2012), 「高句麗國本紀」, pp.560-563, 大武神烈帝21년 帝襲樂浪國滅之 東鴨綠以南屬我獨海城以南近海諸城末下 "대무신열제 20년(37), 낙랑국을 기습하여 멸하셨다. 이리하여 동압록(지금의 압록강) 이남이 우리(고구려)에게 속하였으나, 해성 이남의 바다 가까이 있는 여러 성은 아직 항복시키지 못했다." 라는 기록에 보면 당시 요동반도는 최리의 낙랑국 땅이었다.
121) 이와 같은 의견으로 임찬경, 「고려시대 한사군 인식에 대한 검토 -『삼국사기』의 현토와

복하고, 요동반도 서안과 그 서쪽이 광무제에게 넘어간 것인데[122], 당시 그 곳이 고구려의 영토였는지는 더 연구해 봐야 하는 문제이다.[123]

민중왕의 다음 기사를 보자.

4-1) 민중왕 4년(47) 겨울 10월에 잠우부락(蠶友落部)의 대가(大家) 대승 (戴升) 등 1만여 가(家)가 낙랑으로 가서 한(漢)에 투항하였다. 『後漢書』에 는 "대가(大加) 대승 등 만여 구(口)"라 하였다.

여기에서 대승(大加) 등은 아마도 기존 낙랑군에 속했던 漢나라 사람들 일 수 있다.[124] 이들은 대무신왕이 낙랑을 정벌하자, 그대로 고구려에 속해 서 살다가 광무제가 요동반도를 복속시켜 새롭게 낙랑을 설치하자 후한에 속하기를 바라고 찾아간 것으로 해석할 수 있다. 『後漢書』에 소개되는 낙 랑, 현도, 요동과 낙양의 거리를 보면 낙랑이 5천 리,[125] 현도가 4천 리,[126] 요동이 3천6백 리이다.[127] 前漢 시기에는 낙랑이 현도보다 가까웠으나, 後 漢에 오면서 낙랑이 현도보다 멀어진 것이다.

낙랑인식을 중심으로-」, 『국학연구』 20(2016). p.104, "고구려는 ... 비록 후한에게 빼앗겼지 만, 현재의 북경 동남쪽 일대에 있던 예전의 낙랑군 지역을 기반으로 더욱 서쪽으로 그 영역 을 계속 확대하는 데에 집중했다. 당시 고구려가 진출하고자 하는 방향은 중원대륙으로 향 하고 있었다."

122) 『後漢書』 「志」 第二 13 郡國 5 樂浪郡 武帝置. 雒陽東北五千里.

123) 복기대(2018), 주 39) ; 안경전(2012), 「高句麗國本紀」, p.624, 주3) 요동반도 북부에 있 는 海城에서 요동반도까지 최씨낙랑국의 기본 강역이었다. 대무신왕 침략 당시 요동반도 지 역은 항복하지 않고 고구려에 계속 항거하였다. 광무제가 고구려를 견제하고자 낙랑을 치고 살수 이남 땅에 군현을 설치했다.

124) 정인보(2018), pp702-705, 대승을 고구려 영내에 거주하면서 자신의 부락을 다스리던 漢人으로 보았다. 고구려가 영내의 한인을 추방하였기 때문에 도주한 것으로 기록하지 않고 투항한 것으로 기록하였다고 하였다.

125) 『後漢書』 志第二13 郡國 5 樂浪郡 武帝置. 雒陽東北五千里.

126) 『後漢書』 志第二13 郡國 5 玄菟郡 武帝置. 雒陽東北四千里.

127) 『後漢書』 志第二13 郡國 5 遼東郡 秦置. 雒陽東北三千六百里.

모본왕 2년의 요서진출 기사는 『三國史記』,『後漢書』,『資治通鑑』에 보인다.[128]

『三國史記』 卷14, 「高句麗本紀」 2, 모본왕(慕本王) 2年(49) 춘조(春條)에
5-1) "봄에 장수를 보내 漢의 北平, 漁陽, 上谷, 太原을 습격하였는데 요동 태수 채동(蔡彤)이 은혜와 신의로 대우하므로 다시 화친하였다."

그러면 모본왕은 어디에서 군사를 출병시켰을까? 몇 가지 가능성 있는 지역을 살펴볼 수 있다.

1) 유리명왕 11년(서기전 9) 속국이 된 선비 지역,[129] 2) 유리명왕 33년(서기 14) 복속시킨 양맥, 고구려현 지역, 현도 지역,[130] 3) 대무신왕 20년(서기 37) 회복한 낙랑 지역,[131] 4) 국내성에서 출병했을 가능성이다.

1)부터 3)까지는 모본왕이 공략한 4곳과 상대적으로 가까운 거리에 있다. 그 지역을 복속하고, 지역민들을 얼마만큼 강하게 다스릴 수 있었는지 모르겠으나, 그 문제가 해결됐다면, 세 곳 다 충분히 출병지로 가능하다고 보겠다. 덧붙인다면 고구려는 대무신왕대까지 이미 위만조선의 강역 대부분과 그 이외의 지역을 회복한 것으로 보인다.[132]

본고에서는 네 지역 중 가장 멀리 있었을 것으로 여겨지는 국내성에서 출병하는 원정길을 살펴보겠다.

---

128) 5-2), 5-3), 5-4) 참고
129) 2-1) 참고
130) 2-3) 참고
131) 3-3) 참고
132) 유리명왕은 고구려 서북쪽의 선비와 서쪽의 고구려현을 복속하여 요하 서쪽으로 강역을 더 넓혔고, 현도는 서개마 한 현만 남아 유명무실해졌다. 대무신왕 11년(28) 한의 요동 태수가 쳐들어왔다가 물러났다. 현도가 유명무실해졌기 때문에 요동 태수가 침범하였다. 그만큼 요동과 가까워졌다고 보인다.

국내성(본고에서는 철령지역으로 비정)에서 요서 방면으로 가는 길은 의무려 산 북록을 지나 부신과 조양(朝陽)을 통과해서 가는 북로이다. 며칠이면 바로 진출할 수 있다. 이는 정인보가 추정한 원정길과 비슷하다. 정인보에 따르면 '국내성(집안시 통구로 비정)에서 개원으로 돌아가서 선비의 영역을 통과하고 지금의 노합하(老哈河) 북부를 따라 은밀히 강을 건너서 열하성 능원(熱河省 陵園) 부근으로 직행하고 있다.'고 하였다.[133] 기마병의 경우는 더 빠르게 도착할 수 있다. 더구나 당시 현도와 낙랑이 대부분 고구려에 복속된 상황이라면 거의 장애가 없이 쉽고, 빠르게 도착할 수 있었을 것이다.[134] 더구나 이 길은 고원평지에 있어서 관문이나 강 같은 자연 장애물이 없다.[135]

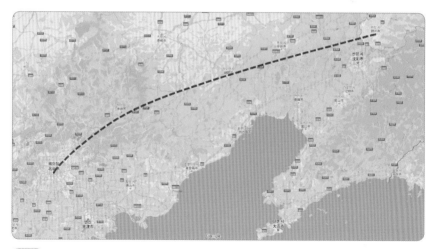

지도 6 북로(현도길)

---

133) 정인보(2018), 「고구려의 對漢 전쟁과 麗濟연합」, p.719 ; p.611, 국내성을 집안현 통구 즉 皇城平으로 알려진 곳으로 비정하고 있다.
134) 『三國史記』卷第15 「髙句麗本紀」 第3 太祖大王 4年, 秋七月, 伐東沃沮, 取其土地爲城邑. 拓境東至滄海, 南至薩水.
135) 이정훈(2019), p.190.

요동군은 장성이 끝나는 지점, 즉 난하 히류와 진장성(秦長城) 사이에 있었고 요서군은 요동군과 난하를 사이에 두고 난하 이서에 있었다. 그리고 상곡, 어양, 우북평은 지금 북경 근처에 있었다.[136] 태원군은 오늘날 산서성 태원시로 북경에서 서남쪽으로 멀리 떨어진 지역인데 황하 가까운 곳에 있었다.[137]

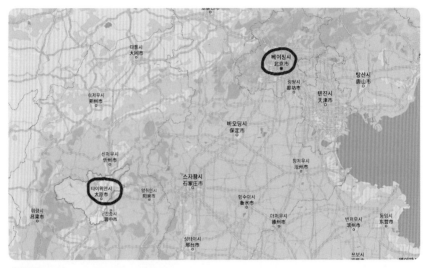

지도 7 북경과 태원(출처: 구글지도)

---

136) 譚其驤 主編『中國歷史大辭典-歷史地理』권 1, p.115, 우북평은 지금의 난하 중상류 지역, 어양군은 지금의 북경지역, 상곡은 지금의 宣化를 중심으로 한 지역, 태원은 지금의 山西省 太原市 西南에 있는 古城營인 晉陽縣을 중심으로 山西內長 城 以南의 離石, 靈石, 昔陽 등 縣의 이북 지구이다.

정인보(2018), p.719, 우북평은 지금의 평천 일대, 어양의 치소는 지금의 直隸 密雲 부근이고, 상곡의 치소는 沮陽, 즉 직예 懷來縣, 어양부터는 장성 맞은편에 있다.

안경전(2012), 「高句麗國本紀」, p.609, 측주, 우북평은 북경 동북에 하북성 豐潤縣, 어양은 북경 북동쪽 密雲縣, 상곡은 북경 서북쪽 懷來縣, 태원은 산서성 太原

윤병모(2010), p.94, 『後漢書』「郡國志」에 따르면 우북평군은 난하 부근으로 인정되고, 어양과 지근거리에 있음을 알 수 있다고 하였다. 어양과 상록군은 오늘날 북경 부근으로 우북평 서쪽에 어양군이, 어양군 서쪽에 상곡군이 인접하여 있었다. 태원군은 이보다 다소 떨어진 오늘날 산서성에 위치하여 있다.

137) 윤내현, 「열국의 발전과 내외활동」, 『한국 열국사 연구』(서울: 만권당, 2016), p.374

모본왕의 군대는 후한 동북방 변경의 허를 찌르며 속전속결로 북평, 어양, 상곡을 정복한 것으로 보인다. 크게 패하여 달아나는 적을 고구려군은 태원까지 뒤쫓아가며 섬멸하였다. 태원은 전국시대부터 북방민족의 침입을 막는 곳으로 알려져 있다. 낙랑과 현도를 회복한 고구려는 요동(난하 이동)을 지키기 위해 그 근원(후한 본토의 지원)을 차단하려고 요서까지 원정을 보냈다고 추정할 수 있다. 위만조선의 강역은 북방의 산물과 남방의 산물을 중계 교역할 수 있는 거점이 되기 때문에 후한의 입장에서도 빼앗길 수 없는 지역이다. 전한과 왕망, 그리고 후한으로 정권이 변하면서 주변 지역에 크게 관심을 줄 수 없을 때, 고구려는 확실하게 요동과 요서를 회복한 것이다. 이런 상황에서, 요동태수는 고구려군을 막을 수 없었다. 오히려 고구려의 은혜와 신의를 구했을 것이고, 선물을 바쳤을 것이며, 간곡하게 태원 퇴각을 소원하였을 것이다.

4. 태조대왕(太祖大王)의 요서 10성과 그 의미

* 6-1) 태조대왕 3년(55) 봄 2월에 요서(遼西)에 10성을 쌓아 한의 침략에 대비하였다.[138]

모본왕을 이어 즉위한 태조대왕은 즉위 3년 만에 요서에 10성을 쌓아 한의 침략에 대비하였다. 태조대왕은 7살에 즉위했으니 이때 나이는 10살이다. 태조대왕은 어려서 즉위하였기 때문에 부여계 어머니인 태후가 수렴청정을 하였고, 당시까지도 그랬을 것이다. 그러므로 태조대왕 3년에 요서에 성을 쌓으려면 이미 그 땅은 고구려의 영토라고 보아야 마땅하다. 태조대

138) 『三國史記』「高句麗本紀」

왕이 어리기도 하였거니와 태조대왕 즉위부터 3년 안에는 어떤 정벌의 기사도 없기 때문이다.

그렇다면 요서 10성은 어디이고 언제부터 고구려의 영토였을까?

1) 위에서 본 바와 같이 유리명왕, 대무신왕대에 위만조선 영토 대부분과 선비 지역까지 복속하였다. 그 지역일 가능성이 있다.

2) 모본왕이 정복한 땅일 가능성이다. 모본왕은 1)항 정복지 중 미처 복속하지 못한 곳까지 확실하게 굴복시켰을 수도 있다. 그리고 모본왕 2년인 49년부터 55년까지 6-7년간 고구려는 그 지역을 방비하였을 것이다. 낙랑과 현도 대부분을 이미 복속시켰고, 상곡, 어양, 우북평은 군 식량을 조달하기에 적당한 곳이었다.

> * 上谷에서 요동에 이르는 지역은 땅이 넓고 백성이 적어 여러 차례 오랑캐들에게 노략질을 당했다. 그 풍속은 趙, 代와 비슷하며 물고기, 소금, 대추, 밤 등의 물산이 풍부하게 난다. 북으로는 오환, 부여와 맞닿아 있고, 동쪽으로는 진번과 교역하여 이익을 얻었다.[139]

라고 하였다. 상곡에서 요동에 이르는 지역이라면 북평, 어양을 다 아우르는 지역일 것이다. 산물이 풍부하여 살기에 좋은 곳이라는 것을 알 수 있다.[140] 그리고 당시에 거주하는 사람이 많지 않았다는 것은, 한의 백성이 많

---

139) 『漢書』 卷28下 「地理志」 第8下 上谷至遼東, 地廣民希, 數被胡寇, 俗與趙·代相類, 有魚鹽棗栗之饒. 北隙烏丸·夫餘, 東賈眞番之利.

140) 김효진(2018), p.28-29, "漁陽에는 鹽鐵官이 있었고, 유주의 중심지에 있으며, 후한의 수도 낙양에서 요동으로 가는 요충지이다.", "태원은 일찍부터 수리시설이 존재했고, 이를 바탕으로 농경이 진행되었을 것으로 보인다.", "물자가 풍부한 지역"

지 않았음을 의미하는 것이다.[141] 상곡 등에 한족(漢族)이 드물었다는 것은 거주민이 따로 있었다는 것이다. 고구려(혹은 조선)와 친연성이 있는 거주민이 있었을 가능성도 있다. 북경 근처에 조선하(朝鮮河)[142]가 있다는 것이 그 가능성을 뒷받침해 준다. 그런 곳에 주둔하였기 때문에 태조대왕대까지 충분히 그곳을 지킬 수 있었을 것이다. 고구려는 남북의 산물을 모두 얻을 수 있고, 요동을 지키기에 좋은 지역을 점하였다.

* 4년(56) 가을 7월에 동옥저(東沃沮)를 정벌하고 그 땅을 빼앗아

141) 『後漢書』 卷90 「烏桓鮮卑列傳」 第80, ... 烏桓自爲冒頓所破, 衆遂孤弱, 常臣伏匈奴, 歲輸牛馬羊皮, 過時不具, 輒沒其妻子. 及武帝遣驃騎將軍霍去病破匈奴左地, 因徙烏桓於上谷·漁陽·右北平·遼西·遼東五郡塞外, 爲漢偵察匈奴動靜. 오환은 ... 훈족에 신하로서 복속하였다 ... (전한)의 무제가 표기장군 곽거병을 보내 흉노의 동쪽 지역을 공격하여 격파하였는데, 이때 오환을 상곡[군]과 어양[군], 우북평[군], 요서[군], 요동[군] 등 5郡의 새외로 옮기고, 한나라를 위해 훈족의 동정을 정탐하도록 하였다. & 주 30) 참고. 당시 이 지역은 후한까지도 북방족의 영역이었을 가능성이 크다고 본다.

142) 『武經總要』《前集·卷22》北蕃地理, 燕京州軍十二中原舊地, 幽州, 古冀北之地, 舜置幽州, 東有朝鮮遼東, 北有樓煩白檀, 西有雲中九原, 南有滹沱易州. 唐置范陽節度, 臨制奚·契丹, 理幽州. 自石晉割賂戎主, 建爲南京, 又改燕京, 東至符家口三百九十里, 正東微北至松亭關四百五十里, 西至牛山口百里, 正西微北至居庸關一百二十里, 東北至中京, 出北門, 過古長城, 至望京, 四十里。又過溫餘河大夏坡五十里至順州。東北過白嶼河七十里至檀州, 自此漸入山, 五十里至金溝澱。入山詰曲, 無復里堠。過朝鮮河九十里, 至古北河口, 兩旁峻崖, 有路, 僅容車軌。八十里至新館, 過雕窠嶺四十里至臥如來館, 又七十里至柳館, 過松亭嶺七十里至口丁造部落。又東南行五十里至牛山館, 八十里至鹿兒峽館, 又九十里至鐵漿館, 自北塹山七十里至富穀館, 又八十里至通天館, 又二十里至中京。南至雄州, 出南門渡盧孤河六十里至良鄉縣, 又過劉李河·範水·涿水至涿州六十里, 又七十里至新城縣, 又四十里至白溝河, 渡河至雄州。... 조선하를 지나 90리를 가면 고북하구古北河口에 도달한다. 양쪽 곁으로 고산준령이 언덕처럼 높이 치솟아 그 사이로 수레 한 대 겨우 지나다닐 만한 좁은 길이 나있다 ... 조선하는 북경시 북쪽에 있는 고북구 서쪽을 흐르는 潮河이다.(심백강, 『잃어버린 상고사 되찾은 고조선』, (서울: 바른역사, 2015), p.14, p.26, 지도 p.12

성읍으로 삼았다.

영토를 넓혀 동쪽으로 창해(滄海)에 이르고 남쪽으로 살수(薩水)
에 이르렀다.[143]

태조대왕 3년에 요서 10성을 쌓고, 그 경계가 어디였는지에 대한 언급은
없고, 동옥저를 멸한 후의 경계만 기록한 이유는 무엇일까? 『太白逸史』
「高句麗國本紀」를 보면,[144] 조대기를 인용하여 요서(遼西) 10성(城)을 말하
고 있다.[145] 삼국사기의 찬자는 조대기나 혹은 다른 전래 사서를 바탕으로
태조대왕 요서 10성 기사를 작성하였을 것인데, 그 내용이 너무나 간략하
여 다른 내용이 생략된 것 같다.

지도 8 『太白逸史』「高句麗國本紀」 지도 9 고북구 아래 옥전(玉田)이 보인다.

이후로 태조대왕조의 기사를 보면 태조왕이 친정(親政)을 할 나이인 16
년조부터 다음과 같은 정복 기사가 보인다.

---

143) 『三國史記』卷第15 「髙句麗本紀」第3 太祖大王 四年, 秋七月, 伐東沃沮, 取其土地爲城邑.
拓境東至滄海, 南至薩水.
144) 안경전(2012), 「高句麗國本紀」, p.609.
145) 6-2) 심백강(2014), p.0.

* 16년(68) 가을 8월에 갈사왕의 손자인 도두(都頭)가 나라를 들어 항복해 왔다. 도두를 우태(于台)로 삼았다.[146]

* 20년(72) 봄 2월에 관나부(貫那部)의 패자(沛者) 달가(達賈)를 보내 조나(藻那)를 정벌하고, 그 왕을 사로잡았다.[147]

* 22년(74) 겨울 10월에 왕이 환나부(桓那部)의 패자(沛者) 설유(薛儒)를 보내 주나(朱那)를 정벌하고, 그 왕자인 을음(乙音)을 사로잡아 고추가(古鄒加)로 삼았다.[148]

그리고 부여와 한(後漢)에 대한 기사가 다수 나온다. 부여와의 관계에서 부여가 고구려에 조공하는 모습이 보인다. 후한과는 요동군과 현도군에서 군사적인 긴장관계가 연출된다.

* 25년(77) 겨울 10월에 부여 사신이 와서 뿔 셋 달린 사슴과 꼬리가 긴 토끼를 바쳤다. 왕이 상서로운 물건으로 여겨 대사면을 시행하였다.[149]

* 53년(105) 봄 정월에 부여의 사신이 와서 호랑이를 바쳤는데, 길이가 1장 2척이나 되었고, 털 색깔은 매우 밝았으나 꼬리가 없었다.[150]

---

146) 『三國史記』卷第15「高句麗本紀」第3 太祖大王 16年, 秋八月, 曷思王孫都頭, 以國來降. 以都頭爲于台.
147) 20年, 春二月, 遣貫那部沛者達賈伐藻那, 虜其王.
148) 22年, 冬十月, 王遣桓那部沛者薛儒伐朱那, 虜其王子乙音爲古鄒加.
149) 25年, 冬十月, 扶餘使來獻三角鹿·長尾兔. 王以爲瑞物, 大赦.
150) 53年, 春正月, 扶餘使來獻虎, 長丈二, 毛色甚明而無尾.

* 〔53년(105) 봄 정월에〕 왕이 장수를 보내 한(漢)의 요동으로 들어가 여섯 현을 약탈하였다. 〔한의 요동태수〕 경기(耿夔)가 군사를 출동시켜 우리 군대를 막으니, 왕의 군대가 크게 패하였다.[151]

* 〔53년(105)〕 가을 9월에 〔한의 요동태수〕 경기가 맥인(貊人)을 격파하였다.[152]

* 화제 건흥 원년(和帝 元興 元年(105)) 봄에, [고구려인이] 다시 요동을 침입하여 여섯 縣을 노략질하므로, 태수 경기(耿夔)가 격파하고 그 우두머리를 참살(斬殺)하였다.[153]

* 59년(111) 사신을 보내 한에 가서 토산물을 바치고 현도군(玄菟郡)에 속하기를 요청하였다. 『通鑑』에는 "이해 3월에 고구려왕 궁(宮)이 예맥과 함께 현도를 침입하였다."라고 하였으므로, 속하기를 요청하였는지 혹은 침입하였는지 알 수 없다. 아마 어느 하나는 잘못일 것이다.[154]

* 안제 영초(安帝 永初 5년(111))에 궁(宮)이 사신을 보내어 공물을 바치고 현도에 예속되기를 구하였다.[155]

* 6-3) 부여왕이 낙랑을 침입하였다. 부여가 침입한 것은 이것이 처

---

151) 王遣將入漢遼東, 奪掠六縣. 太守耿夔, 出兵拒之, 王軍大敗.
152) 秋九月, 耿夔擊破貊人.
153) 『後漢書』 「東夷列傳」 高句麗, 和帝 元興元年(105)春, 復入遼東, 寇略六縣, 太守耿夔擊破之, 斬其渠帥.
154) 59年, 遣使如漢, 貢獻方物, 求屬玄菟 通鑑言, "是年三月, 麗王宮與濊貊寇玄菟." 不知或求屬, 或寇耶. 抑一誤耶.
155) 『後漢書』 「東夷列傳」 高句麗, 安帝 永初五年, 宮遣使貢獻, 求屬玄菟.

음이다. 고구려왕 宮이 예맥과 더불어 현도를 침입하였다.[156]

* 6-4) 안제 영초(安帝 永初 5년(111))에, 부여왕이 처음으로 보병과 기병(騎兵) 7~8천 명을 거느리고 낙랑(樂浪)을 노략질하여 관리와 백성을 죽였으나, 그 뒤에 다시 귀부하였다.[157]

* [66년(118)] 여름 6월에 왕이 예맥(穢貊)과 함께 한의 현도군을 습격하는 한편, 화려성(華麗城)을 공격하였다.[158]

* 元初 5년(118)에는 예맥(濊貊)과 함께 현도(玄菟)를 침략하고 화려성을 공격하였다.[159]

* 영녕 원년(永寧 元年(120))에, 사자(嗣子) 위구태(尉仇台)를 보내어 궁궐에 나아와서 조공을 바치므로 천자가 위구태(尉仇台)에게 인수와 금채(金綵)를 하사하였다.[160]

* 69년(121) 봄에 한의 유주(幽州) 자사(刺史) 풍환(馮煥), 현도태수 요광(姚光), 요동태수 채풍(蔡諷) 등이 군대를 이끌고 침략해 와서 예맥거수(穢貊渠帥)를 공격하여 죽이고 무기와 군마, 재물을 모두 빼앗았다. 이에 왕이 아우 수성(遂成)을 보내 병력 2천여 명을 거느리고 풍환과 요광 등을 맞아 싸우게 하였다. 수성이 사신을 보내

---

156) 資治通鑑 卷四十九 漢紀四十一 孝安皇帝, (永初五年(111) 三月) 夫餘王寇樂浪. 夫餘爲寇始此. 高句驪王宮與濊貊寇玄菟.
157) 『後漢書』 「東夷列傳」 夫餘 , 至安帝 永初五年, 夫餘王始將步騎七八千人寇鈔樂浪, 殺傷吏民, 後復歸附.
158) 夏六月, 王與穢貊襲漢玄菟, 攻華麗城.
159) 『後漢書』 「東夷列傳」 高句麗, 元初五年, 復與濊貊寇玄菟, 攻華麗城.
160) 『後漢書』 「東夷列傳」 夫餘 , 永寧元年, 乃遣嗣子尉仇台(印)[詣]闕貢獻, 天子賜尉仇台印綬金綵. 順帝 永和元年, 其王來朝京師, 帝作黃門鼓吹·角抵戲以遣之.

거짓으로 항복하자, 풍환 등이 이를 믿었다. 그에 따라 수성이 험
요한 요충지를 근거지로 삼아 대군을 막고, 몰래 3,000명을 보내
현도와 요동 두 군을 공격하여 그 성곽을 불태우고 2천여 명을 죽
이고 사로잡았다.[161]

* 6-5) 건광 원년(建光 元年(121)) 봄에, 유주자사 풍환(馮煥)과 현
토태수 요광(姚光)과 요동태수 채풍(蔡諷) 등이 군사를 거느리고
국경을 넘어 고구려를 공격하여, 그 우두머리(渠帥)를 붙잡아서 목
베고 병마와 재물을 노획하였다. 궁(宮)은 이에 사자(嗣子) 수성(遂
成)에게 군사 2천여 명을 거느리고 가서 요광 등을 맞아 싸우게 하
였다. 수성(遂成)이 사자(使者)를 보내어 거짓으로 항복하니 요광
등은 이를 믿었다. 수성은 이 틈을 타 험요지(險要地)를 점거하여
[요광 등의] 대군을 막고는 몰래 3천여 명의 군사를 보내어 현토
와 요동을 공격하여 성곽을 불태우고 2천여 명을 살상하였다. 이
에 [후한은] 광양(廣陽)·어양(漁陽)·우북평(右北平)·탁군(涿郡)·[요
동(遼東)]속국(屬國)에서 3천여 명의 기마병을 출동시켜 함께 [요광
등을] 구원케 하였으나, 맥인이 벌써 돌아가버렸다.[162]

* [69년(121)] 여름 4월에 왕이 선비(鮮卑) 8,000명과 함께 요대현
(遼隊縣)으로 가서 공격하였다. 요동태수 채풍이 군대를 거느리고

---

161) 69年, 春, 漢幽州刺史馮煥·玄菟大守姚光·遼東大守蔡諷等, 將兵來侵, 擊殺穢貊渠帥, 盡獲兵
馬·財物. 王乃遣弟遂成, 領兵二千餘人, 逆煥·光等. 遂成遣使詐降, 煥等信之. 遂成因據險以遮大軍,
潛遣三千人攻玄菟·遼東二郡, 焚其城郭, 殺獲二千餘人.
162) 『後漢書』「東夷列傳」高句麗, 建光元年春(121), 幽州刺史馮煥, 玄菟太守姚光·遼東太守蔡諷
等 將兵出塞擊之, 捕斬穢貊渠帥, 獲兵馬財物. 宮乃遣嗣子遂成將二千餘人逆光等, 遣使詐降, 光等
信之, 遂成因據險阨以遮大軍, 而潛遣三千人攻玄菟·遼東, 焚城郭, 殺傷二千餘人. 【集解】惠棟曰,
魏志云, 焚燒候城, 入遼隧. 候城, 屬元菟郡. 先謙曰, 官本, 作二千餘人, 是. 於是發廣陽·漁陽·右北
平·涿郡屬國三千餘騎同救之, 而貊人已去.

신창(新昌)으로 나와 싸우다가 죽었다. 공조연(功曹掾)인 용단(龍端)과 병마연(兵馬掾)인 공손포(公孫酺) 등이 온몸으로 채풍을 막다가 모두 진영에서 죽었다. 죽은 자가 1백여 명이었다.[163]

* 여름에 다시 요동의 선비[족] 8천여 명과 함께 요대[현]을 침공하여 관리와 민간인을 죽이고 약탈하였다. 채풍 등이 신창(新昌)[현]에서 추격하다가 전사하였다. 공조(功曹)인 경모(耿耗)와 병조연(兵曹掾)인 용단(龍端)과 병마연(兵馬掾)인 공손포(公孫酺)가 몸으로 채풍을 가리다가 모두 진중에서 죽으니, 죽은 사람이 백여 명이나 되었다.[164]

* 〔69년(121)〕 겨울 10월에 왕이 부여에 행차하여 태후의 사당에 제사 지내고, 백성 가운데 곤궁한 자들을 찾아가 안부를 묻고[存問] 물건을 차등 있게 내려주었다. 숙신의 사신이 와서 자주색 여우가죽 옷, 흰색 매, 흰색 말 등을 바쳤다. 왕이 잔치를 열어 그를 위로해서 보냈다.[165] *

* 〔69년(121)〕 11월에 왕이 부여로부터 〔도성에〕 도착하였다.[166]

* 〔69년(121)〕 12월에 왕이 마한(馬韓)과 예맥(穢貊)의 기병 1만여 기

163) 夏四月, 王與鮮卑八千人, 往攻遼隊縣. 遼東大守蔡諷, 將兵出於新昌, 戰沒. 功曹掾龍端·兵馬掾公孫酺, 以身扞諷, 俱沒於陣. 死者百餘人.
164)『後漢書』「東夷列傳」高句麗, 夏, 復與遼東鮮卑八千餘人攻遼隊, 縣名, 屬遼東郡也.【集解】沈欽韓曰, 今奉天府海城縣西. 殺略吏人. 蔡諷等追擊於新昌,【集解】沈欽韓曰, 今新昌縣東. 戰歿, 攻曹耿耗·兵曹掾龍端·【集解】惠棟曰, 孫愐云, 龍姓, 舜, 納言之後. 兵馬掾公孫酺以身扞諷, 俱沒於陳, 死者百餘人.
165) 冬十月, 王幸扶餘, 杞大后廟, 存問百姓窮困者, 賜物有差. 肅愼使來, 獻紫狐裘及白鷹·白馬. 王宴勞以遣之.
166) 十一月, 王至自扶餘.

를 거느리고 현도성(玄菟城)으로 나아가 포위하였다. 부여의 왕이 아들 위구태(尉仇台)를 보내 군사 20,000명을 거느리고 한나라 군대와 힘을 합쳐 대항하여 싸우게 하니 우리 군대가 크게 패하였다.[167]

* 가을에 宮이 드디어 마한(馬韓)·예맥(濊貊)의 군사 수천 명을 거느리고 현토를 포위하였다. 부여왕이 그 아들 위구태를 보내어 2만여 명을 거느리고 [유]주·[현토]군과 함께 힘을 합하여 [궁(宮)을] 쳐서 깨뜨리고 5백여 명을 참수하였다.[168]

* 이 해(태조69, 121년)에 宮이 죽고, 아들 수성이 왕이 되었다. 요광(姚光)이 상서하여, 그들의 초상을 틈타 군대를 출동시켜 공격하고자 하니, [후한의 조정에서] 논의하는 사람들이 모두 可하다고 말하였다. 그러나 상서 진충(尙書 陳忠)이, "궁이 생전에 악독하여 姚光이 토벌하지 못하였는데, [이제] 그가 죽은 것을 이용하여 치는 것은 의리가 아닙니다. 마땅히 사절을 보내어 조문하고, 지난날의 죄를 꾸짖고는 그 죄를 용서해 주어 이후 그들이 선하게 되도록 하는 것이 좋겠습니다." 하니, 안제(安帝)는 그 의견을 따랐다. 다음 해에 수성이 한나라의 포로를 송환하고 현토에 이르러 항복하였다. 조서를 내려,

6-6) "수성 등이 포악무도하므로 목을 베어 젓을 담아서 백성에게 보임이 마땅할지나, 다행히 용서함을 얻어 죄를 빌며 항복을 청하는도다. [그러나] 선비·예맥이 해마다 노략질하여 백성을 잡아가 그 수가 수천 명이나 되었는데 [이제] 겨우 수십 명만을 보내니, 교

---

167) 十二月, 王率馬韓·穢貊一萬餘騎, 進圍玄菟城. 扶餘王遣子尉仇台, 領兵二萬, 與漢兵幷力拒戰, 我軍大敗.

168) 『後漢書』「東夷列傳」 高句麗, 秋, 宮遂率馬韓·濊貊數千騎圍玄菟. 【集解】惠棟曰, 本紀云, 冬十二月. 夫餘王遣子尉仇台 【集解】惠棟曰, 台, 一作治. 將二萬餘人, 與州郡幷力討破之, 斬首五百餘級.

화를 받으려는 마음가짐이 아니다. 지금 이후로는 [후한의] 현관 (縣官)들과 싸우지 말 것이며, 스스로 귀순하여 포로를 돌려보내면 [그 숫자만큼] 모두 속전(贖錢)을 지불하되, 한 사람당 비단 40匹 을 주고 어린이는 어른의 반을 주겠다." 하였다. 수성이 죽고 아들 백고(伯固)가 왕이 되었다. 그 뒤로 예맥(고구려)이 복속하니 동쪽 변방에 사건이 줄어들었다.[169]

* 70년(122)에 왕이 마한, 예맥과 함께 요동을 침입하였다. 부여의 왕이 병력을 보내 이를 구하고 〔우리 군대를〕 쳐부수었다. 마한은 백제의 온조왕 27년(9)에 멸망하였다. 지금 고구려왕[麗王]과 함께 병력을 보낸 자는 아마도 멸망한 다음 다시 부흥한 자일 것이다.[170]

* 〔72년(124)〕 겨울 10월에 사신을 보내 한에 들어가서 조공하였 다.[171]

* 〔94년(146)〕 가을 8월에 왕이 장수를 보내 한의 요동군 서안평현 (西安平縣)을 습격하여 대방현령[帶方令]을 죽이고 낙랑태수의 처 자를 잡아왔다.[172]

---

169) 『後漢書』「東夷列傳」高句麗, 是歲宮死, 子遂成立. 姚光上言欲因其喪發兵擊之, 【集解】沈宇 曰, 案安帝紀, 姚光, 於建光元年, 四月, 被殺. 據此傳, 則宮之死, 當在秋冬之間, 其時不得復有光也. 議者皆以爲可許. 尙書陳忠曰:「宮前桀黠, 光不能討, 死而擊之, 非義也. 宜遣弔問, 因責讓前罪, 赦 不加誅, 取其後善」安帝從之. 明年, 遂成還漢生口, 詣玄菟降. 詔曰:「遂成等桀逆無狀, 當斬斷菹 醢, 以示百姓, 幸會赦令, 乞罪請降. 鮮卑·濊貊連年寇鈔, 驅略小民, 動以千數, 而裁送數十百人, 非 向化之心也. 自今已後, 不與縣官戰鬪而自以親附送生口者, 皆與贖直, 縑人四十匹, 小口牛之」遂 成死, 子伯固立. 其後濊貊率服, 東垂少事.
170) 70年, 王與馬韓·濊貊侵遼東, 扶餘王遣兵救破之 馬韓以百濟溫祚王二十七年滅. 今與麗王行 兵者, 盖滅而復興者歟..
171) 冬十月, 遣使入漢朝貢.
172) 秋八月, 王遣將, 襲漢遼東西安平縣, 殺帶方令, 掠得樂浪大守妻子.

위 기록을 보면 태조대왕은 고조선의 거수국을 다물하여(재위 16, 20, 22년) 강역이 더 넓어지고 강성하여졌다. 발해에 연한 요동 남쪽 지역(낙랑)과 북쪽 지역(부여 등) 사이를 다물한 고구려의 강역은 부여와 한을 갈라 놓은 것으로 보인다. 부여는 말을 수출하고,[173] 한은 말을 수입하였는데, 중간에 고구려가 가로막음으로써 부여는 고구려를 중간에 끼고 교역을 해야 했을 것이다. 6-3)과 6-4) 기록에 의하면 고구려는 부여에게 낙랑을 쳐서 한의 주의를 돌리게 하고, 현도를 공격한 것으로 보인다. 부여는 후한과 친밀한 관계를 유지해야 함에도 불구하고, 고구려의 요청을 받아들여야 했을 만큼 그 영향을 무시할 수 없었을 것이다.

고구려는 한의 요동군과 현도군을 계속 공략하며 고토 회복에 힘썼다. 한은 계속되는 고구려의 공격을 감내해야 했다. 중국 포털 바이두 백과사전에 정리된 현도군을 보면 "서기 107년(태조대왕 55) 장성 안쪽의 후성, 고현, 요양 세 개의 현을 현도군에 속하게 하였으며 현도군을 장성 안쪽으로 이주시켜 ... 고구려가 다시 현도군의 장성 안쪽 관할지를 차지하기 시작하여 여러 차례 침략한다."고 하였다.[174]

태조대왕 69년(121) 부여가 한과 연합하여 고구려에 반기를 들었다. 태왕이 10월, 부여에 있는 태후 사당에 제사를 지내고, 11월에 돌아와 12월에 현도군을 공격하였는데, 부여와 한 연합군에 패하고, 70년(122)에도 역시 부여가 한을 도와 고구려가 패하게 된다.

6-5)와 6-6)의 기록을 살펴보면, 고구려가 얼마나 한에 위협적인 존재였는지 짐작할 수 있다. 선비와 예맥이 해마다 쳐들어와 포로를 잡아가는데

---

173) 『後漢書』「東夷列傳」夫餘, ... 出名馬·赤玉·貂豽 ... 명마와 적옥과 담비, 삵괭이가 생산되며 ...
174) 이기훈(2019), p.107, 요동을 요하 이동으로 생각하여 작성, 즉 요하 유역에 장성이 있는 것으로 작성하였다.

그 수가 수천 명이라 하니, 고구려와 한 사이에 기록되지 않은 군사 활동이 기록된 것보다 훨씬 많았음을 알 수 있다. 매년 군사를 보냈다는 것은 요동군(현도군) 근처에 고구려의 군대가 상주해 있었음을 말해준다.[175] 모본왕대 정복지인 상곡, 어양, (우)북평에 대한 공략 기사가 없다는 것도 눈에 띈다. 당시 모본왕이 철군하였다고 하면 고구려는 왜 이후 한번도 그 지역에 눈길을 주지 않은 것일까? 그것은 바꾸어 말하면, 이미 점거 중이었기 때문이라고 해석할 수 있다.

고구려가 요서를 공략하는 이유는 조선의 옛 영토를 다물하려는 목적이 있고, 서방세력과의 교역에서 유리한 위치를 차지할 수 있으며, 양질의 가축과 소금, 농산물과 해산물을 얻을 수 있고, 한의 침략에 대비하기 위해서다.[176] 즉 요동(지금의 요서)을 지키는 것은 선조의 땅이기 때문이고, 군사적으로 국력을 유지하고, 나라를 경제적으로 부강하게 유지하기 위해서다. 태조대왕은 후한의 북동쪽을 성으로 두텁게 에워쌌다. 추모왕이 국가의 기반을 잡고, 유리명왕의 현도 회복, 대무신왕의 낙랑 회복, 모본왕의 유주(병주) 회복은 모두 하나의 뜻을 바탕으로 이루어진 것이다. 초기 이러한 노력을 마무리한 것이 태조대왕의 요서 10성이라고 하겠다.

5. 후한의 상곡(上谷), 어양(漁陽), 우북평(右北平)

모본왕이 (우)북평, 어양, 상곡을 점거한 이후 중국 측 기록에 나와 있는

---

175) 주 141) 참조
176) 장유리(2015), p1, 서방세력과의 교역에서 유리한 위치를 차지할 수 있다. ; 박노석(2002), p21, 요동을 고립시키기 위한 것이다. ; 박세이(2012), p.146, 요동이 곡창지대였다. 고구려의 열악한 경제적 조건을 해결하기 위해 이 지역으로 세력을 팽창하기 위한 조치였다.

당시 지역의 동향을 살펴보면, 서기 100년 이선에는 별다른 내용이 없다.

오환과 선비가 상곡군 및 그 일대에 거주하므로 한(漢)은 그들의 동향을 살펴 대응할 수 있도록 인근에 군영을 설치하는 동시에, 그들의 비위를 맞추어 주면서 교역도 행하였다.

* ... 광무제(건무25, 서기 49)는 반표의 말을 따랐다. 이때에 비로소 상곡군의 영성[縣]에 [오환]교위(校尉)를 다시 설치하고 군영과 본부[營府]를 설치하였다. 아울러 [오환교위에게] 선비를 거느리게 하고, 질자(質子)에게 상을 내렸으며, 해마다 일정한 때에 [오환 및 선비 사람들과] 호시(互市)를 행하도록 하였다.[177]

* 건무(建武) 25년(49)에 오환의 대인인 학단(郝旦) 등이 9천여 인의 무리를 거느리고 궁궐을 방문하자, 후(侯) 혹은 왕에 책봉된 거수(渠帥)들이 80여 인이었고, 그들에게 [후한의] 새내(塞內)에 거주하도록 하였는데, 요동속국(遼東屬國), 요서군(遼西郡), 우북평군(右北平郡), 어양군(漁陽郡), 광양군(廣陽郡), 상곡군(上谷郡), 대군(代郡), 안문군(鴈門郡), 태원군(太原郡), 삭방군(朔方郡), 여러 군의 경계지역 곳곳에 [그들을] 두루 안치하였다. [오환인들에게] 동족[種人]을 불러오도록 하여, 그들에게 옷가지와 음식물을 주었고, 교위(校尉)를 설치하여 그들을 거느리게 하였으며, [그들은] 마침내 한나라를 위하여 정찰하면서 [이민족의 침입에] 대비하였고, [아울러] 흉노와 선비를 공격하기도 하였다.[178]

177) 『後漢書』「烏桓鮮卑列傳」烏桓, ... 帝從之. 於是始復置校尉於上谷寧城, 開營府, 幷領鮮卑, 賞賜質子, 歲時互市焉.
178) 『三國志』卷30「烏丸鮮卑東夷傳」, 魏書曰 ... 建武二十五年, 烏丸大人郝旦等九千餘人率衆詣闕, 封其渠帥爲侯王者八十餘人, 使居塞內, 布列遼東屬國·遼西·右北平·漁陽·廣陽·上谷·代郡·鴈門·太原·朔方諸郡界, 招來種人, 給其衣食, 置校尉以領護之, 遂爲漢偵備, 擊匈奴·鮮卑. 『後漢書』

여기서 요동속국, 요서군, 우북평군, 어양군, 광양군, 상곡군, 대군은 유주(幽州)에 속하고, 안문군, 태원군, 삭방군은 병주(幷州)에 속한다. 『三國志』에는 오환인 9,000여 인이 한의 궁궐을 방문하였다고 적고 있다. 같은 내용의 『後漢書』에는 922인이라고 하였고, '후와 왕, 군장에 봉해진 [오환의] 거수(渠帥) 81인이 새내(塞內)에 거주하여 장성 연변의 여러 군에 퍼져 있었다.'고 기록하고 있다.[179] 거수의 수는 비슷한데, 무리의 수에서 10배 차이가 난다. 설령 한의 군사력이 월등히 강하고, 오환인이 한에게 경제적, 군사적으로 도움을 받고 있다고 해도 900여 인이 타국의 궁궐을 방문하는 것은 의외의 사건이다. 무리 9,000여 인이라고 하면 군사의 수가 아닐까? 오환이 잘 짜여진 정치체가 아니라고 할지라도 군사적으로는 흉노를 격파할만큼 강하다고 할 수 있는데, 그런 무리를 9,000인이든, 900인이든 궁궐에 그 수장자와 더불어 들인다는 것은 오환의 군사적 입성이거나 점거일 가능성이 커 보인다. 더구나 그 외 동족도 와서 같이 거주하였다고 하며, 후한이 오환에게 많은 배려를 하는 것으로 보아,[180] 여기에는 어떤 의미가 숨어있을 것이다. 후한의 입장에서 어쩔 수 없는 선택이었을 것이다.

원래 오환인은 전한 무제 시기에도 상곡, 어양, 우북평, 요서, 요동군 등 5개 군의 새외에 거주하였다.[181] 또한 광무제 연간에도 새외에 거주하며 후

「烏桓鮮卑列傳」烏桓

179) 『後漢書』「烏桓鮮卑列傳」烏桓, (建武)25年, 遼西烏桓大人郝旦等九百二十二人率衆向化, 詣闕朝貢 ... 於是封其渠帥爲侯王君長者八十一人, 皆居塞內, 布於緣邊諸郡.

180) 『後漢書』「烏桓鮮卑列傳」烏桓, 於是封其渠帥爲侯王君長者八十一人, 皆居塞內, 布於緣邊諸郡, 令招來種人, 給其衣食, 遂爲漢偵候, 助擊匈奴·鮮卑.(종족을 오도록 꼬시도록 하고, 옷과 음식을 주게 하였으며, 한의 척후병으로 삼고, 흉노와 선비를 공격하는 것을 돕도록 하였다.)

181) 『後漢書』「烏桓鮮卑列傳」烏桓, 及武帝遣驃騎將軍霍去病破匈奴左地, 因徙烏桓於上谷·漁陽·右北平·遼西·遼東五郡塞外, 爲漢偵察匈奴動靜. 其大人歲一朝見, 於是始置護烏桓校尉, 秩二千石, 擁節監領之, 使不得與匈奴交通.

한에게 어려움을 주고 있는데,[182] 이제 그 영역을 더해 광양, 대군, 안문, 태원, 삭방까지 새내에 거주하게 되었다면, 거의 한 개의 나라를 이룰 수 있는 영역이라 할 것이다.

오환과 선비는 동호의 후예로서 연관된 행동이 보이고, 선비는 고구려와 연관되어 나타나는데, 오환의 거주지가 모본왕이 경략한 지역과 겹쳐지는 것은 우연이 아니다. 후한은 고구려군에 거의 대적하지 못하고 태원까지 내어주었다. 이는 그 지역에 대한 한의 지배가 약했다는 것을 알려준다. 상곡군 새외에 위치한 백산 오환이 가장 강하고 부유하였다고 하는데, 오환도 고구려군을 저지하지 않았다. 고구려군과 오환의 연계 가능성을 생각해 볼 수 있는 내용이다.

> * 건무(建武) 30년(54) … 이때 어양군의 적산오환(赤山烏桓) 흠지
>   분(歆志賁) 등이 자주 상곡[군]을 침입하여 약탈하였다.[183]

상곡, 어양, 우북평에는 북방족의 세력이 강하게 상주해 있음을 알 수 있다. 서기 100년이 지나면서 세 곳의 기록이 구체성을 띤다.

---

182) 『後漢書』「烏桓鮮卑列傳」烏桓, 光武初, 烏桓與匈奴連兵爲寇, 代郡以東尤被其害. 居止近塞, 朝發穹廬, 暮至城郭, 五郡民庶, 家受其辜, 至於郡縣損壞, 百姓流亡. 其在上谷塞外白山者, 最爲强富. (오환인은 塞와 가까운데 살았다. 북변 5군의 민서들은 고통을 당하였고, 군현이 손상, 파괴되고 백성들은 유망하였다. 상곡군 새외에 위치한 백산 오환이 가장 강성하고 부유하였다) 建武二十一年, 遣伏波將軍馬援將三千騎出五阮關掩擊之. 關在代郡.烏桓逆知, 悉相率逃走, 追斬百級而還. 烏桓復尾擊援後, 援遂晨夜奔歸, 比入塞, 馬死者千餘匹.(건무21년, 마원은 오환의 기습을 받고 밤낮 도망쳐서, 새내로 들어갈 즈음 죽은 말이 천여 匹이었다.) 二十二年, 匈奴國亂, 烏桓乘弱擊破之, 匈奴轉北徙數千里, 漠南地空, 帝乃以幣帛賂烏桓. 二十五年, 遼西烏桓大人郝旦等九百二十二人率衆向化, 詣闕朝貢, 獻奴婢牛馬及弓虎豹貂皮.(오환은 흉노를 공격하여 격파, 광무제는 오환에게 폐백을 뇌물로 주었다. 오환의 무리 922인이 궁궐을 방문하여 조공하였다)

183) 『後漢書』「烏桓鮮卑列傳」鮮卑, 時漁陽赤山烏桓歆志賁等數寇上谷

* [永元] 9년(97)에 요동선비는 비여현(肥如縣)을 공격하였는데, [요동] 태수 제참(祭參)은 패배에 대한 책임을 지고 하옥되었다가 죽었다. [永元] 13년(101)에 요동선비는 우북평[군]을 침입하여 노략질하였고 이어서 어양[군](漁陽郡)을 침입하였는데, [어양]태수가 이를 맞아 싸워 격파하였다. [상제(殤帝)] 연평원년(延平元年(106)) 선비는 다시 어양[군]을 침입하고 노략질하였는데, 태수 장현(張顯)이 수백 인을 이끌고 새외로 나가서 그들을 추격하였다.[184]

* 상제(殤帝) 연평(延平)년간(106) 선비는 또 동쪽으로 새내(塞內)로 침입하였고 어양태수(漁陽太守) 장현(張顯)을 살해하였다.[185]

* 안제 영초(安帝 永初) 3년(109)에 어양오환(漁陽烏桓)과 우북평호(右北平胡) 천여 [騎]가 대군과 상곡[군]을 침입하여 노략질하였다.[186]

* 안제 영초(安帝 永初) 년간(107~113)에 선비대인 연려양(燕荔陽)이 궁궐을 방문하여 조회에 참석하여 하례하니, 등태후는 연려양에게 왕의 인수와 부마(副馬)가 딸린 붉은 색 수레[赤車參駕]를 하사하였다. 그리고 오환교위가 거처하는 영성[현](甯城縣)의[187] 곁에

---

184)『後漢書』「烏桓鮮卑列傳」鮮卑, 和帝永元 ... 九年, 遼東鮮卑攻肥如縣, 肥如縣, 故城在今平州也. 太守祭參坐沮敗, 下獄死. 十三年, 遼東鮮卑寇右北平, 因入漁陽, 漁陽太守擊破之. 延平元年, 鮮卑復寇漁陽, 太守張顯率數百人出塞追之.
185)『三國志』卷30「烏丸鮮卑東夷傳」鮮卑, 魏書曰 ... 殤帝延平中, 鮮卑乃東入塞, 殺漁陽太守張顯.
186)『後漢書』「烏桓鮮卑列傳」烏桓, 安帝永初三年夏, 漁陽烏桓與右北平胡千餘寇代郡·上谷.
187) 상곡군

머무르게 하고 호(胡)와 왕래하여 교역하게 하였다. 이에 남북 2부 (部)의 질관(質館)을 축조하였다. 선비의 읍락 120부는 각자 인질을 보내 왔다. 이후 선비인들은 항복하기도 하고 반란을 일으키기도 했으며, 흉노·오환과 함께 서로 공격하기도 하였다.[188]

* 安帝 시기에 이르러, 어양오환(漁陽烏丸)과 우북평오환(右北平烏丸), 안문오환(雁門烏丸)의 솔중왕(率衆王)인 무하(無何)가 다시 선비 및 흉노와 연합하여 대군(代郡)과 상곡[군](上谷郡), 탁군(涿郡), 오원[군]을 침입하여 노략질하고 약탈하였다. 이에 [후한 조정은] 대사농(大司農) 하희(何熙)를 행거기장군(行車騎將軍)으로 삼고, 좌우(左右) 우림(羽林)과 오영(五營)의 군사를 거느리고, 북쪽 변경에 있는 7군(郡)과 여양영(黎陽營)의 병사, 합계 2만 명을 발동하여 적을 공격하도록 하였다.[189]

* [元初] 5년(118) 가을에 대군선비(代郡鮮卑) 만여 기가 드디어 장성을 뚫고 들어와 침입하였으며, 나누어 성읍을 공격하고 관사(官寺)를 불사르고 장리를 살해한 후 돌아갔다. 이에 [조정에서는 장성 안] 변경의 갑졸과 여양영(黎陽營)의 병사들을 징발하여 상곡[군]에 주둔시켜 대군선비를 막도록 하였다. [같은 해] 겨울에 선비는 상곡[군]으로 쳐들어가서 거용관(居庸關)을 공격하니, [조정에서는] 다시 장성 변경에 있던 여러 군들(諸郡)과 여양영(黎陽營)의 병사, 적사사(積射士)의 보병과 기병(步騎) 2만 인을 징발하여 방어

---

188)『後漢書』「烏桓鮮卑列傳」鮮卑, 安帝永初中, 鮮卑大人燕荔陽詣闕朝賀, 鄧太后賜燕荔陽王印綬, 赤車參駕, 令止烏桓校尉所居寧城下, 通胡市, 因築南北兩部質館. 築館以受降質.鮮卑邑落百二十部, 各遣入質. 是後或降或畔, 與匈奴·烏桓更相攻擊.
189)『三國志』卷30「烏丸鮮卑東夷傳」, 至安帝時, 漁陽·右北平·鴈門烏丸率衆王無何等復與鮮卑·匈奴合, 鈔略代郡·上谷·涿郡·五原, 乃以大司農何熙行車騎將軍, 左右羽林五營士, 發緣邊七郡黎陽營兵合二萬人擊之.

상 중요한 곳에 나누어 주둔케 하였다.[190]

[원초] 6년(119) 가을에 선비는 마성[현](馬城縣)의 요새에 쳐들어
와서 장리들을 살해하니 도료장군 등준(鄧遵)이 적사사 3천 인을
징발하고 중랑장 마속(馬續)이 남흉노 선우[의 군대를] 지휘하여
요서[군]과 우북평[군]의 병마(兵馬)와 모여 요새를 나가서 선비[의
군대를] 추격하여 대파하니 포획한 생구와 소·양·재물이 매우 많았
다. 또, 적사사 3천 인과 말 3천 필을 징발하여 도료장군의 군영에
보내 주둔하여 지키게 하였다.[191]

* [永建] 3년(128)과 4년(129)에 선비는 어양[군]과 삭방군(朔方郡)
을 자주 침략하여 약탈하였다. [영건] 6년(131) 가을에 경엽은 司馬
를 보내 오환병[胡兵] 수천 인을 지휘하여 요새를 나가 선비를 공
격하게 하여 격파하였다. [같은 해] 겨울에 어양 태수는 또 오환의
군대를 보내 선비를 공격하게 하여 8백 인의 수급을 베었고 소와
말, 생구를 포획하였다. 오환의 호인(豪人)인 부수관(扶漱官)은 용
감하고 늠름하여 선비와 전쟁할 때마다 자주 적을 무너뜨렸는데,
[조정에서는] '솔중군(率衆君)'이란 칭호를 하사하였다.[192]

위 기록을 살펴보면 지금 하북성, 산서성 지역을 후한이 북방족과 더불어

---

190) 『後漢書』 「烏桓鮮卑列傳」 鮮卑, 元初 ... 五年秋, 代郡鮮卑萬餘騎遂穿塞入寇, 分攻城邑, 燒
官寺, 殺長吏而去. 乃發緣邊甲卒·黎陽營兵, 屯上谷以備之. 冬, 鮮卑入上谷, 攻居庸關, 復發緣邊諸
郡·黎陽營兵·積射士步騎二萬人, 屯列衝要.

191) 『後漢書』 「烏桓鮮卑列傳」 鮮卑, 元初 ... 六年秋, 鮮卑入馬城塞, 殺長吏, 馬城, 縣名, 屬代郡
也. 度遼將軍鄧遵發積射士三千人, 及中郎將馬續率南單于, 與遼西·右北平兵會, 出塞追擊鮮卑,
大破之, 獲生口及牛羊財物甚衆. 又發積射士三千人, 馬三千匹, 詣度遼營屯守.

192) 『後漢書』 「烏桓鮮卑列傳」 鮮卑, 三年, 四年, 鮮卑頻寇漁陽·朔方. 六年秋, 耿曄遣司馬將胡兵
數千人, 出塞擊破之. 冬, 漁陽太守又遣烏桓兵擊之, 斬首八百級, 獲牛馬生口. 烏桓豪人扶漱官勇
健, 漱音所救反. 每與鮮卑戰, 輒陷敵, 詔賜號「率衆君」.

거주하였다는 것이 이상할 정도로 북방족의 침탈을 많이 받는다. 요동속국, 요서, 우북평, 어양, 광양, 상곡, 대군, 안문, 태원, 삭방 등지는 한의 강역이라고 보기 어려운 면이 있다. 그곳은 최소한 여러 종족이 함께 거주하는 곳이었든지, 한이 이름만 유지하는 수준이었을 가능성이 있다. 후한의 유주자사, 어양태수, 요동태수, 현도태수가 과연 그 지역에 상주하는 태수였는지, 이름뿐인 태수였는지 의심스러울 정도이다. 가령 현도는 요동군 안에 있는 거의 유명무실한 군이었는데도 태수의 이름이 보인다.[193] 후한의 북계를 잘 살펴서 연구할 필요가 있다.

위 중국 측에 나타난 상곡, 어양, 우북평에 대한 교전 및 북방족과 관련된 기록과 고구려와 후한의 침공 관련 기록을 표를 만들면 다음과 같다.

서기	지역	고구려	오환, 선비 및 후한
49	북평/어양/상곡/태원	모본왕2 봄, 요서정벌	
	요동속국/요서/우북평/어양/광양/상곡/대군/안문/태원/삭방		건무25(광무제)오환대인 9천 명+동족/ 거수 80여 인/ 塞內에 거주
	상곡군 영성현		오환교위 설치(군영/본부)
54	상곡군		건무30, 어양군 적산오환 흠지분이 침입
101	우북평 어양		화제 영원13, 요동선비가 침입 어양 태수가 격파
105	요동군	태조53 봄, 요동군 여섯현 공격->패함	
106	어양군		상제 연평1, 선비가 침입
107-113	상곡 영성현		안제, 선비 연려양을 오환교위 거처에 머물게 함
109	상곡/대군(탁군/오원)		안제 영초3, 어양오환, 右北平胡 천여騎 침입

---

193) 6-5)

서기	지역	고구려	오환, 선비 및 후한
118	현도군/화려성	태조66 여름, 현도군 습격, 화려성 공격	
	상곡군		원초5 秋, 대군선비 장성을 뚫고 침입, (한)상곡에 주둔하여 방비
	상곡 거용관		冬, 선비가 공격, (한)군사를 방어상 중요지에 주둔케 함
119	요서/우북평군		원초6 秋, 선비 마성군 요대 침입, 마속이 남흉노 선우의 군대를 지휘하여 요서, 우북평군의 병마와 모여 선비의 추격 대파
121	요동/현도(高) 광양/어양/우북평 탁군/요동속국(漢)	태조69 봄, 한이 예맥거수 공격/遂成 현도, 요동 공격 승리	건광1, 유주,요동,현도 태수가 고구려 공격→승리 후 패배/ 貊人 철수 후→5개 군에서 3천 기마병 출동
	요대현/요동/신창	여름 4월, 선비와 같이 공격	요동태수 채풍 전사, 패
	현도성	12월, 마한 예맥 기병과 현도 포위→패	부여와 함께 유주, 현도군이 승리 / 선비, 예맥이 매년 침입
122	요동	마한 예맥과 공격→패	부여가 한에 병력을 보냄
128	어양/삭방		순제 영건3-4, 선비 자주 침입
131	어양		영건6 秋, 선비가 공격, 冬, 어양태수가 오환 군대 보내 선비 공격 승리

표2 고구려 정복 활동과 북방족의 상곡, 어양, 우북평 관련 기록

후한은 주로 선비와 잦은 교전이 있고, 오환은 경우에 따라 후한과 연합 혹은 대적을 한다. 고구려와는 태조대왕 69년(121) 『後漢書』 기록 6-6)의 내용보다 기록이 적다.[194] 고구려와 후한과는 주로 요동군, 현도군을 중심으로 충돌이 일어나며, 우북평, 어양, 상곡에서 일어난 사건은 눈에 띄지 않는다. 태조대왕 69년(121) 봄, 패배한 후한의 군대가 광양, 어양, 우북평, 탁

194) 鮮卑·濊貊이 해마다 노략질하여 백성을 잡아가 그 수가 수천 명이나 되었는데...

길이숙

군, ㅇ동속국 5개 군에서 3천 기마병을 출동시켰다는 기록이 보인다.

6-6) "선비·예맥이 해마다 노략질하여 백성을 잡아가 그 수가 수천 명이 나 되었는데..."

라는 기록에 근거하여 선비가 후한을 공격한 기록과 고구려군의 연합 가능 성을 보려면 고구려 초기 강역에 대한 연구가 더 있어야 되리라고 본다. 고 구려가 선비와 더불어 후한을 공격하였다면 복속시킨 선비일 가능성이 높 고, 그 외 선비와도 연합하였는지는 알 수 없다.

모본왕 이후 태조대왕대에 세 개 지역에 대한 공격은 보이지 않는다. 오 환과 선비 등이 세 개 지역을 비롯한 한의 북쪽 지역에 침략을 하는 반면, 고구려의 주 정복 지역은 요동과 현도이다. 선비, 예맥, 마한과 함께 공격하 고 있는데, 예맥과 마한은 특정 지역일 수도 있지만, 한측에서 조선 거수국 을 칭하는 보편적인 호칭으로 해석할 수도 있다.

상곡, 어양, 우북평 및 요동, 현도, 요서, 요동속국 등이 속해 있는 전한과 후한의 유주(幽州)를 살펴보면,[195] 낙랑군은 탄열현(呑列縣), 동이현(東暆縣), 불내현(不而縣), 잠대현(蠶台縣), 화려현(華麗縣), 전막현(前莫縣), 부조 현(夫租縣) 등 7개 현이 전한에 비교해 후한에는 빠졌다.[196] 요동군을 비교

---

195)『漢書』와『後漢書』幽州비교는 김진경, 「고대 요수(遼水)의 위치 비정(比定)에 관한 연구 : 한(漢)부터 요(遼)까지」,『국제뇌교육종합대학원대학교』박사, (2012)를 참고.

196)『漢書』권 제28 下「地理志」제8 下 : 樂浪郡, 武帝元封三年(B.C.107년)開. 莽曰樂鮮. 屬幽 州. 戶六萬二千八百一十二, 口四十萬六千七百四十八. 有雲鄣. 縣二十五, 朝鮮, 䛁邯, 浿水, 水西 至增地入海. 莽曰樂鮮亭. 含資, 帶水西至帶方

入海. 黏蟬, 遂成, 增地, 莽曰增土. 帶方, 駟望, 海冥, 莽曰海桓. 列口, 長岑, 屯有, 昭明, 南部都尉 治. 鏤方, 提奚, 渾彌, 呑列, 分黎山, 列水所出, 西至黏蟬入海, 行八百二十里. 東暆, 不而, 東(郡) [部]都尉治. 蠶台, 華麗, 前莫, 夫租.

『後漢書』「志」제23 郡國 제5 : 樂浪郡 武帝置. 雒陽東北五千里. 十八城, 戶六萬一千四百九十二, 口二十五萬七千五十. 朝鮮 䛁邯 浿水 含資 占蟬 遂城 增地 帶方 駟望 海冥 列口 長岑 屯有 昭 明 鏤方 提奚 渾彌 樂都 遼東屬國故邯鄉, 西部都尉, 安帝時以爲屬國都尉, 別領六城. 雒陽東北 三千二百六十里. 昌遼故天遼, 屬遼西. 何法盛晉書有靑城山. 賓徒故屬遼西. 徒河故屬遼西. 無慮有

126

해 보면, 방(房), 요대(遼隊), 험독(險瀆), 의수험(依水險), 거취(居就), 무차(武次) 등이 이전한 경우를 제외하고 6개 현이 빠졌다.[197] 요서군의 경우도 저려(且慮), 신안평(新安平), 유성(柳城), 빈종(賓從), 교려(交黎), 호소(狐蘇), 도하(徒河), 문성(文成), 참(絫) 등 9개 현(縣)이 빠졌다.[198] 상곡군의 경우도 광양군으로 소속이 바뀐 군도(軍都)와 창평(昌平)을 제외하면, 천상(泉上)/새천(塞泉), 이여(夷輿)/삭조정(朔調亭), 저거(且居)/구거(久居), 여(茹)/곡무

醫無慮山. 險瀆史記曰, 王險, 衛滿所都. 房 右幽州刺史部, 郡·國十一, 縣·邑·侯國九十.

197) 『漢書』 권 제28 下 「地理志」 제8 下 : 遼東郡, 秦置. 屬幽州. 戶五萬五千九百七十二, 口二十七萬二千五百三十九. 縣十八 : 襄平, 有牧師官. 莽曰昌平. 新昌, 無慮, 西部都尉治. 應劭曰 : 「慮音閭.」師古曰 : 「即所謂醫巫閭.」望平, 大遼水
出塞外, 南至安市入海, 行千二百五十里. 莽曰長說. 師古曰 : 「說讀曰(倪)[悅].」房, 候城, 中部都尉治. 遼隊, 莽曰順睦. 師古曰 : 「隊音遂.」遼陽, 大梁水西南至遼陽入遼. 莽曰遼陰. 險瀆, 應劭曰 : 「朝鮮王滿都也. 依水險, 故曰險瀆.」臣瓚曰 : 「王險城在樂浪郡浿水之東, 此自是險瀆也.」師古曰 : 「瓚說是也. 浿音普大反.」居就, 室偽山, 室偽水所出, 北至襄平入梁也. 高顯, 安市, 武次, 東部都尉治. 莽曰桓次. 平郭, 有鐵官·鹽官. 西安平, 莽曰北安平. 文, 莽曰(受)[文]亭. 番汗, 沛水出塞外, 西南入海. 應劭曰 : 「汗水出塞外, 西南入海. 番音盤.」師古曰 : 「沛音普蓋反. 汗音寒.」沓氏. 應劭曰 : 「氏水也. 音長答反.」師古曰 : 「凡言氏者, 皆謂因之而立名.
『後漢書』 「志」 제23 郡國 제5 : 遼東郡 秦置. 雒陽東北三千六百里. 案本紀, 和帝 永元十六年(104년)郡復置西部都尉官. 十一城, 戶六萬四千一百五十八, 口八萬一千七百一十四. 襄平 新昌 無慮 望平 候城 安市 平郭有鐵. 西安平 魏氏春秋曰 : 「縣北有小水, 南流入海, 句驪別種, 因名之小水貊.」汶 番汗 沓氏

198) 『漢書』 권 제28 下 「地理志」 제8 下 : 遼西郡, 秦置. 有小水四十八, 幷行三千四十六里. 屬幽州. 戶七萬二千六百五十四, 口三十五萬二千三百二十五. 縣十四, 且慮, 有高廟. 莽曰鉏慮. 師古曰 : 「且音子余反. 慮音廬.」海陽, 龍鮮水東入封大水. 封大水·緩虛水皆南入海. 有鹽官. 新安平, 夷水東入塞外. 柳城, 馬首山在西南. 參柳水北入海. 西部都尉治. 令支, 有孤竹城. 莽曰令氏亭. 應劭曰 : 「故伯夷國, 今有孤竹城. 令音鈴.」孟康曰 : 「支秖.」師古曰 : 「令又音郎定反.」肥如, 玄水東入濡水. 濡水南入海陽. 又有盧水, 南入玄. 莽曰肥而. 應劭曰 : 「肥子奔燕, 燕封於此也.」師古曰 : 「濡音乃官反.」賓從, 莽曰勉武. 交黎, 渝水首受塞外, 南入海. 東部都尉治. 莽曰禽虜. 應劭曰 : 「今昌黎.」師古曰 : 「渝音喻. 其下並同.」陽樂, 狐蘇, 唐就水至徒河入海. 徒河, 莽曰河福. 文成, 莽曰言虜. 臨渝, 渝水首受白狼, 東入塞外. 又有侯水, 北入渝. 莽曰馮德. 師古曰 : 「馮讀曰憑.」絫. 下官水南入海. 又有揭石水·賓水, 皆南入官. 莽曰選武. 師古曰 : 「絫音力追反.
『後漢書』 「志」 제23 郡國 제5 : 遼西郡 秦置. 雒陽東北三千三百里. 五城, 戶萬四千一百五十, 口八萬一千七百一十四. 陽樂 海陽令支有孤竹城. 伯夷·叔齊本國. 肥如 臨渝 山海經曰 : 「碣石之山, (綱)[繩]水出焉, 其上有玉, 其下多青碧.」水經曰在縣南. 郭璞曰 : 「或曰在右北平 驪(城)[成]縣海邊山也.」

(穀武), 여기(女祁)/기(祁) 등 5개 현(縣)은 빠졌다.[199] 어양군은 요양(要陽)/
요술(要術), 백단(白檀), 활염(滑鹽)/광덕(匡德) 등 3개 현(縣)이 빠졌고,[200] 우
북평군은 평강(平剛), 석성(石成), 정릉(廷陵)/포무(鋪武), 찬(贊)/부릉(裒睦),
자(字), 백랑(白狼)/복적(伏狄), 석양(夕陽)/석음(夕陰), 창성(昌城)/숙무(淑
武), 려성(驪成), 광성(廣成)/평노(平虜), 견양(聚陽)/마릉(篤睦), 평명(平明)/
평양(平陽) 등 12개 현이 빠졌다.[201] ('/' 뒤의 지명은 본래 명칭임).

---

199) 『漢書』 권 제28 下 「地理志」 제8 下：上谷郡, 秦置. 莽曰朔調. 屬幽州. 戶三萬六千八, 口
十一萬七千七百六十二. 縣十五：沮陽, 莽曰沮陰. 孟康曰：「音俎.」 泉上, 莽曰塞泉. 潘, 莽曰樹
武. 師古曰：「音普半反.」 軍都, 溫餘水東至路, 南入沽. 居庸, 有關. 雊瞀, 孟康曰, 音句無. 師古曰
：「雊音工豆反, 瞀音莫豆反.」 夷輿, 莽曰朔調亭.寧, 西部都尉治. 莽曰博康. 昌平, 莽曰長昌. 廣寧,
莽曰廣康. 涿鹿, 莽曰抪陸. 應劭曰：「黃帝與蚩尤戰于涿鹿之野.」 且居, (樂陽)[陽樂]水出東, (東)
[南]入(海)[沽]. 莽曰久居. 茹, 莽曰穀武. 女祁,東部都尉治. 莽曰祁. 下落. 莽曰下忠.
『後漢書』「志」 제23 郡國 제5：上谷郡 秦置. 雒陽東北三千二百里. 八城, 戶三百五十二, 口五萬
一千二百四. 沮陽 潘 永元十一年(99년)復. 甯 廣甯 居庸 雊瞀 涿鹿 帝王世記曰：「黃帝所都, 有蚩
尤城·阪泉地·黃帝祠.」世本云在(鼓)[彭]城南, 張晏曰在上谷. 于瓚案禮 五帝位云黃帝與赤帝戰于阪
泉之野, 不在涿鹿, 是伐蚩尤之地. 下落

200) 『漢書』 권 제28 下 「地理志」 제8 下：漁陽郡, 秦置. 莽曰(北順)[通路]. 屬幽州. 戶六萬
八千八百二, 口二十六萬四千一百一十六. 縣十二. 漁陽, 沽水出塞外, 東南至泉州入海, 行七百五十
里. 有鐵官. 莽曰得漁. 狐奴, 莽曰擧符. 路, 莽曰通
路亭. 雍奴, 泉州, 有鹽官. 莽曰泉調. 平谷, 安樂, 厗奚, 莽曰敦德. 孟康曰：「厗音題, 字或作蹄.」
獷平, 莽曰平獷. 服虔曰：「獷音鞏.」 師古曰：「音九永反, 又音穬.」 要陽, 都尉治. 莽曰要術. 師古
曰：「音一妙反.」 白檀, 洫水出北蠻夷. 師古曰：「洫音呼鵙反.」 滑鹽, 莽曰匡德. 應劭曰：「明帝改
名鹽.」
『後漢書』「志」 제23 郡國 제5：漁陽郡 秦置. 雒陽東北二千里. 九城, 戶六萬八千四百五十六, 口
四十三萬五千七百四十. 漁陽有鐵. 狐奴 潞 雍奴 泉州有鐵. 平谷 安樂 儁奚 獷平

201) 『漢書』 권 제28 下 「地理志」 제8 下：右北平郡, 秦置. 莽曰北順. 屬幽州. 戶六萬
六千六百八十九, 口三十二萬六百八十. 縣十六, 平剛, 無終, 故無終子國. 浭水西至雍奴入海, 過郡
二, 行六百五十里. 師古曰：「浭音庚. 卽下所云入庚者同一水也.」 石成, 廷陵, 莽曰鋪武. 俊靡, 灅
水南至無終東入庚. 莽曰俊麻. 師古曰：「灅音力水反, 又音郎賄反.」 贊, 都尉治. 莽曰裒睦. 師古曰
：「音才私反.」 徐無, 莽曰北順亭. 字, 楡水出東. 土垠, 師古曰：「垠音銀」 白狼, 莽曰伏狄. 師古曰：
「有白狼山, 故以名縣.」 夕陽, 有鐵官. 莽曰夕陰. 昌城, 莽曰淑武. 驪成, 大揭石山在縣西南. 莽曰揭
石. 師古曰：「揭音桀.」 廣成, 莽曰平虜. 聚陽, 莽曰篤睦. 平明. 莽曰平陽.
『後漢書』「志」 제23 郡國 제5：右北平郡 秦置. 雒陽東北二千三百里. 四城, 戶九千一百七十, 口五
萬三千四百七十五. 土垠 徐無俊靡 無終

전한과 비교해 후한대에 많은 현이 보이지 않는 것은 군현의 합병이나 폐지 등을 고려해 볼 수도 있지만 타국, 타종족과의 전쟁으로 땅을 잃었을 가능성이 높다고 하겠다. 그리고 후한의 현도군은 명목상의 군으로, 전한 요동군에 포함되어 있었다.[202] 그럼에도 『後漢書』 기록에는 전한에 속했던 현도의 현이 그대로 기록되어 있어, 기록 자체에 신뢰를 잃고 있다.[203] 이로 미루어 『後漢書』 지(志)에 보이는 기록을 그대로 믿을 수는 없다고 본다.

이상의 경우를 봤을 때 지금의 하북성 지역은 후한의 영역이라고 보기가 애매하다. 한이 교역과 이이제이(以夷制夷)를 위해 오환을 다독여 강역을 내어 주었다고 해도, 그 영역이 넓으며, 오환이 한에 완전히 복속된 것도 아니다. 선비의 침공도 만만치 않고, 고구려 또한 꾸준히 옛 고조선의 영토를 다물하려는 시도를 보인다. 이러한 상태이므로 모본왕의 요서 점거는 적어도 태조대왕까지는 확실하다고 할 것이며, 태조대왕이 쌓은 요서 10성은 하북성 난하 인근 및 하북성 지역에 있었을 것으로 예상할 수 있다.

---

202) 본서 본문 중 '3. 慕本王의 요서 원정길과 후한의 세력 범위' 참고
203) 『漢書』 권 제28 下 「地理志」 제8 下 : 玄菟郡, 武帝元封四年(B.C.106년)開. 高句驪, 莽曰下句驪. 屬幽州. 應劭曰:「故眞番, 朝鮮胡國.」 戶四萬五千六, 口二十二萬一千八百四十五. 縣三, 高句驪, 遼山, 遼水所出, 西南至遼隊入大遼水. 又有南蘇水, 西北經塞外. 應劭曰:「故句驪 胡.」 上殷台, 莽曰下殷, 如淳曰:「台音飴.」 師古曰:「音胎.」 西蓋馬. 馬訾水西北入鹽難水, 西南至西安平入海, 過郡二, 行二千一百里. 莽曰玄菟亭.
『後漢書』 「志」 제23 郡國 제5 : 玄菟郡 武帝置. 雒陽東北四千里. 六城, 戶一千五百九十四, 口四萬三千一百六十三. 高句驪 遼山, 遼水出. 山海經曰:「遼水出白平東.」 郭璞曰:「出塞外(銜)[衛]白平山. 遼山, 小遼水所出.」 西蓋(鳥)[馬] 上殷台 高顯故屬遼東. 候城故屬遼東. 遼陽故屬遼東. 東觀書, 安帝卽位之年(107년), 分三縣來屬.

Ⅳ. 맺음말

5대 모본왕이 북평(北平, 중국 자료에 우북평), 어양(漁陽), 상곡(上谷), 태원 (太原) 등지에 원정군을 보내기까지 고구려의 초대왕들은 모두 정복군주의 면모를 보였다.

다물은 고구려 전체를 이어가는 국시로 보인다. 추모왕은 이주 세력임에도 불구하고 건국 원년부터 10년 사이에 말갈과 비류국, 행인국, 북옥저를 복속시키고 있다. 더구나 비류국을 복속시키면서 옛 땅을 회복한다고 하였으니, 신생국 고구려에게 옛 땅은 어디를 말함인가? 부여를 계승한 추모왕은 부여가 계승한 조선의 영토를 회복해야 한다고 인식하였음이 분명하다. 한에게 빼앗긴 조선의 옛 영토를 회복하는 것이 추모왕 이래 사명이었을 것이다. 초대 추모왕부터 고구려의 왕들은 한반도보다 요동 지역 복속과 서방과의 전쟁에 적극적으로 대처하고 있다. 옛 조선지역에 설치한 한군현을 축출하는 것은 영토를 회복하여 경제적인 부흥을 이루는 데 필요 과제였다. 지금의 요하 이서 지역, 즉 요동은 대북방 교역과 대중국 교역의 중심지였다. 교역에 있어 요하는 배로 물류를 움직이는데 아주 편리하고 유용했으며, 2대 유리명왕이 천도한 국내성(지금의 철령 혹은 그 부근)은 사통팔달의 교통중심지였다.

난하를 경계로 한 요동과 요서의 이점을 고구려의 왕들은 이미 알고 있었다. 이전 왕조부터 축적된 경험 내지는 정책이 면면히 이어져 내려온 결과로 보여진다. 추모왕이 건국 초부터 주변을 정리하여 세력을 넓힌 이후 2대 유리명왕은 역시 요동 지역에 있었을 양맥과 현도의 고구려현을 정복하기 시작, 서쪽 정벌의 길을 튼다. 3대 대무신왕이 낙랑군을 멸하고, 아마도 광무제는 요하로 상륙하여 요동반도에 새롭게 낙랑을 설치한 것으로 생각된다. 그리하여 민중왕 시기 고구려가 잠시 쇠약해진 틈을 타 구 낙랑 지역의 한족(漢族)인 대가(大家) 대승(戴升) 등 1만여 가(家)가 낙랑으로 가서 후한에 투항한 것이다. 당시 현도나 난하 이동의 낙랑은 명맥이 다한 것으로 볼 수 있다.

그러한 배경 속에서 모본왕은 즉위 2년 만에 지금 하북성 북부지역으로 원정을 감행하여 중국 동북부 지역을 차지한다. 교통의 요지인 국내성, 그곳에서 자연 장애물 없이 요서로 바로 달릴 수 있는, 북로 원정길이 있었고, 현도군이 고구려현 등을 빼앗겨 명맥만 유지하는 지경이었으며, 낙랑도 고구려에게 복속되어 난하 유역은 세력이 약화되었기에, (우)북평, 어양, 상곡, 태원은 어렵지 않게 정벌할 수 있었던 것이다. 후한은 고구려에게 제대로 대항하지 못하고 태원까지 쫓겨 들어갔고, 고구려는 그런 후한의 군대를 뒤쫓아 섬멸하였다.

한은 고구려에 항복한다. 고구려는 요동 태수 채동의 항복에, 거리가 떨어져 있는 태원은 돌려주었을 것으로 보이고, 상곡, 어양, (우)북평에 군을 주둔시켰다. 상곡 등지의 환경으로 봤을 때 주둔군은 자급자족할 수 있는 여건이 되었다. 따라서 태조대왕이 어려, 태후가 수렴청정을 하는 상황에도 요서에 10개의 성을 쌓을 수 있었다.

이후로 태조대왕은 요동과 현도를 주 공격 대상지로 삼는다. 부여는 고구려에 조공하는 모습을 보인다. (우)북평, 어양, 상곡에 대한 공격은 보이지 않는다. 이로써 유추해 볼 수 있는 사실은, 모본왕의 정복지를 그대로 점유하고 있었다고 보여져, 요동과 현도 부근에 고구려의 상주군이 있었다는 것을 알 수 있고, 10성은 하북성 난하 인근 및 현 하북성 지역, 요동군 근접지역 및 (우)북평, 어양, 상곡 등지에 있었을 것으로 예상할 수 있다. 따라서 부여와 한의 교역은 고구려의 중개를 통해서 이루어졌을 것이다.

그렇다면 태조대왕이 성을 쌓았다는 요서는 어디이며, 10성은 어느 성인 가? 『조대기』를 인용한 『태백일사』「고구려국본기」에 기록이 남아있다.[204] 즉 안시성, 석성, 건안성, 건흥성, 요동성, 풍성, 한성, 옥전보, 택성, 요택성 등이며 태조대왕 5년에 백암성과 용도성을 쌓았다는 기록이 있다. 이 책에 나온 요서 10성의 위치는 앞으로 연구할 가치가 크지만, 현재 난하 유역은 중국에 속해있고, 동북공정으로 만리장성이 한반도를 침범한 상황에서 엄 정한 발굴이 이루어질지 의문이다. 따라서 사료에 여기저기 흩어져 있는 단 편적이고 숨겨져 있는 기록을 샅샅이 파헤쳐야 하리라고 본다.[205]

태조대왕이 성을 쌓은 이유는 한의 침략에 대비하기 위해서다. 즉 요동 (지금의 요서)을 지키기 위해서다.[206] 요동은 선조들의 땅이고, 물류의 중심지 다.[207] 그곳을 지키기 위해 고구려는 요동으로 오는 길목에 성을 쌓음으로 써 중국의 무리가 요동으로 넘어오지 못하게 에워쌌다. 이로써 고구려 초 기 요동 회복과 요서 진출의 노력이 결실을 맺은 것이다.

---

204) 주 142)지도 참고

205) 안경전(2012), 『桓檀古記』, 김호림, 『고구려가 왜 북경에 있을까』(서울: 글누림출판사, 2012) 등 참고

206) 박세이(2012), p137 ; 고구려가 태조대왕 후반기 중국세력과 지속적으로 충돌하는 이유 는 요동 지역을 둘러싼 것이었음을 확인할 수 있다.

207) 안경전(2012), 「三聖紀全上」, p18 "桓雄氏繼興 ... 治市交易 九域貢賦烏獸率舞" 경제는 나 라의 근간이다.

참·고·문·헌

【원전】

• 『三國史記』「高句麗本紀」, 『漢書』, 『後漢書』, 『三國志』

【단행본】

• 안경전 역주, 『桓檀古記』, 대전: 상생출판, 2012
• 정인보, 『朝鮮史硏究 上』, 서울: 우리역사연구재단, 2018
• 윤내현, 『한국 열국사 연구』, 서울: 만권당, 2016
• _____, 『고조선 연구 상』, 서울: 만권당, 2019
• _____, 『한국 고대사 신론』, 서울: 만권당, 2014
• 이정훈, 『고구려의 국제정치 역사지리』, 서울: 주류성, 2019
• 김호림, 『고구려가 왜 북경에 있을까』, 서울: 글누림출판사, 2012
• 박창범, 『하늘에 새긴 우리역사』, 서울: 김영사, 2003
• 노태돈, 『고구려 발해사 연구』, 파주: ㈜지식산업사, 2020
• 王志剛, 唐淼/陳爽 옮김, 『경계를 넘어서는 고구려·발해사 연구』, 서울: 도서
  출판 혜안, 2020
• 이기훈, 『중국이 쓴 한국사』, 서울: 주류성, 2019
• 최태영, 『한국 고대사를 생각한다』, 서울: 눈빛출판사, 2019
• 심백강, 『잃어버린 상고사 되찾은 고조선』, 서울: 바른역사, 2015
• 허우범, 『여말선초 서북 국경과 위하도』, 서울: ㈜도서출판 성안당, 2021
• 임찬경, 『고구려와 위만조선의 경계』, 파주: 한국학술정보㈜, 2019

【학술지 및 논문】

• 장유리, 「고구려 초기의 서방정책, 고구려 초기의 서방정책」, 『한국전통문화
  대학교』 석사, 2015
• 지양미, 「문헌에 나타난 북부여 도읍지 위치 연구」, 『국제뇌교육종합대학원

대학교』 석사, 2011

- 우대석, 「환단고기 위서론에 대한 비판적 고찰」, 『국제뇌교육종합대학원대학교』 석사, 2010

- 이성욱, 「오녀산성의 연대와 성격」, 『고려대』 석사, 2020

- 고광진, 「고구려시대의 압록수 위치연구」, 『국제뇌교육종합대학원대학교』 석사, 2011

- 박종민, 「고죽국의 위치로 본 고구려 서쪽 강역 연구」, 『신한대학교』 석사, 2021

- 윤병모, 「A.D 2세기 이전 고구려의 요서원정」, 『국학연구』 17, 2010

- 김효진, 「고구려 모본왕대 4군 공격 배경과 영향」, 『한국고대사탐구』 29, 2018

- 박노석, 「모본왕대의 후한 공격」, 『대동사학』 1, 2002

- 박세이, 「고구려 태조왕대 이전의 선비 관계」, 『지역과 역사』 30, 2012

- 복기대, 「고구려 도읍지 천도에 대한 재검토」, 『단국학연구』 22, 2010

- ＿＿＿, 「임둔태수장 봉니를 통해 본 한사군의 위치」, 『백산학보』 61, 2001

- ＿＿＿, 「고구려 국내성 및 환도성 위치 연구」, 『인문과학연구』 65, 2020

- ＿＿＿, 「한사군의 인식에 관한 연구1 - 설치와 교치설에 대한 비판적 검토를 중심으로 -」, 『몽골학』 49, 2017

- ＿＿＿, 「한사군은 어떻게 갈석에서 대동강까지 왔나? - 한사군인식2 -」, 『선도문화』 25, 2018

- ＿＿＿, 「전한前漢의 동역東域 4군 설치 배경과 그 위치에 관하여」. 『인문과학연구』 52, 2017

- ＿＿＿, 「고구려 '황성'에 대한 시론」, 『예술인문사회융합멀티미디어논문지』 6-1, 2016

- 임찬경, 「고구려 첫 도읍 위치 비정에 관한 검토」. 『선도문화』 20, 2016

- ＿＿＿, 「고려시대 한사군 인식에 대한 검토 - 『三國史記』의 현도와 낙랑 인식을 중심으로-」, 『국학연구』 20, 2016

- ＿＿＿. 「『고려도경』·『삼국사기』의 고구려 건국 연대와 첫 도읍 졸본」, 『국

학연구』 19, 2015

- 김덕원, 「『三國史記』「高句麗本紀」의 전쟁 기사 검토」, 『신라사학보』 29, 2013

- 남의현, 「중국의 『中朝邊界史』를 통해 본 한중국경문제 : 『중조변계사』에 대한 비판과 14세기 이전 '鴨綠水[鴨淥江]' 위치 재고」, 『인문과학연구』 57, 2018

- 송진, 「戰國·秦·漢시기 遼東郡과 그 경계」, 『한국고대사연구』 76, 2014

- 기경량, 「고구려 초기 왕도 졸본의 위치와 성격」, 『인문학연구』 34, 2017

- 기수연, 「『後漢書』「東夷列傳」〈高句麗傳〉에 대한 분석 연구」, 『사학지』 31, 1998

- 윤창열, 「광개토태왕비문과 환단고기의 整合性」, 『세계환단학회지』 5-1, 2018

- 김종서, 「고조선과 한사군의 위치 비정 연구」, 『중앙대학교』 박사, 2005

- 김진경, 「고대 요수遼水의 위치 비정比定에 관한 연구 : 한漢부터 요遼까지」, 『국제뇌교육종합대학원대학교』 박사, 2012

- 박경철, 「고구려 군사역량의 재검토」, 『백산학보』 35, 1998, pp.139-181

- 서영교, 「고구려의 수렵습속과 유목민-1-2세기 선비족과의 관계를 중심으로-」, 『고구려발해연구』 21, 2005

- 박성용, 남창희, 이인숙, 「漢나라 군사작전으로 본 위만조선 왕험성 위치 고찰: 북한 급변사태 시 중국의 연고권 개입 명분에 대한 함의」, 『국방연구』 58-2, 2015

- 양홍진, 「천문 기상 기록을 이용한 고대 평양 위치 연구 I」, 『고구려의 평양과 그 여운』, 서울: 주류성, 2017

압록수와 평양의 위치 재 비정에 따른 살수 위치 검토

신민식

미사협 공동대표, 대한사랑 이사
경희대 임상외래교수(한의학박사)
인하대 융합고고학 박사과정

● ● ●

저 서

『수험생 동의보감』
『내 몸을 살리는 해독』

Ⅰ. 머리말

대일 항쟁 시기 독립군에게 살수(薩水)는 굉장히 중요한 의미로써 부각이 되었다. 불령선인(不逞鮮人)이라고 하는 독립군을 조사하는 일본문서에 살수에 대한 내용들이 나온다.[1] 1920년 8월 대한민국 광복군영 선언에 살수에 대한 내용이 나와 있다.[2] 또한 『자유신종보』 제 7호에 실린 '삼일운동 격발문'에도 살수대첩에 대한 내용이 실려있다.[3] 그 당시 독립군들이 살수대첩을 어떻게 생각했는가? 고구려가 612년 탁군(涿郡) 일대에 집결한 수나라 총병력 1백 13만 3천800명의 대군을 맞이해서[4] 수만 명을 수장(水葬)시키면서 물리친 살수대첩은 마음의 기상과 웅지를 품고 반드시 독립을 이루겠다는 의지를 다지는 좌표였다. 살수대첩은 독립군을 비롯한 현대의 우리 모두에게 외세에 항거했던 투지와 용맹한 기상을 배울 수 있는 조상의 위대한 승전보였다. 현재 살수대첩의 살수를 우리는 대부분 청천강으로 알고 있다.

이런 살수의 위치에 대해 조선 시기에 정조는 신하인 이만응에게 다음과 같이 청천강이 살수가 될 수가 있겠느냐는 의문점을 제기한다. 이만응은 「경사강의」 중에 30만 당나라 군대를 물리친 장소인 살수가 자연 환경적인 문제로 '청천강이 될 수 있는가'라는 정조의 하문을 받았다.

---

1) 不逞團關係 雜件, 경비 제 26호, 朝鮮人近況 送付에 관한건, 발신일 1919년 03월 26일
2) 너는 용감하던 부여 고구려인의 자손이 아니뇨, 너는 薩水 一戰에 隋軍百萬을 滅하고 安市城頭에 唐太宗을 敗走케 한 祖先의 子孫이 아니뇨,
3) 피의 역사! 피의 역사! 한반도의 피의 역사여! 안시성 아래 넓은 들판의 양만춘의 화살도 백성들을 위한 피의 역사였다. 살수 상류 10리에 물을 가로막은 을지문덕도 너를 위한 피의 역사였다.
4) 이동준, 「수 양제의 고구려 원정과 군사전략」, 연세대학교 대학원, 국내석사논문, (서울: 2008), p25

"살수에 대하여 혹 지금의 청천강이라고 하는데, 을지문덕이 군사를 몰래 감추어 놓고 항복을 요청한 것과 우문술의 군사가 물속에서 궤멸된 것이 과연 이 강에서 있었던 일인지 의심스럽다. 청천강은 폭이 좁은 강에 불과한데, 어떻게 천연의 참호(천참)를 만들어 험준함을 믿고 기발한 계책을 낼 수 있었겠는가?"

병법의 기본이 되는 천연의 참호 역할로서의 살수이기에 수나라 군대를 수장시키고 전멸시켰는데 과연 청천강이 그런 천참으로서의 살수가 될 수 있느냐는 의문점을 제기한 것이다. 이에 이만응은 '신의 좁은 식견으로는 감히 확실하게 말씀드리지 못하겠습니다'라는 말을 하였다.[5]

최근에 고구려 평양의 위치가 현재 북한의 평양이 아니고 요양이고 고대 압록강은 요하라는 연구가 진행되기에 살수의 위치를 재조명하면서 정조가 제기한 의문점에 대해서 풀어보고자 한다. 혹자는 과거의 살수대첩의 위치가 무슨 큰 의미가 있느냐는 얘기를 할 수 있다. 일부에서는 미래 지향적인 의식을 갖고 글로벌 시대를 주도하는데 도움이 되겠느냐는 얘기를 한다. 하지만 역사의 진실을 바로잡는 것은 역사 연구가의 탐구열로만 치부할 수 없는 현실적인 문제이다. 복기대는 「동북아시아에서 한사군의 국제 정치적 의미」 논문에서 "역사는 국경을 넘으면 분쟁이 된다. 역사학이 안보의 시작이다"라고 했다. 이는 '국가의 안보', '국민의 안보'는 전쟁 억지력을 하고 있는 국방력과 더불어 '올바른 역사 인식'이 자리 잡아야 한다는 것이

---

5) 『弘齋全書』卷百十六 / 經史講義五十三綱目[七] "薩水는 곧 청천강의 다른 이름으로, 乙支文德이 군사를 몰래 감추어 놓고 항복을 요청한 것과 宇文述의 군사가 물속에서 궤멸된 것은 모두 이 강에서 일어난 일입니다. 그런데 지금은 조그마한 나루에 불과하니, 옛날에 큰 강이었던 것이 지금은 혹 물줄기가 막혀 작아진 것이 아닌가 싶습니다. 아니면 옛날에 수나라 군사가 강을 건넌 것은 하류의 광활한 곳이었을 것입니다. 산천의 변화란 무상하게 진행되는 것이어서 신의 좁은 식견으로는 감히 확실하게 말씀드리지 못하겠습니다."

다. 이런 의미에서 살수에 대헤 새롭게 위치 비정을 하고자 한다.

II. 선행 연구

『삼국사기』에서 김부식은 살수의 위치를 알 수 없는 곳으로 분류했다.[6] 알지 못한다고 했는데 갑자기 조선 시대에 와서 살수가 한반도 내에 있는 청천강이라는 얘기를 조선 유학자들이 다음과 같이 주장하고 나온다. 이익 (1681~1763)은 『성호사설』에서 "살수는 지금의 청천강이 아닐까 싶다"라고 하였고 안정복(1712~1791)은 『동사강목』에서 살수를 안주 지금의 청천강으로 보았다. 한치윤(1765~1814)도 『해동역사』에서 "살수는 지금의 안주 청천 강이라고 봅니다"라고 하였고, 정약용(1762~1836)은 『아방강역고』에서 "살 수는 지금의 청천강이다"라고 하였다. 이만응은 『홍재전서』「경사강의」에서 정조(1752~1899)에게 "살수는 곧 청천강의 다른 이름"이라고 답을 했다. 조 선 왕조실록에 살수에 대한 내용이 15군데 나오는데 대부분의 유학자들이 상소문에 올릴 때나 임금에게 설명할 때 살수를 안주에 있는 청천강으로 보았다.[7]

---

6) 『三國史記』「雜志 地理四」 "三國有名未詳地分- 삼국에서 이름만 있고 지역을 아직 상세히 구 분하지 못함"
7) 태종실록에서 2회, 세종실록 4회, 성종실록 5회, 중종실록 3회, 명종실록 1회, 순조실록 1 회 나온다.

	시기	문헌	연대	기사 내용	위치
관찬서	세종 (1397~ 1450)	실록	8 (1426)	아랑포阿郎浦에 실어 가면 평양平壤의 패강(浿江)과 안주安州의 살수薩水의 조운漕運이 가히 통할 것이오며/ 載於阿郎浦, 則平壤 浿江、 安州薩水漕可通也。	안주
			29 (1447)	옛사람들이 수나라 병사 백만대군이 고기가 됐다는데, 즉 안주 살수를 일러 얘기한 것이다./ 古人謂隋兵百萬化爲 魚, 卽安州薩水之謂也	안주
	성종 (1457~ 1494)	실록	8 (1477)	안주성의 서쪽은 청천강인데 일명 '살수'로 부른다./ 安州城西卽淸川江, 一名薩水。	안주
			10 (1479)	수나라 양제 십만의 병사가 살수에서 패하였는데 즉 지금의 청천강이다./ 隋 煬帝以十萬之師, 敗於薩水, 卽今淸川江也。	청천강
	중종 (1488~ 1544)	실록	7 (1476)	안주 살수에서 패했는데 후인이 수나라 병사 백만이 고기가 됐다./ 卒敗於安州 薩水, 後人以隋兵百萬化爲魚,	안주

표1 조선왕조실록에 나와 있는 살수에 대한 기사

612년에 일어난 살수대첩보다 전 시기인 494년에 고구려와 신라가 살수의 평원지대에서 일어난 전투에 대해 『삼국사기』 「신라본기3」에서 다음과 같이 기록하고 있다.

가을 7월에, 장군 실죽 등이 고구려와 더불어 살수의 평원에서 전투를 했는데 이기지 못하고 견아성으로 물러나 지켰다. 고구려 병사가 견아성을 포위하였고 백제왕 모대(牟大)가 삼천 명의 병사를 파견해서 구원하여 포위를 풀게 했다.[8]

---

8) 『三國史記』 권3 「신라본기」 권3, 秋七月, 將軍實竹等, 與高句麗戰薩水之原, 不克, 退保犬牙城, 高句麗兵圍之. 百濟王牟大遣兵三千, 救解圍.

  백제군 3,000명과 고구려 병사, 신라 병사가 같이 싸운 장소가 살수의
평야라는 기록이다. 이런 살수의 위치에 대해 이병도는 신라 상주 삼년산
군에 속한 살매현(薩買縣)을 살수로 보았고 충북 괴산 청천면 지역이나 청
원 미원 일대로 비정했다.[9] 이병도는 살수를 충북 괴산 일대로 비정한 것 외
에 살수의 '살(薩)'이 청백(淸白)을 뜻하는 '할(Hsial)'을 표기한 것이라는 설
을 제기하면서 오늘날의 청천강으로 평안남도와 평안북도의 경계를 흐르
는 강으로도 비정을 했다.[10] 정구복은 청천천靑川川(박대천)으로 보았는데
청천천은 현재 충북 괴산군 청천면 청천리를 지난다. 그는 청천리는 옛 지
명이 살매현(薩買縣)이었는데 신라 경덕왕부터 고려 시대에도 청천현(靑川
縣)이라 하면서 이 강은 충주(忠州)로 들어가는 달천(達川)의 상류라고 했
다.[11] 酒井改藏은 살수를 옛 지명인 살매(薩買)와 같은 의미로 보았고, 살수
와 살매, 청천이 모두 같은 의미라고 했다. 서영일은 酒井改藏의 주장에 이
의를 제기하였다. 살수지원(薩水之原)의 원(原)은 벌판을 말하는 것인데, 현
재의 괴산군 청천면은 평원이 발달하지 않은 산간지대라는 것이다. 이런 이
유로 '살수'의 위치를 충청북도 청원군 미원면의 평양지대로 보고 있다.[12]
이와 같이 살수에 대한 위치에 대해 이병도 같은 경우는 '충북 괴산설'과
'평안도 청천강설' 두 가지 설을 주장하고, 정구복은 박대천이 살수라고 하

9) 이병도, 『국역삼국사기』, (서울·을유문화사, 1982), p.527.
10) 이병도, 『국역 삼국사기(상)』, (서울·을유문화사, 1996), p.353
오늘날의 청천강으로 평안남도와 평안북도의 경계를 흐르는 강이다. 낙랑군의 북쪽 경계를
이루는 하천이기도 하다. 살수의'살(薩)'이 청백(淸白)을 뜻하는 '할(Hsial)'을 표기한 것이다.
11) 정구복 외, 『역주 삼국사기』 3 주석편(상), (서울: 한국정신문화연구원, 1997), p.514 살수
薩水는 현재의 충청북도 괴산군 청천면 청천리를 지나는 靑川川(박대천)이다. 청천리는 옛 지
명이 薩買縣이었는데 신라 경덕왕 대부터 고려 시대에도 靑川縣이라 하였다. 이 강은 忠州로
들어가는 達川의 상류이다.
12) 전병우, 「494年 '薩水'戰鬪와 政勢變化」, 한국교원대학교 대학원, 석사학위논문, (청원군:
2013), p.15

고 서영일은 청원군 미원면 평양지대를 살수지원으로 비정하고 있다.

중국의 사서에서 수나라와 고구려가 싸운 살수에 대한 내용과 살수의 위치를 짐작할 수 있는 서술이 나온다. 당나라 태종 이세민(李世民, 598~649)의 명에 의해 이대사, 이연수 부자가 쓴 『북사(北史)』에서는 "7월 임오일에 우문술 등이 살수에서 패하였고 우둔위장군 설세웅이 죽었다.",[13] "그 이유로 우문술 등은 부득이하게 그 뜻을 따라 동으로 건너 살수에 이르렀다.",[14] "동쪽으로 살수를 건너 평양성에서 30리 떨어진 곳에서 산을 기대고 진을 쳤다"[15]는 얘기가 나온다. 이세민의 명으로 위징(魏徵, 580~643)이 편찬을 주도한 『수서(隋書)』에서도 『북사(北史)』와 동일한 내용으로 "동쪽으로 살수를 건너서 평양성으로부터 30리 떨어진 곳에 산을 기대고 진을 쳤다"고 서술했다.[16] 『북사(北史)』와 『수서(隋書)』에서 살수를 동으로 건넜다는 내용과 살수를 건너 평양성에서 30리 떨어진 곳에 진을 쳤다는 내용으로 살수에 대한 위치 정황을 살펴볼 수 있는 기사가 있다.

최근 살수 논문과 학술 기사 중에서 수나라와 싸운 살수 위치를 설명하는 기사를 살펴보면 살수 위치에 대한 학술지 기사와 논문이 많지 않고 을지문덕 개인 연구나 기타 연구들이 있다.[17] 살수대첩이 일어난 살수에 대한

---

13) 李大師, 『北史』, 「隋本紀下」 七月壬午, 宇文述等敗績于薩水, 右屯衛將軍薛世雄死之
14) 위의 책, 「열전 제11 列傳第十一」 由是述等不得已而從之. 遂行, 東至薩水
15) 위의 책, 「열전 제67 列傳第六十七」 東濟薩水, 去平壤城三十里, 因山爲營
16) 『수서隋書』, 「열전 제26」 列傳第二十六」 東濟薩水, 去平壤城三十里, 因山爲營.
17) 김원룡은 살수대첩의 주인공인 을지문덕이 尉遲氏로서 귀화한 외국인이라고 하였다. 남은경은 을지문덕은 문무를 겸비한 사람으로 그가 남긴 시 〈贈隨將于仲文詩〉는 문화사적으로 '오늘날에 전해지는 가장 오래된 오언시'라고 하였다. 최호원은 고대 왕권 강화의 수단으로 전쟁을 수행하였다고 보았다. 고구려 영양왕은 왕권 강화를 위하여 신라와의 전쟁을 수행하였다고 보았다. 정동민은 고구려의 요서 공격을 격퇴한 수나라가 곧바로 군대를 편성하여 고구려 원정에 나섰는데 장마철이라는 악조건 속에서 군사들의 굶주림 및 전염병 발발 그리고 水軍의 궤멸 등의 어려움에 직면하다가 결국 철군하였다고 보았다.

위치에 대해 김진경은 수나라 군사들이 고구려를 침략할 때 요수(遼水)를 건너야 했으며, 그 뒤 요동성(遼東城)과 압록수(鴨綠水)를 차례로 지날 때 압록수에서 450리를 가야 살수가 나온다는 것을 얘기했다. 그리고 살수를 건넌 뒤 최소 30리를 가야 평양성에 도착할 수 있다고 했다.[18] 고광진은 살수의 위치를 재 비정할 수 있는 압록강에 대한 기사를 썼다. 기사에서 '압록'이나 '압록강(鴨淥江)'의 그 명칭이나 위치가 현재 북한의 '압록강(鴨綠江)'이 아니라고 했다. 사료에 기록된 모든 압록수가 한반도 압록강의 위치로 비정되는 것은 잘못되었다고 보았다.[19] 정조 이후로 살수에 대한 근본적인 의문점을 제기한 학자들이 없다가 최근에 복기대, 남의현, 남주성, 윤한택, 문성재의 연구에서 압록강과 평양의 위치가 새로 비정되면서 살수대첩에서 말하는 살수에 대한 의문점이 다시 제기되고 있다. 남의현은 요하(遼河)를 『수서』와 『당서』에 나오는 압록수(鴨綠水)로 보았고, 살수대첩이 일어난 살수 지역은 청천강이 아니라 만주에 있다고 보았으며, 수·당 시대의 요서지역에 요수와 요동성이 있다고 했다.[20] 복기대는 살수가 현재 차이나 요녕성 무순시에서 시작하여 서남으로 내려가는 물줄기인 혼하(渾河)라고 하였다. 현재 혼하 상류를 명나라 시대 기록에서는 살수라고 기록하고 구체적으로 수나라 장수 신세웅이 전사한 곳이라고 명확히 지적하면서 혼하를 살수로 비정한다.[21]

---

18) 김진경, 「고대 요수의 위치 비정에 관한 연구」, 국제뇌교육종합대학원대학교, 박사학위논문, (천안, 2012), pp.207~208.
19) 고광진, 「고구려 시대의 압록수 위치 비정」, 국제뇌교육종합대학원대학교, 석사논문, (2011), pp.9~14.
20) 남의현, 「중국의 중조변계사를 통해 본 한중 국경문제」, 인문과학연구57, (2018). pp.47~48.
21) 복기대, 「한사군은 어떻게 갈석에서 대동강까지 왔나?」, 선도문화 25권, (2018), pp.257~258.

위의 연구사 논문들을 살펴본 결과 494년 고구려가 신라와 싸울 때 백제가 3,000명의 구원군을 보내 싸웠던 살수지원(薩水之原)의 살수와 612년 고구려가 수나라와 싸웠던 살수대첩의 살수는 이름은 같지만 다른 강일 수 있다. 『대명일통지』에 조선에 있는 청천강이 본명 이외에 다른 이름인 살수라[22] 설명하면서 요양 근처 수계(水系) 중 본명이 살수라는 강이 있다고 동시에 정확히 밝히고 있다.[23]

Ⅲ. 살수대첩의 '박대천설'과 '청천강설' 의문점.

1. 박대천에서 압록강까지의 거리는 450里가 아니고 450km이다.

삼국사기에 고구려 을지문덕에게 패배한 수나라의 군사가 압록수까지 도망을 간 내용이 나온다.

살수(薩水)에 이르러 군대가 반 정도 건너갈 때, 을지문덕이 군을 진격해서 수(隨)나라 군대의 뒤를 공격하여 우둔위장군 신세웅을 죽였다. 이에 모든 수군이 궤멸되고 구군(九軍)의 장수와 병사가 도망가서 돌아오는 것을 멈출 수가 없었다. 하루 밤낮으로 압록수(鴨淥水)까지 도망가니 450里가 됐다.[24]

위의 내용에서 살수에서 압록수까지 도망간 거리가 450里라는 것이다. 살수에서 하루 밤낮에 450리를 달려서 압록수에 도달하려면 다음의 두

---

22) 『대명일통지』, 권89 「外夷傳-朝鮮國」 "山川"조, 三秦출판사, p.1366.
23) 『대명일통지』, 권29 「요동도지휘사사」 "산천"조, 三秦출판사, p.427.
24) 『三國史記』 卷第四十四 列傳 第四 乙支文德, 至薩水軍半濟, 文德進軍擊其後軍. 殺右屯衛將軍辛世雄於是諸軍俱潰, 不可禁止九軍將士奔還. 一日一夜至鴨淥水, 行四百五十里

가지 조건이 충족되어야 한다.

첫째, 수나라 후퇴 경로가 평야 지대, 들판 지대라야 한다. 산이 있으면 450리를 하루 밤낮의 시간 동안에 후퇴할 수가 없다.

둘째, 잠을 자지 않고 하루 밤낮을 도망가려면 보병보다는 기병이 가능하다. 전쟁에서 패하고 지친 상태에서 무거운 갑옷과 무기를 버리고 맨몸으로 달려도 하루 밤낮동안 189km 달린다는 것은 어려운 일이다. 도망가는 몇 천명은 거의 기병이라고 본다.

고구려는 중국 한(漢)의 영향을 받아 22.44cm의 한척(漢尺)을 사용했다.[25] 한 척을 약 23cm로 볼 때 420m가 1리로 볼 수 있다.[26] 살수부터 압

그림1 박대천에서 북한 압록강까지는 450리가 아니고 450km(출처: 구글지도)

25) 이종봉, 한국중세도량형제연구, 도서출판 혜안:서울, (2001), p.14.
26) 김진경, (2012), p.27.

록강까지 거리 450리 /420m(1리)= 189km이다. 살수라고 비정하는 청천천(靑川川:박대천)에서 압록강까지 거리는 약 450km이다. 위 기사 내용과 맞지 않는 내용이다. 『고구려본기』에 494년 가을 7월 고구려 군대가 신라와 살수지원(薩水之原)에서 싸워 신라군대가 패배해 견아성으로 후퇴한 내용이 나온다. 고구려 군대에게 견아성을 포위당한 신라군대를 도와주기 위해 백제가 3,000명의 군대를 파견하여 신라를 지원하여 고구려 군사를 물리쳤다.[27] 위 내용과 동일한 내용은 신라본기와 백제본기에도 동일하게 나온다. 백제 지원군 3,000명과 신라군이 합세해서 고구려 군대를 물리쳤다면 고구려군도 만명 단위의 군대가 아닌 몇 천명 단위의 병력이다. 살수지원(薩水之原)의 원(原)은 벌판으로 삼국의 군대가 합쳐서 일만 정도의 병력이 싸울 수 있는 장소여야 한다. 그런데 현재의 괴산군 청천면은 평원이 발달하지 않은 산간지대로서 일만의 군대가 서로 싸울 수 있는 평야가 있는 것이 아니기에, 이런 이유로 '살수지원(薩水之原)'의 위치를 충청북도 청원군 미원면의 평양지대로 보고 있다.[28] 삼국사기에 나오는 살수의 벌판에서 싸운 '살수지원(薩水之原) 전투' 장소는 여러 선행 연구가들에 의해 충청북도 중부지역이나 경상북도 북부 일대로 추정하고 있다.[29] 살수로 보는 박대천은 충청북도 괴산군 청천면 청천리를 지나고 충주의 남한강으로 흐르는 달천의 지류이다. 청천리는 옛 지명이 살매현(薩買縣)이고 고려 시대까지 청천현(靑川縣)으로 불리었다고 한다.[30] 살수라고 하는 박대천을 실제 답사해 보면 우문술의 별동대 25,000명을 수장(水葬)시킬 수 있는 강이 아니다.

---

27) 『三國史記』卷第十九 髙句麗本紀 第七, 秋七月, 我軍與新羅人, 戰於薩水之原, 羅人敗, 保犬牙城. 我兵圍之, 百濟遣兵三千, 授新羅, 我兵引退.

28) 서영일, 『충북의 고대사회』, 충청북도 충북개발연구원, (2002), p.49.

29) 전병우, (청원군, 2013), p.15.

30) 전병우, (청원군, 2013), p.16.

이는 현장답사를 했다면 박대천이 살수대첩의 살수라는 얘기를 할 수 없는 상황이다.

그림 2 박대천은 우문술 25,000명을 수장시킬 수 있는 강이 아니다. (출처: 네이버지도)

이병도가 처음 제기한 살수를 '박대천(青川川)설'로 했다가 '청천강설'로 수정한 이유도 위와 같은 이유라고 본다. 또한 청천강이 '살수대첩'의 살수라고 한다면 '살수지원(薩水之原)'은 청천강 주변에서 찾아야 하는데 기존 선행연구에 의하면 살수지원은 충북지역으로 비정하고 있다. 이런 문제는 고구려군과 신라군이 싸웠던 '살수지원(薩水之原)' 근처 청천천(淸川川: 박대천)을 고구려가 수나라 군사 수십만 대군과 싸우고 우문술의 별동대 2만 5,000명을 수장시킨 '살수대첩'의 살수와 동일한 강으로 비정하면서 생긴 결과이다.

2. 정조가 제기한 청천강은 천참(天塹)이 될 수 없다는 문제점 제기

살수대첩의 살수 위치에 대해 근원적인 의문을 제기한 조선의 왕이 있다. 그는 정조로써 신하인 이만응에게 "살수가 청천강이 될 수 있는가"라는 질문을 던진다. 정조가 이만응 신하와 대화한 내용이다.

정조: "살수에 대하여 혹 얘기하길 지금의 청천강이라고 하는데, 을지문덕이 몰래 군사를 감추고 항복을 요청하고, 우문술의 군사가 청천강 흐름 속에서 궤멸됐다는데 과연 이런 결과가 청천강에서 일어난 것인지 의심스럽다. 청천강은 대수(帶水: 폭이 좁은 강)인즉 어떻게 능히 천참(天塹)이 되어 험준함을 의지하여 기발한 계책이 나올 수가 있는가?"

유학자 이만응이 대답하길 "살수는 즉 청천강의 다른 명칭으로 을지문덕이 몰래 군사를 감추고 항복을 요청하고 우문술의 군사가 강 흐름 속에서 궤멸된 것이 모두 이 강에서 일어난 것입니다. 그러나 지금은 작은 나루터에 불과하니 옛날에는 큰 강이었는데 지금은 물줄기가 혹 막혀서 작아진 것이 아닌가 싶습니다. 문득 옛날에 수나라 군사가 강을 건너는 곳이 강 하류의 광활한 곳이 아닌가 싶습니다. 산천은 변화가 쉬워 물길이 바뀌는 것이 일반적이지 않다고 봅니다. 신의 좁고 작은 식견으로는 답을 드릴 수가 없습니다." [31]

---

31) 『홍재전서』「경사강의」 薩水或曰今爲淸川江, 乙支文德之潛師請降, 宇文述之中流兵潰, 未知果在此江, 而淸川卽一衣帶水也, 尙何能倚爲天塹, 恃險出奇歟? 綱目所載, 旣失其詳, 東史所錄, 亦多贋傳, 或於野乘佚史, 有可以考據者歟? 幼學李晩膺對. … 薩水, 卽淸川之一名, 乙支之潛師請降, 宇文之中流兵潰, 俱在此江. 而今則不過一小津耳, 無乃古之大江, 今或堙而爲小耶? 抑古之渡涉在下流廣闊處耶, 山川變易, 沿革無常, 以臣譾寡, 不敢質言.

문장의 내용으로 볼 때 정조는 청천강에 직접 가서 본 경험을 토대로 이만응 신하에게 '청천강은 천참(天塹)이 될 수 없다'고 했다. 천참은 해자(垓子)라고도 하는데 고구려부터 조선 때까지 중요한 전략적 요충지로서 적군이 쉽게 공격할 수 없는 강의 역할을 설명하는 용어이다.

고구려 때 압록수(鴨綠水)를 천참으로 여겼다는 기록이 있다.[32] 정조는 30만 대군을 몰살할 수 있는 천참(天塹: 천연의 요새)지역으로 청천강이 될 수 없다고 지적했다. 이는 중요한 지적으로 그 당시 30만 대군을 몰살할 수 있으려면 살수가 방어와 공격으로 중요한 역할을 하는 천참이 되어야 한다고 본 것이다. 병법으로 볼 때 청천강은 천참이 될 수 없다는 정조의 판단이다.

3. 청천강의 위치로 설명 안되는 지리학적인 자료

수나라 장수 우문술이 진격한 방향은 살수를 동쪽으로 건넜다는 삼국사기 기록이 있다. 이 기록으로 보면 현재 압록강은 동으로 건널 수 없고 남쪽이나 북쪽으로 건너는 방향이다.

> 을지문덕(乙支文德), 여러번 승리한 것을 이미 믿었고 또한 여러 사람들의 의견에 몰려서, 마침내 동쪽으로 전진해서 살수를 건넜다. 평양성 30리까지 가서 산을 의지해서 진영을 이루었다. [33]

---

32) 『高麗圖經』 압록수 鴨綠之水原出靺鞨, 其色如鴨頭, 故以名之 去遼東五百里, 經國內城, 又西一水合, 即鹽難也. 二數合流 西南至安平城入海. 高麗之中, 此水最大, 波瀾淸徹, 所經津濟, 皆艤巨艦. 其國恃此以爲天塹.

33) 『三國史記』 卷第四十四 列傳 第四 乙支文德, 612년 음 5월, 既恃驟勝又逼群議, 遂進東濟薩水, 去平壤城三十里, 因山爲營.

『수서(隋書)』에도 동일한 내용의 기록이 있다.[34] 위 내용에서 우문술이 을지 문덕의 계책에 의해 승리를 여러 번 한 것 같이 착각을 하게 하고 우문술 진 영의 여러 사람들의 의견에 따라 마침내 동으로 전진하면서 살수를 건넜다는 내용이다. 청천강은 동에서 서로 흘러가는 강물의 방향이다. 현재 북한의 지 형은 동쪽 산맥의 고지대와 서쪽 평야 지대로 인해 압록강, 청천강의 강물 방 향은 동에서 서로 흘러 바다로 나가고 있다. 이런 지리적인 특색으로 볼 때 청천강을 지나 평양성을 공격하기 위해 평양성 30리까지 진격하려면 북에서 남으로 진격해야 하는 경로이다. 살수가 청천강이라고 한다면 절대로 동으로 살수를 넘어가서 평양성으로 갈 수가 없는 지리적인 모순점을 갖고 있다.

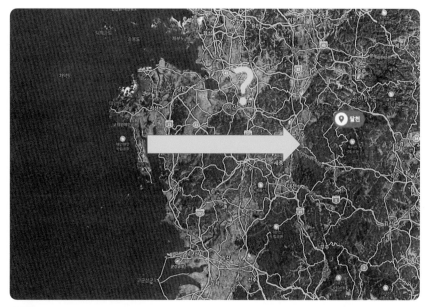

그림 3 박대천과 청천강은 수나라 군대가 육로로 동쪽으로 전진하다가 만날 수 있는 강 들이 아니다. (출처: 네이버 지도)

---

34) 『隋書』, 권61 열전26, 宇文述 "於是遂進東濟薩水 去平壤城三十里 因山爲營."

또한 다음 『삼국사기』 사료에서 청천강이 살수라면 450리 도망가다 압록수(현재 압록강)를 만난다는[35] 사료와 모순이 되는 경우가 생긴다. 살수부터 압록강까지 거리 450리/420m(1리)=189km이다. 현재 살수라고 비정하는 청천강에서 압록강까지 산맥이 아닌 평야, 들판 지대의 거리는 450리 즉 189km가 되지 못한다. 청천강에서 압록강까지 거리는 100km 전후인 240里 정도이고 450리가 되지 못한다. 더욱 중요한 것은 청천강에서 북한의 압록강 사이에는 북한의 가장 험준한 산맥이 가로막혀 있다. 산맥이 중첩되어 있는 지역을 하루 만에 간다는 것은 불가능하다. 하루 밤낮에 450리를 달리려면 두 가지 조건이 충족되어야 한다.

첫째, 평야 지대라야 한다. 평야 지대라야 하루 밤낮에 450리를 달릴 수 있다는 사실이다.

둘째는 기병대라야 한다. 잠을 자지 않고 달려서 계속 갈 수가 없다. 전투를 치룬 뒤에 도망가는 상태에서 잠을 자지 않고 간다는 것은 불가능하다. 고대에는 보병이 갈 수 있는 거리를 하루에 12km로 보았다. '대진(大陣)은 30리를 간다'는 얘기가 여기에 해당된다. 청천강에서 압록강까지 펼쳐져 있는 산맥을 말이 올라갈 수 없다. 조랑말이나 노새같이 짐을 지는 경우 천천히 산을 올라갈 수 있지만 기병대 말이 산을 올라간다는 것은 있을 수 없다. 그러기에 고구려 평양인 요양 근처의 살수에서 고구려 압록강인 요하까지 평야 지대를 말을 타고 하루 밤낮에 450리를 도망갔다는 것을 알 수 있다.

35)『三國史記』卷第四十四 列傳 第四 乙支文德, 至薩水軍半濟, 文德進軍擊其後軍. 殺右屯衛將軍辛世雄於是諸軍俱潰, 不可禁止九軍將士奔還. 一日一夜至鴨淥水, 行四百五十里.

'하루 밤낮 달려
압록수까지 450리였다'
(평야지대야만 가능함- 기병)
고대에 병력이 하루에 이동할 수 있는 거리를 대략 12km로 추정.

그림 4 청천강과 압록강까지는 북한의 산맥이 계속 중첩되어 있다.

『조선왕조실록』의 초기기록으로 『태종실록』에 살수에 대한 기록이 나온다. 이는 조사의에 대한 기록이다. 『태종실록』에 조선 전기 문신이고 안변 부사인 조사의(趙思義)가 태종에게 학대받은 신덕왕후의 원수를 갚는다는 명분으로 반란을 일으켜서 참형을 받은 사건이다.

『태종실록』의 조사의(趙思義) 반역
『태종실록』 4권, 태종 2년 11월 27일 병오 1402년 명 건문(建文) 4년 (丙申)〔丙午〕
조사의(趙思義) 군사가 안주(安州)에 도착하고, 밤에 궤멸(潰滅)되었다. 조사의 군사가 살수(薩水) 주변에 주둔하였는데, 밤에 살수를 건너다가 얼음이 꺼져서 죽은 사람이 수백 명이 되면서 저절로 궤멸되었다. /思義軍至安州夜潰。思義軍屯于薩水邊, 夜自潰渡水, 氷陷而死者數百餘人。

조선 초 태종 시기에 반역 사건이 벌어졌는데 조사의가 군대를 일으켜서 살수에서 주둔하다가 밤에 살수를 건너다가 강 얼음이 깨지면서 수백 명이 물에 빠져 죽는 사건이 벌어졌다. 위 사료에 중요한 내용은 음력 11월 27일이면서 양력 12월 30일 병오(丙午)일에 살수의 얼음이 얼어서 강을 건널 수 있다고 판단된 상태라는 것이다. 또한 빠져 죽는 사람이 수백 명이라고 한다면 사실 건너는 군사는 1,000명 가까운 인원이라고 본다. 그런 군사들이 건너다가 수백 명이 얼음에 빠져서 궤멸되면서 반역 사건이 종결되는 사실이 벌어진 것이다. 이런 조건의 군대가 청천강이라고 알려진 살수에 12월 30일에 건너다가 얼음에 빠지는 것은 어렵다고 본다. 조선 문신인 이해응(1775~1825)이 쓴 계산기정(薊山紀程)에 11월 7일에 청천강을 건너는 내용이 나오는데 청천강이 완전하게 결빙이 되지 않아 상류로 해서 배를 타고 구불구불 건넜다는 내용이 나온다.[36] 11월 7일이면 조사의가 건넌 11월 27일하고 20일 밖에 차이가 나지 않는다. 얼지 않아서 개인 이해응이 건너기 어렵다고 했던 청천강이 20일 지났다고 조사의 군대가 청천강을 건너다 몇백 명이 빠져 죽으면서 군대가 궤멸될 정도로 결빙이 될 수 있다고 보기 어렵다.

위와 같은 살수에 대한 근본적인 문제는 26대 영양왕 때의 도읍지인 평양 장안성(長安城)을 현재의 북한 평양으로 비정하면서 살수 위치의 오류가 발생한 것이다. 이러한 것은 조선 중, 후기 때의 기자조선과 평양 도읍설을 신봉하는 정약용을 비롯한 조선 유학자들이 우리 민족 역사의 강역을 한반도에 한정하는 역사 서술이 지배적 관점으로 되었던 결과이다.[37] 이러

---

36) 李海應,薊山紀程卷之一/出城十一月, 江未完氷。從上流透迤而渡.
37) 임찬경, 「고구려 평양 위치에 대한 인식문제」, 『고구려의 평양과 그 여운』, (서울: 주류성 출판사, 2018), pp.26~30.

한 인식은 그대로 일제강점기 시대의 역사관으로 이어져 일본에 의한 한반도 지배 논리로 평양을 한반도 내로 비정하는 역사관으로 이어졌다. 그러한 결과 지금까지 평양과 압록강의 위치를 한반도로 비정하였고, 살수에 대한 위치를 요동에서 찾지 못하고 한반도 내에서 찾는 문제가 생겼다. 살수 위치에 대한 문헌 사료를 살펴보면 다음과 같은 기록이 있다.

> 「고구려 본기」 영양왕 23년 여름 6월
> 을지문덕이 우문술의 군사가 굶주린 것을 살펴보고 이들을 피곤하게 만들기 위해 싸울 때마다 번번이 달아났다. 우문술이 하루 동안에 일곱 번 전투를 모두 이기니, 이미 여러 번 승리한 것을 믿고 또 여러 사람의 의논을 쫓아서, 마침내 나아가(힘써서) 동쪽으로 살수(薩水)를 건너 평양성에서 30리 떨어진 곳에서 산을 의지하여 진을 쳤다.[38]

위의 사료를 살펴보면 다음과 같은 사실을 알 수 있다.

첫째, 살수를 동쪽으로 건넜다는 얘기이다. 그러므로 살수강의 흐름은 남북의 흐름이 되어야 한다. 그래야 동으로 건너갈 수 있다. **수진동제살수(遂進東濟薩水)**에서 진동제(進東濟)는 전진하면서 동으로 건넜다는 동사구로 해석이 되고 목적어는 살수가 된다. 진(進)은 '나아간다'는 의미도 있지만 '힘쓰다'라는 의미도 있다. 이 구절은 '마침내 힘써(나아가) 살수를 동쪽으로 건넜다'라는 의미로 본다.

---

38) 『三國史記』卷第二十 高句麗本紀 第八嬰陽王二十三年夏六月
文德見述軍士有饑色, 故欲疲之, 每戰輒走. 述一日之中, 七戰皆捷, 旣恃驟勝, 又逼群議, 於是遂進東濟薩水, 去平壤城三十里, 因山爲營. 文德復遣使詐降, 請於述曰, "若旋師者, 當奉王, 朝行在所." 述見士卒疲弊, 不可復戰, 又平壤城險固, 度難猝拔, 遂因其詐而還. 述等爲方陣而行, 我軍四面鈔擊, 述等且戰且行.

둘째, 평양성 서쪽에 살수가 있다. 이유는 실수를 동쪽으로 건넌 수나라 군대가 평양성 30리 밖에 진을 쳤기 때문이다.

수나라 공격 방향은 압록수를 넘고 살수를 다시 건너서 평양성 밖 30리까지 도달했다는 것을 알 수가 있다. 수나라 공격은 '**압록수를 건너 살수를 지나 평양성**'의 방향이다. 『대명일통지』에서도 살수의 서쪽은 압록수이고 동쪽은 평양성이라고 설명하고 있고 그곳에서 신세웅이 죽었다고 기술하고 있다.[39] 청천강이 살수라고 한다면 서쪽에 압록강이 있어야 하는데 압록강은 청천강 북쪽으로 100km 너머에 있다. 수나가 군대가 북한의 압록강을 지나서 청천강으로 가려면 동쪽으로 가는게 아니고 남쪽으로 100km 진군을 해야 한다. 그렇다면 살수대첩의 살수는 어디인가를 비정하기 위해서는 우선 압록수와 평양성이 기준이 되기에 사료를 통해 그 위치를 살펴보겠다.

IV. 압록수(鴨綠水: 鴨渌江)와 평양의 위치에 따른 살수 위치 검토

1. 압록수(鴨綠水)와 평양의 위치

1) 압록강(鴨渌江: 鴨綠水)과 압록강(鴨綠江)

압록에 대한 내용을 『고려도경』에서는 다음과 같이 설명한다.

『고려도경』에 압록수(鴨綠水)의 수원(水原)은 말갈에서 출발한다. 그 색이 오리의 머리색과 같은 이유로 이름을 붙였다. 요동으로 오백 리를 가고, 국내성을 경유하고 또 서쪽의 한 물과 합하는데 즉 염난수이다. 두 강이 합해서 서남으로 흘러 안평성을 거쳐 바다로

들어간다. 고구려의 강 중에 가장 크고, 파도는 푸르고 맑다. 지나
고 건널 수 있는 모두 큰 선박이 정박되어 있다. 그 나라(고구려)에
서는 압록수를 천참으로 특별히 여기었다.[40]

위 구절을 살펴보면 현재 압록강이 고구려 당시의 압록강이라는 시각으로
본다면 다음과 같은 모순점이 발생한다.

첫째, 요동으로 오백 리를 가다가 서쪽의 염난수라는 강하고 합쳐서 서
남쪽으로 흐르다가 바다로 들어간다고 했다. 한반도 압록강은 요동으로
500리를 가지 않는다. 서쪽에서 들어오면서 합쳐지는 강물이 없다.

둘째, 현재 압록강은 '강을 건널 수 있는 큰 배가 정박되어 있고 배로 건
넌다'라는 기록의 강이 될 수 없다.

[그림 5] 고구려 압록강인 요하에 배가 다닌다.[41]

---

40) 『高麗圖經』 압록수鴨綠水, 鴨綠之水原出靺鞨,其色如鴨頭, 故以名之 去遼東五百里, 經國內
城, 又西一水合, 卽鹽難也. 二數流流 西南至安平城入海. 高麗之中, 此水最大, 波瀾淸澈,所經津濟,
皆艤巨艦. 其國恃此以爲天塹
41) 북한의 압록강은 배가 다닐 수 없지만 고구려 압록강인 요하는 배가 다닐 수 있다.
http://www.ddbsyw.com/newsinfo.php?id=932

수심의 깊이와 유량의 변화가 심하고 자갈이 많아서 배로 건넌다는 기록이 없다. 북한의 압록강은 배가 아니더라도 현재도 걸어서 건널 수 있는 곳이 있다.[42]

셋째, 고구려에서 고대 압록강인 압록수(鴨綠水)를 천참으로 여겼다고 했다.

이러한 천참에 대한 내용은 '청천강이 살수라고 한다면 천참이 될 수 없는데 어떻게 우문술의 별동대 수만 명을 수장시키고 100만 명의 수나라 군대를 물리칠 수 있는가'라는 정조의 의문에서도 나온다.

> 정조: 살수에 대하여 혹 얘기하길 지금의 청천강이라고 하는데, (중략) 청천강은 폭이 좁은 강인즉 어떻게 능히 천참(天塹)이 되어 험준함을 의지하여 기발한 계책이 나올 수가 있는가?
> 薩水或曰今爲淸川江, (중략) 尙何能倚爲天塹, 恃險出奇歟?

군대 용어로 참호(塹壕)가 있다. 한글 사전의 정의는 '야전에서 몸을 숨기면서 적과 싸우기 위해 방어선을 따라 판 구덩이' 또는 '성(城) 주변의 구덩이'를 얘기한다. 성 주변에 인위적으로 판 구덩이에 물을 넣어서 적의 공격에 대비하는 것을 해자(垓字)라고 한다. 천참(天塹)이란 하늘이 내려준 참호(塹壕), 해자(垓字)라는 뜻이다.

고구려인들이 외세의 침략을 막아주는 천참의 역할을 하는 압록강이 현재 압록강이었다면 절대로 천참이란 단어를 쓸 수가 없다. 수나라 군대는 수심이 깊지 않은 곳으로 도강할 수 있는 북한의 압록강이 아닌 다른 압록강을 지나서 살수에 도달한 것이다.

---

42) 남의현, (2018). p.34.

현재 요하를 압록강으로 불렀다는 「태백일사」의 기록이 있다.[43]

서경압록부는 본래 옛날 고리국땅이고, 지금의 임황이다. 지금의
서요하는 곧 옛날 서압록하이다. 그러므로 옛 기록의 안민현은 동
쪽에 있고 그 서쪽은 임황현이다. 임황은 후에 요나라의 상경임황
부가 되었다. 즉 옛날의 서안평 이곳이다.[44]

서요하가 옛날의 서압록하이며, 요하를 압록하라고 불렀다는 사료이다.
그 위치가 뒤에 요나라의 상경임황부라고 하였다. 요나라의 상경이면 지금
내몽고의 임황이고 현재의 서요하 지역이다. 옛날의 서압록하는 현재의 압
록강이 아니고 서요하라는 의미이며, 예전의 고구려 시기에는 압록수를 요
하로 불렀음을 알 수 있다.[45] 압록수와 더불어 문헌에 많이 나오는 요수라
는 강이 있다. 이 요수는 시기마다 다르게 비정이 된다.[46] 고구려 당시에는
요수가 대능하라는 기록이 있다.[47] 문헌에 압록강인 요하 서쪽에 요수가 있
는데 요수의 상류를 황암과 백랑수라고 했다.

압록강 서쪽에 또한 백랑(白浪)·황암(黃嵓) 두 강이 있다. 파리성
(頗利城)에서 몇 리쯤 가서 합류하여 남쪽으로 흐르니 이 강이 요
수(遼水)이다. 당(唐) 나라 정관(貞觀) 연간(627~649)시기에 이적
(李勣)이 내려와 남소(南蘇)에서 고구려를 깨뜨리고, 이윽고 강을

---

43) 고광진, (2011). p.13.
44) 안경전 역주, 『환단고기』, 「태백일사」, (대전: 상생출판, 2012), pp.678~679.
45) 고광진, (2011), pp.15~17.
46) 윤내현, 『고조선연구』上, (서울: 만권당출판, 2015). p.229.
47) 『盛京疆域考』卷3 唐南蘇州 [今海龍廳大圍場內 文獻通考貞觀二十一年李勣破高驪於南蘇班
師至頗利城渡白狼黃巖二水怪其淺狹間契丹遼源所 在云此水更行數里合而南流卽稱遼水按白狼水
卽大凌河]

건넜다. 그 강물이 얕고 좁은 것을 괴이하게 여겨 물으니, '이것이 요수(遼水)의 근원'이라고 했다. 이로써 전고(前古)에는 일찍이 이 강으로 수비가 되는 것에 의지할 수가 없다. 이것이 고구려가 물러나 압록강의 동쪽을 지키는 이유가 아니겠는가?[48]

『고려도경』 구절과 동일한 설명을 하는 구절이 있는 통전과 성경강역고를 같이 살펴보면 몇 가지 중요한 사실을 발견할 수가 있고 이는 곧 현재의 압록강을 고구려 시대의 압록강으로 비정할 경우 설명이 안 되는 부분이 있다.

첫째, 사료에서 압록강 서쪽으로 백랑과 황암 두강이 있고, 두 강이 만나서 남쪽으로 흐르는데 이것이 요수라는 것이다. 현재 한반도 압록강 서쪽은 바다로서 두 개의 강이 있을 수가 없다. 일반적으로 알고 있는 요하를 요수로 본다고 하더라도 현재의 압록강 북쪽에 요하가 있는 것이지 서쪽에 있는 것이 아니다는 것을 알 수 있다. 상기 구절은 요하가 압록강이고 백랑과 황암이 만나서 생기는 요수가 대능하라고 할 때 설명이 가능한 구절이다.

둘째, 상기 구절에서 요수인 대능하 상류의 백랑과 황암의 물줄기가 상당히 얕아서 이세적은 다음과 같은 판단을 하게 된다. 요수인 대능하는 해자(垓子)의 역할을 할 수가 없다고 본 것이다. 그런 이유로 이세적은 고구려가 (도읍지를) 요수인 대능하에서 압록강 동쪽으로 갔다고 판단한 것이다. 이에 반해 요하인 압록강은 천참(天塹)으로 방어하기가 용이한 강이다.[49]

---

48) 『宣和奉使高麗圖經』 卷三 城邑 封境, 鴨綠之西又有白浪黃嵒二水, 自頗利城行數里合流而南 是為遼水.
唐貞觀間, 李勣來破高麗於南蘇, 旣渡, 怪其水淺狹, 問之云是遼源, 以此知前古未嘗恃此水以為固, 此 高麗所以退保鴨綠之東歟

49) 『高鹿圖經』 鴨綠水, 鴨綠之水原出靺鞨, 其色如鴨頭, 故以名之....此水最大, 波瀾淸澈, 所經津 濟, 皆艤巨艦. 其國恃此以爲天塹

그림6 일본의 성 옆에 파 놓은 해자(垓子)[50] (출처: 네이버 사진)

고구려 당시에 수도 거점과 전투지역으로 가장 중요한 조건은 천참이 될 수 있는 강이 있느냐는 것이다. 정조는 청천강이 살수라고 한다면 천참의 역할을 할 수 없다고 본 것이다. '압록수(鴨綠水)'와 '압록강(鴨淥江)'은 동일한 강으로 사료에 나타난다. 그리고 조선시대로 오면서 현재 북한과 중국 국경 사이에 있는 강이 한자표기가 다른 '압록강(鴨綠江)'이 된다. 요동(遼東)의 '요하(遼河)'를 '압록강(鴨淥江)'이라고 부르던 기록은 서서히 역사 속으로 사라지기 시작한다.[51] 살수대첩이 일어난 고구려 영양왕 때의 압록강은 현재 압록강이 아니고 요하라는 사실은 살수의 위치 비정에 중요한 이정표가 된다. 또 새롭게 살수 위치에 대한 고찰과 고증이 필요한 이유이다.

2) 고구려 평양성 위치 확인

살수 위치 비정에 대한 중요한 장소로 평양이 있다. 평양과 같은 의미인 아사달이라는 지명은 '넓은 땅' 또는 '큰 땅'이라는 뜻이다. 고조선 도읍인

---

50) 일본의 성들은 인공적으로 호수를 파서 수비를 용이하게 했다. 이를 垓子라고 한다. 천참은 천연적인 해자 역할을 한다.
51) 윤한택, 「고려 서북 국경에 대하여」, 『압록과 고려의 북계』, (서울: 주류성출판, 2017), pp.30~31.

아사달이 고구려 때는 한자인 '평양'으로 쓰여진 것이라고 본다.[52] 아사달 (阿斯達)에 대한 기록은 『삼국사기』에서 『위서(魏書)』의 기록을 인용한 고 조선 건국기에서 나온다. 이 아사달과 평양은 같은 뜻이다. 기록에 의하면 '아사阿斯'라는 말은 '넓다', 혹은 '관대하다'는 뜻으로 사용된다는 기록이 있다. (『요사』권116「국어해」)

평양이라는 것은 일정한 장소의 고유명사가 아니고 넓은 땅을 의미하는 수도로서의 의미이다. 이런 의미에서 고구려의 평양은 일정한 장소가 아닌 시대와 상황에 따라 달라지는 수도라는 것을 감안해야 한다. 이런 사실을 인식하면서 사료를 살펴보아야 할 것이다.

> 21년 춘 2월에 왕께서 환도산성에 난이 닥쳐서 도읍지를 다시 복 구할 수 없었다. 평양성을 건축하고 백성과 더불어 종묘사직을 옮 겼다. 평양성은 본래 선인왕검의 도읍지였다. 혹 얘기하길 왕께서 도읍지를 왕검으로 하셨다고 한다.[53]

평양을 한반도 내의 평양으로 인식할 때 다음과 같은 모순점이 발생한다. 동천왕 때 옮긴 평양이 현재 북한의 평양이라면 그 당시에도 한사군의 낙랑군이 평양에 있었다고 한다.[54] 즉, 동천왕이 위나라와의 전쟁에서 패한 뒤에 위나라 영역인 평양에 다시 도읍을 정한다는 비상식적인 학설이 된다. 일본학자와 일부 사학계에서 주장하는 한사군의 '낙랑군 평양설'과 '고구

---

52) 복기대, 「고구려 도읍지 천도에 대한 재 검토」, 『단군학연구』(22), 단군학회, (2010)
53) 『三國史記』권17, 「高句麗本紀」제5. 二十一年 春二月 王以丸都城經亂 不可復都 築平壤城 移民及廟社平壤者本仙人王儉之宅也 或云 王之都王險.
54) 한사군의 낙랑이 현재 북한의 평양이라는 것을 반증하는 논문과 연구 기사는 많다. 낙랑이 현재 북한의 평양에 있었다는 것을 긍정하는 것이 아닌 평양 낙랑설과 고구려 한반도 평양설의 서로 상충되는 것을 얘기하고자 함이다.

려 평양설'이 중복되는 모순이 발생한다. 이러한 기존 학설에 대해 복기대는 다음과 같이 얘기한다. "동천왕이 도읍을 옮긴 것은 위나라와의 전쟁에서 패했기 때문인데, 위나라 행정구역 안에 있는 낙랑군 바로 옆에다 고구려의 도읍을 정한다는 것은 납득하기 어렵다. 다시 말해 위나라와 전쟁으로 피난을 간 나라가 다시 돌아와 위나라의 행정구역 옆을 도읍지로 삼는다는 것은 설득력이 없다."55

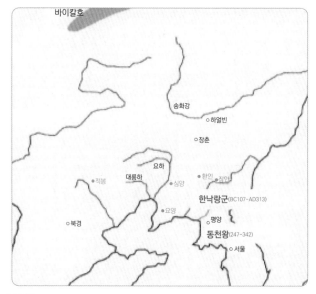

그림 7 북한 평양에 낙랑군과 동천왕 평양이 같이 존재한다는 모순56

11대 동천왕 247년 때 천도한 평양과 장수왕과 평원왕 때 천도한 평양은 서로 다른 평양일 수가 있다. 평양이 왜 중요하냐면, 평양의 위치가 비정이 되면 살수의 위치가 비정이 되기 때문이다. 동천왕과 장수왕 때의 평양

55) 복기대, 「고구려 도읍지 천도에 대한 재 검토」, 『단군학연구(22)』, 단군학회, (2010), p.218.
56) 북한 평양에 낙랑이 BC 107~AD 313이 존재한 상태에서 동천왕이 북한 평양에 다시 247년에 도읍을 정해서 342년까지 같이 있었다는 치명적인 자체 모순이 발생함.

의 위치는 차후 더 고증을 하더라도 영양왕 때의 평양은 평원왕 때 평양 장안성으로 천도한 뒤에 계속 있었기 때문에 평원왕 때의 평양의 위치를 비정한 뒤에 살수의 위치가 비정된다. 『삼국사기』에 나와 있는 고구려 수도 평양에 대한 사료를 정리하면 다음과 같다.

차례	왕	지역	연도
1대	추모왕1년	졸본(卒本)	기원전 37년
2대	유리왕22년	국내성(國內城)으로 천도	3년
10대	산상왕13년	환도(丸都)	209년
11대	동천왕21년	평양(平壤) 천도	247년
16대	고국원왕12년 8월	환도산성(丸都山城)	342년
16대	고국원왕13년 7월	평양 동황성(東黃城)	343년
20대	장수왕15년	평양(平壤)	427년
25대	평원왕28년	평양 장안성(長安城)	586년

도표 2 고구려가 천도 중 4번 나오는 평양의 위치가 다를 수 있다.[57]

평양이라는 이름이 같다고 해서 같은 위치로 비정한다면 '똑같은 자리'로 계속 천도했다는 사실이 된다.

평양에 대한 위치를 설명하는 사료로 『원사(元史)』에 나오는 중요한 자료가 있다.

* 동녕로는 본래 고구려 평양성(高句驪 平壤城) 또는 장안성(長安城)이라고 한다. (중략) 왕 고련(高璉)이 처음 평양성(平壤城)에 살았다. 당(唐)나라가 고려(高麗)를 쳐서 평양을 점령하자 그 나라(고

57) 복기대, (2010), pp.200~201.

구려)는 동쪽으로 옮겼는데, 압록수(鴨綠水)의 동남(東南)으로 천 여 리(千餘里)이다. 예전의 평양(平壤)이 아니다.[58]

위 내용을 보면 다음과 같은 사실을 알 수가 있다.

첫째, 동령로(東寧路)는 본래 고구려 평양성, 장안성이라고 하는데 고구 려왕 고련(장수왕 이름)이 처음[始] 평양성에 살았다는 것이다.

동령로(東寧路)는 요양(遼陽)을 얘기한다. 요나라는 발해를 격파한 뒤에 동 단국(東丹國)을 세우고 이후에 동단국 수도를 요양으로 옮겼다. 성(城)에 동 단국의 백성들을 요양으로 이주시켜 거주하게 하였고 동령(東寧)이라 호칭을 했다.[59] 요양(동령로)에는 본래 고구려 평양성인 장안성이 있었고 그 곳에 고구 려 장수왕인 고련왕이 살았다. 장수왕의 본명은 『삼국사기』에는 '거련(巨連) 이라고 하였고, 혹은 연(璉)이라고도 하였다'고 기록되어 있다. 『원사(元史)』 에서는 고련(高璉)이라고 나왔다.[60] 위 내용으로 20대 장수왕 때의 평양이 요 양이며 평원왕 때도 도읍지가 평양 장안성(長安城)으로 요양임을 알 수 있다.

둘째, 당나라가 고구려를 쳐서 평양(옮기기 전 평양)을 점령했다. 그래서 고 구려는 동쪽으로 옮겼는데 그 위치가 압록수 동남쪽 1,000리이며 그 곳은 새로 옮긴 평양이고 이는 옛 평양(舊平壤)이 아니라는 것이다. 고구려 26대 영양왕 때도 평양 장안성(長安城)을 도읍으로 있었는데 수나라와의 몇 차 례 전쟁 이후 점차 국력이 약해져 그 뒤에 당나라 군대에 의해 평양을 침공

---

58) 『元史』「地理志」東寧路. 本高句驪平壤城, 亦曰長安城。漢滅朝鮮, 置樂浪, 玄菟郡, 此樂浪地 也. 晉義熙

後, 其王高璉始居平壤城。唐征高麗, 拔平壤, 其國東徙, 在鴨綠水之東南千餘里, 非平壤之舊。至王 建, 以平壤為西京至元六年, 李延齡, 崔坦, 玄元烈等以府州縣鎮六十城來歸。八年, 改西京為東 寧府。十三年, 升東寧路總管府, 設錄事司, 割靜州, 義州, 麟州, 威遠鎮隷婆娑府。本路領司一, 餘城 堙廢, 不設司存, 今姑存舊名。

59) 남의현, (2020), pp.40~41.

60) 복기대, (2010), pp.228~231.

당해 새로운 평양으로 옮겼다는 것을 알 수 있다. 당나라에 의해 침략되기 전까지는 장수왕 때부터 있었던 요양을 중심으로 도읍지가 있었고 영양왕 때도 요양(평양)에 도읍지가 있었다. 지금까지 요하가 압록강이고 수나라 침공 당시의 평양이 요양이라는 것을 살펴보았고, 수나라가 압록강(요하)을 건너 평양(요양) 근처에 군영을 주둔하였기에 살수는 한반도 내에 있는 청천강이 아니고 요하 근처 요동반도에서 찾아야 할 것이다.

2. 살수의 위치 검토

1) 당나라 진격중에 나오는 요택(遼澤)

사료에서 전쟁의 진행로는 중요한 역사적인 사실을 시사한다. 당나라 군대가 평양성을 향해 나가는 진로 중에 만나는 장애물인 요택(遼澤)이 나온다. 『구당서』에 다음과 같은 사료가 있다.

> 고구려를 정벌하기 위해 군사가 나아가다가 다다른 요택은 동서
> 로 이백여 리 진창(늪지대)으로 인마가 통행할 수 없다.[61]

규모가 200里 되는 요택은 현재 압록강 주변이나 청천강 주변에서는 찾아볼 수가 없다. 그러므로 압록강이나 살수를 한반도가 아닌 요동반도에서 찾아야 하는 것이다. 그런데 이런 요택에 대해 요하 주변에 요택이 있다는 연구가 있다.[62] 연구 결과를 보면 요동만에는 혼하, 태자하 하류와 요하

---

61) 舊唐書卷77. 從征高麗及師旅至遼澤東西二百餘里泥淖人馬不通
62) 윤순옥, 황상일, 복기대, 김효선, 지아지엔칭, 「중국 요하 하류부 고대 요택의 공간 분포와 Holocene 중기 이후 해안선 변화」, 『한국지형학회지』 제24권 1호, (2017), pp.56~60. 이들의 지형학적 연구결과에 따르면, 이 일대는 해발고도가 상당히 낮은 충적평야 지대로 2,000년 전에는 상부가 인근 지역의 크고 작은 몇십 개의 하천에서 흘러온 강물이 제대로 배출되지 않아 형성된 배후습지가, 하부에는 요동만으로 밀려드는 발해의 바닷물이 수시로 들

하류 지역에 강물이 범람하면서 요택의 습지가 생긴다. 요하, 혼하, 태자하가 만나는 지역은 여름철이면 습지, 진흙창 지대가 생기는 지역이다. 을지문덕 장군이 612년 음력 5월(양력 6월)에 계속 우문술에게 패하여 도망가는 전략을 펼쳐 우문술로 하여금 살수를 건너 평양성 30리에 진영을 치게 했다는 기록이 있다.[63] 이런 우문술 부대를 을지문덕이 장기전으로 끌면서 음력 6-7월이 되면서 계속되는 장마에 요택이 늘어나면서 점점 더 군영을 유지할 수 없는 상태를 만들었다.[64] 그런 상태에서 살수를 건너는 중에 습격을 다시 받아 우문술의 25,000명의 별동대를 비롯한 수나라 군대가 전멸하고 몇천 명만 살아서 하루 밤낮으로 450리를 달려가 압록강에 다다랐다는 사실이다. 살수대첩의 대승은 이러한 요택의 지리적 이점을 이용한 을지문덕의 전술, 전략의 결과이다.

그림 8 요하 중하류의 점토질의 퇴적층[65]

락거리는 국내 전남 순천만 습지 같은 해안 늪지대가 형성되어 있었다. 사람이 집을 짓고 살거나 군대가 성을 쌓고 주둔할 만한 땅이 아니었던 것이다.

63) 『삼국사기』 旣恃驟勝, 又逼群議, 遂進東, 濟薩水, 去平壤城三十里, 因山爲營.

64) 『삼국사기』 秋七月, 至薩水 軍半濟, 我軍自後擊其後軍, 右屯衛將軍辛世雄戰死. 於是, 諸軍俱潰, 不可禁止, 將士奔還, 一日一夜, 至鴨淥水, 行四百五十里.

65) 고광진, (2011), p.29. 요하 중하류와 혼하, 태자하 등은 점토질의 퇴적층이 있어서 장마가 지거나 하면 진창이 되는 지대이다. 을지문덕 장군은 요하의 지리적인 이점을 이용해서 수

요택이 두 군데 있는데 일반적으로 알려진 소택 습지는 심양-신빈-북진-대안-요양 사이이며 이곳은 '하요하 평원 습지'이다. 다른 한 군데는 요서 지역 평원에 있는 '서요하 평원 습지'이다. 당나라 군대는 '서요하 평원의 소택 습지'인 요택이나 하요하 평원 소택 습지 중 한 군데를 거쳤다고 볼 수 있다. 그런데 '서요하평원의 소택 습지'의 요택(遼澤)은 『구오대사(舊五代史)』, 『송사(宋史)』, 『요사(遼史)』에서 거란이 대대로 살던 곳으로 사료에서는 얘기를 한다.

이것은 '서요하 평원의 소택 습지'의 요택이 사람이 살 수 있을 정도의 습지라는 것을 설명한다. 이에 반해 구당서에서 고구려를 정벌하기 위한 요택은 인마(人馬)가 살 수 없다고 설명하고 있다.[66] 평양성 건너기 전의 요택은 인마가 건널 수 없을 정도의 200리 늪지대로서 천참(天塹)의 해자(垓子)역할을 한다고 보여진다. 이 요택은 요하 주변의 요택이고 이 요택을 피해서 살수를 넘어 평양(요양)으로 갔다는 기록으로 보면 살수는 요양 근처의 강이라고 본다.

2) 살수대첩의 '살수 혼하(渾河)설'

살수에 대한 중요 기록으로 『신당서』와 『대명일통지』에 다음과 같은 기록들이 있다.

> 살펴보건데 살하수(薩賀水)는 살수(薩水)로 압록수의 동쪽에 위치하고 있다. 이때 이세적의 군대는 이미 압록수를 건너 동쪽으로 진군하여, 살하수에서 고구려 군대와 마주치게 되었다. 모든 군사들

나라 군대를 수장시킨 것이다.
66) 舊唐書卷77. 從征高麗及師旅至遼澤東西二百餘里泥淖人馬不通
고구려를 정벌하기 위해 군사가 나아가다가 다다른 요택은 동서로 이백여 리 진창(늪지대)으로 인마가 통행할 수 없다.

이 평양을 포위하였다.[67]

살수는 압록강(鴨淥江) 동쪽, 평양성 서쪽에 있다. 수나라 장수 신세웅이 여기서 전사했다.[68]

위 사료를 분석하면 다음과 같은 것을 알 수가 있다.

첫째, 압록강 동쪽에 살수(薩水), 살하수(薩賀水)가 있다는 것이다.

둘째, 압록강을 동쪽으로 건너 진격하는 가운데 살수와 평양이 있다는 것이다.

위 내용은 기존 청천강설로는 설명이 안 되는 의문점으로 압록강을 요하로 하면 풀어진다. 요하(압록강)를 건너서 살수가 있고 그 근처 30리 부근에 평양이 있다는 것이다. 조선 초 태종 시기에 조사의가 반역으로 군대를 일으켜서 살수에서 주둔하다가 밤에 살수를 건넜다가 강 얼음이 깨지면서 수백 명이 물에 빠져 죽는 사건이 벌어졌다.[69] 음력 11월 27일(양력 12월 30일) 丙午일에 살수의 얼음이 얼어서 수백 명이 강을 건너다가 빠질 정도면 1,000명 정도는 넘어갈 수 있을 정도로 얼어야 된다. 그럴 수 있는 강의 조건은 살수가 청천강이 아닌 요하 근처의 강이어야 한다. 요하의 결빙 조건으로 양력 12월에 강이 얼어서 건널 수 있다는 자료가 있다. 현재 압록강 서북쪽의 고대 압록강인 요하의 겨울 유빙 조건을 살펴보면 다음과 같다. 아래 도표로 볼 때 요하의 유빙기간을 알 수 있다. 고대 압록강과 같이 요

---

67) 新唐書, 新唐書高麗傳. 男建 以兵五萬 襲扶餘 勣破之薩賀水上, 斬首五千級 俘口三萬 器械牛馬稱之 進拔大行城 劉仁願 與勣會後期 召還當誅赦, 流姚州契苾何力 會勣軍于鴨淥拔辱夷城(按, 薩賀水 卽薩水. 在鴨淥水東, 此時勣軍 已渡鴨淥水東進, 故與高麗兵遇於薩賀水)悉師圍平壤.

68) 大明一統志卷25. 遼東都指揮使司조. 遼東都指揮使司. 薩水在鴨淥江, 平壤城西. 隋將辛世雄死於此.

69) 『태종실록』 4권, 태종 2년 11월 27일 병오 1402년 명 建文 4년 (丙申)[丙午] /思義軍至安州夜潰. 思義軍屯于薩水邊, 夜自潰渡水, 氷陷而死者數百餘人.

동[70]에 있었던 살수 또한 요하의 결빙 조건과 유사하다는 것을 알 수 있다. 요하의 유빙은 1930년대 봉천 통지를 참고해 보면 평균적으로 11월 28일 대략 소설(小雪) 이후 대설(大雪) 전에 시작된다. 결빙은 평균적으로 12월 31일 소한 전에 시작되어 다음 해 3월 16일 경칩 후 춘분 전에 끝난다. 결빙 기간은 약 76일이다. 유빙은 3월 30일 춘분 후 청명 전에 이르러 끝난다. 유빙 기간은 전후로 합해서 약 122일 정도로 나타난다.

流流初日	11월 28일(양력) 소설과 대설 사이
結氷初日	12월 31일(양력) 동지와 소한 사이
結氷終日	3월 16일(양력) 경칩과 춘분 사이
結氷期間	76일
流氷終日	3월 30일(양력) 춘분과 청명 사이
流氷期間	122일

도표 3 요하 유역의 유빙과 결빙시기[71]

조사의 사건 당시 음력 11월 28일(양력 12월 30일)은 요하가 결빙이 되는 시기로서 충분히 많은 사람들이 요하 근처의 강인 살수를 건널 수 있을 환경이었다. 살수가 결빙이 되어 근 천명 정도의 사람이 건너면서 그 무게에 의해 얼음이 깨져 수백 명이 물에 빠지면서 반역 사건이 마무리된 것이다. 이런 사실로 볼 때 청천강이 아닌 요하 근처의 강이 살수라는 정황이다.

---

70) 요동이라는 것은 시대마다 다르게 쓰여졌다. 난하를 요수로 봤을 때는 난하의 동쪽을 요동이라고 했다.
대능하가 요수로 불렸을 때는 백랑수인 대능하의 동쪽을 요동으로 봤다. 요나라 시기 때는 요수를 요하로 불렸다. 그때는 요하의 동쪽을 요동으로 호칭을 했다.
71) 남의현, 「장수왕의 평양성, 그리고 압록수와 압록강의 위치에 대한 시론적 접근」, 『고구려의 평양과 그 여운』, (서울: 주류성출판, 2018), p.112.

명나라의 관찬 지리서이자 병서인 『전요지』, 『요동지』의 두 문헌에서 압록강 동쪽 평양성 서쪽에 있는 살수대첩이 일어났던 '살수'를 '요양(遼陽)의 산천'으로 분류하고 있다. 이 같은 상황은 『대명일통지』에서도 마찬가지이다. 명나라의 대표적인 관찬 지리서에서도 살수는 요동도사(遼東都司) 관할지역의 산천으로 소개되고 있다.[72] [그림 9] 오른쪽 아래에 지금의 요하인 압록강이 보이고 살수가 요동 지역을 대표하는 하천으로 소개되고 있다.

그림 9 대명통일지에 요양의 수계(水系)로 소개되는 살수(薩水) - 신세웅이 전사한 곳

살수를 설명하면서 기존 사서의 '압록강 동쪽, 평양성 서쪽에 있다.'는 내용과 '수나라 장수 신세웅이 여기서 전사하였다'라는 설명이 있다. 살수가

---

72) 『대명일통지』 권25 「요동도지휘사사」 "산천"조, 三秦출판사, p.427.

압록강 동쪽으로 소개되어 있는데 이 사실로도 기존의 압록강 남쪽에 있는 청천강이 살수가 될 수 없다는 것을 명확히 알 수가 있다. 여기에 소개된 살수와 압록강이 한반도의 하천이 아니라는 사실은 이 대목에서 함께 소개되고 있는 하천들을 통해서도 확인할 수가 있다.

[그림 9]에서 함께 소개되고 있는 대청하(大淸河), 급수하(急水河), 만수하(慢水河), 육주하(六洲河), 포하(蒲河), 올량하(兀良河), 도하(塗河), 시하(柴河), 금선하(金線河), 양자하(亮子河), 용안일독하(龍安一禿河), 혼동강(混同江), 대충강(大蟲江), 송화강(松花江) 등은 모두가 요령 지역을 흐르는 하천들이기 때문이다. 현재 이 하천들의 상당수는 그 이름이 바뀌거나 사라져서 지리 고증이 현실적으로 어렵지만 혼동강, 송화강 등은 각각 심양(瀋陽) 동쪽과 그 북쪽을 흐르는 하천들이다.

『대명일통지』권89 「외이전-조선국」 "산천山川"조에 청천강이 소개되고 있다. 아래에 있는 [그림 10]을 보면 조선국 청천강을 요양 인근의 '살수'와는 다른 하천으로 설명했다.

[그림 10]의 '조선-산천(朝鮮山川)'조에는 대통강(大通江), 한강(漢江), 월부당강(月不唐江), 대강(大江), 대정강(大定江), 청천강(淸川江), 발로하(發盧河) 등의 하천들이 조선을 대표하는 하천으로 소개되어 있다.[73] 대통강은 대동강(大同江)의 또다른 이름이며 한강과 청천강은 지금 같은 이름을 쓰는 두 하천을 가리킨다. 조선국의 '압록강(鴨綠江)'은 요양 인근의 '압록강(鴨淥江)'(요하)과 한자가 다르다.[74] 위 『대명일통지』 내용을 보더라도 살수는 한반도 내에 있는 강이 아닌 요양 근처 수계(水系)에서 찾아야 한다.

『대명일통지』에서 얘기한 요양 수계의 살수로 추청되는 '살이호(薩爾滸)'

---

73) 『대명일통지』, 권89 「外夷傳-朝鮮國」 "山川"조, p.1,366.
74) 문성재, (2018), pp.11~12.

가 있다. '살이호(薩爾滸)'는 '사르후'의 한자식 표기이다. 지금의 요령성 무순시에서 35km 정도 떨어진 동쪽 근교 혼하의 남안(南岸) 지역이다. 이곳은 1619년 후금(後金)의 누르하치(努爾哈赤: 1559~1626)가 요동의 패권을 놓고 명나라-조선의 40만 연합군을 상대로 결전을 벌인 장소이다.『청사고(淸史稿)』「열전(列傳)[4떼]」에는 당시 이 일대에서 발생한 전투를 이렇게 기술하고 있다.[75]

… (명나라) 경략 양호는 총병 두송에게는 6만의 병력을 무순관으로 보내고, 유정에게는 4만의 병력으로 관전으로 출격하게 하였다. (그러나) 망골타이는 … 살이호(薩爾滸)의 골짜기 입구에 병력을 숨겨 놓고 명나라군이 절반 정도 지나갔을 때에 공격하였다.

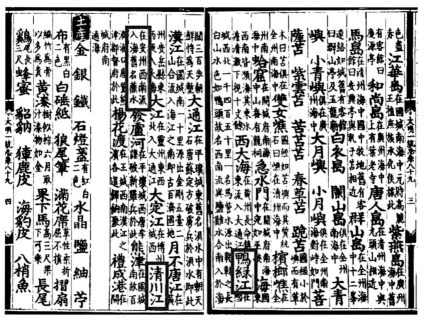

그림 10 대명일통지에 소개되고 있는 청천강의 다른 이름이 살수라고 하는 내용

75) 문성재, (2018), pp.35~36.

(중략) 1,000명이 길림애로 증원하여 함께 살이호를 공격하니 (명나라군은) 대파하고 두송이 전사하였다. 이어서 태조를 좇아 군사를 몰아 유정을 공격하고 목을 베었다.[76]

그림 11 살이호(薩爾滸) 전투를 알려주는 그림[77]

---

76) 『청사고』「열전 제4(列傳第四)」. 經略楊鎬遣總兵杜松以六萬人出撫順關, 劉綎以四萬人出寬甸. 莽古爾泰 … 伏兵薩爾滸谷口, 伺明兵過將半擊之, 我軍據吉林崖, 明兵營薩爾滸山, 復偕貝勒代善等以千人益吉林崖, 而合師攻薩爾滸, 大破之, 松戰死. 又從太祖還軍, 擊斬綎.

77) 「萨尔浒之战_百度百科」 https://mr.baidu.com/r/nrnYPYQ92w?f=cp&u=71932ab7f 80c9363 (2021년 6월 8일).

당시 누르하치는 명나라 군대의 사르후 도강에 대비하여 사전에 혼하 남쪽의 소자하에 모래로 제방을 높이 쌓은 후 일단의 군대를 사르후의 산골짜기에 매복시켰다가 명나라군이 절반 정도 강을 건넜을 때 공격을 감행하여 대첩을 거두었다. 이러한 전투 양상은 을지문덕 장군의 살수대첩의 군사전략과 동일하다. 고구려가 수나라 군사를 수장시킨 '살수'와 청나라 누르하치가 명나라 군사를 대패시킨 '사르후'의 장소가 우연히도 같은 것은 이 지역이 특수 전투지역이라는 것을 알려준다. '사르후 대첩'의 결과 조선의 지원군까지 합쳐 60만의 대군을 동원한 명나라가 이 전투에서 참패하면서 요동 지역은 완전히 후금의 지배하에 넘어가게 된다.

1904년에 일본군이 제작한 『일로전쟁지도日露戰爭地圖』에는 봉천(奉天: 지금의 심양) 일대의 주요 도시들이 이정里程과 함께 상세하게 표시되어 있다. 지도에 보이는 '살이호(薩爾護)'는 '살이호(薩爾滸)'처럼 한자는 다르지만 '사르후'를 한자로 옮긴 이름이다.

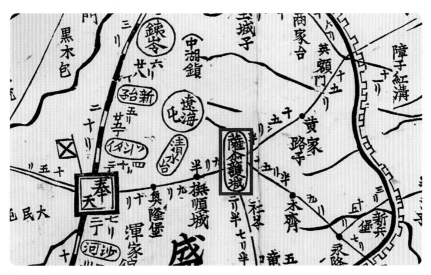

그림12 1904년 러일전쟁 때 일본군 지도 '살이호성'이 보인다.

지도에서 살이호성이 긴 동그라미로 강조되어 있는 것을 통하여 일본군이 만주에 진출해 있던 20세기 초기만 해도 이 지역이 군사적으로 대단히 중요한 거점으로 여겨졌음을 알 수 있다. '살이호'가 물의 이름으로 사용되기도 했다는 근거는 19세기의 중국 문헌에서도 확인할 수가 있다.

청나라 대신 하여림(何汝霖: 1800~1852)이 도광(道光) 기축년(1829)에 저술한『심양기정(瀋陽紀程)』에서는 '사르후'와 관련하여 다음과 같이 소개하고 있다.

> 송산, 행산으로부터 성경에 이르고, 거기서 다시 살이호를 건너서 흥경에 이르렀다.
> 自松山杏山, 至盛京, 又渡薩爾滸, 至興京.[78]

위에서 볼 수 있듯이, 하여림은 성경(盛京: 지금의 심양)에서 흥경(興京: 지금의 신빈)으로 가는 여정을 소개하면서 그 도중에 "살이호를 건넜다(渡薩爾滸)"라고 밝히고 있다.[79]

지금까지『대명일통지』에 수록된 살수의 위치를 추정할 수 있는 자료를 통해 고구려 영양왕 때 평양인 요양의 혼하 수계(水系) 중 '사르후'가 살수일 수 있다는 내용을 설명했다. 요양의 수계인 혼하 근처가 살수대첩이 일어난 지점이라고 할 때 여러 가지 사료적 정황의 의문점이 풀린다는 것을 확인할 수 있다.

---

78) 하여림(何汝霖),『심양기정(瀋陽紀程)』, 청나라 도광(道光) 기축년(1829).
79) 문성재, (2018), pp.39~42.

Ⅳ. 맺음말

고구려, 신라가 싸웠던 평원 지역인 살수지원(薩水之原)을 충청도 청천면이나 미원면의 평야로 역사학계에서는 비정하고 있다. 그런데 동시에 살수지원 근처에 있는 '박대천(靑天川)'을 '살수대첩의 살수'로 비정하면서 여러 가지 역사적인 의문점이 생기고 있다. 미원면으로 비정하고 있는 '살수지원'은 수나라 몇만 명의 군대가 주둔하면서 싸울 수 있는 지역은 아니다. 동시에 을지문덕 장군이 박대천에서 몇만 명을 수장시키는 전투를 벌이기도 불가능한 지역이다. 박대천이 살수가 될 수 없기에 '박대천설'에서 '청천강설'을 주장하게 된다. 살수의 청천강설은 박대천보다는 살수일 수 있다는 가능성을 보여준다. 그런데 청천강 근처에 살수지원이라고 하는 지역이 있느냐는 문제와 고구려, 신라, 백제본기 모두 얘기하는 고구려군과 신라 백제 연합군이 싸운 '살수지원'의 전투가 청천강 근처까지 올라간다는 문제에 봉착하게 된다. 이런 문제가 생기는 근본적인 이유는 '살수지원의 살수'와 '살수대첩의 살수'를 동일하게 보아서 생기는 문제이다. 살수대첩의 박대천설과 청천강설에서 박대천설은 누가 봐도 살수라고 할 수 없지만 살수대첩의 청천강설도 많은 의문점을 갖게 된다.

첫째, 수나라 장수 우문술이 압록강을 동쪽으로 건넌 다음 살수를 지나 평양성 30리 부근에 진영을 설치했다는 것이다. 청천강이 살수라고 한다면 동에서 서로 흐르는 한반도 압록강을 동쪽으로 건널 수가 없다. 또한 압록강 동쪽에 살수인 청천강이 있을 수가 없다. 살수대첩 당시 수나라 군대는 진격 방향으로 대능하인 요수[80]를 건너서 다시 압록강을 건너 살수로 갔다.

---

80) 『盛京疆域考』 卷3 唐 南蘇州 [今海龍廳大圍場內 文獻通考貞觀二十一年李勣破高驪於南蘇班師至頗利城渡白狼黃巖二水怪其淺狹間契丹遼源所在云此水更行數里合而南流卽稱遼水按白狼水

살수대첩 때의 요수는 대능하로서 대능하를 건너서 나오는 강이 압록강인 요하이다. 요하를 건너서 나오는 강이 살수이다. 고구려 평양은 동천왕 때의 평양, 장수왕 때의 평양, 평원왕 때의 평양이 있다. 평양의 이름은 동일하지만, 동일한 지역의 평양이 아니라 다른 지역을 얘기한다. 살수대첩이 벌어졌던 시기의 평양은 평원왕 때의 평양으로서 요양을 얘기한다. 요하가 압록강이고 평양이 요양이라고 할 때 삼국사기의 기록과 수, 당나라 기록에서 생기는 의문점들이 해소된다.

둘째, 정조가 청천강은 천참(天塹)(천연의 요새)이 될 수 없는 강인데 어떻게 30만 수나라 군대를 전멸시킬 수 있는 살수가 될 수 있느냐고 이만응에게 하문을 하였다. 수도를 방어할 때 중요한 전략적 위치로서의 방어가 용이한 강을 천참(天塹)이라고 한다. 고구려 당시에는 압록강을 천참으로 여기고 의지했다. 지금도 쉽게 건너갈 수 있는 한반도 압록강은 천참 역할을 할 수 없다. 고구려 시대의 압록강은 고구려인들이 천참으로 여기고 의지했다. 고구려가 천참으로 여겼던 압록강은 사료에서 얘기하는 압록수(鴨綠水), 압록강(鴨淥江)으로 요하(遼河)라는 것을 살펴보았다. 압록강(鴨綠江)은 현재 북한의 압록강이라는 것이다. 『대명일통지』에서는 한반도의 한강을 설명하고 옆줄에 청천강의 다른 이름이 살수라 설명하면서 동시에 압록강(鴨淥江)과 압록강(鴨綠江)을 다른 강이라 서술한다. 요양 근처의 수계인 살수에 대해서 압록강(鴨淥江)의 동쪽이고 평양성의 서쪽으로 신세웅이 빠져 죽은 곳이라고 명확하게 설명한다.

정조가 품었던 살수대첩 청천강설의 의문점은 수나라 군사들이 건넜던 압록강(鴨淥江)이 요하이고 평양을 요양으로 비정할 때 해소된다. 그 결과

卽大凌河.

살수는 한반도 내에 있는 것이 아니고 요동반도에서 찾아야 한다. 요하, 태자하, 혼하의 삼수(三水)가 만나는 지점은 매년 홍수가 나서 수재민이 수십만이 나던 곳이었다. 대화방 댐이 1958년 건설되었는데 댐의 높이가 48m이고, 댐의 상단 길이가 1,366m이다. 대화방 저수지의 주요 용도는 홍수를 막기 위한 것이며 댐 건설이 된 뒤에 홍수가 줄었으며 지금은 혼하와 태자하가 요하와 합쳐지지 않는 수로길로 변했다. 댐이 건설되기 전에 실제로 혼하의 하류에 위치한 심양 지역의 경우, 하절기에 쏟아지는 폭우로 혼하가 범람하는 바람에 무순, 심양 일대가 온통 물바다로 변하기 일쑤였다. 『성경시보(盛京時報)』에 따르면, 평지에 물이 2-3척(60-90cm) 높이까지 범람하고(1935.7.31. 제4면), 1935년에는 혼하에 수재로 토지 300여만 무(畝, 1무=667m2)가 침수되고 30만 명이 수해를 당하기도 하였다.[81] 이런 요양 수계지역에서는 수나라 군대가 몇만 명이 수장(水葬)당할 수 있으며 을지문덕 장군이 그것을 가능하게 하는 전략을 펼친 것이다. 살수대첩의 살수는 여러 정황으로 볼 때 요양 근처의 혼하일 가능성이 가장 높으며, 요양의 '혼하'를 중점적으로 태자하 등의 요양 근처 수계에서 찾아야 한다는 것이 '살수대첩의 혼하설'이다. 살수대첩의 살수의 위치 비정은 고구려가 풍전등화의 위기 속에서도 수나라 100만 대군을 물리친 기상과 의기(義氣)를 선양하는 역사적 의미를 다시 한번 되새길 수 있으며 뜻있는 역사학자들의 많은 연구가 필요하다.

---

81) 문성재, (2018), pp.28~30.

참·고·문·헌

【원전】
- 『高麗圖經』
- 『舊唐書』卷77
- 『三國史記』
- 『盛京疆域考』卷3
- 『淸史稿』列傳 第四

【단행본】
- 복기대 외, 『고구려의 평양과 그 여운』, (서울: 주류성, 2017).
- 신채호, 『조선 상고사』, (서울: 비봉출판사, 2006)
- 이종봉, 『한구중세도량형제연구』, (서울: 혜안출판사, 2001)
- 이병도, 『국역판 삼국사기』, (서울: 을유문화사, 1996)
- 이동준, 「수 양제의 고구려 원정과 군사 전략」, 연세대학교 석사학위논문, (2008).
- 전병우, 『494年 '薩水' 벌판 戰鬪와 政勢變化』, 한국교원대학교 석사학위논문, (2013).
- 정구복 외, 『역주 삼국사기』 3 주석편(상), (한국정신문화연구원, 2012).
- 최호원, 『高句麗 영양왕대의 新羅 攻擊과 國內政治』, 고려대학교 석사학위논문, (2009).
- 하여림(何汝霖), 『심양기정(瀋陽紀程)』, 청나라 도광(道光) 기축년(1829).

【학술지 및 논문】
- 고광진, 「고구려 시대의 압록수 위치 비정」, 국제뇌교육종합대학원대학교 석사논문, (2011).
- 김진경, 「고대 요수의 위치 비정에 관한 연구」, 국제뇌교육종합대학원대학교 박사학위논문, (2012).

- 김원룡, 「다시 을지문덕出自에 대하여」, 동국사학, (1981).
- 남의현, 「장수왕의 평양성, 그리고 압록수와 압강의 위치에 대한 시론적 접근」, 『고구려의 평양과 그 여운』, (2017).
- _____, 「중국의 중조변계사를 통해 본 한중국경문제」, 『인문과학연구』57, (2018).
- _____, 「중국의 『중조 변계사』를 통해 본 한중국경문제-『중조 변계사』에 대한 비판과 14세기 이전 '鴨綠水[鴨淥江] 위치제고」, 『인문과학연구』57권, (2018).
- 남은경, 「을지문덕의 문학적 전승」, 『동양고전연구』24권, (2006).
- 문성재, 「고구려 薩水 위치 재검토—고구려의 살수대첩에서 고려의 귀주 대첩까지」, 인하대고조선연구소 북방사 학술회의 자료집, (2018).
- 복기대, 「고구려 도읍지 천도에 대한 재검토」, 『단군학연구』22, (2010).
- _____, 「고구려 평양의 위체에 대한 새로운 고증」, 『고구려의 평양과 그 여운』, (2017).
- _____, 「한사군은 어떻게 갈석에서 대동강까지 왔나?」, 『선도문화』25권, (2018).
- _____, 「동북아시아에서 한사군의 국제 정치적 의미」, 『강원사학』28권, (2016).
- 임찬경, 「고구려 평양 위치에 대한 인식문제」, 『고구려의 평양과 그 여운』, (2018).
- 정동민, 「613·614년 高句麗-隋 전쟁에 보이는 遼西 상황과 隋軍의 전략」, 『서강인문논총』, (2019).

고구려 7차 遷都와 도읍지 연구
-丸都城의 위치를 중심으로-

남의현

강원대학교 사학과 교수
강원대학교 인문과학연구소 소장

• • •

저 서

『명대요동지배정책연구』
『고구려의 평양과 그 여운』(공저)
『압록과 고려의 북계』(공저)

I. 서론

일반 역사서에 고구려 천도는 卒本扶餘에서 개국한 이후 국내성과 환도산성을 거쳐 평양성과 장안성이라고 기록하고 있다. 우리나라 역사서는 물론 중국의 역사서들도 卒本扶餘 이후 대부분 2차 遷都 정도로 서술하고 있다. 환도성은 국내성의 위성으로 이해하고 장수왕의 평양성과 장안성은 인접한 것으로 이해한다. 그 위치에 관해서도 초기 수도 졸본부여는 요녕성 桓因지역, 국내성과 환도산성(환도성)은 각각 현재 압록강 중류 集安의 국내성과 인근 산 위에 축조된 山城子山의 산성을 환도성으로, 그리고 장수왕이 천도한 平壤城은 북한 평양으로 그 위치를 이해하고 있다. 우리가 지금껏 알고 있는 고구려 도읍지는 卒本夫餘(환인), 國內城(集安), 平壤城(북한 平壤) 3곳이 된다.

이러한 서술은『三國史記』등 기본적인 사료와 비교해 보면 일치하지 않는다. 한국이나 중국의 수많은 1차 사료를 검색해 보면 졸본부여 천도 이후 고구려 도읍지 천도는 國內城-丸都城-平壤-丸都城-평양 동쪽 黃城(혹자는 東黃城이라고도 함)-平壤城-長安城으로 기록되어 있기 때문이다. 환도성에만 2번 도읍, 평양과 평양성 각각 2개의 평양 도읍지, 평양 동쪽 황성 등 기존의 도읍지 천도 횟수와는 다르다.

조선 전기에 왕명으로 편찬된『東國通鑑』도 졸본부여 이후 명확하게 수도를 7번 천도한 것으로 기록하고 있다. 국가를 개창한 동명왕의 졸본부여를 포함하면 고구려의 도읍지는 모두 8곳이 되는 것이다. 즉 졸본부여 이후로 계산하면 7차 천도 7개 도읍지가 되는 셈이다.『삼국사기』의 기록과 마찬가지로『東國通鑑』도 국내성, 환도성, 평양, 환도성, 평양 동쪽 황성(또는 동황성), 평양성, 장안성 등으로 고구려 도읍지를 기록하고 있다. 이 중 같은 환도에 2번 도읍했으며, 평양과 평양성은 '성' 자를 붙여 표기한 것으로 보아 다른 2개의 평양으로 보인다. 이러한 7차 천도와 7개 도읍지와 관련된 기록들은 삼국사기 이후 조선 후기까지 그 기록이 전승되면서 남아있었다.

1859년에 저술된 윤정기의 『東寰錄』도 고구려의 7차 천도와 7개의 도읍지를 알려주는 중요한 사료이다. 이외에도 『芝峯類說』, 『無名子集』, 『眉叟記言』, 『星湖僿說』, 『燃藜室記述』, 『東史』 등 수많은 조선시대 사료들도 고구려 7차 천도를 언급하고 있다. 이처럼 조선 후기 사료에 이르기까지 고구려의 수도는 졸본부여 이후 7차 천도로 기록되어 있음에도 일반 역사서술서에는 고구려 도읍지가 졸본부여-국내성과 환도산성-평양성 3곳만이 서술되어 전체적인 고구려 천도와 수도의 위치를 정확하게 파악하지 못하여 고구려의 중심지나 강역, 국경을 이해하는 데 오류를 범하고 있다.

고대 국가의 수도는 대부분 강을 끼고 형성된다. 고구려의 수도는 비류수, 압록수 등 우리 귀에 익숙한 강을 끼고 형성된 것으로 기록에 나타난다. 강을 통해 무역과 전쟁, 사행 등 수많은 활동이 진행되기 때문이다. 실제로 수나라와 고구려, 당나라와 고구려와의 전쟁 기록을 살펴보면 고구려 평양성을 공략하기 위해 遼澤을 지나야 하고, 난공불락의 鴨綠水를 건너면 고구려의 천리장성이 기다리고 있었다. 이처럼 고대 국가의 수도를 이해하는 데는 강, 산 등 자연지세를 이해하는 것이 매우 중요하다. 그럼에도 우리는 의외로 만주의 역사지리적 연구에 밝지 못하다. 수·당 시대에 나오는 압록수나 평양을 지명이 같다는 이유로 단순하게 현재의 압록강과 북한 평양에 대입함으로써 사료 해독의 오류를 범하고 있음이 최근의 연구성과들에서 속속 드러나고 있다.[1] 만주납사나 관련 사료를 충분하게 검토해 보지 않았기 때문이다. 사료 속에 나오는 지명이나 강의 위치 고증이 잘못되면 수도의 위치도 잘못 고증될 수밖에 없다. 첫 단추를 잘못 끼우는 것과 같다.

최초 도읍지 졸본부여의 졸본천은 현재 중국에서 압록강의 지류인 혼강(渾江)과 부이강(富爾江)이 합류하는 환인 지역으로 보고 있다. 환인 지역에는 오녀산성이 있고 수천 개의 고대 묘들이 분포하고 있기 때문이다. 이러한 것을 근거로 환인 지역이 졸본부여의 중심지라고 일반적으로 생각하고 있다. 그리고 유리왕이 옮겨간 고구려 2번째 수도 국내성은 지금의 집안이고 환도성은 국내성의 衛城으로 축조되었다는 일방적인 주장을 통해 국내성 뒷산인 산성자산 중턱의 산성이 환도성이라고 주장하고 있다. 그리고 장수왕이 천도한 평양성은 북한 평양이라고 주장하고 있다.

그러나 최근 학자들의 연구에 의해 장수왕이 천도한 평양성은 『대명일통지』 등 중국 사료를 통해 요녕성 遼陽임이 밝혀지고 있다. 사료들의 기록대로 장수왕의 평양성이 요하유역과 연결되어 있는 요녕성 遼陽으로 되었을 때 왜 수·당 황제들이 요하유역의 동서 200여 리 남북 1,000여 리의 늪지 곧 왜 遼澤을 돌파하려 했고 고구려와 수·당의 전쟁이 요하유역과 그 부근 도시를 중심으로 치열하게 발생했는지 자연스럽게 설명이 될 수 있을 것이다. 지금까지 학계는 공격 대상 지역이 북한 평양성인데 북한 평양성을 지

---

1) 이에 대한 대표적인 연구성과로는 복기대 외의 『고구려의 평양과 그 여운』(주류성, 2018), 윤한택 외의 『압록과 고려의 북계』(주류성, 2017), 윤한택의 『고려국경에서 평화시대를 묻다』(THE PLAN, 2018) 등을 언급할 수 있다. 장수왕이 천도한 평양성의 새로운 위치와 압록수에 대한 새로운 해석에 대한 평가로는 김상태의 『고조선논쟁과 한국민주주의』(글로벌콘텐츠, 2017)을 언급할 수 있다. 특히 김상태는 이 저서를 통해 "장수왕의 평양과 과거 압록강의 위치를 매개로 한 한국 고대사의 총체적 재편은 이미 돌이킬 수 없는 현실이 되었다"고 언급하면서 주몽의 졸본, 안동도호부의 위치, 고구려 8개 도읍지에 대한 재고증, 고구려와 신라와 국경 등 많은 문제들이 재구성되어야 한다고 서술하였다.

키는 방어선은 기록에 거의 나타나지 않고 대부분의 전투가 요하를 중심으로 치열하게 발생한 이유에 대해 의문점을 가지고 있었다. 이러한 의문점은 복기대 등이 연구한 평양과 압록 관련 연구성과에 의해 많은 의문점이 풀리고 있으며 다른 견해가 제출되지 않고 있다.

이제 또 하나의 의문점을 풀어야 할 과제가 환도성의 위치이다. 평양성 이외에 아직 수많은 의문점이 있음에도 환도성의 위치를 연구한 논문은 찾아보기 힘들다. 이에 본고에서는 7차 천도 중에 산상왕 13년(209)에 천도해서 동천왕 21년(247) 평양으로 천도하기까지 대략 38여 년 동안 고구려 수도였던 환도성의 위치를 재고찰해 보려고 한다.

『신당서』 지리지에는 산동에서 배를 타고 출발하여 발해의 수도로 가는 노정이 기록되어 있다. 산동에서 배를 타고 출발하여 麻田島, 古寺島, 得物島를 지나 천여 리를 가면 압록강 당은포구에 이르고 다시 압록강 당은포구에서 배를 타고 630여 리를 가면 고구려의 도읍지 丸都縣城이 있다고 기록하고 있다. 즉 압록강 당은포구에서 발해의 수도로 가는 노정 중 환도현성이 있다고 기록하고 있다. 상당수 연구자들은 『신당서』 등에 나오는 압록강을 현재의 압록강으로 인식하고 당은포구를 현재의 압록강 포구로 생각하여 이 강 유역을 거슬러 올라가면 환도성이 위치하고 있다고 주장한다. 해수면도 고려하지 않고 현재의 압록강 하류 단동에서 그 거리를 대략 추산하여 630리 지점에 환도성이 있고 『신당서』 지리지의 기록대로 계속 상류로 올라가다가 장백산맥을 넘어 발해의 수도로 갔다고 생각한다. 결국 길림성 집안이 국내성으로, 그 뒷산의 산성이 38년 동안 고구려의 도읍지 환도성이라고 주장하고 있다. 수·당 시대 압록강을 현재의 압록강이라고 이해한 데서 시작된 오류였다.

환도성의 위치를 찾기 위해 환도성과 관련된 여러 기록을 종합해 보면

환도성은 산성이 될 수 없다. 환도성은 환도산 아래 있어야 하고 비류수
가에 위치하고 있어야 한다. 그리고 환도성은 환도현성이라고 기록된 것
을 보면 환도성은 산성이 아니라 현성이 되어야 한다. 행정단위 '縣'을 산
위에 설치하지는 않는다는 점에서 고구려 도읍지 환도성이 산 위에 축조
되는 산성이 될 수 없다는 것은 더욱 명확해 보인다. 이와 관련해 2011년
에 작고한 중국의 고구려 전공 역사학자 劉子敏도 1996년에 출판된 그의
저서 『高句麗歷史硏究』를 통해서 현재의 산성자산성은 환도산성이 될 수
없다고 주장한 바 있다.[2]

『신당서』에 나오는 압록의 기점을 현재의 압록강으로 이해하고 환도성을
산성으로 이해함으로써 유리왕대에 천도한 국내성은 길림성 집안이 되고
그 뒷산이 환도성이 되어 산 위의 산성자산성이 38여 년간 고구려 도읍지
라는 역사서술이 형성되었고 지금까지 진실처럼 자리잡고 있다. 이러한 오
류는 모두 『신당서』 지리지의 기록에 나오는 압록강 당은포구의 위치를 현
재의 압록강으로 잘못 비정한 것에 가장 큰 원인이 있다.

이러한 역사적 오류를 바로잡기 위해 본고에서는 다양한 1차 사료를 이
용하여 수·당 시대의 압록수가 현재의 압록강이 아니라 遼河이며 압록강
당은포구도 요하 입구가 되어야 함을 사료를 통해 고증할 것이다. 이러한
고증을 통하여 환도성은 현재의 요하 입구 당은포구에서 630리 지점에 있
어야 한다는 것을 밝혀 보고자 하였다. 또한 이를 통해 고구려는 항상 요하
유역으로 진출하려는 목적이 있었고 이러한 이유로 장수왕 시기 한반도가
아니라 요하유역과 연결된 평양성 곧 요양으로 진출하려 하였다는 이론의
합리성도 찾아볼 것이다.

---

2) 劉子敏, 『高句麗歷史硏究』, 延邊大學出版社, 1996, p.189.

현재 중국은 역사를 정치적으로 이용하면서 자국의 정치적 입장에 맞게 역사를 만들어 가고 있다. 일본 역시 근대에 제국주의적 팽창을 위해 한반도와 만주를 침략하면서 '滿鮮史觀'에 기초해서 한국의 역사를 한반도로 축소하는『朝鮮史』를 편찬했다. 그러나『조선사』에도 고구려의 수도 졸본, 국내성, 안시성, 동황성, 평양성, 장안성 등은 모두 고구려의 도읍지로 기록되어 있다. 조선시대 소중화 의식을 가진 일부의 성리학자들이 수많은 요동의 지명을 한반도로 비정하였지만 역시 고구려 8개 도읍지는 조선 후기까지 여러 사료에 기록되어 있다. 그럼에도 우리의 역사서술은 졸본, 국내성과 그 위성으로서의 환도성, 평양성 이 3곳만이 고구려 천도로 강조되고 있고 그 위치도 잘못 고증하고 있다. 이러한 관점에서 고구려의 천도와 도읍지 위치는 새롭게 연구되어야 한다. 고구려의 천도와 그 도읍지를 연구하는 것은 왜곡된 고구려사를 새롭게 세우는 첫걸음이 될 것이다.

고구려 왕도에 대한 역사지리적 위치가 잘못되면서 고구려사가 많이 왜곡되었다. 고구려사의 왜곡은 발해사, 고려사와 연결되면서 역시 많은 부분에서 오류를 범할 수밖에 없다. 한국사와 만주사를 연결시키는 큰 연결고리 중의 하나가 고구려사임에도 불구하고 실상은 고구려의 수도, 국경 등 역사 지리적인 문제들이 정확하게 연구되지 못하여 이후 고구려를 계승한 국가들의 역사를 잘못 이해하는 한편 만주지역·한국 관계사의 중요성이 우리 역사에서 축소 왜곡되어 있다.

우리 한국사에서 강한 생명력을 가지고 있는 나라 중의 하나가 高句麗이다. 고구려는 시기에 따라 高句麗 또는 高麗라는 이름으로 나타나기도 한다. '고구려'와 '고려'는 같은 명칭이다. 태조 왕건이 국명을 고려라고 한 것도 고구려를 계승했기 때문이다. 왕건의 고려가 고구려의 정통성을 계승했다는 기록은 중국 사서 여러 곳에 기록되어 있다. 그리고 현재 우리나라의 코리아(Korea, 고려)도 곧 고구려, 고려라는 의미와 상통한다. 고구려→고려→코리아(대한민국)는 하나의 맥을 형성한다. 당연히 고구려는 역사를 거슬러 올라가면 단군조선, 부여와 연결될 수밖에 없으며 그 중심지도 요하유역을 포함하는 넓은 만주 벌판이 될 수밖에 없다. 고조선을 이어받은 고구려의 중심지가 만주였다면 고조선의 중심지 역시 요하를 포함하는 광활한 만주벌판이 되어야 할 것이다.[3]

현재 고구려 천도, 수도, 국경 등 고구려의 역사지리를 연구하는 전문연구자가 부족하다. 고구려의 요동 벌판을 가로지르는 만주의 젖줄 遼河 곧 고대의 압록수와 고구려와의 관계를 역사적으로 연구한 연구성과도 거의 없다. 요하는 만주지역의 거대하고 중요한 강이다. 송나라 주희가 천하 3대 강을 황하, 장강, 압록이라고 하였다. 주희가 언급한 압록은 사료를 분석해 보면 바로 만주의 젖줄 요하이다. 주희는 천하의 3대하 중 하나인 압록강은 요동과 요서를 구분하는 강이라고 설명함으로써 요하임을 분명하게 인식하고 있었다.

요하는 동요하와 서요하로 구성되며 서요하 지역은 요나라가, 동요하 지역은 금나라가 흥기하면서 송나라를 위협한 대제국이 발흥한 지역이 바로 고대의 압록 곧 요하이다. 주희는 압록은 고대 여진족이 모여사는 곳이라고 하였다.

고대의 압록 곧 요하는 고대부터 수운이 발전한 지역이기도 하다. 근대 만주 철도가 건설되기 이전 營口부터 서요하 유역의 雙遼市까지 수많은 배가 운항하며 요동을 상업적으로 부유하게 만든 강이 바로 요하이다. 상황

---

3) 고조선의 중심지는 다양한 견해가 있다. 요서설, 요동설, 평양설 등으로 크게 나눌 수 있다. 이외에도 대고조선론과 한반도라는 소고조선론의 쟁점으로 크게보는 견해는 김상태의 『엉터리사학자, 가짜 고대사』(책보세, 2014), 『고조선 논쟁과 한국민주주의』(글로벌콘텐츠, 2017), 『고조선과 21세기』(글로벌 콘텐츠, 2021) 등을 참조 바람.

이 이러함에도 역사지리적인 연구가 부족한 결과 고구려와 요하와의 관계를 연구한 성과는 거의 없다. 고구려 도읍지와 지명에 대해 정설이 없고 수많은 학설이 난무하고 있다. 그런 의미에서 고구려 천도와 도읍지 문제도 앞으로 치밀하게 연구되어야 할 부분이다. 고구려 천도 횟수와 도읍지 위치는 고구려를 이해하는 가장 기본적이고 중요한 연구 주제임에도 불구하고 중국과 일본이 연구한 것을 그대로 답습한 경우가 비일비재하다. 그렇다 보니 수많은 사료 속에 7차 천도와 그 도읍지 위치가 기록되어 있음에도 밝혀내지 못하고 있다.

이러한 문제의식에 기초하여 본 연구는 우선 사서를 통해 졸본부여를 포함하여 고구려 도읍지가 8곳이 되어야 함을 주장한다. 『삼국사기』를 통해 졸본(추모왕)-국내성(유리왕)-환도(산상왕)-평양(동천왕)-환도- 황성(고국원왕)-평양성(장수왕)-장안성(평원왕)을 살펴보았다.[4] 이후 『동국통감』 등 조선 후기에 이르기까지의 다양한 사료를 통해 졸본부여 이후 고구려의 천도가 7차례, 도읍지가 7곳이라는 것을 추적하였다. 그리고 이러한 고구려 도읍지 문제를 통해 고구려의 도읍지가 원초적으로 재구성되어야 하고 본고에서 고찰하려고 하는 환도성 역시 요하유역에 있어야 함을 밝혀보고자 하였다.

본 연구의 방향대로 환도성의 위치가 요하유역이라는 것이 설득력이 있다면 초기 고구려의 중심지가 요하유역이라는 점, 장수왕이 천도한 평양성(요양) 이외에 동천왕 시기 또 하나의 고구려 수도 평양을 찾아야 한다는 점, 장수왕 이전 수도였던 국내성 집안이 국내성이 아니라 평양 동쪽 황성이 되어야 한다는 점, 안동도호부의 초설지가 북한이 아니라 요동 평양성

---

4) 고국원왕 13년의 도읍지는 '평양 동황성'으로 기록되어 도읍지를 '동황성'이라고 하지만 평양 동쪽 '황성'이라는 해석도 가능하다. 여기서는 '황성'으로 통일한다.

이나 장안성에 있어야 한다는 점 등 기존의 이론을 수정하면서 수많은 사실을 재구성하는 시발점이 될 수 있을 것이다.

Ⅱ. 일반 역사서에 기록된 丸都城 서술의 문제점

1. 중국의 일반 역사서에 등장하는 고구려 수도와 환도성 위치

중국은 2003년 이후 고구려 관련 서적들을 대량 출판했다. 대표적인 연구서 몇 권을 적어보면 다음과 같다. 朴灿奎의 高句麗史研究(흑룡강조선민족출판사, 2003), 李國强·李宗勛의 『高句麗史 新研究』(연변대학출판사, 2006), 馬大正 외의 『古代中國高句麗歷史論叢』(흑룡강교육출판사), 李春祥의 『高句麗與東北疆域研究』(길림문사출판사, 2006), 朴文一 외의 『高句麗歷史問題研究文集』(연변대학출판사, 2005), 楊軍의 『高句麗民族與國家的形成和演變』(중국사회과학출판사, 2006), 姜維東 외의 『唐征高句麗史』(길림인민출판사, 2006) 등을 언급할 수 있다. 이러한 저서들은 기본적으로 고구려의 중심지였던 국내성 곧 집안에 초점을 맞추거나 고구려의 평양성 곧 북한 평양에 중점을 두고 고구려의 역사를 서술하였다. 따라서 전체적으로 고구려의 수도가 졸본부여-국내성-평양성이라는 도식하에 고구려 역사서술을 하는 셈이다. 1996년 유자민 교수가 언급한 환도성의 위치가 현재의 산성자산성이 아니라는 견해는 2003년 이후의 연구성과에 반영되어 있지 않다.

이들 저서 중 예외적으로 박문일의 『고구려역사문제연구문집』은 우리가 관심을 두지 않았던 환도성에서 천도한 평양성과 평양 동쪽 황성에 대해 새로운 견해를 주장하였다. 환도에서 천도한 평양성의 경우 輯安 良民 지역의 고구려 고성으로 추정하고 있으며 평양 동쪽 황성은 지금의 吉林省

臨江市 六道溝鎭 樺皮甸子 지역으로 추정하고 있다. 이처럼 중국이 환도성과 황성의 위치를 새롭게 연구하였지만 이들 중국 연구성과들의 공통점은 여전히 환도성의 위치와 관련하여 기존의 학설대로 집안의 산성자산성을 환도성으로 보고 있다는 공통점이 있다. 우선 중국 역사서들이 환도성을 비롯한 고구려 수도와 관련된 사실을 어떻게 기록하고 있는지 살펴볼 필요가 있다.

李治亭이 주편한 『東北通史』(中州古籍出版社, 2003)에 나타나는 고구려 수도와 관련된 기록을 살펴보자. 먼저 2장 〈진한 시기의 동북〉 편 중 〈고구려의 흥기〉 편에서 다음과 같이 초기 고구려의 수도와 그 위치에 대해 기록하고 있다.

"고구려는 혼강과 부이강 유역에서 발흥하였는데 최초의 동북이 중 하나인 高夷의 거주지역이었다. … 공영달은 주소에서 高夷는 東北夷 高句麗라고 하였다. 즉 고이는 고구려의 전신이다. … 한 무제 시기 혼강과 부이강 유역에 고구려현을 설치하고 현도군에 속하게 했다. … 주몽이 국가를 세우기 전에 이미 지금의 요녕 신빈 부근에 고구려라는 지명이 있었고 이 땅에 거주하는 맥인이 고구려라는 점은 분명해 보인다. 주몽은 그 당시 부여에서 남쪽으로 도망해 현지의 맥인들과 결합해 졸본부여를 세웠다. … 고구려는 졸본부여의 뒤를 이어서 동북 지역에 건립된 또 하나의 지방민족정권이었다. … 졸본천은 지금의 혼강과 부이강이 합류하는 지대로 지금의 환인 일대이다. 고고학적 발굴 자료에 따르면 혼강 중류와 부이강 하류에서 3,750좌의 고구려 초기 고묘가 발견되었는데 고고학자들은 여기가 초기 고구려 족이 장기간 거주했던 중심지역 중 하나로 보고 있다. … 주몽이 비류수의 흘승골성에 도읍을 세웠는데 흘승골성은 지금의 요녕성 환인현 경내의 오녀산성이다.

주몽이 죽은 후 아들 유리가 뒤를 이어 유리왕이 되었다. 당시 고구려는 양쪽 방면의 위협을 받고 있었다. 한쪽은 선비족이, 다른 한쪽은 부여가 강대하여 거듭 고구려가 신복하도록 위협하고 있었다. …한 평제 원시 3년(기원후 3) 고구려는 흘승골성을 버리고 도성을 국내성으로 옮기고 아울러 衛城으로 위나암성 즉 환도성의 수축을 결정하였다. 국내성은 지금의 길림성 집안현의 고성이다.

2세기 후 한 헌제 건안 14년(209) 고구려 산상왕 때 왕의 형인 발기가 왕위 쟁탈 투쟁에서 패배한 후 무리를 이끌고 공손탁의 할거정권에 몸을 의탁하고 병력을 이끌고 산상왕을 공격할 것을 요청하였다. 산상왕은 결국 환도성으로 들어가 머물면서 굳게 지키기로 하였다. 환도성은 원래 국내성의 위성으로 산 위에 세워져 지키기가 쉽고 공격하기 어려웠다. 이때부터 고구려는 지금의 집안을 중심으로 400여 년 동안 주변으로 영토를 개척해 갔다.

삼국지 동이전에서 말하기를 "고구려는 요동의 동쪽 천여 리에 있는데 남으로는 조선, 예맥, 동으로는 옥저, 북으로는 부여와 인접하였다. 환도성 아래에 도읍하고 사방 2천 리 정도에 호 3만이다. … 고구려 환도성은 지금의 길림성 집안현이다. … 이를 근거로 한대의 고구려 강역은 남으로 청천강, 북으로 혼강 상류, 동으로는 창해, 서쪽은 요녕 신빈에 이르고 있음을 알 수 있다.

이러한 중국 역사서의 고구려 내용을 정리하면 다음과 같다. ① 동명왕이 졸본천에 졸본부여를 세웠는데 졸본천은 지금의 혼강과 부이강에 합류하는 지대로 지금의 환인 일대이다. ② 이것을 뒷받침하는 고고학적 증거로 혼강 중류와 부이강 하류에서 3,750좌의 고구려 초기 고묘를 언급할 수 있다. ③ 주몽이 비류수의 흘승골성에 도읍을 세웠는데 흘승골성은 지금의 요녕성 환인현 경내의 오녀산성이다. ④ 주몽이 죽은 후 아들 유리가 뒤를 이어 유리왕이 되었는데, 한 평제 원시 3년(기원후 3) 고구려는 흘승골성을 버리고 도성을 국내성으로 옮기고 아울러 衛城으로 위나암성 즉 환도성의 수축을 결정하였다. ⑤ 국내성은 지금의 길림성 집안현의 고성이며 환도성은 국내성 뒤에 있는 환도산에 축조한 성이다. 위의 내용에서 위나암성이 국내성의 위성이라는 근거는 『삼국사기』 고구려본기 유리왕 22년 겨울 10월에 왕이 國內로 도읍을 옮기고 위나암성을 쌓았다는 기록에 근거한 것으로 보인다. 그러나 중요한 것은 환도성으로 추정하는 위나암성이 山城이라는 기록이 없다. 그냥 위나암성이라고 기록되어 있을 뿐이다. 위나암성은 산성이 아닐 확률이 높다.

환도성은 훗날 冊丘儉의 공격을 받는다. 관구검의 공격에 대한 『東北通史』 〈3장 위진 남북조시기의 동북〉을 통해 중국의 서술 내용을 보면 다음과 같다.

후한 말부터 시작하여 오환과 공손씨가 연이어서 요동 땅을 점거했는데 고구려 세력은 약소하여 현도군 한쪽의 땅만을 차지했을 뿐 요동의 오환과 공손씨와 다툴 힘이 없었다. 공손강 때 고구려왕 백고는 일찍이 요동을 여러 차례 침범했다. 백고가 죽은 후 공손강은 기회를 타서 고구려를 정벌하여 그 나라를 격파하고 읍락을 불태우니 압박을 받은 고구려왕 이이모(역자: 산상왕)는 다시 새로운 국도를 환도 아래에 세웠다. … 한 헌제 건안 14년(209) 고구려 산상왕 때 공손탁이 산상왕을 공격하려고 하자 산상왕은 결국 환도성으로 들어가 머물면서 굳게 지키기로 하였다.

공손씨 정권이 몰락한 후 고구려는 점차 조위에 신속하던 기존의 태도를 바꾸어 조위의 동북 관할지역을 침범하는 것으로 전환하였다. 고구려 位宮(또는 位居, 동천왕)이 서안평을 침범하니 조위는 결국 관구검을 보내 고구려를 정벌하였다. 관구검의 고구려 정벌은 모두 두 차례였다. 正始 5년(244) 관구검은 보병과 기병 만여 명을 이끌고 몇 길로 나누어 고구려로 진격하였다. 고구려왕 위궁은 보병과 기병 2만여 명을 이끌고 위나라 군대를 비류수에서 맞이하였다. 쌍방이 梁口에서 크게 전투를 벌여 위궁이 잇달아 패배하였다. 관구검은 승세를 타고 환도성을 도륙하고 1천 명을 참수하였다. 관구검은 고구려인의 분묘를 훼손하지 못하도록 하고 수목을 베지 못하게 하였으며 아울러 포로로 잡은 처자를 모두 방환하도록 하였다. 위궁은 여기서 겨우 처자와 함께 도주할 수 있었다. 관구검은 군대를 이끌고 개선하였다.

정시 6년(245) 관구검은 다시 군대를 이끌고 고구려를 정벌하였다. 위나라 군대는 남북 양로로 군대를 나누었는데 북로는 현도태수 王頎가, 남로는 낙랑태수 劉茂와 대방태수 弓遵이 담당하였다. 위궁이 남옥저로 도망하자 왕기가 추격하여 옥저의 읍락을 함락하고 참수하거나 포로로 잡은 사람이 2천여 급이었다. 남로의 유무와 궁준은 고구려에 의부해 있던 동예를 토벌하였는데 동예의 불내후(不耐侯)는 위나라 군대가 두려워 읍을 들어 항복하였다. … 관구검은 돌을 깎아 공적을 기록하여 환도산에 새겼는데 '不耐城'이라고 글자를 새겼다. …

위의 내용을 정리해 보면 ① 산상왕은 새로운 국도를 환도성에 세웠으며, ② 산상왕의 아우로 알려진 位宮(또는 位居)이 서안평을 침범하자 조위는 결국 관구검을 보내 고구려를 정벌하였으며, ③ 고구려왕 위궁은 보병과 기병 2만여 명을 이끌고 위나라 군대를 비류수에서 맞이하였으나 위궁이 패배하였고, ④ 정시 6년(245) 관구검은 다시 군대를 이끌고 고구려를 정벌하고, ⑤ 관구검은 돌을 깎아 공적을 기록하여 환도산에 새겼는데 '不耐城'이라고 글자를 새겼다는 것으로 이해할 수 있다. 즉 이러한 내용을 보면 비류수 부근에 있는 환도성과 환도산을 구분하고 있음을 알 수 있다. 이것은 환도성과 환도산의 위치가 다르며 환도산에 별도의 환도산성이 축조되었다는 의미로 이해할 수 있다.

이후 동천왕 21년(247) 왕은 환도성을 포기하고 평양성을 축성하여 백성과 사묘들을 평양으로 옮겼다.[5] 앞에서 살펴본 바와 같이 평양으로 천도한 이유는 유주자사 관구검이 환도성을 파괴했기 때문이다. 이후의 기록을 살펴보면 고국원왕 4년(334) 평양을 증축하고 12년(342)에 환도성과 국내성을 수리한 후 환도성으로 다시 돌아왔다. 그러나 342년 11월 모용황이 다시 군사를 이끌고 환도성을 다시 공격하였다. 이때 미천왕의 묘를 파헤쳐 그 시신을 가져가고 수많은 보물과 남녀 5만여 명을 포로로 잡아갔다. 궁실과 환도성을 파괴하고 돌아갔다. 이처럼 환도성이 다시 파괴되자 343년 다시 평양 동쪽 황성으로 천도하였다. 이러한 이야기에 기초하여 고구려의 환도성을 중국은 다음과 같이 지도로 표시하고 있다.

---

5) 『삼국사기』권17 고구려본기5.

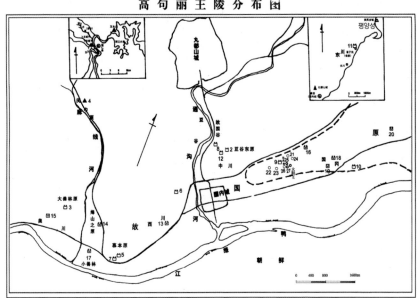

高 句 丽 王 陵 分 布 图

지도1 위 지도는 張福有외, 『高句麗王陵通考』(香港亞洲出版社, 2007) 참조.

위의 [지도 1]은 張福有의 『高句麗王陵通考』에서 참고한 지도이다. 위 지도는 현재 길림성 집안을 그린 것으로 아래쪽에 압록강이 흐르고 있으며 북쪽으로 국내성과 환도산성 그리고 고구려의 왕릉들의 위치가 여러 곳에 표시되어 있다. 지도에 환도산성이라고 표시된 지역은 산 위에 축조된 山城子山城이라고도 부른다. 산성자산성이 중국 일반 역사서술에서 언급하는 환도성이다. 곧 환도성=환도산성=산성자산성이라고 주장한다. 일반적으로 환도성을 산성으로 인식하여 산성자산성이 산성이기 때문에 환도성이라고 하고 있다.

그리고 지도 우측 네모 상자 안을 보면 환도산성 옆으로 흐르는 강을 東川으로 표시하고 그 위쪽이 동천왕 21년(247)에 천도한 평양이라고 표시하고 있다. 동천왕 21년(247)에 천도한 평양도 환도산성 부근에 있다는 이야기다. 지도에서 동천왕이 옮긴 평양의 행정구역상 지명은 集安良民高句麗古城이다.

앞에서 잠시 언급했듯이 중국은 고국원왕 13년(343)에 천도한 평양 동쪽 黃城은 길림시 臨江市 六道溝鎭 樺皮甸子 지역으로 보고 있다. 이러한 최근의 중국의 견해들은 기존의 견해와 조금 다르긴 하지만 고구려의 중심지를 압록강과 혼하 유역으로 본다는 점에서는 공통점이 있다고 하겠다. 이처럼 동천왕대의 평양과 고국원왕대의 황성(또는 동황성)의 위치를 언급한 대표적인 연구성과로는 曆聲 등이 주편한 『高句麗歷史問題研究論文集』(연변대학출판사, 2005)을 언급할 수 있다.

중국의 고구려 도읍사에 관한 서술을 간단하게 요약하면 주몽부터 장수왕이 427년 평양성으로 천도하기 전까지의 중심지는 혼강 유역의 환인과 압록강 유역의 집안 일대라는 것을 알 수 있으며 이 시기 고구려의 중심지가 환인 서쪽 요양과 심양 방면으로 확장되지 않았다고 인식하고 있음을 알 수 있다. 그리고 이후 북한 평양으로 천도함으로써 만주의 중심 요양과 요동평원이 고구려의 중심지라는 인식이 결여되어 수많은 고구려의 성이 왜 압록강 유역에는 거의 없고 요하유역에 분포되어 있으며 수·당과 고구려의 대부분의 전투가 요택과 요하유역에서 발생하고 있는지에 대해 설명하지 못하고 있다.

그리고 중국의 기록들은 일반적으로 사료 속에 나타나는 '국내 환도성'과 '국내(國內)로 도읍을 옮기고 위나암성을 쌓았다'는 기록에 근거하여 환도성 곧 위나암성을 국내성의 위성으로 보고 국내성 부근 산 위에 세워진 산성자산성을 환도성으로 주장하고 있다는 것을 알 수 있다. 이것은 환도성이 38년간 고구려의 도읍지였다는 사실을 중요시하지 않고 환도성을 환도현성이라고 기록한 신당서의 기록을 소홀히 한 결과라고 할 수 있다. 이러한 역사지리에 대한 부정확한 정보는 결과적으로 즉 기원후 3년의 국내

성 천도부터 427년 장수왕이 평양성으로 천도하는 425년간 집안 국내성
과 환도산성 일대가 고구려의 정치 경제 문화의 중심지이고 요하유역은 고
구려의 변방처럼 서술하는 오류를 발생시켰다고 할 수 있다.[6]

2. 우리나라 역사서술서에 기록된 丸都城

그렇다면 한국의 일반 역사서는 환도성에 관해 어떻게 서술하고 있을까.
동북아 역사왜곡에 대응하기 위해 설립된 동북아역사재단의 『고구려 역사
유적의 어제와 오늘』(2009)을 표본으로 하여 고구려 수도와 환도성과 관련
된 내용을 살펴보면 다음과 같다.

> 고구려는 건국 이래 여러 차례 도성을 옮겼다. … 첫 번째 도성인
> 졸본은 혼강 유역의 환인 분지 일대로 비정된다. 이곳에는 비옥한
> 충적평야가 널리 펼쳐져 있을 뿐만 아니라 선진문물의 주요 창구
> 인 제2현도군과도 가까웠다. … 혼강을 따라 조밀하게 분포된 초
> 기 지석묘는 이를 잘 보여준다. 졸본의 구체적인 위치에 대해서는
> 오녀산성, 하고성자고성, 나합성 등 의견이 분분하다. … 광개토대
> 왕비문에서는 "홀본 서쪽 산 위에 성곽을 쌓고 도읍을 세웠다"라
> 고 했다. 양자를 생각해 보면 산 위의 성곽은 오녀산성, 홀본은 그
> 동쪽 환인댐 수몰지구로 비정할 수 있다.
> 두 번째 도성은 국내성이다. 그런데 『삼국사기』에는 유리왕대에
> 국내성으로 천도하여 위나암성을 군사 방어선으로 삼았다가 산상
> 왕대에 환도성을 축조했다고 나오는 반면 『삼국지』에는 산상왕대
> 에 새 도성을 건설했다고 전한다. 이에 우리나라나 중국 학자들은

---

6) 集安縣文物保管所, 「集安高句麗國內城池的調查與試掘」, 『文物』(1984년 제1기).

산상왕 이전의 고구려왕계를 불신하며 국내성과 환도성 같은 성
곽에 대한 이칭에 불과하다고 본다. … 산상왕이 축조한 성곽은 국
내 도성 전체가 아니라 새로운 군사 방어성인 환도성만을 가리킨
다. 산상왕대 천도설은 성립하기 어려운 것이다. … 국내 천도 초기
도성의 구체적인 위치는 정확히 파악하기 어렵다. 다만 늦어도 3
세기 중반에는 현재의 집안 국내성지와 산성자산성(환도산성)으로
이루어진 도성 체계를 확립한 것으로 보인다. 그리고 이 무렵 도성
의 인구가 급격히 증가했다. 이에 따라 거주지역이 국내성 외곽으
로 확장되고 고분 조영도 급격히 늘어났다. 대규모 인구를 가진 도
시로 발전한 것인데 국내성지 외곽의 건물지나 통구 분지에 산재
한 무수한 지석묘가 이를 잘 보여준다. … 고구려는 5세기 초반 만
주와 한반도에 광대한 영역을 확보했다. 그런데 국내성은 광활한
판도를 경영하기에는 공간이 협소하고 교통도 불편했다. … 이에
고구려는 대제국을 원활하게 운영하고 북위의 침공에 대비하기 위
해 북한 평양으로 도성을 옮겼다. … 6세기 중반 나제연합군의 북
상과 북제의 압력 등 군사적 긴장이 고조되자 고구려는 552년부터
장안성(현재의 평양성)을 건설해 586년 도성을 옮겼다.[7]

이와 더불어 국내 지역이 당시 고구려가 배후지역을 건설하려던
동해안 방면과 가깝고 압록강 중상류 지역을 아우르는 수로망의
중심지라는 점도 고려되었다. … 427년 평양천도에 따라 국내성은
또 다시 커다란 변화를 겪는다. 고구려 전체를 총괄하는 정치, 경
제, 문화의 중심지라는 위상을 상실한 것이다. 그렇지만 평양천도
이후에도 국내성은 별도로서 도성인 평양성에 버금가는 번영을 누
렸다. 최근 발굴된 환도산성의 궁전터가 6세기에도 사용되었다는

---

7) 동북아역사재단, 『고구려 역사유적의 어제와 오늘』, (2009), 12~13쪽.

사실이나 5회분 등 왕릉급 초대형 벽화고분이 6~7세기에도 조영
된 사실은 이를 잘 보여준다.[8]

이러한 내용을 살펴볼 때 국내의 서술 역시 중국과 마찬가지로 산상왕대
환도성의 건설은 국내 도성 전체의 건설이 아니라 군사 방어선인 환도산성
(산성자산성)으로 이해하고 있음을 알 수 있다. 즉 산상왕의 환도성 건설은
새로운 군사 방어선으로 그리고 압록강 중류 집안을 국내성으로 보고 압
록강과의 관련 속에서 압록강 중요 전체를 아우르는 수로망의 중심지로 서
술하여 압록강을 수로의 기능이 왕성한 것으로 서술하고 있다. 그러나 여
진과 접경하고 있어서 압록강에 관련된 가장 많은 기록을 가지고 있는『조
선왕조실록』을 검색해 보면 현재의 압록강은 배가 상업적이고 군사적으로
상하류로 운항한 기록을 찾아볼 수 없다. 현재의 압록강은 강폭도 좁고 인
구도 없고 부두도 없으며 배가 자유롭게 상하 운항할 수도 없는 강이다. 그
럼에도 중국과 한국의 연구성과들은 현재의 압록강이 요하와 비슷한 수준
으로 수운이나 항해가 가능한 강으로 서술하면서 고대 사료에 나오는 압
록을 현재의 압록강으로 인식하는 오류를 범하고 있음을 알 수 있다.[9]

그렇다면 우리나라 1차 사료에도 중국이나 한국의 연구성과처럼 고구려의
도읍지가 졸본-국내성(환도성)-평양성과 장안성을 중심으로 기록되어 있을까.

---

8) 동북아역사재단, 위의 책, 62쪽.
9) 1930년대에 편찬된『奉天通志』등을 분석하여 현재의 압록강과 요하를 비교하여 수·당 시
대의 압록강은 현재의 요하가 될 수밖에 없음을 밝힌 논문으로는 남의현의「〈봉천통지〉에 나
타나는 압록강과 요하의 특징 고찰」,『명청사연구』46, 2016 참조.

Ⅲ. 우리나라 사료에 기록된 丸都城

우선 『三國史記』를 통해 고구려 도읍지 관련 기록을 요약해 보면 다음과 같다.

추모왕 1년에 졸본(기원전 37)에 도읍, 유리왕 22년(기원후 3) 국내 성으로 천도, 산상왕 13년(기원후 209)에 환도로 천도, 동천왕 21 년(기원후 247) 평양으로 천도, 고국원왕 12년(기원후 342) 8월 환 도성으로 천도, 고국원왕 13년(기원후 343) 7월 평양 동쪽 황성으 로 천도, 장수왕 15년(기원후 427)에 평양성, 평원왕 28년(기원후 586) 장안성이다.

이 『三國史記』 기록을 토대로 본다면 환도성은 기원후 209년부터 247년 평양으로 천도하기까지의 기간 중 약 38여 년 동안 고구려의 수도였으며 다시 342년부터 343년 다시 환도성으로 잠시 온 것을 보면 환도성 역시 오랜 세월 수도가 되었음을 알 수 있다. 그렇다면 환도성을 산 위의 성으로 이해할 수는 없다. 산 위의 산성이 38년 동안 도읍지의 역할을 할 수는 없 기 때문이다. 환도성을 산성으로 이해하는 것은 옳지 않다.[10]

『삼국사기』 고구려본기 등의 환도성과 관련된 기록을 정리해 보면 다음

---

10) 국사편찬위원회에서 간행한 『중국정사 조선전』 역주본 중 『수서』 동이열전 고구려조 각주 에는 '국내성과 환도성에 관해서 상반되는 두가지 說이 있다. 그 하나는 이를 각기 다른 都城 으로 보는 說로 鳥居龍藏은 國內城을 兀剌山城, 丸都城을 山城子에 비정하였고(「丸都城及び國內 城の位置に就きて」p.49), 關野貞은 國內城을 輯安縣城, 丸都城을 楡樹林子溝에 비정하였다.(「國 內城及丸都城の位置」p.17). 다른 하나는 이 두 城이 通溝 山城子山城에 있었다는 즉, 同一地域에 붙여진 異稱이라는 說로, 白鳥庫吉(「丸都城及國內城考」pp.355~370), 池內宏(「曹魏の東方經略」, pp.251~293), 三品彰英(「高句麗王都考」, pp.34~36) 등의 주장이 대표적이다'라고 하여 이전부 터 다양한 쟁점이 있었음이 확인된다. 이를 통해 보면 근대 일본인들도 환인과 집안 일대에서 국내성과 환인의 위치를 찾고 있으며, 7차 천도를 언급하지 않고 있음을 알 수 있다.

과 같다.

> 산상왕 2년(A.D.198, 한나라 獻帝 9년)에 환도성을 쌓았다. 13
> 년(A.D.209) 10월에 왕이 도읍을 환도로 옮겼다. 동천왕 20년
> (A.D.246)에 위나라 유주자사(幽州刺史) 관구검이 환도성을 공격
> 해 함락하고 도륙하였다. 21년(A.D.247)에 평양성으로 도읍을 옮
> 겼다. 고국원왕 12년(342) 봄에 환도성을 수리하고 또 국내성을 쌓
> 았다. 8월에 환도성으로 옮겨 거처하였다. 11월에 연왕(燕王) 모용
> 황이 침략하여 궁실(宮室)을 불태우고 환도성을 무너뜨렸다. 13년
> (A.D.343) 7월에 평양의 동쪽 황성(黃城)으로 옮겨 거처하였다.[11]

고구려본기 산상왕
2년 2월 환도성을 쌓다.

고구려본기 산상왕
13년(209) 겨울 10월에 왕이 환도로 도읍을 옮겼다.
고구려본기 양원왕

---

11) 국사편찬위원회 한국사데이터베이스『삼국사기』각주에는 환도라는 지명에 대해 "환도
성은 산상왕 2년(198)에 축조하기 시작하여 같은 왕 11년(209)부터 왕성으로 삼았다고 한다.
환도와 환도성이 가리키는 구체적인 대상이 다를 수 있는 것이다. 가령 환도가 당시 도성이
나 어떤 지역 전체를 지칭하는 지명이라면, 환도성은 특정 성곽을 지칭한다고 볼 수 있다. 환
도성의 위치에 대해서는 종래 다양한 견해가 제기되었지만 고고 조사를 통해 지안[集安] 산성
자산성(山城子山城)임이 확인되었으므로, 이 기사의 '환도'는 산성자산성이 위치한 지안분지
[集安盆地] 일대를 가리키는 지명으로 볼 수 있다"라고 설명하여 산성이 아니라 일반적인 평지
의 환도성임을 설명하기도 한다. 그럼에도 불구하고 산성자산성을 환도산성으로 보고 이 성
이 38년간 도읍지 역할을 하고 있다는 오류를 범하고 있다. 환도산성과 환도성을 구분하고
집안분지 일대가 환도성이라면 환도성의 유물이 나와야 정상이다. 38년간 도읍지에 성벽없이
산성에 의지해서 고대의 국가를 운영하는 국가는 없다. 결국 이러한 오류의 뿌리에는『신당
서』지리지의 압록강 당은포구를 현재의 압록강 입구로 해석함으로써 어쩔 수 없이 대략 적절
한 거리를 계산하여 산성자산성을 환도산성으로 이해한 것으로 파악된다. 집안의 국내성 위
치도 마찬가지이다.

548년 9월 가을 9월에 환도에서 열매가 많이 달린 큰 벼 이삭을 바쳤다.

고구려본기 양원왕
557년 10월 겨울 10월에 환도성의 간주리(干朱理)가 반역했다가 죽임을 당하였다.

열전 밀우(密友)·유유(紐由)
동천왕(東川王) 20년(246) 위(魏)나라 유주자사(幽州刺史) 관구검(毌丘儉)이 군대를 이끌고 침공해 와 환도성(丸都城)을 함락시켰다.

『삼국사기』 역시 산이 아니라 환도로 도읍을 옮겼다고 하였고, 이후 209년부터 247년까지 환도가 수도였다고 기록하고 있음을 알 수 있다. 548년 9월에 환도에서 열매가 많이 달린 큰 벼 이삭을 바쳤다는 기록도 환도가 일반적인 지역으로서의 환도이지 산성을 의미하지는 않는다. 산성 안에서 벼를 재배할 수는 없기 때문이다. 이러한 쟁점을 살펴보면 환도산성 곧 산성자산성이 38년간 고구려의 환도성이라는 견해는 재고되어야 한다.

『동사강목』제2상 경신의 환도성
고구려 산상왕 13년(A.D.209) 동 10월 고구려가 도읍을 환도(丸都)로 옮기었다. 환도성은 지세가 험하여 큰 산과 깊은 골짜기가 많았다. 이에 이르러 국내성(國內城)에서 도읍을 (환도성으로) 옮기었는데, 국내성에 도읍한 지 2백 7년 만에 옮긴 것이다.
고구려 고국원왕 12년(A.D.342) 춘 2월 고구려가 환도성과 국내성을 수축하고 추 8월에 도읍을 환도성으로 옮겼다. 평양에 도읍한

지 모두 96년 만에 천도하였다

다시 『동국통감』의 기록을 살펴보자. 『동국통감』은 서거정 등이 왕명을
받아 성종 16년(1485)에 완성한 관찬 사서이다. 단군조선으로부터 고려말
에 이르는 역사를 편년체 형식으로 서술한 방대한 역사서이다. 『동국통감』
의 편수에 착수한 것은 세조 4년(1458)으로 삼국사와 고려사를 합하여 편
년 사서를 만들고자 하여 중국의 『자치통감』 같은 통사를 편찬할 의도가
있었던 것으로 보인다. 그러나 세조가 1458년 『동국통감』의 편찬을 명하
였음에도 사업이 순탄하게 진행되지 못하고 편차와 사목을 둘러싸고 통일
된 의견을 보지 못하여 편찬이 계속 연기되었다. 그리고 예종 시기에 이르
러 다시 『동국통감』의 완성을 명하였다. 마침내 성종 7년(1476) 『삼국사절
요』라는 책으로 완성되었다. 지금의 『동국통감』은 성종 14년(1483)에 시작
하여 성종 16년(1485)에 완성된 본이다. 이미 완성된 『삼국사절요』, 『고려
사절요』 등을 대본으로 하여 정리 편찬한 것으로 보인다. 『동국통감』은 오
랜 세월 동안 공을 들여 편찬된 것으로 그 사료적 가치가 높다고 할 수 있
다. 이러한 『동국통감』을 살펴보면 시조 동명왕이 한 원제 건소 원년
(A.D.38)에 졸본부여에 터를 잡고 고구려라고 명하였고, 유리왕 계해 22(A.
D.3)에 국내성으로 천도, 다시 산상왕 13년 기축(A.D.209)에 환도로, 동천왕
21년 정묘(A.D.247)에 평양으로, 고국원왕 11년(신축A.D.341)에 다시 환도
로, 13년 계묘(A.D.343)에 다시 평양 동쪽 황성으로, 장수왕 정묘에 평양성
으로, 평원왕 시기에 장안성으로 천도했다고 기록하여 『삼국사기』의 기록
과 대체로 같다.[12] 고구려 천도 기사는 관찬사서 이외에도 여러 사찬 사료
집에도 나타나고 있다. 『燃藜室記述』의 고구려조의 천도 기사를 살펴보자.

12) 『동국통감』卷8, 右高句麗.

고구려(高句麗)

시조 동명왕(東明王)이 갑신년(B.C.37)에 처음으로 졸본(卒本)에 도읍했고 모두 39년 동안 도읍했다. 유리왕(琉璃王) 22년 계해(A.D.3)에 도읍을 국내(國內)로 옮겨 위나암성(尉那巖城)을 쌓았다. 모두 2백 6년 동안 도읍했다. … 산상왕(山上王) 2년 무인(198)에 환도성(丸都城)을 쌓았으며, 13년(A.D.209) 기축에 환도성으로 도읍을 옮겼다. 모두 38년 동안 도읍했다. 동천왕(東川王) 21년 정묘(A.D.247)에 평양(平壤)으로 도읍을 옮겼고, 모두 95년 동안 도읍했다. 고국원왕(故國原王) 15년(345)에 다시 환도로 돌아갔으며, 13년 계묘에 동쪽 황성(黃城)으로 도읍을 옮겼는데, 강성(綱城)이라고도 한다. 모두 84년 동안 도읍하였다. … 장수왕(長壽王) 15년 정묘(A.D.427)에 다시 평양성으로 옮겼다가 모두 1백 59년 동안 도읍하였다. 평원왕(平原王) 28년 병오(A.D.586)에 장안성(長安城)으로 도읍을 옮겼다. 모두 83년 동안 도읍하였다. … 보장왕(寶藏王) 무진년(668)에 망하니, 28왕 7백 5년이다.[13]

위의 『동사강목』과 『동국통감』의 내용을 종합해 보면 국내성에서 206년 도읍지를 유지하다가 환도로 옮겨왔으며 환도가 38년 동안 새로운 고구려의 수도가 되었다는 것으로 정리할 수 있겠다. 그리고 환도에서 평양으로 옮겨 95년 동안 국가의 수도가 되었으며 잠시 환도로 다시 돌아갔다가 황성으로 천도하여 84년 동안 도읍지가 되었고 다시 장수왕이 평양성으로 천도하여 159년 동안 고구려의 수도가 되었다는 이야기다. 그리고 마지막으로 장안성으로 옮겨 83년 동안 중심지가 되었다는 의미이다.

---

13) 『연려실기술』 별집 제19권 / 역대전고(歷代典故)

허목의 『眉叟記言』 권 48 속집을 통해 천도 기사를 살펴보자.

주몽이 졸본부여에 나라를 세웠고, 유리(留利)가 울나로 옮겼고, 10세에 이르러 위(魏)나라 관구검(毌丘儉)이 침공하여 환도(丸都)를 함락하자 우위거(憂位居 동천왕)가 달아나 남옥저(南沃沮)를 지키다가 이로 인하여 평양으로 도읍을 옮겼다. 진(晉)나라 때 왕 쇠(釗, 고국원왕)가 즉위하여 다시 환도로 옮겼다. 4세 뒤인 장수왕에 이르러 다시 평양으로 천도하고, 보장왕에 이르러 당나라에 멸망하였다.

無名子集 詩稿 册六 / [詩]에도 고구려 천도 기사가 다음과 같이 기록되어 있다.

瑠璃王, 遷尉那巖;山上王, 移丸都;東川王, 移平壤;故國原王, 又移丸都, 又移東黃城;長壽王, 又移平壤;平原王, 移長安城

이러한 우리나라 사료의 기록을 종합해 볼 때 졸본부여 이후 고구려는 유리왕, 산상왕, 동천왕, 고국원왕, 장수왕, 평원왕을 거치며 7번 천도한 것이 공통으로 기록된 것을 알 수 있다. 위의 기록에서 보듯이 본고의 연구대상이 되는 환도성 역시 산 위의 산성으로 단정할 수 없으며 도읍지로서 평지에 축조된 성이 되어야 함을 알 수 있다. 관구검이 환도산에 올라 비석을 세웠다면 그것은 환도성 주변에 환도산이 있었으며 그 산에는 산성이 있었다고 보는 것이 더 상식적이다. 환도산에 환도산성이 설치되었다는 기록을 다음 장에서 중국 사서를 중심으로 살펴보자.

Ⅳ. 중국 사료에 기록된 丸都城

『통전』에 기록된 환도성

"백고(伯固)가 죽을 때 두 아들이 있었으니 장자는 발기(拔奇)요 차자는 이이모(伊夷謨)였다. 발기가 불초함을 이유로 나라 사람들은 이이모를 왕으로 세웠다. … 건안(建安)[한 헌제(漢獻帝)의 연호] 연간에 발기는 형으로서 즉위하지 못한 것을 원망하여 소노가(消奴加)와 함께 각각 下戶 3만여 가구씩을 거느리고 요동(遼東) 공손강(公孫康)에게 나아가 항부(降附)하고 도로 비류수(沸流水)에 돌아와 머물렀다. 항호(降胡)들도 또한 이이모를 배반하자 이이모는 환도산(丸都山) 아래에 새로운 국도(國都)를 세웠고 발기는 드디어 요동으로 갔다.[14]

이 기록을 보면 환도성은 환도산 아래에 있으며 비류수 부근임을 알 수 있다.

'환도성'은 '환도'로 나타나기도 하고 환도산에 올라 수도를 도륙하였다고 기록되기도 하는 것을 보면 우리나라 서울의 경우처럼 환도성 주위는 환도산과 같은 산이 있을 수 있다. 왜냐하면 『통전』의 경우 유주자사 관구검이 현토를 정벌하고 비류수의 싸움에서 위궁을 패주시킨 이후 환도성으로 진격한다. 그리고 '환도산에 올라 수도를 도륙하고 포로로 잡은 1만여 명을 참수하였다', '환도산에 불내성이라고 이름을 세기고 돌아왔다'는 기록을 보면 환도산과 도읍지 환도는 매우 인접하고 있음을 알 수 있다.[15] 다

---

14) 『通典』卷第一百八十六 邊防二 東夷下 高句麗.
15) 『通典』卷第一百八十六 邊防二 東夷下 高句麗. '登丸都山, 屠其所都, 斬首虜萬餘級', '刊丸都山, 銘不耐城而還'

음의 기록에서도 그러한 사실을 추측할 수 있다.

『대청일통지』에 기록된 환도성

진(晉)나라 때 고구려가 험고함을 의지하여 성을 쌓고는 환도(丸都)라고 하였는데, 주위에는 큰 산과 깊은 골짜기가 많았다. 두우(杜佑)의『통전』을 보면, "한나라 건안(建安) 연간에 고구려 왕 이이모가 다시 나라를 세우고는 환도산 아래에 도읍하였다. 위(魏)나라 정시(正始) 7년(246)에 유주자사(幽州刺史) 관구검이 고구려가 자주 반란을 일으켜 침입한다는 이유로 제군(諸軍)을 독려하여 현도(玄菟)로 출병하여 토벌하였다. 고구려 왕 위궁(位宮)이 패해 달아나자 관구검이 이를 추격하여 정현(賾峴)에까지 이르러 온갖 신고를 겪으면서 환도성에 올라가 성을 도륙하였다. 그로부터 얼마 뒤에 고구려가 다시 이곳에 도읍하였다. 진나라 함강(咸康) 8년(342)에 고구려가 모용황(慕容皝)과 경계를 접하고 있었는데, 모용황이 고구려를 치려고 도모하였다. 고구려에서는 중병(重兵)으로 북쪽 길을 방비하고 있었는데, 모용황이 몰래 경병(勁兵) 4만 명을 거느리고 남쪽 길을 통해 불시에 침입하였다. 그러자 고구려 왕 고쇠(高釗)가 패주하여 드디어 환도로 들어가서 그 성을 무너뜨리고 크게 약탈한 다음에 돌아왔다." 하였다.『당서』지리지를 보면, "압록강 입구로부터 뱃길로 100여 리를 가서 다시 작은 배를 타고 강을 거슬러 올라가 동북쪽으로 가되 모두 520리를 가면 환도성에 이른다." 하였다.

이 기록을 보면 환도성은 환도산 아래에 있고 모용황이 환도로 들어가서 그 성을 무너뜨렸다고 하였으므로 환도성은 산성이 아님을 알 수 있고 압록강 입구에서 620리 지점에 환도성이 있다고 기록하고 있다. 620리 저점에 환도성이 있다는 기록은 『신당서』 지리지의 기록으로 여기에는 환도현성이라고 하였으므로 『대청일통지』의 '환도성'은 '환도현성'을 줄여 기록한 것으로 보아야 할 것이다.

중요한 사실은 『신당서』 지리지에 나오는 압록강을 현재의 압록강이라고 해석한 데서 환도성의 위치와 관련하여 혼란이 시작된다. 『신당서』 지리지의 압록강은 요하가 되어야 하고 이에 따라 환도성도 압록강 곧 요하 당은포구에서 620~630 지점에 있어야 한다는 내용은 다음 장에서 상세히 살펴보고자 한다.

환도성에 관한 기록을 계속 살펴보자.

『남사』 고구려전의 환도성

그 지방이 2천 리나 되는데 가운데에 요산(遼山)이 있어 요수(遼水)가 흘러나온다. 한(漢)·위(魏)의 시대에는 남쪽은 조선(朝鮮)·예(濊)·맥(貊)과 동쪽은 옥저(沃沮)와 북쪽은 부여와 접하였고 고구려 王都는 丸都山 아래에 있다.

『남사』의 기록 역시 고구려 왕도는 환도산 위가 아니라 환도산 아래에 있다고 기록하고 있고 환도성이 山城이 아님을 알 수 있다.

이러한 기록들을 다시 정리해 보면 다음과 같다. 우선 환도와 관련한 천도 기록을 살펴보면 환도성은 고구려 제10대 산상왕 2년(198) 2월에 이미 쌓기 시작하였고, 13년(209) 10월 환도에 천도하였다. 그리고 동천왕은 동천왕 20년(246) 8월에 위나라에서 幽州刺史 관구검을 보내 환도성을 쳐서 환도성에 다시 도읍할 수 없게 되었기 때문에 21년(247) 2월 환도성을 버리고 평양으로 천도하였다. 그리고 고국원왕 12년(342) 8월 다시 평양에서 환도성으로 다시 천도하였으나 모용정권의 침입으로 다시 환도성을 버리고 13년

(343) 7월 평양 동쪽 黃城으로 천도하였다. 고국원왕은 9년(339)에 前燕의 임금 慕容皝이 쳐들어오자 화맹을 청하고 이듬해인 10년에 모용황에게 세자를 보내 朝覲하였으며, 12년(342) 11월에 모용황이 직접 4만 명을 거느리고 쳐들어와 환도성을 헐어버리고 고국원왕의 생모와 아버지 미천왕의 시신을 파내어 싣고 가자, 이듬해인 13년 2월에 전연에 稱臣하였다. 이런 모용황의 환도성 공격이 평양 동쪽 황성으로의 천도 이유가 되었을 것이다.

그렇다면 이와 같이 환도성은 고구려의 38년 도읍지이고, 환도산 아래 건국된 도성이라는 다양한 기록들이 있는데 집안의 산성자산성이 환도성으로 기록되는 오류를 범하였을까? 그것은 위에서 언급한 바와 같이 환도성을 찾는 결정적인 사료가 『신당서』 지리지인데 이 지리지의 압록강을 지금의 압록강으로 해석하고 거리를 측정했기 때문이다. 『신당서』 지리지에 환도성은 압록강 당은포구에서 배를 타고 거슬러 올라가면서 630여 리 지점에 위치한다고 기록하고 있다. 이러한 『신당서』 지리지의 기록은 위에서 살펴보았듯이 청대 『대청일통지』 등에 이르기까지 다양한 사서들에 시대를 불문하고 반복적으로 기록되어 나타난다. 그렇다면 『신당서』 지리지에 나오는 압록강이 현재의 압록강이 아니라면 어느 강을 압록강으로 보아야만 할까. 『신당서』 지리지의 내용을 해석해 보고 압록과 관련된 사료를 추출해 보면 압록강의 특징을 알 수 있고 결국 오늘날의 요하임을 알 수 있을 것이다.

V. 『新唐書』 지리지의 압록강과 환도성

수·당과 고구려와의 전쟁에는 반드시 등장하는 강이 있다. 바로 鴨綠水이다.[16] 이 압록수는 요·금 시대가 되면 鴨淥江으로 표시되기도 한다. 수·당과 고구려와의 전쟁을 보면 이 압록수를 건너야 동쪽에 살수가 나오고 살수를 지나야 고구려 평양성이 나온다. 살수는 평양성 서쪽, 압록수 동쪽에 위치한다. 대부분 연구성과는 『수서』와 『당서』에 나오는 압록수를 현재의 압록강으로, 살수대첩의 살수를 청천강으로, 장수왕의 평양성을 북한 평양으로 인식하고 고구려 전쟁사를 기술하고 있다.[17] 결론적으로 말하면 수·당 시대의 압록, 평양을 역사지리적인 고증 없이 현재의 압록강과 평양에 대입하였기 때문에 오류를 범하고 있는 것이라고 할 수 있다. 현재의 평양과 압록강도 그 명칭의 역사가 700여 년이 되었기 때문에 1,500여 년전의 압록수나 평양성도 오늘날의 압록강과 평양이라고 인식할 수도 있다. 그러나 그것은 첫단추를 잘못 끼우는 치명적인 오류였다. 과연 수·당 시대의 압록강과 평양성은 오늘날의 압록강 평양과 같은 곳인가? 수·당~원대의 압록수와 압록강이 사서에 어떻게 기록이 되어 있는지 살펴보자.

> 女眞은 압록강에서 일어났다. 전하는 바에 따르면, 天下에는 三大水가 있다. 곧 黃河, 長江, 鴨綠이 그것이다.
>
> 『朱子語類』 卷86[18]

---

16) 수·당·요·금 시대의 압록수, 압록강이 요하라는 연구성과는 『압록과 고려의 북계』(주류성, 2017을 참조)

17) 장수왕의 평양성이 북한 평양이 아니라 요녕성 요양이라는 기록은 『원사』, 『대명일통지』 『표해록』 등 다양한 사료 속에 나타나고 있다. 이와 관련된 연구성과는 『고구려의 평양과 그 여운』(주류성, 2018을 참조)

18) 『주자어류』는 송대 주희가 생전에 강학하면서 제자들의 질문에 답한 어록 모음집으로 모

주자는 말하기를 천하에 오직 세 개의 큰 물이 있는데 가장 큰 것
으로 양자강, 황하 및 혼동강이다. 혼동강은 발원지를 알 수 없다.
그러나 오랑캐(금나라)의 옛 소굴이 바로 강에 임하여 동남으로 비
껴 흘러 바다로 들어간다. 그 하류가 遼海로 되고 遼東과 遼西는
이 강을 가지고 구분한다.[19]

『朱子語類』卷79

천하에는 三水가 있는데, 가장 큰 강에는 혼동강이 있다. 혼동강은
그 발원지를 알지 못하며, 금나라의 옛 수도가 이 강 유역에 있었
고, 강이 비스듬히 동남으로 흘러 바다로 들어간다. 그 아래는 遼
海가 되며, 遼東과 遼西를 이 강으로써 구분한다.[20]

『朱子五經語類』卷4書22

『新唐書』에 馬訾水는 靺鞨의 白山에서 나오는데, 色이 마치 鴨頭같
아서 鴨綠水라고 부른다고 하였다. 平壤城은 鴨綠 동남쪽에 있다.
金나라 사람들은 鴨綠水를 混同江이라 불렀다. 杜佑는 鴨綠水는 너
비가 三百步이며 平壤성 西北쪽 四百五十里에 있다고 하였다.[21]

『資治通鑑』卷181

풍산 홍만종은 말하기를, 우리나라의 압록은 그 크기가 황하나 장
강과 더불어 비교할 수 없으니 『유찬』에서 말한 압록은 우리나라

두 140권이다. 1170년부터 1199년까지 근 30년간 97명이 기록한 주희의 강학 어록으로 알
려져 있다.

19) 『朱子語類』卷第八十六. 女眞起處有鴨綠江. 傳云, 天下有三處大水 : 曰黃河, 曰長江, 並鴨綠是
也. 卷第七十九. 天下惟三水最大 : 江河與混同江. 混同江不知其所出, 虜舊巢正臨此江, 斜迤東南流
入海, 其下爲遼海. 遼東遼西, 指此水而分也.
20) 『朱子五經語類』권4書22. 天下惟三水, 最大江河與混同江, 混同江不知其所出, 金舊都正臨此
江斜迤東南流入海, 其下為遼海, 遼東遼西指此水而分也
21) 『資治通鑑』卷181. 新唐書馬訾水出靺鞨之白山, 色若鴨頭號鴨綠水, 平壤城在鴨綠東南. 金人
謂鴨綠水為混同江, 杜佑曰鴨淥水闊三百步, 在平壤西北四百五十里.

의 압록이 아닌 것으로 생각된다고 말하였다.[22]

『大同水經』

위에서 언급한 사료의 내용을 분석해 보면 고대의 압록은 ① 요서와 요동을 가르는 기준이 되는 강이며, ② 압록수를 혼동강이라고 부른다는 것을 알 수 있다. 또한 우리나라 사료인『대동수경』은 다산 정약용이 지은 저술로, 그 내용 중에 ③ 조선의 문인 홍만종이 우리나라의 압록강은『주자어류』등에 나오는 천하를 대표하는 3대 강 압록이 아니라고 의심하고 있다. 이들 사료의 내용을 종합해 보면 사료 속의 압록은 오늘날의 요하가 될 수밖에 없다. 왜냐하면 송 및 송대 이전 시대의 압록은 요동과 요서를 구분하는 강이고 금나라의 수도가 있는 곳이며 천하를 대표하는 3대 강이 될 정도로 역사적으로 의미 있는 강이 되어야 하기 때문이다.

다시 다른 사료를 살펴보자.

鴨綠水는 髙麗國의 西쪽에 있으며, 靺鞨國에서 발원한다. 水色이 鴨頭와 비슷하다. 遼東에서 五百里이며, 髙麗의 中地이다. 이 압록수는 물이 매우 맑고 이 강을 天塹으로 삼는다. 강의 너비는 三百步이며, 平壤城 西北 450里에 있다.[23]

『武經摠要』前集 권16下

漢書에 이르기를 馬訾水라고 하였는데 지금은 混同江이라고 부른다.

22) 정약용의『大同水經』에는 다양한 설들이 기록되어 있다. 혼동강이 압록강이라는 설 외에 흑룡강이라는 설도 기록하고 있으며『신당서』지리지의 압록을 현재의 압록강으로 추측하는 등 여러 가지를 소개하고 있다.이러한 소개에서 수·당 시대의 압록수가 정확하게 어디인지를 지칭하지 못하고 있다.『대동수경』은 압록수가 요동과 요서를 구분하는 기준이 된다는 기록을 찾지 못함으로써 압록수가 요하가 된다는 사실을 고찰하지 못하고 있다.
23)『武經摠要』前集 卷16下. 鴨綠水髙麗國西, 源出靺鞨國, 水色似鴨頭. 去遼東五百里, 髙麗之中也. 此水最大波瀾淸徹恃之以爲天塹, 水闊三百步, 在平壤城西北四百五十里.

李心傳이 말하길 鴨綠水는 契丹의 東北 長白山에서 발원한다고
하였다. 古 肅愼氏의 地이며 지금은 女眞인들이 살고 있다.[24]

『資治通鑑』 권197

金나라는 契丹의 東北 長白山 아래에 있는 鴨綠水의 발원지에 있
었다. 대개 古 肅愼氏의 地이다.[25]

『兩朝綱目備要』 권13

宋李心傳撰,『建炎雜記』乙集 卷十九 邊防二
금나라는 契丹의 東北 長白山 아래 鴨綠水 발원지에 있다.[26]

馬訾水는 一名 鴨綠水라고 하는데, 水源은 東北 靺鞨 白山에서 나
온다. 水色이 거의 鴨頭 같아서 이런 까닭으로 속칭 압록수라고 하
였다. 遼東에서 五百里 거리인데 國內城 南쪽 또 西쪽을 지나 一
水와 합류하는데 곧 鹽灘水이다. 합류된 두 물줄기는 西南으로 흐
르다가 安平城에 이르러 高麗의 땅으로 들어간다. 이 압록수는 큰
波瀾이 일고 경유하는 나루〔津濟〕들이 모두 큰 배들로 가득 차 있
다. 고려는 이 강을 천혜의 요새로 삼았다. 압록수는 凡闊〔평균너
비〕이 300보로 平壤城 西北 450里, 遼水 東南 480리에 있다.

『太平寰宇記』 권173

高麗는 원래 扶餘의 別種이다. … 그 왕이 平壤城에 거하는데 또
한 長安城이라고 한다. 漢나라 樂浪郡의 땅이며, 京師에서 五千里
떨어져 있다. … 馬訾水가 있는데, 靺鞨의 白山에서 발원한다. 色
이 鴨頭와 같아서 鴨淥水라고 부른다. 압록수는 國內城 西쪽으로

---

24)『資治通鑑』 卷197. 漢書謂之馬訾水今謂之混同江李心傳曰鴨綠水發源契丹東北長白山鴨綠水
之源蓋古肅愼氏之地今女眞居之.
25)『兩朝綱目備要』 권13. 金國者在契丹之東北長白山之下鴨綠水之源, 蓋古肅愼氏之地也.
26) 宋李心傳撰,『建炎雜記』乙集 卷十九 邊防二.

흐르다가 鹽難水와 합쳐진다. 다시 서남으로 흐르다가 安市에 이르고 바다로 들어간다. 그리고 平壤城은 鴨渌 東南에 있으며, 巨艦[큰 배]로 사람들을 건네주며 이 강이 넓어서 (고구려는) 이 강을 성을 지키는 塹으로 의존한다.[27]

『新唐書』 권220 列傳第145/東夷/高麗

요하의 발원지는 2곳인데 하나는 서요하로 서북의 몽골계에서 나오고 다른 하나는 동요하인데 장백산의 여러 와집(窩集: 깊은 삼림속)에서 흘러나오는데 그 지역 사람들은 혁이소하(赫爾蘇河)라고도 한다.[28]

『奉天通志』 권163. 交通三, 航路河

위의 사료들 내용을 분석해 보면, ① 우선 압록수는 말갈의 백산 곧 장백산에서 발원하는데 이 장백산은 거란의 동북쪽에 위치함을 알 수 있다. 그리고 ② 장백산은 여진인들이 많이 사는 중심지여야 한다. ③ 수·당 시대의 압록수는 수많은 나루가 있으며 나루들은 큰 배로 가득 차 있어야 함을 알 수 있다. ④ 수·당·요·금 시대의 압록은 고구려 강역의 중심을 이루는 강이며 ⑤ 이 때문에 고구려에게 이 강은 강역과 수도를 지키는 천혜의 강 곧 천참(天塹)이 되어야 하며 ⑥ 평균 너비가 300보(580미터)가 되어야 한다. ⑦ 또한 국내성을 지나 염난수와 합류하고 안평성을 지나 바다로 들어가며, ⑧ 1930년대 제작된 『봉천통지』에도 동요하가 장백산에서 발원한다고

---

27) 『新唐書』, 卷二百二十 列傳第一百四十五/東夷/高麗. "高麗, 本扶餘別種也…西北度遼水與營州接, 北靺鞨.其君居平壤城, 亦謂長安城, 漢樂浪郡也, 水有大遼, 少遼: 大遼出靺鞨西南山, 南歷安市城; 少遼出遼山西, 亦南流, 有梁水出塞外, 西行與之合.有馬訾水出靺鞨之白山, 色若鴨頭, 號鴨渌水, 歷國內城西, 與鹽難水合, 又西南至安市, 入于海.而平壤在鴨渌東南, 以巨艦濟人, 因恃以爲塹"
28) 奉天通志』 권163.交通三, 航路河. "遼河發源有二, 其一曰西遼河出西北蒙古界, 其一曰東遼河, 出自長白山窩集中,爲赫爾蘇河".

기록되어 있는 것을 알 수 있다. 이는 장백산이 『봉천통지』가 찬술되는 1930년대까지도 동요하 유역에 지명으로 남아 있음을 알 수 있다. 특히 『봉천통지』의 기록은 앞의 사료들이 언급한 장백산에서 발원하는 동요하 는 압록수 줄기가 될 수밖에 없음을 그대로 보여주고 있다.

위의 사료에서 알 수 있는 것은 수·당 시대 압록강은 강폭이 평균 580여 미터로 수많은 나루를 가지고 있어야 한다는 것이다. 오늘날의 압록강은 강폭이 좁고 모래톱이 많아 배가 다닐 수 없는 강이다. 오늘날 백두산에서 압록강 하류 요동반도에 이르는 지역은 장백산맥이 길게 형성된 지대로 이 사이를 압록강이 흐르고 있으며 강 주변에 울창한 산림의 목재를 벌채한

지도 2 고대의 압록강인 요하 유역의 주요 도시와 부두들 근대에는 요하 하류 영구항에서 서요하의 정가둔까지 1,430여 리를 자유롭게 왕래할 수 있었다. 강폭이 넓고 지류가 많아서 수량이 풍부하고 요하 좌우로 수많은 도시들이 형성되어 있다. 강이 합류되는 곳에는 삼차하, 삼강구, 통강구 등의 지명이 붙었다. 요나라~청나라 시기 역시 요하의 수운을 통해 이들 도시들이 상업적으로 번성하였고 수많은 부두가 형성되었다.

후 이를 뗏목으로 만들어 하류로 옮기는 기능을 압록강이 주로 담당하였다. 1930년대에 편찬된 『奉天通志』를 살펴보면 동력선이 나온 이후에도 오늘날의 압록강은 생활 필수품을 판매하는 규모가 작은 배들이 구간구간 다녔다고만 기록하고 있다. 즉 오늘날의 압록강은 이런 이유로 고대의 압록기록에 나오는 것처럼 거선들이 부두에 가득 차 있고 자유롭게 왕래할 수 있는 그런 고대의 압록강이 될 수 없다.

반면 오늘날의 요하유역은 고대부터 수많은 부두가 형성되어 요하유역의 도시들을 형성하여 상업지역으로 번성하도록 하였다. 근대까지 요하유역에 형성된 부두들을 지도를 그려보면 [지도 2]와 같다. 이런 사료와 비교해 보면 고대의 압록은 오늘날의 요하가 될 수 밖에 없다.

이제 환도성의 위치를 추적하기 위해 『신당서』 지리지에 나오는 압록강 당은포구 기록을 살펴보자.

등주(登州)에서 동북쪽 바다로 가다가 대사도(大謝島), 귀흠도(龜歆島), 말도(末島), 오호도(烏湖島)에 이르면 300리이다. … 또 진왕석교(秦王石橋), 마전도(麻田島), 고사도(古寺島), 득물도(得物島)를 지나 1,000리를 가서 압록강 당은포구(唐恩浦口)에 이른다. 압록강 어귀에서 배를 타고 100여 리를 가고, 이내 작은 배를 타고 동북쪽으로 30리를 거슬러 올라가면 박작구(泊汋口)에 이르는데 발해의 경계가 된다. 다시 500리를 거슬러 올라가면 환도현성(丸都縣城)에 이르는데 옛 고구려 왕도이다. 다시 동북쪽으로 200리를 거슬러 올라가면 신주(神州)에 이른다. 또 육지로 400리를 가면 현주(顯州)에 이르는데, 천보(742~756) 연간에 왕이 도읍한 곳이다. 또한 정북으로 가다가 동쪽으로 600리 가면 발해왕성(渤海王城)에 이른다.

『신당서』 地理志 권43下

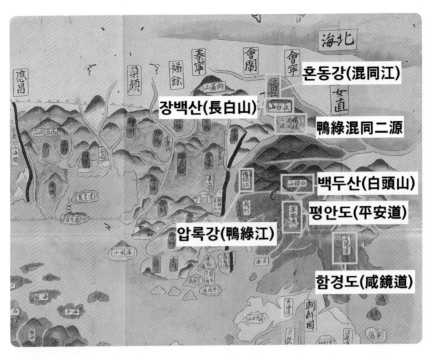

지도 3 청대에 제작된 고지도 위 지도에는 장백산과 백두산이 다르게 그려져 있다.
지도의 장백산 부분에는 '압록강과 혼동강이 발원하는 곳(鴨綠混同二源)'
으로 표시되어 있다. 그리고 한반도 쪽에는 백두산과 현재의 압록강이 그려
져 있어 두 개의 압록강을 표시하고 있다. 장백산 지역과 압록수, 혼동강이
발원하는 지역을 『주자어류』 등에서 주희는 여진의 중심지라고 하였고 이
압록수가 바다로 흘러가며 요동과 요서를 가르는 기준이 된다고 하였다.
이러한 지도를 통해 오늘날의 백두산을 장백산으로 부른 것은 한참 후대의
일임을 알 수 있고 초기의 장백산 곧 백산은 현재의 백두산이 될 수 없음을
알 수 있다. 따라서 요·금 시대 이전의 장백산과 압록강은 현재의 백두산
압록강과 다른 또 다른 산과 강이 되어야 한다. 러시아의 연구성과들 역시
만주족이 현재의 백두산을 성산으로 만들기 시작한 것은 청나라 후기의 일
이라고 언급하고 있다. 현재의 백두산이 고대의 장백산이 아니라는 기록은
『봉천통지』와 『만주원류고』 등에 상세하다. 예를 들면 『봉천통지』와 『만주
원류고』의 경우 동요하는 장백산의 여러 와집 가운데서 나오며 개원 동북
천여 리에 걸쳐 뻗어있는 산맥이라고 기록하고 있다.

『신당서』 지리지의 내용은 산동성 등주에서 출발해 신라의 수도로 가는 길과 발해의 수도로 가는 두 길이 혼재되어 있다. 그중 환도성은 등주-마전도·고사도·득물도-압록강 당은포구-환도성-발해왕성의 노정 가운데 나타나므로 위의 지리지 내용은 그중 발해의 왕도로 가는 노정만을 추출하여 뽑은 것이다.

위 기록을 정리하면 당나라 사신이 발해의 수도로 가는데 산동 등주에서 배를 타고 출발하여 바다를 건너 마전도, 고사도, 득물도를 지나 압록강 당은포구에 도착한다. 이후 당은포구를 출발하여 130여 리를 가면 박작성에 도착하고 다시 500여 리를 가면 환도현성, 다시 동북으로 200여 리를 가면 신주, 육지로 400여 리를 가면 현주, 정북으로 가다가 동쪽으로 600여 리를 가면 발해왕성에 도착한다는 것으로 요약할 수 있다.

우선 이 기록에 나오는 麻田島, 古寺島, 得物島의 위치를 추적해 보자. 위의 사료를 정리해 보면 麻田島, 古寺島, 得物島를 지나 천여 리를 지나면 압록강 당은포구가 있다는 것을 알 수 있다. 지금까지 연구자들은 『신당서』의 압록강 당은포구를 현재의 압록강으로 이해했기 때문에 미리 방향과 거리를 추측하고 마전도, 고사도, 득물도는 현재의 압록강으로 가는 노정 어딘가에 있다고 생각하였다. 그러나 아래의 사료를 살펴보자. 다행스럽게도 이 섬의 이름들이 명대의 지도와 사료에까지 살아 남아있음을 찾을 수 있었다. 우선 명대 편찬된 『도서편』에는 다음과 같이 기록하고 있다. 『도서편』 중에는 왜구들이 연해의 경계에 들어와 섬을 점령하고 이 섬을 요충지로 삼아 연해지방을 소란스럽게 할 것을 염려하여 명나라가 이들 섬을 관리해야 한다는 인식이 있었다. 원문을 인용해 보자.

『圖書編』沿海界倭要害之地조
遼河渡 古寺島 為廣寧衛界, 麻田島 平島為海州衛界.[29]

이 문장을 번역하면 "요하도와 고사도는 광녕위와 경계가 되고, 마전도와 평도는 해주위와 경계가 된다"는 의미다. 마전도와 고사도 2개의 지명을 확인할 수 있다. 광녕위는 명나라 때 요서를 방어하는 최고의 중진이다. 해주위는 요동반도 남쪽 곧 요동에서 해안을 방어하는 중진이다. 그런데 고사도는 광녕위와 경계가 되고 마전도는 해주위와 경계가 됨을 알 수 있다. 고사도와 마전도가 명나라 때 요동과 요서를 구분하는 중요한 표식이 되었음을 알 수 있다. 요하도라는 지명에서 알 수 있듯이 마전도와 고사도는 요하로 가는 길목에 있으면서 당시 요동과 요서를 나누는 기준점이 되는 지역에 위치한다는 것을 알 수 있다. 이러한 내용을 다시 명대 지도를 통해 확인해보자.

[지도 4]는 명나라가 왜구의 침입을 방어하기 위해 동남해안의 모든 섬을 표시한 『籌海圖編』에 나오는 요동 지역 지도 중의 일부이다. 지도가 남과 북의 방향이 바뀌어 있어 바다 쪽이 산동이고 아래 遼河渡 등 육지 쪽이 요동이다. 바다쪽에 『도서편』에 나오는 마전도, 고사도, 득물도가 선명하게 표시되어 있고 요하유역의 요하도를 향하고 있음을 알 수 있다. 『도서편』의 기록대로 고사도와 요하도가 요서지방 광녕위와 경계가 됨도 지도에서 확인할 수 있다. 명대의 지도와 기록들은 서로 일치하고 있음을 알 수 있다.

고사도·마전도·득물도를 지나 천여 리를 가면 도착한다는 당은포구가 요하유역에 있다는 기록도 『圖書編』에 역시 잘 남아 있다. 아래의 기록을 통해 명나라 때 까지 당은포구의 지명이 남아 있었고 당은포구에 배를 타고 몽골

---

29) 『圖書編』沿海界倭要害之地조.

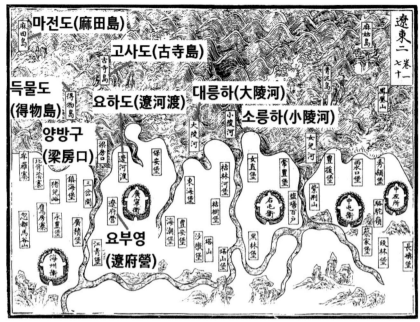

명대에 제작된 『주해도편』에 나와 있는 지도. 이 지도에 『신당서』 지리지에 나오는 고사도, 마전도, 득물도 3개의 섬이 모두 〈遼東二〉라는 제목과 함께 요하로 가는 길목에 그려져 있음을 알 수 있다. 즉 『신당서』 지리지의 당은포구는 요하 입구의 포구가 될 수밖에 없음을 알 수 있다.

로 진출할 수 있었음을 확인할 수 있다. 그 기록을 살펴보면 다음과 같다.

『圖書編』의 唐恩浦口 기록

참장(參將)으로 하여금 唐恩浦口를 경유하거나 혹은 濊貊과 沃沮를 경유하여 바로 부여에 도착하도록 하고 서쪽으로 향하여 몽골의 大寧에 도착하도록 하였다.[30]

위 기록을 보면 大寧이 등장한다. 명나라 때 대녕은 지금의 내몽고 赤峯

---

30) 『圖書編』. 參將經唐恩浦口或經濊貊沃沮直抵扶餘而西入大寧矣. 契丹曾置通吳軍其道由此我太祖平定前元于古會州之地設大寧都司及所屬營州等衛以爲外藩籬.

市 寧城縣 부근으로 명초 주원장의 17째 아들 주권이 대녕지방의 寧王이 되기도 하였다. 위 기사는 대녕은 몽골 지역의 지명으로 명조 초기 명나라가 몽골세력을 축출하면서 몽골의 대녕지방을 통제하기 위해 명나라 참장을 당은포구에서 대녕으로 파견해 大寧都司를 설치한다는 내용이다. 내몽골에 위치한 大寧에 파견하기 위해서 요동의 참장을 파견하였는데, 압록강의 당은포구나 혹은 옥저, 예맥, 부여를 거쳐 서쪽으로 길을 돌려 대녕으로 간다는 기록이다. 당은포구 → 부여 → 대녕 또는 옥저 → 예맥 →부여 → 대녕의 노정임을 알 수 있다. 수로의 경우 그 방향은 당은포구에서 배로 부여까지 간 후 그 곳에서 서쪽으로 방향을 틀어 몽골의 대녕으로 간다는 이야기다. 위의 기록에서 알 수 있듯이 『도서편』의 당은포구가 지금의 압록강 입구라면 압록강을 동쪽으로 거슬러 올라가 대녕으로 간다는 것인데 물줄기의 방향이나 참장이 대녕으로 가는 방향과 정 반대가 된다. 몽고로 가는데 압록강을 따라 올라갈 수는 없다. 더구나 압록강은 강폭이 좁고 모래톱이 많아 배가 수백여 리를 한 번에 올라갈 수 없는 강이다. 따라서 위의 기록은 요하 당은포구에서 강을 따라 올라가 부여에 도착한 후 서쪽으로 방향을 틀어 몽골의 대녕으로 간다는 이야기 외에는 다른 해석이 불가능하다. 당은포구는 요하에 있어야 하는 것이다.

앞에서 언급한 『신당서』 지리지의 당은포구와 도서편의 당은포구는 같은 것이다. 따라서 발해의 수도로 가는데 수량이 풍부하고 유속이 느리고 강폭이 넓고 수많은 부두와 숙박시설이 있는 요하와 요동평원을 통해서 쉽게 서쪽 몽골로도 갈 수 있고 동북쪽 발해의 수도가 있는 길림 지역으로 넘어갈 수 있는 강이 바로 고대의 압록강 요하이다. 강폭이 좁아 배가 다닐 수도 없는 오늘날의 압록강을 거슬러 올라가 길도 없는 험준한 장백산맥을 넘어 위험을 무릅쓰고 길림을 통해 발해의 수도로 간다는 것은 상식적으로

지도5 위 지도는 최근의 연구성과 윤순옥·황상일의「요하유역의 하계망 특성과 요택의 환경변화」(『학제간 융합연구를 통한 고대 평양 위치 규명을 위한 학술회의』(2015)) 중에서 인용한 역사시기 하요하 평야 해안선 변화와 관련된 지도이다. 이 지도를 보면 현재의 영구항은 해안선 아래쪽으로 10~11세기 바다였음을 알 수 있다. 그렇다면 수·당 시대에 당연히 바다였을 것이다. 10~11세기 요동반도 해안선을 보면 해안선이 명청대 물산 집산지 우장까지 올라갔음을 알 수 있다. 따라서 수·당~명청시대 요하 유역에 위치한 것으로 보이는 당은포구는 오늘날의 영구항이 될 수 없으며 최소 우장까지 올라온 것으로 보고 거리를 추산하여 환도성의 위치를 찾아야 한다. 그리고 수·당 시대 遼澤의 기록은 요택의 크기가 동서 2백여 리, 남북 천여 리라고 나온다. 지도에서 보이는 것처럼 요중과 요양 아래까지 요서지방을 중심으로 소택지가 넓게 형성되어 있음을 알 수 있다.

이치에 맞지 않는다. 이 모든 오류들은 『신당서』 등의 사료에 나타나는 압록강과 당은포구를 현재의 압록강과 압록강 입구로 인식한 데서 나타난 오류임을 알 수 있다.

이러한 기록을 종합해 볼 때 『신당서』의 압록강 당은포구는 요하유역에 위치한다는 것을 알 수 있다. 그렇다면 이제 『신당서』에 기록된 당은포구가 요하 입구라면 환도성의 위치를 찾는 것은 쉽지 않을까. 그러나 그것은 다시 문제에 봉착한다. 그것은 당시 해수면이 높아 해안선이 지금과 다르기 때문이다. 수·당 시대의 정확한 해안선을 알 수가 없어 그 당은포구의 정확한 위치를 찾는 것은 힘들다. [지도 5]에서 보는 것처럼 10~11세기에 요하 하구에 위치한 지금의 무역항 영구는 바다였고 해안선이 더 북쪽으로 올라가 우장 부근에 형성되었기 때문이다. 고대에는 지금보다 해수면이 더 높았기 때문에 영구에서 더 내지로 들어온 곳이 당은포구가 될 것이다. 최소한 해안선이 11세기 우장 부근까지는 올라왔다고 보는 것이 상식적이다. 결론적으로 명대 사료 『주해도편』과 『도서편』에 나오는 압록강은 요하이고 당은포구는 요하 입구 어딘가가 되어야 하지만 당은포구의 정확한 위치를 찾는 것은 앞으로의 과제가 될 것이다. 최소 우장을 당은포구의 기점으로 한다면 『신당서』의 기록에 맞추어 우장에서 630리 되는 지점이 환도성이 될 것이다. 명대의 당은포구 역시 우장에서 멀지 않은 곳일 것이다.

[지도 5]에서 보는 것처럼 10~11세기 해안선 위쪽 특히 요하 서쪽으로는 상당히 넓은 습지가 형성되어 요하 서쪽에는 환도성이 형성되기 힘들다. 최소한 우장을 당은포구의 기점으로 잡는다면 환도성이 있는 곳은 요하 동쪽 鐵嶺, 開原, 昌圖 정도가 될 것으로 보인다. 이것은 우장을 당은포구라고 가정할 때의 이야기다. 차후 심도 있는 연구를 통해 정확한 위치를 찾는 것이 필요하다. 어쨌든 기존의 연구에서는 환도성의 위치를 지금의 압록강에서

찾았으나 본 연구에서 보는 것처럼 고구려가 38년간 도읍으로 삼았던 환도
성은 요하유역 당은포구에서 630리 지점이며 대략적인 위치는 철령, 개원,
창도 정도가 될 것이라는 것이 밝혀졌다. 그리고 이러한 과정에서 박작성,
국내성, 비류수 등도 요하유역에서 찾아야 한다는 성과도 얻을 수 있었다.

수·당 시대 박작성은 당나라 군이 고구려 평양성을 공략하기 위해 우선
점령해야 할 중요한 거점이었다. 그래서 『신당서』 지리지 등 다양한 사서에
박작성, 박작구로 여러 차례 등장한다. 당 태종은 장군 薛萬徹 등을 보내 산
동에서 바다를 건너 鴨綠水로 들어와 泊灼城 남쪽 40리 되는 곳에 머물러
진영을 갖추었다. 당시 泊灼城主인 所夫孫이 보병과 기병 1만여 명을 거느
리고 그것을 막았다. 설만철이 右衛將軍인 裴行方을 보내 보병과 여러 군대
를 거느리고 공략하자 고구려 병력이 무너졌다. 곧 배행방 등이 병력을 보내
성을 포위하였으나, 박작성은 산에 의지하여 험준하고 압록수로 굳게 막혔
으므로 공격하였지만 빼앗지 못하였다는 기록이 있다. 이 기록의 압록수 역
시 요하이며 박작성은 당은포구에서 130리 지점에 위치하는 중요한 고구려
성으로 고구려 평양성 곧 요양으로 들어가는 중요한 관문이자 항구였던 것
이다. 당은포구의 위치가 정해지면 박작성의 위치도 쉽게 찾을 수 있을 것이
다. 현재는 요녕성 단동에서 멀지 않는 압록강 하류의 호산장성을 박작성이
라고 주장하고 있다. 박작성은 산성이 될 수 없다. 요하를 지키는 주요한 거
점 도시였기 때문이다. 박작성의 위치를 현재 호산장성으로 본 것도 수·당
시대의 압록수를 현재의 압록강으로 본 오류에서 비롯된 것이다.

환도성도 박작성에서 500리 지점에 있으므로 환도성 역시 요하유역에서
찾아야 한다. 그렇게 되면 위나라 유주자사 관구검이 공략했던 환도성도
요하 입구 당은포구에서 630리 지점, 박작성에서 500여 리 지점이 되어야
한다. 환도산 위치 역시 마찬가지이다. 국내성과 비류수 역시 요하유역에서

찾아야 한다. 또한 『신당서』에 기초한 『신당서』 지리지의 발해로 가는 노정도 요하 당은포구에서 배로 출발하여 요하의 편리한 물길과 평원 지역을 이용해 발해의 왕성으로 간 것으로 수정되어야 한다.

나아가 고구려의 수도 역시 졸본부여 이후 7차 천도로서 그 도읍지도 졸본부여 외에 요동의 평양, 황성 등이 추가되어야 하며 장수왕의 평양성 역시 북한 평양이 아니라 요동의 요양이 되어야 함도 아울러 알 수 있었다. 이러한 사실은 고구려가 항상 요하유역을 고구려의 중심지로 만들기 위해 도읍지를 건설했음을 알 수 있었다. 곧 만주의 광활한 요동평원이 고구려의 중심지가 되어야 한다는 성과도 거둘 수 있었다.

압록수와 평양성이 요동에 존재한다는 기록은 청대 학자의 저술 등에서도 알 수 있다. 다음의 기록을 살펴보자.

> 한무제 시기 누선장군 양복이 발해를 건너 고조선을 공격한 것, 위나라 명제가 산동성 청주의 제군을 거느리고 바다를 건너 공손연을 토벌한 것, 전진의 부견이 석월을 파견해 동래에서 右逕(右徑 또는 石徑)을 나와 화룡을 습격한 것, 당 태종이 고구려를 정벌하고자 장량에게 명하여 동래에서 배를 타고 바다를 건너 평양성으로 질주한 것, 설만철이 갑사 3만을 거느리고 동래에서 배를 타고 바다를 건너 압록수로 들어가도록 한 것 등, 이 모든 것은 '산동에서 바다를 건너 요동에 이르는 路'이다.[31]
>
> 『五禮通考』[32] 권241과 『日知錄』권29. 海師.[33]

---

31) 『日知錄』권29. 海師. "漢武帝遣樓船將軍楊僕, 從齊浮渤海擊朝鮮. 魏明帝遣汝南太守田豫督青州諸軍自海道討公孫淵. 秦符堅遣石越率騎一萬, 自東萊出右逕襲和龍. 唐太宗伐高麗, 命張亮率舟師自東萊渡海趨平壤. 薛萬徹率甲士三萬自東萊渡海入鴨綠水, 此山東下海至遼東之路"

32) 秦蕙田, 『五禮通考』

33) 『日知錄』은 총 32권 1,021항목으로 經, 政治, 風俗, 禮制, 科擧, 문학과 예술, 名義, 古事,

이 사료는 청대의 사료이다. 고대부터 공격 루트인 압록수, 최종적인 목표인 평양성 등이 모두 요동에 있다고 청대의 학자들은 서술하고 있다. 이 책은 淸나라 秦蕙田이 撰한 것으로 그는 관직이 형부상서에 오른 청대의 학자이다. 위 기록을 통해 청대 관리와 지식인도 수·당 시대 압록수를 요하로 평양성도 요동에 있는 것으로 인식하고 있었음을 알 수 있다.

VI. 결론

이상에서 우리는 1차 사료를 통해 환도성의 위치를 추적해 보았다. 그 결과 우선 환도성이 환도산성이 될 수 없음을 알 수 있었다. 환도성은 환도산 아래에 있었고 평지성이었다. 그리고 그 위치도 현재의 압록강 유역이 아니라 요하유역으로 옮겨와야 함을 알 수 있었다. 우리가 환도성을 환도산성으로 오랫동안 기록했는데 여기에는 『신당서』 지리지의 압록강을 현재의 압록강으로 인식하고 환도성을 도읍지가 아니라 국내성의 위성으로 이해하고 그 거리를 추산하여 산성으로 추측하는 오류에서 비롯되었음도 알 수 있었다. 또한 고대의 압록과 현재의 압록강을 치밀하게 답사하거나 관련 사료를 검토하지 않은 오류가 있음도 알 수 있었다.

앞에서 다양한 사료를 통해 살펴본 바와 같이 수·당·요·금 시대의 압록수, 압록강은 요동과 요서를 구분하는 강이며, 장강, 황하와 더불어 천하를 대표하는 3대 강이 되어야 한다. 또한 당시의 수·당·요·금 시대의 압록은 고구려의 서쪽에 위치하며 고구려 수도 평양성을 지키는 천혜의 요새 역할을 해야 한다. 나아가 수·당 시대 압록강은 강폭이 평균 580미터가 되어야 하고 수많

史法, 注法, 雜事, 兵事, 天象, 地理, 雜考 등 다양한 내용으로 구성되어 있다.

은 부두를 가지고 있고 이 부두들은 거선들로 가득 차 있어야 한다. 수·당 시대 압록강을 건널 때는 강폭이 넓어 사람들은 거선으로 강을 건너는 특징도 가지고 있었다. 또한 압록이 발원하는 백산 곧 장백산으로 여진의 중심지이며 장백산에서 동요하가 발원한다는 『봉천통지』의 기록을 통해 고대 압록강이 요하이며 백두산 이외에 또 다른 장백산이 있음도 역시 확인할 수 있었다.

이러한 수·당 시대 압록강의 특징과 『신당서』 지리지를 분석해 본 결과 지리지의 압록강은 요하가 되어야 함을 알 수 있었다. 『신당서』 지리지에 압록강 당은포구로 가기 위해 나오는 마전도, 고사도, 득물도는 명대에 편찬된 『주해도편』과 『도서편』 등의 사료에도 그대로 전승되어 남아 있었으며 이들 사료를 통해 본 결과 이 세 개의 섬은 요하유역으로 가는 노정에 위치하며 요동과 요서를 기르는 기준점이 된다는 것을 확인할 수 있었다. 즉 환도성으로 가기 위한 출발지, 『신당서』 지리지의 당은포구는 요하 입구의 어딘가에 위치하는 포구였다.

환도성은 결국 요하의 당은포구에서 630리 지점에 있어야 한다는 결론에 도달할 수 있었다. 그러나 현재로서는 수·당~명 시대의 당은포구 위치를 정확하게 파악할 수가 없다. 수·당 시대와 지금의 해수면이 달라 수·당 시대 해안선이 어디까지 올라왔는지 정확하게 알 수 있는 자료가 부재하였다. 10~11세기의 해수면을 연구한 윤순옥·황상일 등의 연구성과에 의해 최소 명대 요동 최대 항구이자 물산 집산지 우장 바로 앞까지 형성된 것으로 확인되었다. 우장은 명청대 요하를 따라 들어 온 상품들의 집산지로 근대 영구가 개항하기 전까지 요동의 경제 중심지였다.

우장이나 그 부근이 『신당서』 지리지에 나오는 당은포구였다면 우장에서 130여 리 되는 지점이 박작성이 되고 박작성에서 500여 리 되는 곳이 환도성이 될 것이다. 요하 서쪽은 늪지가 형성되어 환도성은 요하 동쪽에 형성되었을 가능성이 있다. 그렇다면 대략 환도성이 될 만한 도시를 대략 거리로 추정해 보면 鐵嶺, 開原, 昌圖 정도가 될 것으로 추정해 본다. 요하는 곡류가 심해 정확한 거리를 측정하기 힘들고 직선으로 그 거리를 측정할 수는 없다. 평원을 흐르는 강이라 물길이 변화될 수도 있다. 차후의 과학적인 연구가 필요할 것으로 보인다.

이에 본 연구의 의미는 수·당 시대의 압록이 현재의 압록강이 아니라 요하이며, 따라서 『신당서』 지리지의 압록강을 요하로 해석해야 된다는 점, 환도성은 요하유역에 존재해야 역사적 사실에 부합한다는 점, 따라서 초기 고구려 강역은 개원, 철령 등 요하유역으로 확대되어야 한다는 점, 고구려의 수도는 졸본부여 이후 7차 천도에 맞추어 새롭게 연구되어야 한다는 것, 기존에 우리가 압록강 유역에 위치를 비정한 고사도, 마전도, 득물도는 요하유역으로 가는 노정에 있다는 것, 박작성, 비류수, 국내성 등도 요하유역에서 찾아야 한다는 것, 국내성과 환도성으로 있는 지금의 국내성과 환도성은 다른 명칭으로 불러야 한다는 것, 수·당 전쟁의 중심지는 한반도가 아니라 요동이라는 것, 이에 따라 안동도호부 초설지도 요양으로 와야 한다는 것 등 고대사의 쟁점들을 재고찰하는 중요한 계기를 마련했다는데 기본적인 연구의 의의를 두고자 한다.

참·고·문·헌

【사료: 한국】

• 『三國史記』, 『東國通鑑』, 『東寰錄』, 『芝峯類說』, 『眉叟記言』, 『星湖僿說』, 『燃藜室記述』

【사료: 중국】

• 『南史』, 『大淸一統志』, 『圖書編』, 『武經摠要』, 『新唐書』, 『兩朝綱目備要』, 『朱子語類』, 『朱子五經語類』, 『資治通鑑』, 『籌海圖編』, 『太平寰宇記』, 『通典』

【단행본】

• 기획편집위원회, 『고구려유적의 어제와 오늘』, 동북아역사재단, 2009.
• 남주성, 『흠정만주원류고』, 글모아, 2010.
• 복기대 외, 『고구려의 평양과 그 여운』, 주류성, 2018.
• 복기대 외, 『13세기 민주고찰을 위하여』, 우리영토, 2020.
• 복기대 외, 고려시대 서북계 이해, 우리영토, 2020.
• 윤한택, 『고려국경에서 평화시대를 묻는다』, THE PLAN, 2014.
• 윤한택 외, 『압록과 고려의 북계』, 주류성, 2017.
• 馬大正 外, 古代中國高句麗歷史論叢』, 흑룡강교육출판사, 2001.
• 朴燦奎, 『高句麗史硏究』, 흑룡강조선민족출판사, 2003.
• 劉子敏, 『高句麗歷史硏究』, 연변대학출판사, 1996.
• 李國强·李宗勛, 『高句麗史 新硏究』, 연변대학출판사, 2006.
• 李春祥, 『高句麗與東北疆域硏究』, 길림문사출판사, 2006.
• 李治亭, 『東北通史』, 中州古籍出版社, 2003.
• 張福有, 『高句麗王陵通考』, 香港亞洲出版社, 2007.
• 朴文一 外, 『高句麗歷史問題硏究文集』, 연변대학출판사, 2005.
• 楊軍, 『高句麗民族與國家的形成和演變』, 중국사회과학출판사, 2006.
• 姜維東 외, 『唐征高句麗史』, 길림인민출판사, 2006.

윤관 9성의 위치에 대한 연구
-전투 지역 분석을 중심으로-

남주성

한양대학교 행정대학원 졸, 행정학박사

전, 감사원 고위감사공무원

(주)서부티앤디 전무이사

• • •

저 서

『흠정만주원류고』 번역
『고구려의 평양과 그 여운』(공저)

Ⅰ. 머리말

고려 예종 때 여진 정벌 후에 설치한 9성[1]의 위치에 관하여는 크게 세 가지 학설이 있다. 먼저, '두만강 이북설'로서, 여말선초의 관찬 사료에 주로 기록되어 있다. 18세기 이익은 『성호사설(星湖僿說)』,[2] 이종휘는 『수산집(修山集)』[3] 등에서 제기하였고, 1970년대 이후의 여러 학자들이[4] 두만강 이북설을 주장하였다. 다음으로, '길주 이남설'은 조선 중·후기 한치윤이 『해동역사』, 정약용은 『아방강역고』 등에서 주장하였다. 끝으로, '함흥평야설'은 대일항쟁기에 일본인 학자와[5] 조선총독부에서 간행한 『조선사(朝鮮史)』에서 함흥평야 일대로 비정하였다.[6] 이제까지의 학설은 주로 『고려사』·『고려사절요』·『조선왕조실록』·『신증동국여지승람』 등 국내 사서에 서로 다르게 기록된 것을 근거로 9성의 설치 한계가 길주 또는 두만강 건너 7백 리 공험진인가를 취사선택하여 단편적으로 분석한 것이다.

본고에서는 국내사서 뿐만 아니라 『금사(金史)』·『길림통지(吉林通志)』·

---

1) 윤관이 설치한 9성은 '동북 9성'이라는 용어로 널리 사용되고 있다. 이것은 9성이 고려의 동북면(함경도)에 설치된 것이라는 인식하에 만들어진 것이다. 본고에서는 9성이 두만강 이북에 설치된 것을 논증하고자 하므로 동북이라는 수식어를 빼고 '윤관 9성' 또는 '9성'으로 표기한다.

2) 이익(李瀷) 지음·한국고전번역원 역, 『성호사설(星湖僿說)』 제1권 천지문(天地門), (한국고전번역원, 1977)
北關以豆滿江為界而前朝尹瓘碑在先春嶺嶺在江北七百里

3) 이종휘(李種徽), 『수산집(修山集)』 卷之十四 「동국여지잡기(東國輿地雜記)」 擬與金公宗瑞書 夫高麗九城之地。廣袤數千里...忠肅不界豆江而界先春 則混同之南以至于海

4) 김구진, 「공험진과 선춘령비」 『백산학보』 제21집 (서울: 백산학회, 1976)
최규성, 「선춘령과 공험진비에 대한 신고찰」 『한국사론』34 (서울: 국사편찬위원회, 2002)
이인철, 「고려 윤관이 개척한 동북9성의 위치 연구」 『압록과 고려의 북계』(인하대학교 고조선연구소 연구총서 3, 2017), p.115.

5) 쓰다 소우키치(津田左右吉), 이케우치 히로시(池內宏) 등

6) 이인철(2017), p.87.

『동북여지석략(東北輿地釋略)』·『성경통지(盛京通志)』·『만주원류고』 등 중
국의 사서들을 비교분석하였다. 고려 여진 간 전투 지명은 여진 부족통합
과정에도 일부 나타나므로 이를 종합하여 9성의 위치를 추정하고자 하였
다. 고려가 단기간에 9성을 쌓을 수 있었던 것은 여진이 할라전에 쌓은 7성
을 토대로 하였기 때문이다. 그런데 이제까지 여진 7성과 윤관 9성을 연계
하여 분석한 연구는 찾아보기 어렵다. 특히 두만강 이북에 설치된 9성의 지
명이 두만강 이남 함경도에 나타나게 된 원인은 9성을 여진에 반환하고 치
소와 주민들을 두만강 이남으로 옮겨서 교치(僑治)하였을 가능성을 두고 검
토하였다. 만주지역의 지명은 여진과 고려가 부르는 것이 서로 다르고, 현지
발음을 한자로 옮기면서 여러 가지로 기록되어 있어서 비정하는데 한계가
있다. 더욱이 현지답사를 거치지 못하여 미흡한 점이 있음을 밝혀둔다.

Ⅱ. 두만강 이남설의 문제점

1. 수륙도로가 발달한 여진 지형

1108년(예종 3년) 윤관이 17만 대군을 이끌고 여진을 정벌한 뒤[7] 쌓은 9성
에 대하여 『세종실록』 「지리지」 등에는 다음과 같이 기록되어 있다.

"동쪽으로 화곶령(火串嶺)까지, 북쪽으로 궁한령(弓漢嶺)까지, 서
쪽으로 몽라골령(蒙羅骨嶺)까지를 우리나라의 강토(疆土)로 삼고,
화곶산(火串山) 아래에 성곽(城郭) 9백 52간(間)을 쌓고 이름을 웅

---

7) 1104년(숙종 9년) 2월 임간(林幹)과 윤관의 1차 정벌 실패 후 보병으로는 여진 기마군을
대적하기 어렵다는 것을 알고, 기마병을 보강한 별무반을 만들어 1107년 11월, 17만 대군으
로 출정을 하였다.
『고려사』권12 세가, 예종(睿宗) 2년 11월 왕이 서경에 가서 여진정벌군을 환송하다

주(雄州)라 하고, 오림금촌(吳林金村)에 7백 74간을 쌓고 이름을 복주(福州)라고 하고, 몽라골령(蒙羅骨嶺) 아래에 9백 52간을 쌓고 이름을 영주(英州)라 하고, 궁한촌(弓漢村)에 6백 74간을 쌓고 이름을 길주(吉州)라고 하였는데, 길주가 북쪽에 있고, 웅주가 남쪽에 있다.[8] 다음해 2월과 3월에 9성을 쌓았으니 의주성(宜州城), 통태성(通泰城), 평융성(平戎城), 함주(咸州), 영주(英州), 웅주(雄州), 길주(吉州), 복주(福州), 공험진(公嶮鎭)이다."[9]

1109년 5월 고려가 9성을 반환하면서 거론한 지형적 불리점은 다음과 같다.

"당초에 여진의 궁한리(弓漢里) 밖에는 산이 연달아 벽처럼 서있고 오직 작은 길 하나만이 있어서 관성(關城)을 세워 길을 막는다면 적의 침입을 막을 수 있을 것으로 알고 있었다. 공격하여 빼앗아보니, 수륙으로 도로가 통하지 않는 것이 없어 전에 들은 바와는 전혀 달랐다."[10]

'길주 이남설'에서는 궁한리의 병목(甁項)을 함경도 길주의 마천령으로 비정하여왔다.[11] 함주에서 길주까지는 해안도로가 하나 있고 마천령은 함

---

8) 『세종실록』 155권, 「지리지」 함길도 길주목(吉州牧)

分遣將軍, 畫定地界, 東至火串嶺, 北至弓漢嶺, 西至蒙羅骨嶺, 以爲我疆。於火串山下築城郭九百九十二間, 號雄州; 吳林金村築七百七十四間, 號福州; 蒙羅骨嶺下築九百五十二間, 號英州; 弓漢村築六百七十間, 號吉州. 吉州在北, 雄州在南。

9) 『고려사절요』권7 예종(睿宗) 3년 3월 미상

築宜州通泰平戎三城, 與咸英雄吉福州公嶮鎭爲北界九城. 皆徙南界民, 實之.

10) 국사편찬위원회 역, 『고려사절요』권7, 예종(睿宗) 4년(1109년) 5월 미상

集群臣於宣政殿, 問以還女眞九城可否. 初, 議者皆言女眞弓漢里外連山壁立, 唯有一小徑可通, 若設關城, 塞小徑, 則其患永絶. 及其取攻, 水陸道路無往不通, 與前所聞絶異.

11) 윤경진, 「고려말 東北面 영토개척과 영토의식: 公嶮鎭 두만강북설의 출현 배경」『한국문

경남북도를 연결하는 유일한 고개로서 이곳만 막으면 북쪽에서의 침입을
저지할 수 있으므로, 오히려 당초의 지리정보에 가깝고 9성의 환부 사유와
는 부합하지 않는다.

『金史』「알로전(斡魯傳)」에는 "고려가 할라전에 9성을 쌓자, 알로(斡魯)
또한 9성(九城)을 쌓아서 고려군에 대항하였다."[12]고 되어 있다. 더욱이 9성
축조 이후에도 고려군은 전방 길주 이남의 함주(咸州)·영주(英州)·숭녕진
(崇寧鎭)·선덕진(宣德鎭) 등에서 여진군과 대규모 전투를 하였다[13]. 함경도
지형상 길주(마천령 고개)를 막을 경우 후방 여러 곳에서 여진군이 성을 쌓기
어렵기에 지리와 부합되지 않는다. 그런데 길림성 연변지역은 여러 곳으로
통로가 있고 수로(모란강, 해란하, 알아하, 두만강 등) 또한 많은 지역으로서 9
성 환부 사유로 든 지리조건과 부합된다.

2. 9성의 지리적 위치 상호 불부합

『고려사』「지리지」에 따르면 9성은 예종 4년(1109년)에 여진에 돌려주고 2
년 뒤인 예종 6년(1111년)에 길주에 중성(中城)을 쌓았으며, 공험진(公嶮鎭)
에도 예종 6년에 산성을 쌓았다고 되어 있다.[14] 공험진은 경원도호부 북쪽

화』88 (2019), p.134.
12) 『金史』卷71 「列傳」第九 斡魯
高麗築九城於曷懶甸。睿賽母疾病, 斡魯代將其兵者數月, 斡魯亦對築九城與高麗抗
13) 국사편찬위원회 역, 『고려사절요』권7, 예종(睿宗) 3년 8월 미상, 예종(睿宗) 4년(1109년) 2
월 미상, 예종(睿宗) 4년(1109년) 5월 미상
14) 『고려사』志 권제12 「지리」3, 동계 함주대도독부
吉州: 久爲女眞所據, 號弓漢村. 睿宗三年, 置州, 爲防禦使. 六年, 築中城, 尋以地還女眞.
公嶮鎭睿宗三年, 築城置鎭, 爲防禦使. 六年, 築山城.【一云孔州, 一云匡州. 一云, 在先春嶺東南·白
頭山東北. 一云, 在蘇下江邊.】
김구진은 1111년 길주와 공험진에 산성을 쌓은 것은 1109년 평야의 농경지대는 환부하고 산
성은 환부에서 제외된 것이라고 해석하였다. 그러나 고려가 경제적 이득이 큰 평야는 내주고

7백 리 소하강변(蘇下江邊)에 있다고 기록하고도, 또 경원도호부에 있었다고 모순되게 기술하고 있다.[15] 공험진이 두만강 북쪽 7백 리 지점에 있다면 다른 성도 당연히 그와 연계하여 두만강 이북에 있어야 합당하다.[16] 또한 『고려사』「오연총열전」에는 "오연총 등이 길주를 구원하러 가다가 공험진에 이르러 적을 만나 대패하였다."고 되어 있는바, 길주를 가려면 공험진을 거쳐서 가야 한다. 그런데 경원의 공험진은 길주의 북쪽에 있으므로 당시 전황과 맞지 않다. 또한 예종(睿宗) 3년 8월 "왕자지(王字之)·척준경(拓俊京) 등이 함주(咸州)·영주(英州) 2주(州)에서 여진(女眞)과 싸웠다."고 되어 있다. 즉 함주와 영주는 서로 가까이 있었다.[17] 그런데 『고려사』「지리지」에

여진 내지 깊숙한 곳에 경제활동도 안되는 산성을 유지하였다는 것이 합리적 설명으로 보기 어렵고, 여진이 허용할 리도 없다.
김구진, 「윤관 9성의 범위와 조선 6진의 개척-여진세력 관계를 중심으로-」『사총』21·22합집,(고대사학회, 1977), p.214. 참조

15) 『세종실록』155권 「지리지」 함길도 길주목 경원 도호부
慶源, 古孔州, 或稱匡州, 久爲胡人所據, 高麗大將尹瓘逐胡人, 置公險鎭防禦使...愁濱江[在豆滿江北, 源出白頭山下, 北流爲蘇下江, 歷公險鎭·先春嶺, 至巨陽城, 東流一百二十里, 爲愁濱江, 至阿敏入海]...北距公險鎭七百里, 東北距先春峴七百餘里...其北蘇下江邊有公險鎭, 卽尹瓘所置鎭。南隣貝州,探州, 北接堅州。

16) 방동인은 『동국여지승람』에 경원도호부의 공험진을 내방어소(內防禦所)로 명명한 것은 선춘현의 공험진이 군사거점의 전초기지로서 외방어소로 인식한 것이고, 경원도호부(孔州)는 공험진의 치소로 본 것이라고 해석하였다.
방동인, 「고려·조선의 북방 영토개척」『한민족과 북방과의 관계사 연구』(한국정신문화원연구논총, 1995), p.292. 참조
김구진은 東國輿地勝覽과 北路紀略에 길주 고경원에 공험진 내 방어소가 있고, 소하강변에 외 공험진이 있었다고 기록한 것은 공험진을 하나의 城이 아닌 영역으로 보아야 한다고 주장하였다. 김구진(1976), p.85~86.
한편 『신증동국여지승람』에 따르면, 함흥에서 길주까지 596리로서 그 사이에 홍원(洪原), 북청(北靑), 이성(利城), 단천(端川) 등이 있고, 이웃 군현간 거리는 최소 89리~최대 186리이다. 공험진 관할이 7백 리나 되고, 치소 7백 리 밖에 전초기지를 운영하였다는 것은 합리적 설명으로 보기 어렵다.
한국고전번역원 역, 『신증동국여지승람』49권, 50권 함경도 참조
17) 국사편찬위원회 역, 『고려사절요』권7 예종(睿宗) 3년 8월 미상
行營兵馬判官王字之拓俊京與女眞戰于咸英二州, 斬三十三級.

는 함주가 가장 남쪽에 있으며, "서쪽의 영주와 동쪽의 웅주 및 선화진이
북쪽의 길주에 병합되었다."[18]고 기록되어 있어서 지리적으로 맞지 않다.[19]
예종 4년(1109년) 6월 여진의 사자들이 함주(咸州)에 와서 말하기를, "어제
아지고촌(阿之古村)에서 태사(太師) 오아속(烏雅束)을 만났는데, 화친을 청
하는 뜻을 병마사(兵馬使)에게 전하도록 하였습니다."[20]라고 하였다. 즉 오
아속의 병영과 함주는 하루 거리에 불과하여 전방에 위치하였던 것이 분명
하다. 함경남도 함주는 최후방이어서 윤관이 설치한 함주의 위치라고 보기
어렵다.

III. 9성의 위치 재검토

1. 전투지역 분석

(1) 할라전(曷懶甸)의 위치

할라전 지역 여진은 고려의 기미지배를 받아왔으나 완안부가 강성하면

---

18) 『고려사』권58 지 권제12 「지리3(地理 三)」동계
英州: 睿宗三年, 置州, 爲防禦使, 號安嶺軍. 四年, 撤城, 以其地還女眞. 後併於吉州.
雄州: 睿宗三年, 置州, 爲防禦使, 號寧海軍. 四年, 撤城, 以其地還女眞. 後併於吉州.
宣化鎭: 睿宗四年, 撤城, 以其地還女眞. 後收復, 併于吉州.
19) 한진서(韓鎭書) 지음·한국고전번역원 역, 『해동역사속(海東繹史續)』제10권 地理考10 高麗1
동북계(東北界)의 연혁(沿革)
《고려사》오연총열전(吳延寵列傳)을 보면...공험진이 길주 남쪽에 있었다는 것을 잘 알 수가
있다. 지금의 경원(慶源) 등지에 있었다고 하는 것은 아주 잘못된 것이다...예종세가(睿宗世家)
를 보면...영주는 함주 접경 지역에 있었으며 여러 성 중에서 가장 서쪽에 있었다. 《고려사》지
리지에서 "영주는 뒤에 길주에 병합되었다."고 한 것은 잘못된 것이다.
20) 국사편찬위원회 역, 『고려사절요』권7 예종(睿宗) 4년 6월
六月. 尹瓘吳延寵自定州勒兵, 往救吉州之圍, 行至那卜其村. 咸州司錄兪元胥馳報, "女眞公兄裹弗
史顯等叩城門曰, '我輩昨到阿之古村. 太師烏雅束今欲請和, 使我傳告兵馬使. 然兵交不敢入關. 請
遣人于我場, 庶以太師所諭詳悉傳告.'" 瓘等聞之, 還入城.

서 고려와 할라전[21]의 지배권을 두고 충돌하게 되었다.[22] 청대의 학자들은
영고탑(寧古塔)[23]과 해란하 일대로 비정하고 있는 바, 『성경통지(盛京通志)』
는 다음과 같이 기술하였다.

"폐해란로(廢海蘭路): 상경(上京) 1천8백 리, 고려 경계까지 5백 리
이다. 강종(康宗) 4년에 고려가 수만 군사로 쳐들어 와서 해란전
(海蘭甸)에 9성을 쌓았다...해란로는 고려와 서로 접한다. 생각건
대, 길림 영고탑(寧古塔) 경내이다. 지금의 영고탑성(寧古塔城) 남
쪽에서 조선 경계인 도문강(圖門江) 까지 6백 리이다. 해란와집(海
蘭窩集)[24] 남북 일대의 크고 작은 해란하(海蘭河)는 금나라 때의 옛
해란로 땅이다."[25]

영고탑에서 조선 경계 두만강까지 6백 리는 『금사』「지리지」에 할라로가
동남쪽 고려 경계까지 5백 리[26]라고 기술한 것과 비슷하므로 두만강이 고

---

21) 『遼金元三史國語解』四十六卷 「金史語解」卷一
海蘭 楡樹也卷一作孩懶卷三作曷懶卷二十四作合懶倂改水名又路名
曷懶의 독음은 일반적으로 '갈라'로 표기하여 왔다. 曷의 독음은 갈, 알, 할로 발음된다. 「금사어
해」에서 해라(孩懶), 합라(合懶)와 통용된다고 하였으므로 본고에서는 할라(曷懶)로 표기한다.
曷懶(karran)은 黑水(Kara, 또는 Hara)의 형용사로서 黑水女眞을 의미하며, 海蘭(Hairan)河
의 水名과 같은 것으로 해석된다. 몽골과 여진의 발음은 K, H 음가가 서로 통용되었다.
김구진(1977), p.211. 참조
22) 최규성, 「고려전기의 사회와 대외관계」『신편 한국사』15 (국사편찬위원회, 1995), p.325.
23) 영고탑 구성은 흑룡강성 해림현(海林縣)에 신성은 영안현(寧安縣)에 있었다.(百度百科)
24) 해란와집(海蘭窩集)은 장광재령(張廣才嶺)이다. 흑룡강성 동남부에서 길림성 동북부에 걸
쳐 있는 산맥, 小白山이라고도 부른다. 해란은 만주어로 유수림(楡樹林: 느릅나무숲)의 뜻이
다.(百度百科)
25) 『盛京通志』卷一百二 古蹟【三】吉林境内郡縣古蹟
廢海蘭路【上京一千八百東南至高麗界五百里...康宗遣使撫納四年高麗築九城于海甸以兵數萬來
攻...海蘭路與高麗相接又按吉林寧古塔境内】...今寧古塔城南至圖們江朝鮮界六百里而南北皆有是
河則是海蘭窩集延袤至廣大小海蘭河其皆金時海蘭路一帶舊壞也
26) 『金史』志 卷二十四 志第五 地理上 上京路 合懶路

려와 경계였다는 것을 밝히고 있다. 또한 청나라 말기(1891년) 장순(長順)이 편찬한 『길림통지(吉林通志)』에서도 길림성 해란하 일대가 고려가 9성을 쌓은 지역이라고 기술하고 있다.

"현 해란하 지역은 금나라 해란로가 확실하다. 할라(曷懶)는 즉 해란이다. 『금사』「세기(世紀)」와 「고려전(高麗傳)」에, 고려가 출병하여 해란전에 9성을 구축하자, 강종(康宗)이 이를 정벌하였다. 고려의 옛 9성은 지금의 해란하 쯤 된다."[27]

또한 『만주원류고(滿洲原流考)』에서도 금나라 해란로(海蘭路)와 고려의 경계가 두만강임을 다음과 같이 분명히 하고 있다.

"지금의 영고탑성(寧古塔城) 남쪽에서 도문강(圖們江) 조선 경계까지 6백 리이다. 남북에 있는 것이 모두 이 강으로서 즉 해란와집(海蘭窩集)의 넓이가 큰데 대소 해란하는 모두 금나라 때의 해란로 일대의 옛 경내가 아니겠는가."[28]

또한 청나라 말기 경방창(景方昶)이 편찬한 『동북여지석략(東北輿地釋略)』에서도 할라전이 해란하를 중심으로 한 지역이라고 보았다. 다만 고려와 여진의 경계가 두만강이 아니라 함경도 단천부 일대라고 보았다.

合懶路, 置總管府貞元元年, 改總管為尹有移鹿古水。西北至上京一千八百里, 東南至高麗界五百里。

27) 淸·長順·李桂林, 『光緖吉林通志』, 吉林省图书馆, 光緖十七年(1891).
今海蘭河地之為金海蘭路實確鑿可據金墓高麗傳所謂曷圃路以南者也曷懶即海蘭也世紀及高麗傳皆壬高麗出兵海蘭甸築九城康宗伐之高麗舊畢九城之戍皆在今海蘭河許

28) 남주성 역주, 『흠정만주원류고(欽定滿洲原流考)』(서울: 글모아, 2010), 권하 p.124.
今寧古塔城南至圖們江朝鮮界六百里而南北皆有是河則是海蘭窩集延袤至廣大小海蘭河其皆金時海蘭路一帶舊境歟

"합란로(合懶路)에서 서북으로 상경까지 1천8백 리, 동남으로 고려 경계까지 5백 리이다. 생각건대 지금 영고탑 남쪽 3백여 리 대소해란의 지역과 도문강(圖們江)을 넘어 고려 단천부(端川府)까지 지역이다. 아륵초객(阿勒楚喀)의 백성(白城)이 그 서북에 있는데, 서북으로 상경 1천8백 리라는 말과 서로 부합된다. 지금의 지도상 고려 단천부가 그 동남에 있는데 5백 리라는 숫자와 또한 맞게 부합한다. 간혹 할라(曷懶) 야란(耶懶) 압란(押懶)으로 쓰기도 하는데 번역하면서 변한 것이다. 석적환(石適歡)이 할라전(曷懶甸)을 위무하여 들이고 출로전(朮魯傳)에서 '할라(曷懶)에서 고려를 물리치고 아로성(亞魯城)을 취했다.'고 한 것이 모두 그 지역이다."[29]

(2) 을리골령(乙離骨嶺)·오수(五水)의 위치

고려 예종 때에 할라전에 있던 여진의 7성이 고려에 귀부하면서 할라전 오수(五水) 지역의 여진인들이 고려에 귀부하자, 완안부에서 이를 저지하고자 하였다.

"강종(康宗: 烏雅束)은 석적환(石適歡)으로 하여금 할라전(曷懶甸) 사람들을 귀부하도록 하였다. 이때 석적환은 성현(星顯) 통문(統門)의 군사들을 거느리고 을리골령(乙離骨嶺)으로 가서 군사를 더 모집하여 활날수(活涅水)로 나아가 할라전(曷懶甸)을 순행하면서 '배반한 7城'을 수습하도록 하였다. 이때 오수(五水)의 백성들이 모

---

29) 경방창(景方昶), 『동북여지석략(東北輿地釋略)』卷2
金史上京路屬地釋略:合懶路西北至上京一千八百里東南至高麗界五百里方昶按即今寧古塔南三百餘里大小海蘭之地跨圖們江而抵高麗瑞川府諸地皆是也阿勒楚喀之白城在其西北與西北至上京一千八百里之言相合今圖高麗瑞川府在其東南亦適符五百里之數...或作曷懶或作耶懶亦作押懶皆譯音之變...曷懶水有率眾降者使石適歡撫納曷懶甸朮魯傳云敗高麗於曷懶取亞魯城地理志恤品路云耶懶又書作押懶皆其地也

두 고려에 귀부하고 붙잡힌 단련사(團鍊使)가 14명이었다."[30]

星顯(성현)은 연길시를 지나는 부르하투하(布尔哈通河)이고, 통문(統門)은 두만강을[31] 가리킨다. 을리골령의 위치는 할라전의 범위를 획정하는 중요한 곳이라고 할 수 있다. 『金史』 「世記」 목종영가기(穆宗盈歌記)에는 "본부 법령이 동남으로는 을리골(乙离骨)·할라(曷懶)·야라(耶懶)·토골론(土骨論)까지, 동북으로는 오국(五国)·주외(主隈)·독답(禿答)에 이르렀다."고 되어 있다.[32] 을리골령은 단지 고개를 지칭하지 않고 部의 명칭으로도 쓰였다. 그간 일본과 중국인 학자 및 조선 후기 학자 등은 함경도 길주(吉州)의 마천령(摩天嶺)이라고 보았다.[33] 국사편찬위원회 발행 『중국정사조선전』에서는 개마고원(蓋馬高原)으로 비정하였다.[34] 그런데, 9성 중 복주(福州)를 오림금촌(吳林金村)에 쌓았다. 오림금촌은 『고려사』에 기록된 30姓 여진의 오림대부(烏臨大部)[35]로 보인다. 『금사』에 오림답부(烏林答部)[36]로 청대(淸

---

30) 국사편찬위원회 역, 『중국정사조선전』3, 「金史外國列傳」 高麗(국사편찬위원회, 1990), pp.287~288.
遂使石適歡往納曷懶甸人,,穆宗沒, 康宗嗣, 遣石適歡以星顯統門之兵往至乙離骨嶺, 益募兵趨活涅水徇地曷懶甸, 收叛亡七城...於是, 五水之民皆附於高麗, 團鍊使陷者十四人.
31) 『遼金元三史國語解』四十六卷 「金史語解」卷一
圖門 萬數也卷一作統門卷二作䮾門卷三作徒門幷改地名又村名又水名
조선과 청의 경계문제가 된 토문하(土門河)의 위치에 관해서는 본고에서는 별론으로 한다.
32) 『金史』卷一 本紀 第一 「世紀」 穆宗 盈歌
三年丙子八月太師因致穆宗...一切治以本部法令, 東南至于乙离骨, 曷懶, 耶懶, 土骨論, 東北至于五國, 主隈, 禿答, 金蓋盛于此
33) 노기식(2004), p.30.
34) 국사편찬위원회 역(1990), p.308.
35) 『고려사』卷四 「世家」卷第四 顯宗 3年 2月
三年 春二月 甲辰 女眞酋長麻尸底, 率三十姓部落子弟, 來獻土馬, 三十姓, 曰阿干頓·曰尼忽·曰尼方固·曰門質老·曰弗遮利·曰居質阿·曰黏開逸·曰尼質阿·曰耶邏多·曰邀揭曜·曰要悅逸·曰鬱唔·曰烏臨大...
36) 『金史』卷一 「本紀」第一 世紀 景祖 烏古廼
是時, 隣部雖稍從, 孩懶水烏林答部石顯尚拒阻不服.攻之, 不克

代)에는 오릉갈부(烏凌喝部)로도 썼으며 조선초 올량합(兀良哈: Orangkhai)
과 관련이 있어 보인다.[37] 오릉갈부는 중심지가 모란강(牡丹江) 지류인 해
랑하(海浪河) 지역으로서 해림시(海林市)·모란강시(牡丹江市)·영안시(寧安
市) 일대에 살았다.[38] 『고려사절요』에 예종(睿宗) 8년 윤 4월 "여진에서 오
라골(烏羅骨)·실현(實顯) 등이 와서 9성을 돌려준 것을 사례하며 말과 금을
바쳤다."[39]고 하였다. 오라골은 을리골의 다른 표기로 보인다.

오수(五水)는 할라전에 있는 주요 다섯 개 강을 가리킨다. 『금사』 「태종기
(太宗紀)」에는, "천회 9년(1131年) 태종이 도문수(徒門水)의 서쪽과, 혼동(渾
疃), 성현(星顯), 잔준(僝蠢) 세 강 북쪽의 놀리는 밭을 할라로(曷懶路)의 여
러 모극(謀克)에 나누어 주도록 하였다"고 되어 있다.[40] 도문수(徒門水)는
두만강이고, 혼동수(渾疃水)는 모란강(牡丹江)이다.[41] 성현수(星顯水)는 부
르하투하(布尔哈通河)[42]이다. 잔준수(僝蠢水)는 왕청현(旺淸縣)을 지나는
알아하(嘎呀河)이다.[43] 오수(五水)의 지역은 위의 두만강·모란강·부르하투

---

37) 오림금촌은 조선초의 여진 올량합(兀良哈: Orangkhai)과 연관이 있어 보인다.
최규성(2002), p.127.

38) 烏林答部: 分布于孩懶水(又称海罗伊河, 今牡丹江支流海浪河)流域(百度百科: https://
baike.baidu.com)
『金史』 卷一 「本紀」 第一 世紀
海蘭水烏凌阿部錫馨尚拒阻不服攻之不克
오림답부는 淸代에 오릉아부(烏凌阿部), 오릉갈부(烏凌喝部), 오림아(烏林阿) 등으로 표기된
다. 남주성(2010), 권하, p.271.

39) 국사편찬위원회, 『고려사절요』 권8 예종(睿宗) 8년 윤 4월 미상
閏月, 女眞烏羅骨實顯等來, 謝還九城, 獻馬及金.

40) 『金史』本紀 券三 「太宗」 天會九年(1131年)
九年正月己亥朔, 戊申, 命以徒門水以西, 渾疃, 星顯, 僝蠢三水以北閑田, 給曷懶路諸謀克

41) 渾疃水: 指今黑龙江省東部之牡丹江. 《明 一统志》 卷25辽东都司: 混同江 "源出长白山, 北
流经 五国城, 又北合松花江, 东注于海"(詞典网)

42) 星显水: 今吉林延吉市境之布尔哈通河. 源出哈尔巴岭(國學大師)

43) 『遼金元三史國語解』四十六卷 「金史語解」 卷一
珊沁 寨也卷三作僝蠢卷六十七作潺春卷一百二十二作山春倂改水名又地名

하·알아하 네 강과 할라수(曷懶水) 즉 해란하로 보인다.[44]

(3) 잔춘수(潺春水)·선춘령(先春嶺)의 위치

앞의 오수(五水) 중 왕청현(旺淸縣)을 지나는 알아하(嘎呀河)를 『금사』에
서 산심(珊沁)·잔준(孱蠢)·잔춘(潺春)·산춘(山春) 등으로 표기하였다. 『金史』
「列傳」에는 "선춘수(蟬春水)가 오연부(烏延部)[45]에 있다. 오아옥리포(烏雅沃
哩布)는 해란로(海蘭路) 선령(禪嶺)사람이다."라고 되어 있다. 오연부는 오아
부(烏雅部)로도 썼으며 장광재령(張廣才嶺) 부근의 선춘수(蟬春水) 유역에
거주하던 부족이다. 즉 오아부에 선춘수(蟬春水)와 선령(禪嶺)이 있었다. 여
진은 산춘(山春)으로, 고려는 선춘(先春)으로 기록한 것으로 보이고, 선령(禪
嶺)이 곧 선춘령(先春嶺)으로 추정된다. 『용비어천가』에는 선춘령(先春嶺)을
先春(산춘)嶺으로 표기하였고, 구쥬에서 동쪽 4일 거리에 있는 고개라고 하

孱蠢水: 古水名。即今吉林省图们江支流嘎呀河(詞典网)
44) 김구진은 오수(五水)가 해란하(海蘭河)·포이합도하(布爾哈圖河)·알아하(嘎呀河)·두만강
(豆滿江)·훈춘강(訓春江)으로, 김상기는 함흥평야 지역의 성천강(城川江) 등의 다섯 개 하천으
로 보았다.
김구진(1977), p.211. 참조
김상기, 「여진 관계의 시말과 윤관(尹瓘)의 북정」『국사상의 제문제』제4집 (국사편찬위원회,
1959), p.168. 참조
45) 오연부(烏延部)
居住于蟬春水(一说在今张广才岭附近)流域, 部人以部名为姓氏(백도백과)
선춘수(장광재령 부근) 유역, 부의 사람들은 부의 이름을 성씨로 삼았다.
『金史』「列傳」第三 始祖以下諸子
蟬春水烏延部富者郭槪,畏烏春強,請世祖兵出其間,以為重也
선춘수 오연부 부자곽갠은 오춘이 강함을 겁내서, 세조에게 그 사이로 출병을 요청하였다.
『金史』「列傳」第二十
烏雅沃哩布 海蘭路禪嶺也 오아옥리포는 해란로(海蘭路) 선령(禪嶺)사람이다.
乌雅氏世居东北一带, 唐末女真"通用三十姓"之一——乌延氏, 金旧姓"兀颜姓"(백도백과)
오아씨는 오연씨, 올안씨로도 썼다.
女真族的来源及历史 蟬春河(今延边嘎呀河) (中华历史 〉中华杂谈)

였다.[46] 왕청현 알아하(嘎呀河)의 상류 춘양진에서 노송령(老松嶺)을 넘으면 흑룡강성 영안시와 연결된다. 노송령이 선춘령으로 비정된다.[47]

(4) 목리문전(木里門甸)과 할라수(曷懶水)의 위치

『금사』「사묘아리전(斜卯阿里傳)」에는 여진군과 고려군의 전투상황을 다음과 같이 기록하고 있다.

> "고려가 할라전(曷懶甸)에 구성(九城)을 쌓자, 사묘아리와 그 아버지 혼탄(渾坦)은 목리문전(木里門甸)에서 적을 만나서 오래도록 싸웠다. 혼탄과 석적환(石適歡)이 도문수(徒門水)에서 만나 군사를 합쳤다. 아리가 앞장서 적병을 물리치고 두 성을 빼앗았다. 후퇴하는 고려군을 할라수(曷懶水)까지 추격하여 대파하였다."[48]

목리문전 도문수 할라수의 상호 위치관계가 분명하지는 않지만 목리문전은 두만강 서쪽 또는 북쪽에 있다. 『단종실록』에는 "회령진(會寧鎭)에서 서쪽으로 270리 모리안(毛里安)에 사는 올량합(兀良哈) 부만호(副萬戶) 소중가(所衆可)는 족류(族類)가 강성하니 2등입니다."[49]라는 기사가 있다. 『세

---

46) 김양진, 「용비어천가 소재 지명의 지리학」『지명학』33 (2020), p.136.
47) 윤여덕, 「윤관 9성의 설치범위에 대한 신고찰」『백산학보』제92호 (2012). p.274.
최창국과 김구진은 선춘령을 왕청현 부흥진(復興鎭) - 동녕시 라자구진(羅子沟鎭) 향진계(響鎭界) 고개로, 이인철은 동녕현 도하진(道河鎭) 홍석립자촌(紅石砬子村) 고려령(高麗嶺)으로 비정하였다. 김구진(1976), p.86. 이인철(2017), p.109.
최창국, 「선춘현(先春峴)과 공험진(公嶮鎭) 위치 고찰 - 『세종실록지리지』 및 고지도, 현지답사 등을 중심으로-」『군사연구』제143집 (2017), p.50, p.64.
48) 『金史』「列傳」第十八 斜卯阿里
父渾坦 高麗築九城於曷懶甸, 渾坦攻之, 遇敵於木里門甸, 力戰久之…渾坦與石適歡合兵於徒門水, 阿里首敗敵兵, 取其二城。高麗入寇, 以我兵屯守要害, 不得進, 乃還。阿里追及于曷懶水.
49) 『단종실록』 단종 3년 3월 24일 2번째 기사, 西指二百七十里毛里安住兀良哈副萬戶所衆可, 族類強盛二等。

종실록』에서는 모리안을 목리안(木里安)으로 표기하고 있다.[50] 목리문전은 목리안과 동일지명으로 보이는데, 회령진에서의 거리로 보아서 연변조선족 자치주 안도현(安圖縣) 일대로 추정된다. 할라수는 해란하의 다른 표기이다. 고려군과 여진은 안도현과 해란하 지역에서 전투를 한 것으로 보인다. 여진이 빼앗은 고려의 두 개 성은 고려 측 기록에는 나오지 않는다.

2. 할라전 여진 7성(城)

할라전 여진 7성은 9성의 모태로 보인다. 완안부가 부족 통합을 시도하자 할라전의 여러 부가 대항하였다.『金史』「列傳」에 다음과 같이 기록되어 있다.

> 태사 영가(盈歌: 穆宗) 때에 "통문(統門)과 혼춘수(渾蠢水)가 합류하는 곳의 오고론부(烏古論部)의 유가(留可), 사도(詐都), 적고덕(敵庫德), 오탑(塢塔), 아리민특석수(阿里民忒石水) 흘석열부(紇石烈部)의 둔은(鈍恩) 등이 연합하여 대항하였다. 둔은과 적고적 등은 먼저 소빈수(蘇濱水) 미리미석한성(米里迷石罕城)으로 들어가서 저항하였다. 성을 함락하고 둔은과 적고덕을 사로잡았으나 풀어주었다. 유가성을 함락하자 오탑성은 항복을 하였다.[51] 목종(穆宗) 3

---

50) 『세종실록』 세종 24년 5월 9일 무진 1번째 기사, 正統七年四月十八日, 木里安住人吾良哈 所衆哥告稱: 達達 篤吐兀王等四名及忽刺溫...

51) 『金史』卷六十七「列傳」第五
鈍恩, 阿里民忒石水紇石烈部人. 父納根涅, 世為其部勃董...穆宗使納根涅以本部兵往治冶剌等, 行至蘇濱水, 輒募人為兵, 主者拒之, 輒抄略其人. 遂攻烏古論部敵庫德, 入米里迷石罕城. 及幹賽, 冶訶來問狀, 止蘇濱水西納木汗村, 納根涅止蘇濱水東屋邁村, 納根涅雖款伏而不肯徵償, 時甲戌歲十月也. 明年八月, 納根涅遁去, 幹賽追而殺之...留可, 統門, 渾蠢水合流之地烏古論部人. 詐都, 渾蠢水安春之子也...間誘奧純, 塢塔兩部之民作亂. 敵庫德, 鈍恩皆叛而與留可, 詐都合...穆宗使撒改伐留可, 使謾都訶伐敵庫德...謾都訶, 石土門迎擊, 大破鈍恩. 米里迷石罕城遂降, 獲鈍恩, 敵庫德, 皆釋弗誅. 太祖至撒改軍, 明日遂攻破留可城...塢塔城亦撤守備而降

년 성현수(星顯水) 흘석열부 아소(阿疎)가 군사를 일으켜 대항하자 목종이 직접 잔춘(潺春)·성현(星顯) 양로(兩路)를 평정하기 위하여 둔은성(鈍恩城)과 아소성(阿疎城)을 공격하여 함락하였다."[52]

또한 『金史』「世紀」에 "경조(景祖: 完顔烏古乃) 때 알륵부인(斡勒部人) 배내(盃乃)가 오춘(烏春)[53]·와모한(窩謀罕)과 거병을 하자, 세조(世祖: 劾里鉢)가 장수가 되어 쳤으며, 와모한이 성(城)을 버리고 도망가자 모두 포로로 잡았다."고 되어 있다.[54]

즉, 여진 7성은 유가성(留可城)·오탑성(塢塔城)·미리미석한성(米里迷石罕城)·둔은성(鈍恩城)·아소성(阿疎城)·오춘성(烏春城)·와모한성(窩謀罕城) 등으로 보인다.

경방창(景方昶)은 『동북여지석략』에서 유가성은 혼춘(琿春)의 서쪽 분익령(盆搦嶺) 남쪽에, 오탑성은 혼춘의 서쪽 도문강과 혼춘수의 교계에 있다고 하였다.[55] 또한 미리미석한성은 혼춘 이북 수분하(綏芬河)의 동쪽에[56], 둔은성과 아소성은 성현수(星顯水: 부르하투하)와 잔춘수(潺春水: 알아하)의

---

52) 『金史』卷六十七「列傳」第五
阿疎, 星顯水紇石烈部人...遂與同部毛睹祿勃董等起兵。穆宗自馬紀嶺出兵攻之, 撒改自胡論嶺往略, 定潺春, 星顯兩路, 攻于鈍恩城。穆宗略阿疎檜水, 益募軍, 至阿疎城...阿疎聞穆宗來, 與其弟狄故保往訴于遼。遼人來止勿攻。穆宗不得已, 留劾者勃董守阿疎城而歸...遂破其城。狄故保先歸, 殺之。
53) 『金史』卷六十七「列傳」第五(국학대사망)
烏春, 阿跋斯水溫都部人, 以鍛鐵爲業。後數年, 烏春舉兵來戰, 道斜寸嶺, 涉活論, 來流水, 舍於朮虎部阿里矮村滓布乃勃董家。是時十月中, 大雨累晝夜不止, 冰澌覆地, 烏春不能進, 乃引去
烏春是阿跋斯水(今敦化北勒福成河)溫都部人(百度百科)
54) 『金史』卷一 本紀第一 世紀 世祖
景祖時, 斡勒部人盃乃來屬, 及是, 有他志...遂結烏春, 窩謀罕舉兵, 使肅宗與戰, 敗之, 獲盃乃..世祖自將與歡都合兵嶺東, 諸軍皆至...乃進軍圍之。窩謀罕棄城遁去。破其城, 盡俘獲之
55) 경방창(위책), 권2. 留可城在今琿春村盆搦嶺即琿春以西大嶺其南麓今名穆克德亨嶺塢塔城當在琿春西大嶺之下世紀云統門【即今圖們江】渾蠢水【即今琿春】之交
56) 경방창(위책), 권2. 米里迷石罕城在今琿春以北越綏芬河以東之地

교계지점이며, 둔은성이 남쪽에 아소성이 북쪽에 있다고 비정하였다.[57] 와모한성은 액목현(額穆縣) 혹은 돈화시(敦化市) 악다력성(額多力城: 속명 敖東城)이라고 하였다.[58] 오춘이 아발사수(阿跋斯水) 온도부(溫都部) 사람이고 아발사수는 돈화시 북쪽 늑복성하(勒福成河)이므로 와모한성은 돈화시 북쪽 흑석향(黑石鄉) 고성으로, 오춘성은 오동성으로 비정된다.[59]

또한 유가성은 혼춘시 삼가자향(三家子鄉) 온특혁부성(溫特赫部城)[60]으로, 오탑성은 혼춘시 서북 밀강향(密江鄉) 고성으로 비정된다.[61] 미리미석한성은 흑룡강성 동녕시(東寧市) 대성자촌(大城子村) 고성으로 비정된다.[62] 윤관군은 회령(會寧)에서 두만강을 건너 용정시-연변시-돈화시 방면으로 진출한 것으로 추정된다. 따라서 둔은성은 용정시와 화룡시(和龍市) 경계

---

57) 경방창(위책), 권2. 鈍恩城在綏芬河源之北阿疏城又在鈍恩城之北其地皆在…鈍恩在南阿疏在北是也鈍恩與阿疏同部阿疏居星顯水潙春路與之相近

58) 경방창(위책), 권2. 窩謀罕又作窩謀海按即今俄漠惠亦作鄂模和古今譯音之轉變也【今設額穆縣治】,世紀云窩謀罕棄城遁去破其城或即額多力城矣【俗名敖東城】
액목(額穆:emu) 아마혜(俄漠惠)와 와모(窩謀:womou) 회령의 옛이름 알목하(斡木河) 오음회(吾音會)는 모두 유사 발음이다. 이성계의 선조 목조의 선거주지 알동(斡東)과 오동(敖東) 액다력(額多力) 오도리(吾都里) 또한 발음이 같다.

59) 溫都部: 分布于来流水(今松花江支流拉林河)以南, 匹古敦水(今蜚克图河)以北地, 境内有星显水, 阿斯温山.地产铁, 民居有以锻铁为业者. 阿跋斯水(今吉林敦化北勒福成河)之温都部人乌春(百度百科)

60) 온특혁부성(溫特赫部城)에 대하여는 아래 논문 참조
양시은, 「연변지역의 고구려 유적의 현황과 과제」『동북아역사논총』38호 (동북아역사재단, 2012), p.107.

61) 오탑성(塢塔城): 辽建, 在今吉林珲春市西北密江乡.《金史·太祖纪》:"太祖"既破留可, 还攻塢塔城, 城中人以城降". 即此.即今吉林省珲春市西北密江村. 金为上京路地(文學教育网)(https://www.zjlxx.com.cn/diming/213926.html)

62) 米里迷石罕城在今珲春以北越綏芬河以東之地
한편 중국의 詞典网에서는 미리미석한성을 현 혼춘시 동북 춘화진으로 비정하였다.
辽建, 在今吉林珲春市东北春化镇(西土门子)附近 (詞典网) (https://www.cidianwang.com/lishi/diming/8/232380a.htm)
동녕시 대성자촌 고성은 발해 솔빈부 소재지로 비정되고 있음. 아래 논문 참조
송기호, 「발해 城址의 조사와 연구」『한국사론』19집 (국사편찬위원회, 1992), pp.435~437.

동성진(東城鎮) 동고성(東古城)으로,[63] 북쪽 아소성은 연변시 동쪽 도문시(圖門市) 장안진(長安鎮) 성자산(城子山) 산성으로 비정된다.

VI. 9성의 위치 비정

1. 9성의 교치(僑治)

세종 15년(1433년) 3월 세종은 신하들에게 "고려의 윤관(尹瓘)이 여진(女眞)을 소탕하고 설치한 주(州) 중에 길주(吉州)가 있었는데, 지금 길주가 예전 길주와 같은가?"[64]라고 하였고, 21년(1439년) 8월에는 함길도 도절제사 김종서(金宗瑞)에게 "동북 지경은 공험진(公嶮鎮)으로 경계를 삼았는데 어느 곳에 있는지 알지 못한다. 윤관이 구성(九城)을 설치하였는데, 그 성(城)이 지금 어느 성인지 조사해서 아뢰라."[65]고 하였다. 세종의 지시에 따라 조사한 내용이 『세종실록』「지리지」 경원도호부조에 실린 것으로 보인다.

> "옛 공주(孔州)로서 광주(匡州)라고도 칭한다. 고려의 대장(大將) 윤관(尹瓘)이 호인(胡人)을 몰아내고 공험진 방어사(公嶮鎮防禦使)를 두었다...수빈강(愁濱江) 근원은 백두산에서 나오는데, 북쪽

---

63) 화룡시(和龍市) 동고성(東古城)에 대하여 중국학자들은 金代 曷懶路總管府治所로 추정하고 있다.
이병건, 「연변지구 내 추정 요금시기 평지성의 조영과 성곽시설 고찰」『고구려발해연구』56집 (고구려발해학회, 2016), p.121, p.125. 참조
64) 『세종실록』 59권, 세종 15년 3월 20일 계유 1번째기사
上謂諸臣曰: "高麗 尹瓘將十七萬兵, 掃蕩女眞, 拓置州鎮, 女眞至于今, 瓘之置州也, 有吉州, 今之吉州, 與古之吉州同歟? 高皇帝覽朝鮮地圖, 詔曰: '公嶮鎮以南, 朝鮮之境.' 卿等參考以啓.
65) 『세종실록』 86권, 세종 21년 8월 6일 임오 2번째기사
傳旨咸吉道都節制使金宗瑞曰:東北之境, 以公嶮鎮爲界, 傳言久矣 然未知的在何處,...又尹瓘逐女眞置九城, 其城今何城乎? 在公嶮鎮之何面乎? 相距幾何? 幷聞見開寫以啓.

으로 흘러서 소하강(蘇下江)이 되어 공험진(公險鎭)·선춘령(先春
嶺)을 지나 거양성(巨陽城)에 이르고, 동쪽으로 1백20리를 흘러서
수빈강이 되어 아민(阿敏)에서 바다로 들어간다. 북쪽 공험진까지
7백 리, 동북쪽 선춘현(先春峴)까지 7백여 리이다...거양성(巨陽城)
은 윤관(尹瓘)이 쌓은 것이다. 거양에서 서쪽으로 60리를 가면 선
춘현(先春峴)이니, 곧 윤관이 비(碑)를 세운 곳이다. … 소하강(蘇
下江) 가에 공험진(公險鎭)이 있다. 남쪽으로 패주(貝州)·탐주(探
州)와 인접(隣接)하였고, 북쪽으로 견주(堅州)와 접(接)해 있다."[66]

위 내용은 윤관 설치 당시의 길주 공험진 등 9성의 위치가 세종 때의 위
치와 다름을 밝히고 있다. 경원도호부 관내 하천으로 소하강과 수빈강을
기록한 것은 윤관 점령지역을 밝힌 것이다. 9성 반환 이후에는 9성 관할구
역 관련사항을 공험진에 부여한 것으로 생각된다. 『신증동국여지승람』에
서 "윤관(尹瓘)이 경원에 공험진내방어소(公險鎭內防禦所)를 두었다."[67]고

---

66) 『세종실록』 155권 「지리지」 함길도 길주목 경원도호부
慶源, 古孔州, 或稱匡州, 久爲胡人所據, 高麗大將尹瓘逐胡人, 置公險鎭防禦使...愁濱江【在豆滿
江北, 源出白頭山下, 北流爲蘇下江, 歷公險鎭, 先春嶺, 至巨陽城, 東流一百二十里, 爲愁濱江, 至阿
敏入海.】四境,...北距公險鎭七百里, 東北距先春峴七百餘里...巨陽城...城本高麗大將尹瓘所築, 自
巨陽西距六十里先春峴, 卽尹瓘立碑處. 其碑四面有書, 爲胡人剝去其字, 後有人堀其根, 有高麗之
境四字...其北蘇下江邊有公險鎭, 卽尹瓘所置鎭. 南隣貝州, 探州, 北接堅州...距府南三十五里, 有堀
浦. 東五里許, 有倉基, 諺傳前朝北伐時, 轉委輸處
67) 『신증동국여지승람』 제50권 함경도(咸鏡道) 경원도호부(慶源都護府)
古稱孔州. 一云匡州. 後人掘地得銅印, 其文曰匡州防禦之印. 久爲女眞所據. 高麗尹瓘逐女眞設砦,
爲公險鎭內防禦所.
이익은 『성호사설』에서 경원도호부에 공험진성이 있었고 공험진비는 두만강 7백 리 선춘(先
春)에 있었다고 설명한다.
이익 지음·한국고전번역원 역(위책), 제3권 천지문(天地門) 공험비(公嶮碑). 참조
김노규는 공험진이 두 개 있었다고 설명한다. "내공험과 외공험은 이름은 같으나 2개의 진이고,
예전에 소하(蘇下)라고 하였다가 뒤에 송화(松花)라고 한 것은 이름은 다르나 하나의 강이다."
김노규(金魯奎) 지음·이정욱 역, 『북여요선(北輿要選)』 상, 「백두산 옛 강역에 대한 고찰[白頭
舊疆攷]」(한국고전번역원, 2018)

한 것은 두만강 북쪽 7백 리에 있던 공험진(외공험진)에서 철수하여 공주(孔州)로 옮기고 명칭을 그대로 사용한 때문일 것이다. 9성 수비군과 다수 이주민을 철수하면서 모두 흩어버렸다고 보기 어렵다. 남쪽에서 9성 지역에 옮긴 사민(徙民)의 규모는 69,000호이다.[68] 세종 때에 6진(鎭)에 옮긴 3,200여 호 26,000여 구(口)와 비교하면 24배이다. 9성 점령지가 6진의 24배 정도로 보아야 할 것이다.[69] 두만강 남쪽에 9성 명칭이 남아있게 된 것은 9성 반환 뒤 북방지역 수비를 위하여 그 州의 명칭과 다수 주민을 두만강 남쪽으로 옮겨서 교치(僑治)를 한 것으로 보인다.

2. 9성의 위치 비정

고려에 귀순한 할라전의 여진 7성은 윤관 9성의 모태가 되었다고 보인다. 고려군은 여진성의 내성(內城) 목재와 기와를 이용하여 외성(外城)을 쌓도록 하였기에 단기간에 성을 쌓을 수 있었다.[70] 『고려사절요』에 따르면, 고려군이 정주(定州)를 출발한 것이 1107년(예종 2년) 12월 14일이다. 그동안 원산만이 고려와 여진의 국경선인 것처럼 잘못 인식하게 된 것은 고려군이

최규성은 "公嶮鎭을 진수하기 위해 그 남쪽 후방인 두만강 이남의 광주에 內防禦所를 둔 것"이라고 해석하였다. 최규성(2002), p.146.

68) 『고려사』卷九十六「列傳」卷第九 諸臣 윤관

新置六城, 一曰鎭東軍咸州大都督府, 兵民一千九百四十八丁戶. 二曰安嶺軍英州防禦使, 兵民一千二百三十八丁戶. 三曰寧海軍雄州防禦使, 兵民一千四百三十六丁戶. 四曰吉州防禦使, 兵民六百八十丁戶. 五曰福州防禦使, 兵民六百三十二丁戶. 六曰公嶮鎭防禦使, 兵民五百三十二丁戶. 『고려사』卷八十二「志」卷第三十六 兵二 성보 1108년 미상(음)

尹瓘等令諸軍, 撤內城材瓦, 以築九城, 徙南界民, 實之【號咸州曰鎭東軍, 置戶一萬三千, 號英州曰安嶺軍, 雄州曰寧海軍, 各置戶一萬, 福·吉·宜三州, 各置戶七千, 公險·通泰·平戎三鎭, 各置戶五千】.

69) 김구진(1977), p.227.

70) 『고려사절요』권7 예종(睿宗) 3년 3월 미상. 瓘等命諸軍撤內城材瓦以築九城.

정주(定州)에서 출발한 것으로 기록되었기 때문이다.[71] 당일에 동음성(冬音城)을 함락하고, 다음날인 12월 15일 좌군과 함께 석성(石城)을 격파하였다.[72] 이 기록으로만 보면 고려군의 처음 점령지역은 함흥일대로 보인다. 두만강 이북설과 배치되는 기록이다. 9성을 교치하면서 정주(定州)와 선덕진(宣德鎭) 등 다른 지명도 당초 두만강 일대에서 남쪽으로 이동되었을 가능성이 있다고 추정된다. 『요금원삼사국어해(遼金元三史國語解)』에서 "둔은성(鈍恩城)은 통은(通恩)으로도 썼다."[73]고 되어 있다. 동음성(冬音城)은 여진의 둔은성으로 보이고, 석성(石城)은 아소성(阿踈城)으로 추정된다.

궁한령(弓漢嶺)은 발음과 위치로 보아서 발해 홀한성(忽汗城)과 관련된 지명으로 보인다.[74] 『신증동국여지승람』 회령도호부조에 "공험진의 남쪽은 구주(具州)·탐주(探州)와 인접한다."고 되어 있다.[75] 김구진은 "구주(具州)는 흑룡강성 영안시(寧安市) 영고탑(寧古塔)으로, 탐주(探州)는 길림성 돈화시

71) 복기대, 「윤관의 9성의 위치에 대한 재검토」 『금사와 북방연구』48, (북방문화연구소), 이인철(2017), p.95. 재인용
72) 『고려사절요』권7 예종(睿宗) 2년(1107년) 12월 14일
乙未. 瓘自以五萬三千人出定州大和門...船兵別監梁惟竦元興都部署使鄭崇用...等以船兵二千六百出道鱗浦. 瓘過大乃巴只村, 行半日...至文乃泥村, 賊入保冬音城. 瓘遣兵馬鈐轄林彦與弘正, 率精銳, 急攻破, 走之. 12월 15일
丙申. 左軍到石城下...於是, 瓘麾下與左軍合擊, 殊死戰, 大敗之.又遣弘正富弼錄事李俊陽, 擊伊位洞. 賊逆戰. 久乃克之...瓘又分遣諸將, 畫定地界. 又遣日官崔資顯, 相地於蒙羅骨嶺下築城廊九百五十間, 號英州, 火串山下築九百九十二間, 號雄州, 吳林金村築七百七十四間, 號福州, 弓漢伊村築六百七十間, 號吉州.
73) 『遼金元三史國語解』四十六卷「金史語解」卷三. 通恩【聲也卷一作鈍恩城名】
74) 여진어 발음 K와 H는 발음이 통용되므로 궁한(弓漢) 공험(公嶮) 가한촌(加漢村)은 발해 상경용천부는 흑룡강성 영안시(寧安市) 홀한해(忽汗海: 현 鏡泊湖)부근 홀한성(忽汗城)과 지명이 연관이 있어 보인다. 수분하 지역 골간(骨看兀狄哈)의 골간(骨看) 또한 발음이 유사하다. 김구진(1977), p.211. 참조
75) 『신증동국여지승람』제50권/함경도(咸鏡道) 회령도호부 고적
公嶮鎭.自高嶺鎭渡豆滿江, 踰古羅耳, 歷吾童站, 英哥站, 至蘇下江, 江濱有公嶮鎭古基. 南隣具州、探州, 北接堅州. 先春嶺. 在豆滿江北七百里. 尹瓘拓地至此, 城公嶮鎭, 遂立碑於嶺上, 刻曰"高麗之境". 碑之四面有書, 皆爲胡人剝去.

(敦化市)로, 거양성은 수분하(綏芬河)가 지나는 동녕시(東寧市)로 추정하였다."[76] 이로 미루어 보아서 공험진은 흑룡강성 해랑하(海浪河)와 모란강이 만나는 교계부근의 모란강시(牡丹江市) 관내로 비정된다. 『세종실록』「지리지」에서 거양성이 윤관이 쌓은 것이라고만 기록하고 9성 중 어느 곳인지는 밝히지 않았다. 거양성이 북쪽에 설치된 길주로 비정되는데, 곧 동녕시(東寧市) 대성자촌(大城子村) 고성이며 여진 7성 중 미리미석한성(米里迷石罕城)으로 추정된다. 예종(睿宗) 4년(1109년) 5월 길주가 포위되자 오연총(吳延寵)이 구원하러 가다가 공험진에서 여진의 기습을 받아서 패하였다.[77] 오연총군은 중성대도독부가 있던 돈화시 영주에서 영안시-모란강시(공험진)-수분하시(綏芬河市)를 거쳐 동녕시에 이르는 노야령(老爺嶺) 북쪽 평탄한 통로를 선택한 것으로 보인다.

또한 『세종실록』「지리지」함길도 길주목(吉州牧)조에 "길주가 북쪽에 있고 웅주가 남쪽에 있다."[78]고 되어 있다. 고려 『이탄지묘지명(李坦之墓誌銘)』에 따르면, 이탄지(李坦之)가 예종 3년(1108)년 포위된 웅주성에 갈 때에 "원흥진(元興鎭)에서 배를 타고 방두포(邦頭浦)에서 배를 내려서 웅주성 남문으로 들어갔다"고 되어 있는바 웅주는 포구와 연결된다.[79] 웅주는 러시

---

76) 『세종실록』 155권 「지리지」 함길도 길주목 경원 도호부
慶源, 古孔州, 或稱匡州, 久爲胡人所據, 高麗大將尹瓘逐胡人, 置公險鎭防禦使...愁濱江[在豆滿江北, 源出白頭山下, 北流爲蘇下江, 歷公險鎭, 先春嶺, 至巨陽城, 東流一百二十里, 爲愁濱江, 至阿敏入海 ...北距公險鎭七百里, 東北距先春峴七百餘里...其北蘇下江邊有公險鎭, 卽尹瓘所置鎭。南隣貝州, 探州, 北接堅州。
김구진은 先春嶺은 綏芬河 상류의 老松嶺으로, 공험진은 牡丹江 중상류 鏡泊湖 북쪽의 寧古塔으로, 巨陽城은 수분하의 東寧市로 보았다. 貝州가 『신증동국여지승람』에는 貝州라고 되어 있다. 김구진(1976), p.85~86.
77) 『고려사절요』권7 예종(睿宗) 4년 5월 미상
78) 『세종실록』 155권, 「지리지」 함길도 길주목(吉州牧)
分遣將軍, 畵定地界...弓漢村築六百七十間, 號吉州. 吉州在北, 雄州在南。
79) 국사편찬위원회, 『고려시대 금석문·문자자료』「墓誌銘·墨書銘」이탄지묘지(李坦之墓誌銘)

아 연해주 Razdolnaya강(수분하) 중류 우수리스크 니콜리스크 성지(우수리
스크 南城)[80]로 비정된다.

　영주는 여진의 오춘성(烏春城)이며 돈화시(敦化市) 오동성(敖東城)으로
비정된다. 예종 3년 1월 영주성에 있던 고려군이 가한촌(加漢村) 병목[瓶
項]으로 나갔다가 패하고 돌아왔다.[81] 가한촌(加漢村)은 가한(可汗: 王)의
다른 표기로 보이는데, 곧 발해 상경성이 있던 영안시(寧安市) 홀한성(忽汗
城)을 가리키는 것으로 추정된다. 궁한(弓漢) 공험(公嶮) 또한 다른 표기로
보이고 같은 지역으로 추정된다. 돈화시에서 액목현을 거쳐 영안시까지 모
란강을 따라서 도로가 연결되므로 지리적으로도 부합된다. 예종 3년 8월에
고려군이 함주(咸州)·영주(英州) 2주(州)에서 여진(女眞)과 싸우고, 또 사지
령(沙至嶺)에서도 싸웠다.[82] 이로 보아 함주(咸州)는 영주와 가까이 있었다.
함주는 영주로 비정되는 돈화시 오동성의 북쪽 흑석향(黑石鄉) 고성[83]으로
비정할 수 있다.

　복주(福州)[84]를 설치한 오림금촌(吳林金村)은 淸代의 오릉갈부(烏凌喝部)

"元興鎭 借乘轉輸舡與百許人放榜循花島戴星至泊邦頭浦下舡入雄州城南門"

80) 우수리스크 南城은 발해 솔빈부 소재지로 비정되기도 하였음. 아래 논문 참조. 송기호
(1992), p.407. p.437.
81)『고려사절요』卷7 睿宗 三年 1월
乙丑. 尹瓘吳延寵率精兵八千 出加漢村瓶項小路, 賊設伏叢薄間, 候瓘軍至, 急擊之, 軍皆潰, 僅十
餘人在. 賦圍瓘等數重, 延寵中流矢, 勢甚危急, 俊京率勇士十餘人, 將救之...以日晩, 還入英州城.
82)『고려사절요』권7 예종(睿宗) 3년 8월 미상.
行營兵馬判官王字之拓俊京與女眞戰于咸英二州, 斬三十三級.
『고려사절요』권7 예종(睿宗) 3년 9월 16일(음) 계해(癸亥)
癸亥 行營兵馬判官王字之·拓俊京擊女眞于沙至嶺, 斬二十七級, 擒三人.
83) 흑석향(黑石鄉) 고성에 관하여는 아래 논문 참조. 이병건(2016), p.142.
84) 문종 때에 귀부한 동여진의 11개 촌에 州를 설치하여 귀순주(歸順州)에 소속한 바 있다.
11주에 복주(福州)가 있는데, 윤관이 설치한 복주와 동일한 지역으로 생각된다.
『고려사』卷九「世家」卷第九 文宗 27년 9월 4일(음) 갑진(甲辰)
九月 甲辰 翰林院奏, "東女眞大蘭等十一村內附者, 請爲濱·利·福·恒·舒·濕·閩·戴·敬·付·宛十一州,

로서 중심지가 모란강(牡丹江) 지류인 해랑하(海浪河) 일대였던 오림답부
(烏林荅部)로 추정된다.[85] 1106년 고려에 망명한 여진의 백성들을 인수하
고자 완안부(完顏部) 아괄(阿聒)과 오림답부(烏林荅部) 승곤(勝昆)이 고려
경계에 왔다.[86] 오림답부의 백성들이 고려에 망명하였기에 그 부족 대표가
사신으로 왔을 것이다. 따라서 복주는 흑룡강성 해림시(海林市)와 영안시
(寧安市) 일대를 관할하였고 치소는 영안시(寧安市) 동경성(東京城) 동남쪽
7km 거리에 있는 성동향(城東鄕) 토성자촌(土城子村) 고성으로 비정할 수
있다.[87] 여진 7성과 윤관 9성을 비교하면 다음 표와 같다.

여진 7성	윤관 9성	현위치
유가성(留可城)		혼춘시 삼가자향(三家子鄕) 온특혁부성(溫特赫部城)
오탑성(塢塔城)	의주성(宜州城) 통태성(通泰城) 평융성(平戎城)	혼춘시 서북 밀강향(密江鄕) 고성
아소성(阿疎城)		도문시(圖門市) 장안진(長安鎭) 성자산(城子山) 산성
둔은성(鈍恩城)		용정시(龍井市) 동성진(東城鎭) 동고성(東古城)
오춘성(烏春城)	영주(英州)	돈화시(敦化市) 오동성(敖東城)

各賜朱記, 仍隸歸順州", 從之. 김구진(1976), p.73.

85) 烏林荅部: 分布于孩懶水(又称海罗伊河, 今牡丹江支流海浪河)流域(百度百科: https://
baike.baidu.com)
오림답부는 淸代에 오릉아부(烏凌阿部), 오릉갈부(烏凌喝部), 오림아(烏林阿) 등으로 표기된
다. 남주성(2010), 권하, p.271.

86) 『金史』卷一百三十五「列傳」第七十三 外國下 高麗
[康宗]四年丙戌(1106) 高麗使使黑歡方石來賀嗣位, 康宗使盃魯報聘, 且尋前約, 取亡命之民。高麗
許之, 曰: 「使使至境上受之。」康宗以爲信然, 使完顏部阿聒, 烏林荅部勝昆往境上受之。康宗畋于馬
紀嶺之隻村以待之。阿聒, 勝昆至境上, 高麗遣人殺之, 而出兵曷懶甸, 築九城。

87) 오림금촌은 조선초의 여진 올량합(兀良哈: Orangkhai)과 연관이 있어 보인다. 최규성
(2002), p.127.
토성자촌(土城子村) 고성은 송기호(1992), p.442. 참조

여진 7성	윤관 9성	현위치
와모한성 (窩謀罕城)	함주(咸州)	돈화시(敦化市) 흑석향(黑石鄕) 고성
	복주(福州)	영안시(寧安市) 성동향(城東鄕) 토성자촌(土城子村) 고성
	공험진(公嶮鎭)	모란강시(牡丹江市)
미리미석한성 (米里迷石罕城)	길주(吉州)	동녕시(東寧市) 대성자촌(大城子村) 고성
	웅주(雄州)	러시아 연해주 우수리스크 니콜리스크 성지 (우수리스크 南城)

표1 여진 7성과 윤관 9성 비교
(※ 숭령진(崇寧鎭)·진양진(眞陽鎭)·선화진(宣化鎭)은 위치가 불명이다.)

『고려사』에서는 "윤관이 처음 설치한 9성은 함주·영주·웅주·복주·길주·의주의 6주(州) 및 공험진·통태진·평융진의 3진(鎭)이다. 그런데 여진에 돌려줄 때에는 의주 및 공험진·평융진이 없고 숭령진·진양진·선화진이 추가되어 있는데 대하여 의문이다."[88]라고 하였다. 한편, 『금사』에는 여진이 함락시킨 고려성이 나오는데 한진서는 『해동역사(海東繹史) 속집』에서 "『금사』열전에 '아도한(阿徒罕)을 선봉으로 타길성(駝吉城)을 함락시켰다. 출로(朮魯)가 아로성(亞魯城)을 빼앗았다. 골모파(鶻謀琶)가 타로성(陀魯城)을 함락할 때 공을 세웠다. 사묘아리가 고려의 두 성을 빼앗았다'는 등의 기록이 있는데 타로(陀魯)는 아로(亞魯)의 음이 변한 것이며, 길주를 옛날에는 길성(吉城)이라고 칭하였는바 바로 타길성이다."[89]라고 하였다.

그런데, 아로(亞魯)는 야라(耶懶)의 전음으로 길주로 비정되고, 타길(駝吉)은 토골론(土骨論)의 전음이며 조선 초 도골올적합(都骨兀狄哈)을 가리

---

88) 『고려사』권57 「지리」3 동계 함주대독부 선화진
89) 한진서(韓鎭書) 지음.한국고전번역원 역, 『해동역사(海東繹史) 속집』 제10권 지리고(地理考) 10 고려(高麗) 1 동북계(東北界)의 연혁(沿革)

키는 것으로서 웅주로 비정된다.

V. 맺음말

『고려사절요』에서는 9성의 환부 이유로서, '여진의 궁한리(弓漢里) 밖은 외길 하나만 있는 산악지대로서 이곳 애로(隘路)만 통제하면 여진의 침입을 막을 수 있다고 알았는데, 빼앗아보니 수륙으로 도로가 통하지 않는 것이 없었다.'고 하였다. 궁한리가 함경도 마천령이라는 길주 이남설의 주장은 지리적 조건이 맞지 않아서 설득력이 없다. 또한 당시의 전투상황으로 보아서 함주와 영주는 가까이 있어야 하는데 함주는 최남방에 있고 영주는 최북단 길주에 병합되었다고 하여 지리상 맞지 않는다. 9성은 예종 4년(1109년)에 여진에 돌려주었는데도 2년 뒤인 예종 6년(1111년)에 길주에 중성(中城)을 쌓고, 공험진(公嶮鎭)에도 산성을 쌓았다고 『고려사』에 기록되어 있어 전후 상황과도 부합하지 않는다.

고려에 귀부한 5수(五水) 지역은 길림성 연변일대의 모란강·부르하투하·해란하(海蘭河)·두만강과 알아하 일대이다. 윤관이 9성을 설치한 할라전(曷懶甸)의 위치에 대하여, 明·淸代 쓰여진 『길림통지』·『동북여지석략』·『성경통지』·『만주원류고』 등에서는 영고탑(흑룡강성 영안시)에서 두만강에 이르는 해란하 지역이라고 기술하고 있다. 할라전에 있는 할라수(曷懶水)는 현 해란하(海蘭河)이며 고려군과 여진군이 싸운 곳이다.

윤관의 9성은 두만강 북쪽 할라전의 여진 7성을 근거로 설치되었기에 신속히 완성할 수 있었다. 동쪽 화곶산(火串山) 아래 설치한 웅주(雄州)는 러시아 연해주 우수리스크 니콜리스크 성지(우수리스크 南城)로 비정할 수 있다.

서쪽 몽라골령(蒙羅骨嶺) 아래 설치한 영주(英州)는 돈화시(敦化市) 오동성(敖東城)으로 비정되고, 함주(咸州)는 영주와 가까우므로 돈화시(敦化市) 북쪽 흑석향(黑石鄕) 고성으로 비정된다. 북쪽 궁한령(弓漢嶺) 아래 설치한 길주(吉州)는 동녕시(東寧市) 대성자촌(大城子村) 고성으로, 공험진(公嶮鎮)은 흑룡강성 모란강시(牡丹江市)로 비정된다. 오림금촌(吳林金村)에 설치된 복주(福州)는 영안시(寧安市) 성동향(城東鄕) 토성자촌(土城子村) 고성으로 비정된다. 윤관 9성은 모란강이 지나는 모란강시(牡丹江市)와 영안시(寧安市) 일대, 연변조선족자치주 일대와 수분하(綏芬河)가 지나는 동녕시(東寧市) 및 우수리스크를 연결하는 지역의 남쪽 러시아 연해주 일대에 설치되었다가 여진에게 돌려주고 철수하면서 함경도에 교치(僑治)된 것으로 보인다.

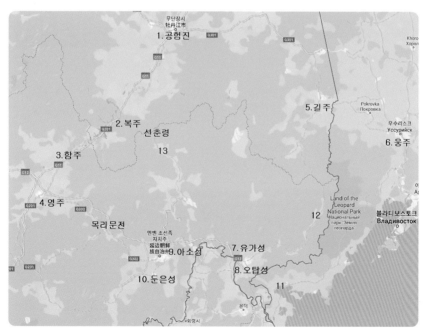

그림1 여진7성과 윤관9성 위치 비정

※여진7성: 와모한성(3), 미리미석한성(5), 오춘성(4), 유가성(7), 오탑성(8),
　　아소성(9), 둔은성(10)

※윤관9성: 공험진(1), 복주(2), 함주(3), 영주(4), 길주(5), 웅주(6), 의주,
　　통태, 평융, 선화진, 진양진, 숭령진 등은 (7~10)과 기타 11(크
　　라스키노 성지), 12(春化鎭), 13(春陽鎭) 등에 설치되었을 것으로
　　추정.

참·고·문·헌

【원전】

• 『高麗史』, 『高麗史節要』, 『金史』, 『吉林通志』, 『大淸一統志』, 『東北邊防輯要』, 『東北輿地釋略』, 『東史綱目』, 『東三省輿地圖說』, 『柳邊紀略』, 『北關紀事』, 『北塞記略』, 『北輿要選』「盛京疆域考」, 『盛京通志』, 『星湖僿說』, 『松漠纪闻』, 『新增東國輿地勝覽』, 『我邦疆域考』, 『鴨江行部誌』, 『遼金元三史國語解』, 『遼東志』, 『遼東行部志』, 『元史』, 『全遼志』, 『朝鮮王朝實錄』, 『淸史稿』, 『海東繹史』, 『海東繹史續』, 『欽定古今圖書集成方輿彙編』

【단행본】

• 국사편찬위원회 역주, 『중국정사조선전』3「金史外國列傳」高麗, 국사편찬위원회, 1990.
• 남주성 역주, 『欽定滿洲源流考』, 서울: 글모아, 2010.
• 디야코바 지음·김재윤 옮김, 『러시아 연해주의 성城 유적과 고대 교통로』, 서울: 서경문화사, 2019.

[지도류]

•『조선여진양국경계도』, 『광여도집』, 『대동여지도』, 『비변사인방안지도』, 『서북피아양계만리일람지도』, 「서북피아양계전도」, 「朝鮮女眞分界圖」, 「요계관방도」, 『해동지도집』.

【학술지 및 논문】

• 김구진, 「공험진과 선춘령비」 『백산학보』21, 1976.
• _____, 「윤관 9성의 범위와 조선 6진의 개척-여진세력 관계를 중심으로-」, 『사총』21·22합집, 고대사학회, 1977.
• 김상기, 「여진 관계의 시말과 윤관尹瓘의 북정」 『국사상의 제문제』제4집, 국사편찬위원회, 1959.

- 김순자, 「고려중기 국제질서의 변화와 고려-여진 전쟁」『한국중세사연구』32, 한국중세사학회, 2012.
- 김양진, 「용비어천가 소재 지명의 지리학」『지명학』33, 2020.
- 남의현, 「元末明初 朝鮮·明의 요동쟁탈전과 국경분쟁 고찰」『韓日關係史研究』41집, 2010.
- 노기식, 「중국학계의 明代 만주 및 조선관계 인식」『한국사론』40, 국사편찬위원회, 2004.
- 박현서, 「북방민족과의 항쟁」『한국사』4, 국사편찬위원회, 1974.
- 방동인, 「고려·조선의 북방 영토개척」『한민족과 북방과의 관계사 연구』, 한국정신문화원연구논총, 1995.
- 복기대, 「경원부의 위치에 관한 소론」『인문과학연구』제68집, 강원대학교 인문과학연구소, 2021.
- 송기호, 「발해 城址의 조사와 연구」『한국사론』19집, 국사편찬위원회, 1992.
- 송용덕, 「1107-1109년 고려의 葛懶甸지역 축성과 '尹瓘 9성' 인식」『韓國史學報』제43호, 2011.
- 스토야킨 막심, 「연해주 발해성곽의 구조와 성격」『중앙고고연구』제22호, 2017.
- 양시은, 「연변지역의 고구려 유적의 현황과 과제」『동북아역사논총』38호, 동북아역사재단, 2012.
- 윤경진, 「고려 동북 9성의 범위와 공험진 입비문제」『역사와 실학』, 2016.
- _____, 「고려말 東北面 영토개척과 영토의식: 公嶮鎭 두만강북설의 출현배경」『한국문화』88, 2019.
- 윤무병, 「길주성과 공험진-공험진 입비문제의 재검토」『역사학보』제10집, 1958.
- 윤여덕, 「윤관 9성의 설치범위에 대한 신고찰」『백산학보』제92호, 2012.
- 이병건, 「연변지구 내 추정 요금시기 평지성의 조영과 성곽시설 고찰」『고구려발해연구』56집, 고구려발해학회, 2016.
- 이상태, 「선춘령과 공험진의 위치 고찰에 관한 연구」『학림』37권, 연세사학

연구회, 2016.

- 이인철, 「고려 윤관이 개척한 동북9성의 위치 연구」 『압록과 고려의 북계』인 하대학교고조선연구소 연구총서3, 2017.

- 정석배, 「발해의 북방경계에 대한 일고찰」 『고구려발해연구』54집, 고구려발 해학회, 2016.

- 최규성, 「先春嶺과 公嶮鎭碑에 대한 新考察」 『한국사론』34, 서울: 국사편찬 위원회, 2002.

- _____, 「고려 초기의 북방영토와 구성의 위치비정」 『백산학보』 제76호, 2006.

- 최창국, 「선춘현先春峴과 공험진公嶮鎭 위치 고찰-『세종실록』 「지리지」 및 고지도, 현지답사 등을 중심으로-」 『군사연구』 제143집, 2017.

A Study on the Location of the Nine Fortresses Pioneered by Yoon Gwan of Koryo Dynasty
- Focused on the analysis of Ballte fields -

Nam, Joo-sung

Abstract

The leaders of Koryo dynasty had an information that if they take hold the mountain pass in Kunghanri village(弓漢里), which was serving as a passage route for the Jurchens and their incursions into the Koryo territory. Koryo can block the Jurchen's incursion. But it was an false information. When general Yoon Gwan seized the Jurchens' Kunghanri village, there were many good roads and waterways. Therefore the opinion that Nine Fortresses were located in the south of Gilju county(吉州) is discrepant from Hamkyungdo province(咸慶道) areas. Also it is not coincidence to the battle situations and positions of Nine Fortresses. The areas of five rivers(五水) in Hallajeon(曷羅甸) were subjected to Koryo. Nine Fortresses were located in the areas of Hairan River(海蘭河) and Burhatuha River(布爾哈通河) etc, those rivers locate in Yanbian Korean Autonomous Prefecture(延邊朝鮮族自治州) in Jilin province(吉林省) of China. 『Jilintongji(吉林通志)』 『Dongbukyeojiseokryak(東北興地釋略)』『Sungkyungtongji(盛京通志)』『Manchuwonryugo(滿洲源流考)』were written in Ming(明) and Qing(淸) Danysty of China. In those books it is written that, Nine Fortresses were located in Hallajeon. The boundary of Hallajeon is from Ningguta(寧古塔: Ningan city(寧安市) Heilonggiang province) to Duman River(豆滿江). Halla River(曷懶水) locates in Hallajeon, it is now called Hairan River(海蘭江). The troops of Koryo and Jurchens fought in the areas of Halla River.

General Yoon Gwan built Nine Fortresses on the basis of seven fortresses built by Jurchens in Hallajeon. Which were located in the north of Duman River. Ungju county(雄州) was built under the Hwakotsan mountain(火串山) located in the east of Hallajeon. Ungju county can be figured out Ussuriysk in Maritime Territory of Russia. Youngju county(英州) was built under the Mongragolryung(蒙羅骨嶺) mountain pass located in the west of Hallajeon. Youngju county can be figured out Aodongcheng castle(敖東城) in Donhua city(敦化市) Yanbian Korean Autonomous Prefecture Jilin Province. Hamju county(咸州) was located near Youngju county therefore it can be figured out Heishixiang(黑石鄉) castle in Donhua city. Gilju county was built under Kunghanryung(弓漢嶺) mountain pass located in north of Hallajeon. Gilju county can be figured out Dachengzicun(大城子村) castle in Dongning city(東寧市) Heilogiangng province. Bokju county(福州) was built in Orimgeumchon village(吳林金村). It can be figured out Chengdongxiang(城東鄉) castle located in Ningan city(寧安市) Heilogiangng province. And Gongheomjin fortress(公嶮鎭) located in Mudanjiang city(牡丹江市). General Yoon Gwan built Nine Fortresses in the north of Duman River, those fortresses were forced to return to Jurchens. Finally Koryo Dynasty displaced Nine Fortresses in the south of Duman River.

Key Words: Yoon Gwan, Nine Fortresses, Duman River, Gongheomjin, Gilju

고려 서경 위치 고찰

허우범

인하대 융합고고학과 교수
인하대 고조선연구소 연구원

• • •

저 서

『여말선초 서북 국경과 위화도』
『고려시대 서북계 이해』(공저)
『13세기 만주고찰을 위하여』(공저)

Ⅰ. 머리말

왕건은 후삼국을 통일하고 918년에 고려를 건국하였다. 이후로 고려는 1392년 멸망할 때까지 중원의 요, 금, 원, 명과 국경을 접하였다. 고구려를 계승한 고려는 건국 초기부터 영토 확장에 주력하였지만 서북쪽으로는 고구려가 당과 경계를 이룬 압록강에 미치지 못하였고 동북쪽은 경계인 선춘령을 넘어섰다.[1] 이때 고구려와 당의 경계였던 압록강은 현재의 요하였다.[2] 이는 고구려 강역을 표시한 현재의 국정교과서 역사부도도 증명하고 있다.[3] 그럼에도 불구하고 우리의 역사학계는 현재의 압록강이 고구려 시대의 압록강이라는 모순된 논리로 일관하고 있다.

이러한 논리적 모순은 압록강의 이동을 인정하지 않는 것에서 비롯되는 것이다. 지명은 언제든지 이동한다. 그것이 국가 간 경계를 이루는 지역은 더욱 이동성이 높다.[4] 이러한 지명 이동론을 고려하지 않고 역사지리를 비정하였기 때문에 현재의 압록강과 평양이 고대부터 유일한 그곳이었다고

---

1) 『高麗史』 「地理志」 序文.
2) 고대의 鴨淥江은 중국 遼寧省의 遼河이고, 고대의 平壤 또한 북한의 평양이 아닌 요녕성의 遼陽이라는 연구 성과가 축적되면서 고려의 국경도 再考하여야 한다는 史觀이 형성되었다. 이와 관련된 주요 논문을 살펴보면 다음과 같다.
고광진 외, 「시론 '장백산'과 압록수의 위치검토」, 『선도문화』13, 2012, 421-450쪽. ; 남의현, 「명대 한·중 국경선은 어디였는가?」, 『압록과 고려의 북계』, 주류성, 2017, 283-304쪽. ; 남의현, 「중국의 『中朝邊界史』를 통해 본 한중국경문제」, 『인문과학연구』57, 2018, 25-75쪽. ; 복기대, 「고구려 후기 평양위치 관련 기록의 검토」, 『고구려의 평양과 그 여운』, 주류성, 2017. 63-82쪽. ; 윤한택, 「고려 북계 봉강에 대하여」, 『고구려의 평양과 그 여운』, 주류성, 2017. 143-174쪽. ; 윤한택, 「고려 서북 국경에 대하여」, 『압록과 고려의 북계』, 주류성, 2017, 13-82쪽.
3) 역사부도에서 고구려의 영토를 살펴보면 서쪽은 중국 요녕성 요하에서 동쪽은 한반도 중부지방에 이른다.
4) 지명 이동론에 대한 설명은 졸저(『여말선초 서북 국경과 위화도』, 책문, 2021, 제2장.) 참고.

주장하고 있는 것이다.

현재 우리 학계에서 주장하는 고려의 최대 영토는 서쪽의 의주 압록강에서 동쪽으로 원산만을 잇는 선이다. 이는 공민왕이 반원정책을 추진하여 영토를 회복한 성과이다. 이러한 국경사는 조선 후기 실학자들의 지리지 내용을 바탕으로 대일항쟁기 일본학자들이 비정한 것인데, 해방 이후 우리 학계에서는 오늘날까지 이를 그대로 답습하여 오고 있다.

대일항쟁기 조선총독부는 반도사관을 수립하고 우리의 역사를 그 틀 속에 넣어 맞춘 『조선사』를 편찬하였다. 이때 참여한 일본학자들은 정약용의 『아방강역고』와 김정호가 제작하였다는 「대동여지도」를 활용하여 반도사관 수립의 기본 자료가 되는 『만주역사지리』와 『조선역사지리』를 발간하였다.[5] 이들은 수많은 사료를 검토하면서도 반도사관에 부합되지 않은 것은 인용하지 않았다. 나아가 아무런 논리적 근거도 없이 지명이 같다는 이유 하나만으로 당대의 역사지리를 획정하였는데, 그 대표적인 것이 현재의 평양이 고려의 서경이었다는 것이다.[6] 이러한 비정은 고구려의 압록강과 평양의 위치를 한반도 안으로 비정하고 이후의 역사지리를 이에 꿰어 맞춘 것이다. 하지만 고려 우왕이 요동정벌을 추진하기 위하여 군사를 징집하고 군수물자를 준비하는 과정을 기록한 『고려사』의 한 부분만 살펴보아도 평양과 서경은 다른 곳이었음을 금방 알 수 있다.[7]

---

5) 이들은 대동여지도에 표기된 지명을 모두 당대의 역사지리와 일치시켰다. 그러다 보니 사료의 기록과 맞지 않는 부분이 발생하자, '괴이하다'거나 '상상할 수 있다'라고 논증하였고, 전혀 다른 방위나 지리에 대하여는 '(사료가)잘못되었다'고 하였다.
6) 箭內亘, 「滿洲に於ける元の疆域」, 『滿洲歷史地理』 2, 滿鐵, 1913, 344쪽.
東寧府は高麗の西京にして今の平壤なること何等考證を要せず.
7) 『高麗史』卷113, 「列傳」卷第26, '諸臣', 崔瑩
禑次平壤, 督徵諸道兵, 作浮橋于鴨綠江, 使大護軍裵矩督之. 船運林‧廉等家財于西京, 以備軍賞, 又發中外僧徒爲兵.

필자는 고려말 우왕이 요동정벌을 추진하는 발단이 된 철령위의 위치와
이성계가 이끄는 요동정벌군이 회군한 위화도의 위치를 각각 새롭게 비정
한 바 있다.[8] 이는 압록강을 새롭게 살펴본 결과이기도 하다. 본 논문은 그
후속 연구로 그간의 연구들을 바탕으로 고려의 서경에 대하여 살펴보고 그
위치를 논증하고자 한다.

II. 고구려 평양과 고려 서경 연구 검토

1. 조선시대

조선은 왜란과 호란을 겪으며 성리학을 근간으로 하는 정치체제가 한계
에 이르렀음을 깨달았다. 더욱이 조선의 상국인 명이 일개 오랑캐로 여겼던
여진에게 멸망하자 그 충격은 더욱 클 수밖에 없었다. 특히, 18세기 초 청
강희제로부터 시작된 조선과의 국경 조사는 조선사회에 북방 영토에 대한
관심을 고조시켰다. 이는 실학자들을 중심으로 고대사의 강역과 북방영토
에 대한 연구를 촉발시키는 계기가 되었다. 그런데 이들 실학자들의 연구
는 조선의 강역과 지명 안에서 이를 인식하고 비정하는 한계를 띠었다. 이
러한 인식은 중국 측의 사료 기록이 당대 조선의 지리와 부합되지 않으면
무시하거나 부정하였다.[9] 조선사회 지배층의 이러한 역사지리 인식은 조선
시대 전체에 걸쳐 일관되게 나타난다.

평양은 삼조선(三朝鮮)과 고구려의 고도(古都)이다. 고려 때에 서

---

8) 허우범, 「위화도의 위치 재고찰」, 『인문과학연구』62, 2019. 217-259쪽.; 「고려말 철령위
위치의 재고찰」, 『고려시대 서북계 이해』, 우리영토, 2020. 129-162쪽.
9) 실학자들의 이러한 지리인식은 평양뿐만 아니라 압록강, 패수, 철령 등의 인식에서도 마찬
가지로 작용하였다.

경(西京)을 두었고, 본조(本朝)에 들어와 평양부가 되니, 평양부는
서북(西北) 한 도(道)의 도회(都會)가 되었다.[10]

평양은 기자(箕子)가 도읍한 곳으로 8조로 다스린 정전의 제도가
지금도 역력히 남아 있는데, 오늘날의 외성이 그것이다. 그 후로
연인(燕人) 위만이 차지하였고, 또 고구려의 도읍지로 되었는데,
국경의 남쪽은 한강에 이르고, 북쪽은 요하에 이르러, 수십만의 병
력을 가진 가장 강성한 나라였다. 고려는 이곳에 서경을 두고 춘추
로 왕래하며 순유(巡遊)하는 곳으로 삼았다.[11]

고려 때에 와서 강역을 정하면서 패서(浿西)의 땅이 되었는데, 지
금의 평안도 서경(西京)이다.[12]

위의 사료들에서 보는 것처럼 평양은 삼조선 시대부터 줄곧 평양이었던
것이니, 고구려의 평양도 고려의 서경도 모두 현재의 평안남도 평양으로 보
았다. 이는 조선 후기에 이르기까지 아무런 의심 없이 그대로 이어져 왔다.
이러한 지리인식을 바탕으로 후기의 실학자들은 자신의 저작을 통해서 고
려의 국경과 서경을 다음과 같이 비정하였다.

① 원나라가 서경을 우리에게 이미 돌려주고 동녕부를 압록강 북
쪽에 옮겨 설치하였으니, 우리의 설한령과의 거리가 7백여 리이며,

---

10) 徐居正, 『四佳集』 「序」 '送平壤芮少尹詩序'
平壤. 三朝鮮高句麗古都. 高麗氏置西京. 入本朝爲府. 府爲西北一道之都會.
11) 成俔, 『慵齋叢話』 卷之一
平壤箕子所都. 八條爲治. 井田之制歷歷猶存. 今之外城是也. 其後燕人衛滿所據. 又爲高句麗所都.
其國境南至漢江. 北至遼河. 擁兵數十萬. 最爲强盛. 高麗置爲西京. 春秋往來. 以爲巡遊之地.
12) 許穆, 『記言』48續集, 「四方」2, '關西誌'
至高麗定疆域. 爲浿西地. 今爲平安道西京.

그 땅이 창성의 서쪽 옥강보(玉江堡) 동북쪽에 있다.[13]

② 서쪽은 용만(의주) 어귀에서 시작해 영원(寧遠)의 등마루(황초령)를 지나고 동쪽은 도련포(都連浦)에 닿는다.[14]

고려의 서경은 원나라의 동녕부에 편입되기도 하였는데, 정약용은 원이 고려의 서경인 현재의 평양 지역을 고려에게 돌려주고 동녕부를 압록강 북쪽 지역으로 옮겨 설치하였다고 설명하고(사료①), 이를 토대로 고려의 국경을 의주에서 황초령을 지나 도련포에 이르는 선이라고 하였다.(사료②) 현재의 평양이 고려의 서경이라는 논리는 정약용에 의해 보다 구체화되었다.

③ 약용이 살펴보건대 산상왕 13년(209)에 국내성에서 환도성(만포 북쪽 압록강 건너편 지역)으로 도읍을 옮겼다. 39년 지난 뒤인 동천왕 21년(247)에 이르러 처음 평양성을 쌓고 그 종묘·사직을 옮겼다가 이윽고 또한 옮겨가서 살았고, 다시 96년이 지난 고국원왕 12년(342)에 환도성으로 옮겨 돌아왔다. 겨우 2년이 지나서 또 평양의 동황성으로 돌아왔다가 85년이 지난 장수왕 15년(427)에 또 평양성으로 옮겼다. 대체로 산상왕 13년 이후는 고구려의 도읍이 혹은 환도에 있기도 했고 혹은 평양에 있기도 했으나, 실제로 국내성에 다시 도읍한 일은 일찍이 없었다.[15]

---

13) 丁若鏞, 『與猶堂全書』6, 「地理集」4, '疆域考4', 西北路沿革續
按北元旣還我西京, 其東寧府 移設於鴨水之地也. 距我薛罕嶺七百餘里 則其地在今昌城之西. 玉江堡之東北矣.
14) 丁若鏞, 『我邦疆域考』「西北路沿革」
西起於龍灣之口, 跨寧遠之脊(草黃嶺), 東抵都連浦.
15) 丁若鏞, 『我邦疆域考』「國內考」
鏞案 山上王十三年, 自國內城移都丸都城(滿浦北隔水之地) 歷三十九年. 至東川王二十一年, 始築平壤城, 移其廟社, 尋亦移居歷九十六年。至故國原王十二年, 還移丸都城. 甫二年又還平壤之東黃

④ 서경(지금의 평양부)은 본래 고구려의 고도(故都)이다. 태조(왕건) 2년에 서경(西京)을 설치하였고, 광종 11년에 서도(西都)로 고쳤다.[16]

정약용은 고구려가 몇 번의 천도를 한 장소는 지금의 중국 요녕성 집안과 현재의 평안남도 평양의 두 지역을 오간 것으로 비정하였다.(사료③) 고산자는[17] 정약용의 연구를 이어받아 고려의 서경은 곧 조선의 평양이라고 확정하였다.(사료④)

2. 대일항쟁기

일본 제국주의는 1905년 러일전쟁에서 승리하자 곧바로 조선과 을사늑약을 체결하여 조선의 외교권을 박탈하고 보호국가로 삼았다. 일제는 한국의 식민 지배를 정당화하기 위하여 많은 노력을 기울였다. 반도에 있는 미성숙한 조선인들을 성숙하게 완성시켜주기 위한 것[18]이라고 하였으며, 일본과 조선은 한 조상이라는 일선동조론을 주장하며 조선침략을 정당화하였다. 더 나아가서 고조선의 평양은 현재의 평양이며 이로부터 삼국을 통일한 신라와 고려의 역사지리를 모두 한반도 안에 비정하는 반도사관을 정

城歷八十五年。至長壽王十五年, 又移平壤城。蓋自山上王十三年以後, 句麗之都或在丸都, 或在平壤, 而實未嘗復都國內.

16) 孤山子, 『大東地志』15, 「方輿總志」「歷代志3」 "高麗"
西京(今平壤府)本高句麗故都, 太祖二年 置西京, 光宗十一年 改西都.

17) 일반적으로 『大東地志』의 저자는 김정호라고 한다. 이는 김정호가 孤山子라는 호를 사용했다는 기록 때문이다.(유재건, 『異鄕見聞錄』; 장지연, 『五洲衍文長箋散稿』) 하지만 孤山子라는 별호는 1870년 '이필제의 난'에 가담한 죄인들의 조사기록에도 등장한다.(『各司謄錄』「慶尙監營啓錄」) 따라서 『大東地志』 저자인 고산자가 곧 김정호를 말하는 것인지는 별도로 살펴볼 필요가 있다. 이에 필자는 『大東地志』에 기록된 대로 표기하기로 한다.

18) 박찬홍, 「만선사관에서의 한국고대사 인식 연구」, 『한국사학보』29, 2007, 15쪽.

립하였다. 일제는 이러한 식민사관을 완성하기 위하여 남만주철도주식회사로 하여금 『만주역사지리』와 『조선역사지리』를 발간하도록 하였다. 이 두 책의 목적은 압록강과 두만강이라는 자연지리를 경계로 삼고 이를 넘어서지 않는 한국사를 저술하는 것이다. 1913년에 완성된 이 책들은 이후 우리의 모든 역사지리 연구에 필수도서로 활용되었다. 특히, 1938년에 조선총독부가 발간한 『조선사』의 국경을 설명하는 토대가 되었다.

일본학자들의 고려 서경 연구는 야나이 와타리(箭內亘)와 쓰다 소키치(津田左右吉)가 진행하였다.[19] 이들의 연구는 반도사관에 충실한 역사지리를 비정하는 것이었다.[20] 이를 위하여 먼저 원대의 동녕부 위치를 비정하면서 서경과 60개의 성을 모두 평안도와 황해도에 비정하였는데, 고려의 서경이 지금의 평양이라고 단정하였다.

> 동녕부는 고려의 서경(西京)이며 지금의 평양이라는 것은 어떤 고증도 필요로 하지 않는다.[21]

위의 논리가 성립되려면 적어도 고구려의 평양에 대한 합리적인 설명과 전거(典據)가 필요하다. 하지만 일본학자들은 반도사관의 틀 속에 꿰맞추기 위하여 어떠한 역사적 사료나 과학적인 논증도 없이 비정한 것이다.

고구려는 중원 제국들과 많은 전쟁을 치렀다. 전쟁의 승패는 영토의 확장과 축소를 가져왔고 이는 여러 번의 천도(遷都)로 이어졌다. 고구려는 도읍

---

19) 箭內亘, 「滿洲に於ける元の疆域」, 『滿洲歷史地理』 2, 滿鐵, 1913, 268-432쪽.
津田左右吉, 「元代に於ける高麗西北境の混亂」, 『朝鮮歷史地理』 2, 滿鐵, 1913, 158-195쪽.
20) 반도사관 수립에 참여한 일본학자들의 총괄 책임자는 시라토리 구라키치(白鳥庫吉)였는데, 그는 책임자의 변(辯)에서 "국가의 기대에 부응하기 위하여 우리들도 적극적인 협조를 해야 한다"고 밝혔다.
21) 箭內亘, 위의 논문, 344쪽.
東寧府は高麗の西京にして今の平壤なること何等考證を要せず.

지를 평양이라고 불렀는데 모두 8번에 걸쳐서 천도하였다.[22] 그중에 한 곳의 평양이 고려의 서경이었는데 일본학자들은 고구려가 천도한 도읍지의 위치 비정을 국내성과 환도성[23]을 제외한 평양은 모두 현재의 평양으로 비정하였다. 이는 앞서 살펴본 바 있는 정약용의 비정이 빌미가 되었던 것이다.

고려의 충렬왕은 서경 일대 지역이 원의 동녕부로 편입된 지 11년 후인 1290년에 원으로부터 돌려받았다. 하지만 동녕부는 폐지되지 않고 동녕로총관부로 승격되어 공민왕 때(1369)에 지용수, 이성계 등이 동녕부를 공격하였다.[24] 이 같은 사서 기록을 본 야나이 와타리는 다음과 같이 주장하였다.

> 이름이 같은 동녕부라고 할지라도 지역을 달리한다는 것은 말할 필요도 없는 것이다. 앞의 동녕부는 지금 조선의 평양이고, 뒤의 동녕부는 과연 이것을 어느 주변으로 의정(擬定)해야 하는 것일까? (중략) 요컨대 원나라 말기, 명나라 초기에 원나라의 잔당이 웅거하며 고려에게 정벌을 당한 이른바 동녕부는 지금의 요양에 비정되어야 할 것이다.[25]

---

22) 복기대, 「고구려 도읍지 천도에 대한 재검토」, 『고조선단군학』22, 2010. 199-243쪽.
23) 대일항쟁기 일본학자들은 국내성과 환도성을 중국 요녕성의 집안(集安)으로 비정하였고 우리학계는 이를 그대로 계승하고 있다.
24) 『高麗史』卷42, 「世家」卷第42, 恭愍王 19年 1月
時東寧府同知李吾魯帖木兒, 聞太祖來. 移保亐羅山城, 欲據險以拒, 太祖至也頓村, 吾魯帖木兒來挑戰, 俄而棄甲再拜曰, "吾先本高麗人, 願爲臣僕, 率三百餘戶降. 吾魯帖木兒, 後改名原景. 其酋高安慰帥麾下, 嬰城拒守, 我師圍之. 太祖適不御弓矢, 取從者之弓, 用片箭射之, 凡七十餘發, 皆正中其面. 城中奪氣, 安慰棄妻孥, 縋城夜遁. 明日頭目二十餘人率其衆出降, 諸城望風皆降, 得戶凡萬餘. 以所獲牛二千餘頭, 馬數百餘匹, 悉還其主, 北人大悅, 歸者如市. 東至皇城, 北至東寧府, 西至于海, 南至鴨綠, 爲之一空.
25) 箭內亘, 「滿洲に於ける元の疆域」, 363-369쪽.
乃ち其名均しく東寧府といふと雖も, 其地を異にするや言を竢たず. 前の東寧府は今の朝鮮の平壤なり, 後の東寧府は果して之を那邊に擬定すべきか. (中略) 要するに元末明初の世, 元の餘黨の據りて高麗の征討を被りたる所謂東寧府は, 今の遼陽に比定せらるべきものなり.

야나이 와타리의 동녕부 위치 비정을 살펴보면 처음에는 고려 서경인 한반도 평양에 설치되었다가, 충렬왕 때인 1290년에는 평양 지역을 돌려주고 중국 요녕성의 요양으로 옮겨갔다는 것이다. 즉, 고려의 서경이 현재의 평안남도 평양이었음을 확고히 하고 다음과 같이 한반도 내의 고려 강역도를 완성하였던 것이다.

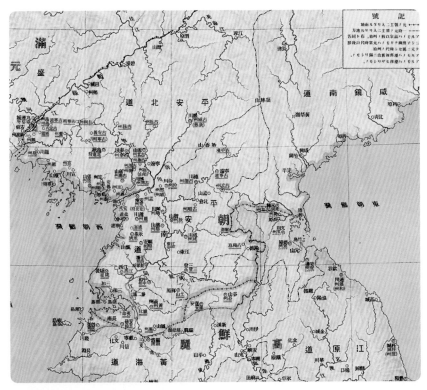

지도1 원대의 고려 강역과 동녕부[26]

---

26) 『조선역사지리』2, 附圖.
일제는 현재의 평양을 고려의 서경으로 비정하고, 동녕로 60개의 성을 평안도와 황해도에 배치하였다.

3. 해방 이후

이처럼 일제의 반도사관이 확정한 '서경=평양'이라는 논리는 해방 이후 우리 역사학계에서 그대로 준용되었다.[27] 그 선두주자는 이병도였다.[28] 이병도는 고구려 장수왕이 국도를 통구(현 집안) 방면에서 대동강변의 평양으로 천도하였다고 하며 그 이유를 다음과 같이 설명하였다.

이 천도의 사정(이유)에 관하여는 하등의 기사가 보이지 아니하나, 생각하건대 舊都인 통구 지방은 국토가 넓어진 당시의 수도로는 그 위치가 너무도 부적당하고, 또 대륙방면의 혼란으로 인하여 後顧의 患이 별로 없는 그 때이므로, 드디어 교통 기타의 유리한 조건을 지닌 곳을 택하여 천도가 결행되었던 것 같다.[29]

이병도는 고구려의 평양을 이렇게 비정하고 원의 동녕부에 편입되었던 고려의 서경도 같은 곳으로 비정하였다.

---

27) 국사편찬위원회가 운영하는 한국사데이터베이스에서 이성계가 공민왕의 명령을 받아 동녕부를 공격한 기록을 검색하면 사료 말미에 다음과 같은 '동녕부'에 대한 주석이 있다.
*동녕부(東寧府): 원나라가 고려 서경(西京)에 두었던 관청. 고려 원종(元宗) 10년(1269)에 반신(叛臣) 최탄(崔坦)이 난을 일으켜 서경(西京)을 비롯한 북계(北界)의 54성(城)과 자비령(慈悲嶺) 이북 서해도(西海道)의 6성(城)을 들어 원나라에 항복했는데, 원종 11년에 원나라 세조(世祖)가 서경에 동녕부(東寧府)를 설치하고, 최탄으로 동녕부 총관(東寧府摠管)을 삼아 자비령 이북을 원나라의 영토로 편입했다. 후에 충렬왕(忠烈王) 16년(1290)에 고려의 요청으로 이를 폐지, 그 지역을 고려에 돌려주고 동녕부를 요동(遼東)으로 옮겼음. 여기의 동녕부는 요동의 것을 지칭한 것임.
(국사편찬위원회 한국사데이터베이스, 『조선왕조실록』,「태조실록」,1권, 주(註)026)
28) 이병도는 이케우치 히로시(池内宏)의 추천으로 1925년 8월 朝鮮史編修會 修史官補로 부임하여 『조선사』 편찬에 참여하였다. 그는 이곳에서 편수회의 각종자료는 물론 만철의 연구 결과도 수시로 볼 수 있었다.
29) 이병도, 『한국사』,「고대편」, 419-420쪽.

(蒙主 世祖가) 병사 삼천을 이끌고 서경(평양)을 진수케 하고, 그곳을 개칭하여 동녕부라 하고, 자비령으로써 경계를 삼고, 최탄으로써 동녕부총관을 삼으니, 령 이북은 일시 몽고의 영토가 되었던 것이다.[30]
(고려)원종 11년에는 서경(평양)에 동녕부를 두고 자비령 이북의 서북지구를 관할케 하였으나, 고려의 간청으로 동녕부는 만주로 옮겨져 이 서북지구만은 약 20년 만인 충렬왕 16년(1290)에 고려로 돌아왔다.[31]

위의 내용들을 보면 이병도는 쓰다 소키치가 주장한 내용을 그대로 수용하고 있음을 알 수 있다. 이러한 이병도의 사관은 이기백으로 이어진다. 이기백도 고려 서경의 위치를 스승인 이병도의 내용을 그대로 계승하였다.

고려의 영토 일부가 원에게 빼앗긴 일도 있었다. 쌍성총관부·동녕부·탐라총관부는 그러한 지역에 설치된 원의 관부였다. 쌍성총관부는 화주(영흥)에 설치된 것으로 철령 이북의 땅이 이에 속하였고, 동녕부는 서경(평양)에 설치된 것으로 자비령 이북이 이에 속하였다.[32]

이처럼 해방 이후의 역사학계는 일제가 구축한 식민사관을 청산해야 한다는 주장과는 반대로 일제가 완성한 반도사관을 더욱 공고하게 구축하여 왔다. 이는 고려의 영토를 표시한 지도와 지명을 보면 더욱 확실하게 알 수 있다.

---

30) 이병도, 『한국사』 「중세편」, 591쪽.
31) 이병도, 『한국사』 「근세전기편」, 27쪽.
32) 이기백, 『한국사신론』, 179쪽.

지도 2 고려북경개척도[33]

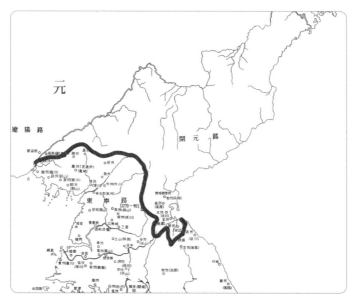

지도 3 고려의 동녕부 회복도[34]

---

33) 『조선역사지리』2, 附圖
34) 이병도, 『한국사』「중세편」, 附圖

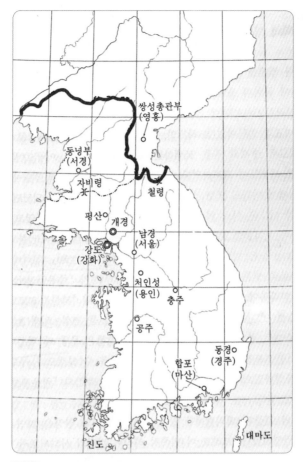

지도 4 고려·몽고 관계도[35]

4. 역사지리 인식의 확장과 최근 성과

2010년도 이후, 한국사의 역사지리를 새롭게 연구하는 학풍이 형성되었
다. 이들 연구는 고대의 압록강(鴨淥江)과 고려의 국경선 연구에 집중되었는
데, 국내 사료 중심이었던 그간의 연구방식에서 탈피하여 중국 측의 사료들
을 폭넓게 활용함으로써 우리의 국경사를 새롭게 해석하였다. 이러한 가운

---

35) 이기백, 위의 책, 173쪽.

데 고려 서경이었던 동녕부의 위치가 요동이라는 연구결과가 발표되었다.[36]

남의현은 중국의 사료들에서 일관되게 나타나는 장수왕대의 평양성인 요양이 원대의 동녕부였고, 따라서 고려시대에 최탄 등이 귀부한 서경이라고 하였다.[37] 그는 그동안의 동녕부 위치는 한반도의 평양이 곧 고구려의 평양이라는 오류를 따라서 비정한 것이라며 이를 비판하였다.

> 평양이라는 지명은 한반도에만 있는 것이 아니다. 명대 15세기에 편찬된『대명일통지』나『원사』등의 사료만 보더라도 수·당 시대의 고구려 평양성이 요동 요양이라고 기록되어 있고, 실제『수서』나『구당서』『신당서』등 14세기 이전 모든 중국 사료들도 장수왕이 천도한 평양성은 요동에 있다고 기록하고 있다. 그리고 이 고구려의 평양성이 서경이 되었고 이 서경이 동녕부가 되었다고 일관되게 기록하고 있다. 그러나 중국과 일본의 연구 성과들은 이러한 사료를 하나도 이용하고 있지 않다.[38]

남의현은 중국 사료들에 기록된 내용을 근거로 일제 이후 지속된 북한 평양 일대가 동녕부라는 기존의 연구에 문제점을 제기한 것이다. 그리고 장수왕이 천도한 평양성과 고려의 서경 및 원대의 동녕부는 모두 한 곳을 말하며 이 장소는 곧 요양이라고 하였다.[39]

---

36) 남의현, 「원말·명초 한중간의 요동국경지대연구」, 『인문과학연구』61, 2019, 177-217쪽. ; 복기대, 「원나라 동녕부 위치에 대한 고찰」, 『몽골학』57, 2019, 97-124쪽.
37) 고려 서경을 요양에 비정한 연구는 남의현, 윤한택 등에 의해서 제기되었다. 한편, 복기대는 고려 서경을 환인에 비정하였다. (남의현, 「중국의 中朝邊界史를 통해 본 한중국경문제」, 『인문과학연구』57, 2018. ; 윤한택, 「고려 서북 국경에 대하여」, 『압록과 고려의 북계』, 주류성, 2017. ; 복기대, 「고구려 후기 평양위치 관련 기록의 검토」, 『고구려의 평양과 그 여운』, 주류성. 2017.)
38) 남의현, 「원말·명초 한중간의 요동국경지대연구」, 『인문과학연구』61, 2019, 182쪽.
39) 남의현, 「장수왕의 평양성, 그리고 압록수와 압록강의 위치에 대한 시론적 접근」, 『고구려

윤한택은 고려에는 두 개의 압록강이 있었는데 전방 방어선으로서의 압록강(鴨淥江)인 요하와 후방 방어선으로서의 현재의 압록강(鴨綠江)이 있었다고 하였다.[40] 이러한 논거 위에 고려의 서경도 요동과 한반도에 각각 있었다고 주장하였다.

> 고려의 서북면 봉강은 고려 태조 왕건 시기부터 조선 태조 이성계 시기까지 압록강(鴨淥江)을 경계로 요양, 심양, 개원, 철령, 보주 등을 접경도시로 삼고 있었다. 고려를 건국한 태조가 그 초년(918)에 평양을 도호부로 삼고 서경으로 경영한 것은 이 경계의 전초기지로 삼고자 함이었다. (중략) 거란과 압록강(鴨淥江) 유역을 다투는 과정에서 국경선 최전방 요동반도 요양 부근 서경을 후방에서 지원하기 위한 기지로 설정되었던 한반도 평양을 호경으로 호칭하고 이를 서경유수관으로 제도화시켰을 것으로 보인다. (중략) 이에 압록강(鴨淥江) 국경선, 압록강(鴨綠江) 후방 방어선이라는 북계 방어체계가 완성되게 된 것으로 이해된다.[41]

윤한택은 고려 초기의 서경은 거란의 동경(요양)과 국경을 접하고 있는 인근 지역(요성)으로 보았고, 후기의 서경은 현재의 평양이라고 하였다.

복기대는 고구려가 평양으로 천도한 것은 동천왕, 장수왕, 평원왕 시기인데 이 세 지역이 어디인지는 확실하지 않다고 하였다.[42] 그는 『삼국사기』에 '고려 서경의 동쪽 목멱산 중에 고구려의 황성이 있다'[43]는 기록을 근거

의 평양과 그 여운』, 주류성, 2017, 86-98쪽.
40) 윤한택 외, 「고려 서북 국경에 대하여」, 『압록과 고려의 북계』, 2017, 13-82쪽.
41) 윤한택, 「고려 초기 서경고」, 『고려 국경에서 평화시대를 묻는다』, 더플랜, 2018, 255-256쪽.
42) 복기대, 「고구려 후기 평양위치 관련 기록의 검토」, 68쪽.
43) 『三國史記』「高句麗本紀」'故國原王'13년

로 환인으로 보았다. 또한, 이곳은 동천왕 시기에 천도한 평양이라고 하였다.[44] 이제까지 조선시대부터 현재까지 인식하고 있는 고구려 평양과 고려 서경에 대한 의견들을 살펴보았다. 이를 정리하면 다음의 〈표1〉과 같다.

구 분		고구려 평양	고려 서경	비 고
조선시대		평안남도 평양	평안남도 평양	
대일항쟁기		평안남도 평양	평안남도 평양	
해방 이후 학계		평안남도 평양	평안남도 평양	
최근 학계	남의현	중국 요녕성 요양	중국 요녕성 요양	
	윤한택	중국 요녕성 요양	중국 요녕성 요양 평안남도 평양	초기, 후기로 구분
	복기대	중국 요녕성 요양	중국 요녕성 환인	고구려 평양은 세 곳

표1 고구려 평양과 고려 서경 위치에 대한 시대별 인식

Ⅲ. 고려 서경의 '평양' 및 '요양' 비정의 문제점

1. 평양설의 문제점

현재의 평양이 고려의 서경이라는 주장은 고구려의 평양이 곧 현재의 평양이었다는 정약용의 주장에서 시작되었다. 이후 일제의 반도사관은 정약용의 주장을 더욱 확실하게 고착화시켰고, 해방 이후의 역사학계는 이를 전폭적으로 수용하여 오늘날까지 정설로 여기고 있다. 하지만 고려 서경을

秋七月, 移居平壤東黃城, 城在今西京東木覓山中, 遣使如晉朝貢.
44) 복기대, 위의 논문, 78쪽.

설명하는 다음의 사서 기록을 살펴보면 현재의 평양이 서경이라는 것은 논리적으로 문제가 있는 것을 알 수 있다.

① 동녕로는 원래 고구려 평양성이었고 또 장안성이라고 했다. (중략) 진 의희(義熙) 이후 그의 왕 고련이 처음으로 평양성에 거주했다. 당이 고구려를 정복하고 평양을 빼앗자 그 나라가 동쪽으로 옮겨갔다. 압록수 동남쪽으로 약 천리 떨어진 곳인데 옛날 평양이 아니다. 왕건 때에는 평양을 서경으로 했다.[45]

고련은 고구려의 장수왕을 지칭한다. 이미 제II장의 선행연구에서 살펴본 것처럼 장수왕 시기에 천도한 평양은 중국 요녕성 요양이고 당시의 압록수는 요하라는 연구결과가 보다 설득력을 얻고 있다. 설령 장수왕이 천도한 평양이 현재의 평양이고 당시의 압록수가 현재의 압록강이라고 하여도 현재의 평양이 고려의 서경이라고 할 수 없다. 왜냐하면 압록강 동남쪽 천여 리 떨어진 곳에 있기 때문이다. 이를 대략 계산해도 현재의 서울 지역이 고려의 서경이 되는 것이니, 논리적 모순을 넘어 역사를 자의적으로 해석하고 왜곡하였음을 알 수 있다. 고려 서경이 현재의 평양이 될 수 없는 것은 다음의 사료에서도 명확하게 알 수 있다.

② 신우(우왕)가 평양(平壤)에 머물면서 여러 도의 군사 징발을 독려하였고, 압록강에 부교(浮橋)를 만드는 일은 대호군(大護軍) 배구(裴矩)를 시켜서 감독하게 하였다. 배로 임견미와 염흥방 등의 가재(家財)를 서경(西京)으로 운반하여 군수 물자를 준비하게 하

---

45) 『元史』卷59,「志11」, '地理2', 東寧路
東寧路, 本高句驪平壤城, 亦曰長安城。(中略) 晉義熙後, 其王高璉始居平壤城。唐征高麗, 拔平壤, 其國東徙, 在鴨綠水之東南千餘里, 非平壤之舊。至王建, 以平壤爲西京

였고, 또 온 나라의 승도(僧徒)를 징발하여 군사로 삼았다.[46]

〈사료②〉는 명 태조가 철령위 설치를 통보하자 고려의 우왕이 요동정벌을 결정하고 군사와 군수물자를 징발하는 내용이다. 그런데 군사를 집결시키는 장소는 평양이고, 군수물자를 준비해 두는 곳은 서경이다. 하나의 문장에서 평양과 서경이 동시에 거론되는 것은 이 두 장소가 같은 곳이 아니라는 증거이다.

고려의 왕들은 서경을 중시하여 자주 행차하였다. 『고려사』에 기록된 고려왕들의 서경 행차 중에서 개경과의 소요일을 알 수 있는 것을 찾아보면 다음의 〈표2〉와 같다.

시기	출발(일자)	도착(일자)	소요일
문종	서경(1053.10.20.)	개경(1053.10.26.)	7일
예종	서경(1116.04.21.)	개경(1116.04.28.)	8일
의종	개경(1168.03.15.)	서경(1168.03.23.)	9일
	개경(1169.03.09.)	서경(1169.03.19.)	11일

표2 고려왕들의 개경~서경 행차 소요일

조선의 정조가 수원에 화성행궁을 건축한 이후, 조선의 왕들은 종종 화성을 행차하였다. 소요일은 경도(京都)인 한양에서 화성행궁까지 하루가 걸렸다.

---

46) 『高麗史』卷113, 「列傳」卷第26, '諸臣', 崔瑩
裯次平壤, 督徵諸道兵, 作浮橋于鴨綠江, 使大護軍裵矩督之. 船運林·廉等家財于西京, 以備軍賞, 又發中外僧徒爲兵.

③ 화성(華城)에 행행(行幸)하였다. 시흥현(始興縣)의 행궁(行宮)에
서 주정(晝停)하고, 저녁에는 화성 행궁에 머물렀다.[47]

한양에서 수원까지는 80리이다.[48] 〈사료③〉의 내용으로 미루어 본다면
왕의 행차는 적어도 하루에 80리를 간다는 것을 알 수 있다. 고려의 경도
(京都)인 개성에서 현재의 평양까지는 390리이다.[49] 위의 사료 내용으로 살
펴보면 대략 5일 정도 소요되는 거리다. 그런데 〈표2〉에 보이는 개경~서경
의 소요일은 대략 10일 거리다. 이는 개경과 서경의 거리가 적어도 800리
가 넘는다는 의미로 보아야 한다. 이를 보아도 현재의 평양이 서경이라는
주장은 성립될 수 없는 것이다.

2. 요양설의 문제점

고려 서경이 요양이라는 주장은 원대 동녕부의 위치 연구와 연관되어 있
다. 이는 고려의 서경을 포함한 60개의 성이 원의 동녕부로 편입되었는데
그 위치를 요양으로 본 것이다. 즉, 고려 서경인 동녕부는 고구려 장수왕이
천도한 평양과 같은 곳이고 따라서 요양이라는 주장이다. 이러한 논거는
다음의 사료에서 확인할 수 있다.

④ 평양성은 압록강 동쪽에 있는데 일명 왕험성이라고 하며 기자
의 고국(故國)이다. 성 밖에는 기자묘가 있다. 한나라 때 낙랑군 치

---

47) 『朝鮮王朝實錄』, 「純祖實錄」6, 純祖 4年 8月 28日
甲申/幸華城, 晝停于始興縣行宮, 夕次華城行宮。
48) 『大東地志』27, 「程里考」, '南至水原別七大路'
49) 『大東地志』27, 「程里考」, '西北至義州一大路'
한양에서 개성까지는 160리이고, 평양까지는 550리이다.

소였는데 진(晉) 의희(義熙) 이후 왕 고련이 이 성에 처음으로 기거
했다. 후에 서경이라고 불렀고 원의 동녕부가 되었다.[50]

「지리지」에서 지명의 연혁을 검토할 때에는 일반적인 사료와는 다른 '술
이부작(述而不作)'의 독법이 필요하다. 이는 「지리지」가 바로 앞 시대 뿐 아
니라 여러 시대에 걸친 현황을 요약·축적하여 기록하는 특성이 있기 때문
이다. 그렇기 때문에 이를 염두에 두고 살펴야만 「지리지」의 기록은 물론
그 행간까지도 알 수가 있는 것이다.[51]

〈사료④〉는 〈사료①〉을 근거로 작성한 것이다.[52] 즉, 원을 이어받은 명이
자국의 강역과 지명을 추가하여 편찬한 것이다. 두 사료는 모두 요양을 중
심으로 기록한 것인데, 〈사료④〉를 〈사료①〉과 비교해보면 다음의 내용이
빠져 있음을 알 수 있다.

> 당이 고구려를 정복하고 평양을 빼앗자 그 나라가 동쪽으로 옮겨갔
> 다. 압록수 동남쪽으로 약 천리 떨어진 곳인데 옛날 평양이 아니다.

「지리지」는 당대의 지리를 설명하는 것이 중요하기 때문에 앞 시대의 지
리를 자세하게 설명하지 않는다. 〈사료④〉는 바로 이러한 지리지 기술의
특성을 잘 보여주고 있는 것으로 〈사료①〉의 내용 중에서 위의 문구를 생
략하고 기록한 것으로 보아야 한다. 따라서 〈사료④〉에 기록된 고려 서경
은 〈사료①〉과 함께 검토할 때 보다 정확하게 그 위치를 알 수 있는 것이

---

50) 『大明一統志』,「遼東都指揮使司」'平壤城'
在鴨淥江東一名王險城卽箕子之故國. 城外有箕子墓. 漢爲樂浪郡治. 晉義熙後其王高璉始居此城.
後號西京, 元爲東寧路.
51) 허우범, 『여말선초 서북 국경과 위화도』, 105-108쪽.
52) 『元史』는 1370년에 완성되었고, 『大明一統志』는 1461년에 완성되었다.

다. 즉, 고려 서경은 장수왕이 천도한 평양이 아니고 압록수에서 동남쪽으로 천 여리 떨어진 또 다른 평양이 되는 것이다. 원의 동녕부가 요양이었다는 주장은 다음의 사료들을 살펴보아도 납득하기 어렵다.

⑤ 친종장군(親從將軍) 정인경을 요심(遼瀋)에, 중랑장 정복균을 동녕부에 보내어 인물을 추쇄하였다.[53]

⑥ 〈원 태종 5년(1233) 계사〉 10월, 왕철(王皞,고종)이 다시 병사를 파견하여 이미 부속된 서경(西京) 등처에서 투항한 민들을 공격하여 함락하고, 또한 홍복원의 집을 약탈하였다. 당시 홍복원은 앞에서는 고려에 의하여 침탈을 당하고 뒤에서는 여진과 거란 등 도적에 의하여 공격을 당하였으니, 홍복원은 상언하여 마침내 투항한 민들을 이끌고 요양(遼陽) 등지로 거처를 옮겼다.[54]

〈사료⑤〉는 충렬왕이 1282년에 고려의 유민들을 추쇄하고자 군사를 파견한 내용인데, 요양·심양 지역과 동녕부 지역으로 각각 나누어서 보내고 있다. 동녕부가 곧 요양이라면 군사를 나누어 보낼 필요가 없는 것이다.[55] 요심 지역이 서경이 아닌 것은 〈사료⑥〉에서도 확인할 수 있다. 서경을 장악하고 원에 투항한 홍복원이 고려와 여진, 거란 등에게 협공 당하자 투항한 군민들을 이끌고 서경에서 요양 지역으로 거처를 옮겼기 때문이다.

---

53) 『高麗史節要』卷20, 「忠烈王」2, '忠烈王 8年 9月'
遣親從將軍鄭仁卿于遼瀋, 中郎將鄭福均于東寧府, 推刷人物.
54) 『元高麗紀事』, 「太宗皇帝」5年 10月
皞復遣兵攻陷已附西京等處降民, 亦劫洪福源家. 時福源以前爲高麗所侵, 後爲女眞·契丹等賊來攻, 福源上言訖, 領降民遷居遼陽等處.
55) 필자는 원이 동녕부로 편입한 지역이 遼瀋지역이 아닌 환인, 통화 및 본계, 철령, 개원과 길림 등을 아우르는 지역으로 보았다.(졸저, 『여말선초 서북 국경과 위화도』, 176-191쪽.)

위의 사료들을 살펴보면 서경은 요심 지역이 아니고 이 지역과 경계를 접하고 있었던 곳임을 알 수 있다. 이는 곧 서경이 고려의 북계지역이었던 점을 생각하면 요심 지역이 고려의 국경이 되는 것이다.

⑦ 요심(遼瀋)의 유민(流民) 2,300여 호가 내투(來投)해 오자 서북군현(西北郡縣)에 나누어 거주하게 하고 관청에서 생필품과 식량을 공급하였다.[56]

⑧ 또한 생각하건대 요심(遼瀋) 지역은 원래 우리나라의 옛 국경 경계 지역인데, 사대를 한 이래로 인척관계를 맺고 사위와 장인의 관계가 되어 행성(行省)이 관할하도록 맡겼는데, 기새인첩목아가 차지하여 소굴로 삼고는 위로는 조정을 위해 충성을 다하지 않고 아래로는 우리나라에 사단을 낳고 있으므로, 이 때문에 지난해에 군대를 파견하여 쫓아가 공격하게 하였습니다.[57]

⑨ 우리 태조(太祖;이성계)가 변경을 편안하게 하는 대책을 올렸는데, 그 글에 이르기를, 북계(北界)는 여진(女眞)·달달(達達)·요심(遼瀋)과 경계가 서로 맞붙어 있어, 실로 국가의 요충지입니다.[58]

⑩ 앞서 원말(元末)에 요양·심양지방에서 병란이 일어나자 백성들이 난을 피하여 고려로 옮겨간 일이 있었다. 이때에 이르러서 말을

56) 『高麗史』卷39, 「世家」卷第39, '恭愍王' 8年 11月 甲辰
遼瀋流民二千三百餘戶來投, 分處西北郡縣, 官給資糧. 先是, 本國人亦有渡鴨綠江居者, 以兵亂, 皆自還.
57) 『高麗史』卷42, 「世家」卷第42, '恭愍王' 19年 12月 丁巳
又慮遼·瀋, 元係本國舊界, 事大以來, 結親甥舅, 任爲行省管轄, 賽因帖木兒占作巢穴, 上不爲朝廷效忠, 下則爲本國生事, 以此去歲遣軍追襲,
58) 『高麗史』卷135, 「列傳」卷第48, '禑王' 9年 8月
我太祖獻安邊之策曰, 北界與女眞·達達·遼瀋之境相連, 實爲國家要害之地.

사는 기회에 황제가 명을 내려 그들을 찾아내도록 하니, 마침내 요양·심양지방의 유망민(流亡民) 3백여 명이 돌아오게 되었다.[59]

위의 사료들은 고려 후기인 1359년(사료⑦)부터 1386년(사료⑩)사이의 기록인데, 고려의 국경을 일관되게 요심 지역으로 설명하고 있다. 따라서 동녕부가 요양이었고 요양이 곧 서경이라고 하는 것은 논리적으로 맞지 않는 것이다. 『고려사』「지리지」 서문에는 고려의 강역에 대한 기록이 있다. 즉, 서북쪽은 고구려의 경계에 미치지 못하였다[60]고 하였는데, 이는 바로 고려의 서북 국경이 요심 지역을 넘어설 수 없었기 때문이다.

⑪ (고려)태조 원년(918) 평양이 황폐하여 염주·백주·황주·해주·봉주 등지의 백성들을 이주시키고 대도호부로 삼았다. 얼마 되지 않아 서경이 되었다.[61]

왕건은 고려를 건국하고 황폐한 평양을 되살리기 위하여 여러 지역에서 백성들을 이주시키고 서경으로 삼았다. 요양은 고대로부터 요동반도의 요충지였다. 이런 까닭에 요·금·원·명으로 이어지는 시대에도 요양은 한시도 버려진 적이 없었다. 즉, 요는 동경, 금은 요양부, 원은 요양로, 그리고 명은 요동도지휘사사를 설치하여 요동반도의 요충지이자 중심지로 발전하였다. 따라서 요양은 〈사료⑪〉의 기록처럼 황폐된 채 버려질 수가 없었던 것이다.

59) 『明史』「朝鮮列傳」洪武 19年 2月
60) 『高麗史』「地理志」序文.
61) 『高麗史』卷58,「志」卷第12, '地理3', 西京留守官 平壤府
太祖元年, 以平壤荒廢, 量徙鹽白黃海鳳諸州民, 以實之, 爲大都護府. 尋爲西京.

Ⅳ. 고려 서경 위치 비정

1. 사서 기록 검토

고려 서경의 위치를 살펴보려면 『원사』「지리지」의 '동녕로' 기록을 세밀하게 검토하는 것에서부터 시작하여야 한다. 그 기록을 보면 아래와 같다.

① 동녕로는 원래 고구려 평양성이었고 또 장안성이라고 했다. (중략) 진 의희(義熙) 이후 그의 왕 고련이 처음으로 평양성에 거주했다. 당이 고구려를 정복하고 평양을 빼앗자 그 나라가 동쪽으로 옮겨갔다. 압록수 동남쪽으로 약 천리 떨어진 곳인데 옛날 평양이 아니다. 왕건 때에는 평양을 서경으로 했다. 원나라 지원(至元) 6년 (1269)에 이연령(李延齡), 최탄(崔坦), 현원렬(玄元烈) 등이 부(府), 주(州), 현(縣), 진(鎭) 등 60개의 성을 이끌고 귀복했다. 8년(1271)에 서경(西京)이 동녕부(東寧府)로 개칭됐다. 13년(1276)에 동녕로 총관부(東寧路總管府)로 승격했다. 녹사사(錄事司)를 설치했다. 정주(靜州), 의주(義州), 인주(麟州), 위원진(威遠鎭)을 분할하여 파사부(婆娑府)에 예속하게 했다. 동녕로(東寧路) 아래 사(司) 1개를 관할한다. 나머진 성이 폐하므로 사(司)가 남아있지 않다. 오늘날 원래 지명만 남아 있다.[62]

〈사료①〉은 동녕로 지역의 연혁 중에서 고구려 시기부터 원 시기까지의

---

62) 『元史』卷59, 「志11」, '地理2', 東寧路
東寧路, 本高句驪平壤城, 亦曰長安城。漢滅朝鮮, 置樂浪、玄菟郡, 此樂浪地也。晉義熙後, 其王高璉始居平壤城。唐征高麗, 拔平壤, 其國東徙, 在鴨綠水之東南千餘里, 非平壤之舊。至王建, 以平壤為西京。元至元六年, 李延齡崔坦玄元烈等以府州縣鎭六十城來歸。八年, 改西京為東寧府。十三年, 升東寧路總管府, 設錄事司, 割靜州義州麟州威遠鎭隷婆娑府。本路領司一, 餘城堙廢, 不設司存, 今姑存舊名。

기록이다. 어떤 시대의 「지리지」라고 하여도 반드시 그 지명의 연혁을 기록하게 마련이다. 이때 여러 민족과 시대의 현황이 서로 요약되고 축적된다. 그런데 이렇게 전 시대의 사항들을 축약하는 과정에서 내용이 배제되거나 삭제되는 경우가 있기 마련이다. 따라서 지리지를 살펴볼 때에는 국가와 시기 등을 나누어 살펴보아야만 보다 자세하게 이해할 수 있다.[63] 이러한 판단 아래 〈사료①〉의 기록을 중요한 사안별로 구분하면 다음과 같이 나눠 볼 수 있다.

①-㉮ (원대의 동녕로는) 고구려의 평양성이었고 또 장안성이라고 하였다.

①-㉯ 진나라 의희(義熙) 이후 그의 (고구려) 왕 고련(高璉;장수왕)이 처음으로 평양성에 거주하였다.

①-㉰ 당이 고구려를 정복하고 평양을 빼앗자 그 나라가 동쪽으로 옮겨갔다. (그 옮겨간 곳은) 압록수에서 동남쪽으로 약 천리 떨어진 곳인데 옛날(장수왕대) 평양이 아니다.

①-㉱ (고려를 건국한) 왕건(王建) 때에는 평양을 서경(西京)으로 하였다.

①-㉲ 원 지원(至元) 6년(1269)에 이연령(李延齡), 최탄(崔坦), 현원렬(玄元烈) 등이 부(府), 주(州), 현(縣), 진(鎭) 등 60개의 성을 이끌고 귀복했다. 8년(1271)에 서경(西京)이 동녕부(東寧府)로 개칭되었다. 13년(1276)에는 동녕로총관부(東寧路總管府)로 승격하였다. 녹사사(錄事司)를 설치하였다.

①-㉳ 정주(靜州), 의주(義州), 인주(麟州), 위원진(威遠鎭)을 분할

---

63) 필자는 모든 지리지의 독법으로 '述而不作'을 염두에 두고 살펴보아야 한다고 주장한 바 있다.(졸저, 『여말선초의 서북 국경과 위화도』, 105-108쪽 참조)

하여 파사부(婆娑府)에 예속하였다.

이제 위의 내용을 참고하여 서경을 살펴보기로 한다. 고구려의 평양성은 장수왕 때 처음으로 거주하였고(〈사료①-㉯〉), 그 장소는 지금의 요양이다.[64] 당이 고구려의 평양성을 정복하자 고구려 유민들은 동쪽으로 옮겨갔는데, 그 위치는 압록수에서 동남쪽으로 천여 리 떨어진 곳이다. 이곳도 평양이라고 불렀지만 장수왕이 천도한 평양(요양)이 아니다.(①-㉰) 압록수에서 동남쪽으로 천여 리 떨어진 평양은 고려의 왕건 때에는 서경이 되었다.(①-㉱) 고려 서경은 원 지원 6년(1269)에 반란이 일어나 60여 성과 함께 원에 귀부하였는데, 원은 지원 8년(1271)에 고려 서경을 동녕부라고 하여 원 땅으로 편입시켰고, 13년(1276)에는 동녕로총관부로 승격하였다.(①-㉲)

이상에서 검토한 내용을 요약하면 고려 서경은 현재의 요양이 아니고 고구려 시기의 압록수인 현재의 요하에서 동남쪽으로 천여 리 떨어진 곳에 있는 평양이 된다. 고려 서경이었던 평양을 살펴보는데 있어서 다음의 사료는 매우 중요한 사실을 알려주고 있다.

② 가을, 7월에 평양 동황성(東黃城)으로 옮겨 살았다. 성은 지금의 서경(西京) 동쪽 목멱산(木覓山) 중에 있다. 진(晉)에 사신을 보내 조공하였다.[65]

③ 김부식이 서경(西京)은 북으로는 산과 언덕을 등지고 삼면은 물로 막혔으며, 성이 또 높고 험하여 서둘러 함락하기는 쉽지 않으므로 성을 둘러싸고 진영을 펼쳐서 그들을 압박해야 한다고 여겼다.

---

64) 본 논문의 각주 2)를 참조
65) 『三國史記』卷第18,「高句麗本紀」第6, '故國原王' 13年
秋七月, 移居平壤東黃城. 城在今西京東木覓山中. 遣使如晉朝貢.

(중략) 신이 서도(西都)를 보니 하늘이 내려준 험한 곳으로 공격하여 함락시키기 쉽지 않습니다. 하물며 성 안에 무장한 군사들이 많고 수비가 엄중합니다. 매번 장사들이 먼저 올라가지만 겨우 성 아래에만 이를 뿐이고 성을 넘거나 성가퀴를 뛰어넘는 자가 없으며 운제(雲梯)와 충차(衝車)도 모두 쓸모가 없습니다.[66]

〈사료②〉의 기록은 393년 고구려 고국원왕이 동황성으로 천도한 것을 말하고 있는데 동황성은 현재의 중국 길림성 집안(集安)으로 비정하고 있다.[67] 그런데 동황성은 고려 서경의 동쪽 목멱산에 있다고 하였다. 그렇다면 고려 서경은 동황성의 서쪽에 있는 것이니, 이로부터 집안의 서쪽인 환인이 고려 서경이 되는 것이다. 환인이 고려 서경으로 합당한 것은 〈사료③〉에서도 파악할 수 있다. 환인의 오녀산성은 높다란 바위산 정상에 있는 난공불락의 요새다. 사방을 에워싸고 있는 바위산은 운제와 충차로도 공격할 수 없는 곳이다. 아울러 오녀산성 주변의 지형도 잘 들어맞는다. 이와 함께 다음의 사료도 환인이 서경이 될 수 있는 이유를 충분히 설명해주고 있다.

④ 신우(우왕)가 평양(平壤)에 머물면서 여러 도의 군사 징발을 독려하였고, 압록강에 부교(浮橋)를 만드는 일은 대호군(大護軍) 배구(裴矩)를 시켜서 감독하게 하였다. 배로 임견미와 염흥방 등의 가재(家財)를 서경(西京)으로 운반하여 군수 물자를 준비하게 하

---

66) 『高麗史』, 「列傳」卷第11, '諸臣', "金富軾"
富軾以西京北負山岡, 三面阻水, 城且高險, 未易猝拔, 宜環城列營以逼之. (中略) 臣觀西都, 天設險固, 未易攻拔. 況城中甲兵多而守備嚴. 每壯士先登, 僅至城下, 未有踰城超堞者, 雲梯衝車, 皆無所用.
67) 복기대, 「고구려 '황성'시대에 대한 시론」, 『예술인문사회융합멀티미디어논문지』, 2016, 393-408쪽.

였고, 또 온 나라의 승도(僧徒)를 징발하여 군사로 삼았다.[68]

〈사료④〉는 고려 우왕이 명으로부터 철령위 설치를 통보받자 요동을 공격하기 위하여 군수물자와 군사들을 징발하였다는 기록이다. 그런데 군사 징발을 독려하는 장소는 평양이고, 군수물자를 준비하여 둔 곳은 서경이다. 평양은 군사를 소집하고 서경에는 군수물자를 비축해 놓은 것이다. 또한, 군수물자는 배를 이용하여 서경으로 운반하였다는 것은 평양보다 위쪽에 서경이 있다는 것이다. 5만여 명의 대군이 현재의 평양에서 요동으로 출군하려면 압록강을 건너야만 한다. 대군이 요양정벌을 하려면 많은 군수물자가 필요하다. 이러한 군수물자를 효율적으로 보급하기 위해서는 교통이 편리한 지역을 선택하는 것이 전술의 기본이다.[69] 환인은 교통이 편리한 곳으로 압록강을 건넌 대군이 군수물자를 지원받아 요양을 공략하기 좋은 곳에 위치해 있다. 이런 점에서도 환인이 서경이 될 수 있는 것이다.

2. 현장 답사 및 교통로 확인

명의 철령위 설치로 불거진 고려 우왕의 요동정벌 기간은 '한 달'이었다.[70] 우리가 일반적으로 생각하는 요동진군로는 현재의 압록강 위화도를

---

68) 『高麗史』卷113, 「列傳」卷第26, '諸臣', 崔瑩
禑次平壤, 督徵諸道兵, 作浮橋于鴨綠江, 使大護軍裵矩督之. 船運林·廉等家財于西京, 以備軍賞, 又發中外僧徒爲兵.

69) 고려군이 요동을 공략하는데 한 달간의 기간이 필요하였다. 5만여 명의 대군이 한 달을 전투하려면 많은 보급품이 필요하고, 이를 원활하게 조달할 수 있는 병참기지는 필수적 요건이다. 서경은 요동정벌군의 보급을 원활하게 할 수 있는 장소였기에 군수물자를 비축한 것이다. 따라서 현재의 압록강 위쪽에 있어야만 병참기지 역할을 할 수 있는 것이다.

70) 『高麗史』113卷, 「列傳」26卷, '崔瑩'
於是加瑩八道都統使敏修爲左軍都統使太祖右軍都統使與諸將發平壤瑩曰今大軍在途若淹旬月大事不成臣請往督.

건너 봉황성과 연산관을 거쳐 요양으로 가는 길이다. 그런데 이 길은 산세가 험하고 협곡이 많아 대군이 이동하기에 적당한 길이 아니다. 요충지마다 군사를 배치하여 수비하면 고려군은 요동에 이르기도 전에 전멸할 가능성이 높은 길이기 때문이다.[71] 따라서 이런 험난한 길을 한 달 안에 달려서 요동을 공략하는 것은 불가능하다.

　　요동정벌은 이성계가 위화도에서 회군을 단행함으로써 시도조차 못하고 실패로 끝났다. 이성계가 위화도 회군의 명분으로 내세운 4불가론을 보면 장마철과 무기들의 파손으로 진군이 어렵다는 내용은 있지만 한 달 이내에 요동정벌이 불가능하다는 말은 없다.[72] 이는 무엇을 의미하는 것일까. 우리가 생각하는 동팔참이 요동진군로가 아니고, 그 출발점인 위화도도 역시 현재의 위화도가 아니라는 뜻이다.[73] 그런데 위화도가 중국 요녕성 관전만족자치현의 서점자 지역이라면 상황은 달라진다.

사진 1 요양·철령까지 이어지는 국도 모습

71) 필자는 지난 2017~2019까지 중국 동북3성의 교통로를 살펴보기 위하여 10여 차례에 걸쳐 실지답사를 하였다.
72) '4불가론'은 ①작은 것으로 큰 것을 거스르는 것, ②여름에 군사를 내는 것, ③거국적으로 멀리 공격을 나가니 왜구가 그 빈틈을 틈탈 것, ④장마철이어서 활과 쇠뇌의 아교가 느슨하고 대군에 질병이 돌 것이다. (『高麗史』卷137, 「列傳」卷第50, 禑王 14年 4月 乙巳)
73) 필자는 이성계가 회군한 위화도는 현재의 압록강 하중도가 아닌 '중국 요녕성 관전만족자치현 서점자(徐店子)'지역임을 밝혔다.(졸고, 「위화도의 위치 재고찰」 참조)

관전에서는 철령까지 약 280여 ㎞에 이르는 성도(省道)가 있다. 이 지역은 지도상으로 보면 산악지대로 보이지만, 이 도로를 직접 달려보면 산과 산 사이의 폭이 최소 1㎞ 이상인 넓은 벌판길로 이어져 있다. 이런 지형은 적군이 매복공격을 하려 해도 불가능하다. 특히, 이 도로는 본계에 이르기까지 두 개의 나지막한 고개만 있을 뿐 그 어떤 장애물도 없다. 대군이 빠르게 이동하는데 최적의 도로인 것이다. 또한, 철령뿐만 아니라 무순, 심양, 요양으로 나가는 모든 도로가 이같이 평탄하다. 대군이 이러한 도로로 이동한다면 위화도에서 5, 6일이면 요동까지 충분히 갈 수 있는 것이다. 최영이 요동정벌 기간을 한 달 안으로 설정한 것은 바로 이러한 진격로가 있었기 때문에 가능한 계획이었던 것이고, 이성계 역시 이 길을 잘 알고 있었기 때문에 4불가론에 넣지 않았던 것이다.

이성계가 위화도에서 회군을 결정한 것은 바로 관전에서 요양, 철령까지의 도로 상황이 이와 같았기 때문으로 볼 수 있다. 즉, 위화도에서 진군하면

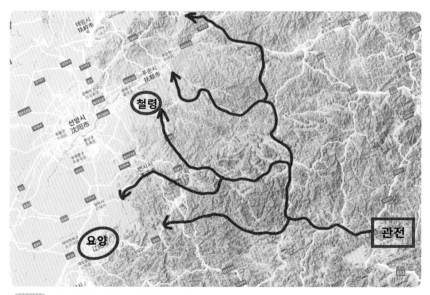

지도 5 관전에서 요양·철령까지 교통로

적어도 본계 지역까지는 장애물이 없기 때문이고, 본계 지역은 곧 명과의 국경지대인 것이다. 위화도가 있는 관전은 서경인 환인과 혼강 및 서강으로 연결되어 있다. 그러므로 서경에서 군수품을 지원하기에도 수월한 곳이다.

V. 맺음말

이상으로 필자는 고려 서경과 관련된 여러 사료와 현지답사 등을 참고하여 그 위치를 살펴보았다. 이 과정에서 현재 학계가 정설로 주장하는 평안남도 평양은 사료의 기록에 전혀 부합되지 않는다는 것을 확인하였다. 이는 결국 일제가 반도사관 수립을 위하여 우리의 역사지리를 왜곡한 또 하나의 사례인 것이다. 서경이 요양이라는 주장 또한 타당하지 않음을 살펴보았다. 고려와 원의 경계가 요심지역이었다는 것은 길림합달령과 천산산맥이라는 자연지형을 경계로 하였다는 의미이다. 이 지형은 고대로부터 경계로 삼기에 좋은 지리이기 때문이다. 따라서 서경이 포함된 동녕부는 경계를 넘어 요양이 될 수 없는 것이다. 또한, 우왕의 요동정벌 목적지가 요심지역임이 분명한데, 요양이 서경이라면 고려는 평양에서 자국의 서경을 공략하는 것이 되기 때문이다.

필자는 고려 서경 위치에 대한 두 가지 주장에 대하여 이 같은 문제의식을 가지고 검토해 본 결과 고려 서경은 중국 요녕성 환인 지역임을 논증하였다. 환인이 고려의 서경이 되는 이유를 정리하면 세 가지로 요약할 수 있다.

첫째, 당이 고구려 장수왕 시기에 천도한 평양인 요양을 빼앗자 고구려는 동쪽으로 옮겨갔는데 그 위치가 압록수 동남쪽 약 천리 떨어진 곳이었다는 점이다. 고구려 때의 압록수는 요하이므로 이로부터 동남쪽으로 천리 떨어진 곳을 살펴보면 지금의 환인 지역이다. 따라서 〈사료①〉의 고려 서경은 환인으로 보아야 한다. 이는 『삼국사기』의 기록과도 일치하기 때문이다.

둘째, 서경은 황폐화되었던 지역이라는 점이다. 환인 일대는 고구려의 평양이면서 끊임없는 전란으로 폐허가 된 곳이었다. 왕건은 후삼국을 통일하고 고려를 건국하였는데 이때 폐허가 되어 버려졌던 환인을 되살리기 위해서 염주·백주·황주·해주·봉주 등지의 백성들을 이주시킨 것은 건국 초기의 정황에 적합하기 때문이다.

셋째, 환인은 요동을 공략하는데 있어서 매우 중요한 요충지에 위치하였다는 점이다. 특히, 우왕의 명을 받은 최영은 요동정벌 기간을 한 달 이내로 계산하였다. 5만여 명의 대군이 한 달 이내에 요동을 공략하고 돌아오려면 적의 매복과 저항이 없는 도로를 이용해야만 한다. 현재의 환인에서 관전을 거쳐 철령까지 가는 국도와 성도는 바로 이러한 목적을 수행하기에 매우 적합한 길이기 때문이다.

고려의 서경이 환인이라는 논증은 필자가 그동안 발표한 고려의 서북 국경과 관련한 몇 편의 논문과 유기적으로 연결되는 것이다.[74] 아울러 동녕부는 서경과 60개의 성이 포함되는 지역이므로 고려의 강역은 한반도를 넘어 요동 지역까지 이르렀음을 입증하는 것이기도 하다. 동녕부의 범위는 고려의 서북 국경을 밝히는데 있어서 매우 중요한 논리적 근거를 제시하는 것이기도 하다. 이에 대한 연구는 별도의 논문을 통해서 살펴보도록 하겠다.

---

74) 필자는 고려의 서북 국경과 관련되어 위화도, 철령과 철령위, 여말선초의 요동반도의 해양 경계 등을 살펴본 논문을 발표한 바 있다.

참·고·문·헌

【원전】

• 『三國史記』,『高麗史』,『高麗史節要』,『元史』,『元高麗紀事』,『明史』,『大明一
統志』,『朝鮮王朝實錄』,『各司謄錄』,『四佳集』,『記言』,『慵齋叢話』,『我邦疆
域考』,『與猶堂全書』,『異鄉見聞錄』,『五洲衍文長箋散稿』,『大東地志』,『朝鮮
史』

【단행본】

• 노대환 외, 『고등학교 한국사』, 동아출판, 2020.
• 복기대 외, 『고구려의 평양과 그 여운』, 주류성, 2017.
• 복기대 외, 『13세기 만주고찰을 위하여』, 우리영토, 2020.
• 복기대 외, 『고려시대 서북계 이해』, 우리영토, 2020.
• 윤한택, 『고려 국경에서 평화시대를 묻는다』, 더플랜, 2018.
• 윤한택·복기대, 『압록과 고려의 북계』, 주류성, 2017.
• 이기백, 『韓國史新論』, 일조각, 1999.
• 이병도, 『한국사대관』, 보문각, 1964.
• 이병도, 『한국사』, 을유문화사, 1978.
• 조한욱 외, 『중학교 역사부도』, 비상교육, 2020.
• 최용규 외, 『고등학교 역사부도』, 도서출판 신유, 2009.
• 허우범, 『여말선초 서북 국경과 위화도』, 책문, 2021.
• 稻葉岩吉 외, 『滿洲歷史地理』, 南滿洲鐵道株式會社, 1913.
• 卜箕大, 『韓國古代史の正體』, えにし書房, 2018.
• 津田左右吉 외, 『朝鮮歷史地理』, 南滿洲鐵道株式會社, 1913.

【학술지 및 논문】

• 고광진 외, 「시론 '장백산'과 압록수의 위치검토」, 『선도문화』13, 2012.
• 남의현, 「명대 한·중 국경선은 어디였는가?」, 『압록과 고려의 북계』, 주류성,

2017.

- 남의현, 「장수왕의 평양성, 그리고 鴨綠水와 鴨淥江의 위치에 대한 시론적 접근」, 『고구려의 평양과 그 여운』, 주류성, 2017.
- 남의현, 「중국의 『中朝邊界史』를 통해 본 한중국경문제」, 『인문과학연구』 57, 2018.
- 남의현, 「원말·명초 한중간의 요동국경지대연구-東寧府, 東寧路, 東寧衛와의 상관성을 중심으로-」, 『인문과학연구』 61, 2019.
- 박찬흥, 「만선사관에서의 한국고대사 인식 연구」, 『한국사학보』 29, 2007.
- 복기대, 「고구려 도읍지 천도에 대한 재검토」, 『고조선단군학』 22, 2010.
- 복기대, 「고구려 '황성'시대에 대한 시론」, 『예술인문사회융합멀티미디어논문지』 6-1, 2016.
- 복기대, 「고구려 후기 평양위치 관련 기록의 검토」, 『고구려의 평양과 그 여운』, 주류성, 2017.
- 복기대, 「원나라 동녕부 위치에 대한 고찰」, 『몽골학』 57, 2019.
- 윤한택, 「고려 북계 봉강에 대하여」, 『고구려의 평양과 그 여운』, 주류성, 2017.
- 윤한택 외, 「고려 서북 국경에 대하여」, 『압록과 고려의 북계』, 주류성, 2017.
- 윤한택, 「고려 초기 서경고」, 『고려 국경에서 평화시대를 묻는다』, 더플랜, 2018.
- 허우범, 「위화도의 위치 재고찰」, 『인문과학연구』 62, 2019.
- 허우범, 「고려말 철령위 위치의 재고찰」, 『고려시대 서북계 이해』, 우리영토, 2020.

【기타】

- 국사편찬위원회 데이터베이스, 구글 지도 등

세종대왕의 육진과 일제가 인위적으로 정해놓은 육진

최규흥

인하대학교 명예교수
대한수학회 부회장(2007.01~2008.12)
한국수학논문집 편집위원장(2009.01-20012.12)

• • •

저서

『만주에 평양성을 가진 대제국 고려』(공저)
『위상변분법을 활용한 비선형파동방정식연구』(공저)

한국 북방 국경의 흐름

I. 서론

우리는 세종대왕 때 사군육진을 설치하여 외적을 막았고 그중 육진의 위치가 두만강 유역에 있다고 배웠다. 현재의 두만강이 세종대왕 때의 두만강이라고 배워왔고 그렇게 믿는다. 백두산도 세종대왕 때의 백두산인지 아닌지 의심하지 않는다. 대동여지도나 조선조의 함경도 고지도에는 백두산과 장백산이 서로 다른 곳에 있다.

(Q1) 우리가 백두산이라고 부르는 산은 중국에서는 장백산이라고 부른다. 두 명칭 중 어느 것이 조선시대의 원 명칭인지 우리 역사학자들은 판별하지 못하고 있다.

조선시대 우리 선조들은 사군육진의 국소적인 고지도들을 매우 훌륭하게 제작하여 남겨 놓았다. 세계적으로 최고의 위상도를 남겨 놓았다. 하지만 역사학자들은 선조들이 남겨 놓은 사군육진의 위상도를 위상적으로 분석하는 기법도 모르고 위상적 분석 능력을 가진 학자를 찾으려고도 하지 않는 것 같다. 이들은 위상수학을 모르기 때문에 고지도들을 위상적으로 분석할 수도 없고 고지도를 분석하는데 위상수학이 필요하다는 사실도 모른다. 그들이 왜 고지도를 분석하지 못하는지 그 이유도 모르는 것 같다. 〈동북아 역사재단의 연구: 백두산 고지도집; 한국 고지도 속의 백두산(참고 [6])〉에서 조선의 육진과 국경 관련 고지도를 매우 많이 수집해 놓았다. 하지만 고지도를 분석한 것은 하나도 없다. 어떤 역사학자는 우리의 고지도가 별로 쓸모가 없다고까지 하기도 한다.

조선의 육진의 고지도들은 현재의 두만강 유역의 육진을 그린 것이 아니다. 경흥, 경원, 온성, 종성, 회령, 무산과 두만강(옛 도문강 또는 훈춘강)과의 대역적 위상관계는 조선의 고지도와 잘 맞게 인위적으로 매우 잘 배치되어 있다. 이러한 인위적 조작이 언제 누구에 의해서 이루어졌는지를 정확하게 아는 학자는 한국에는 없다. 육진의 위치를 조선의 고지도와 위상적으로 매우 훌륭하게 일치하게 배치한 학자는 당대 최고의 기하학자들일 것이다. 경흥, 경원, 온성, 종성, 회령, 무산의 고지도를 보고 상당한 수준의 이공계 분야 학자라도 이들 육진의 위치가 현재의 경흥, 경원, 온성, 종성, 회령, 무산과 위상적으로 맞는지 판별하지 못한다. 역사학자들 중에도 수학자가 있어야 한다. 고지도를 분석하는 데는 초보적인 위상수학 지식이 기본이다.

인하대 역사학자 복기대 교수는 일본이 우리의 역사를 왜곡 조작하기 위하여 200여 명의 학자가 동원되어 10년 이상 조작 왜곡해 놓았다고 한다. 역사학자 박지영 교수도 일본이 우리의 역사를 왜곡 조작하였다고 한다.

우리역사 중 국경사를 왜곡하는 데는 일본의 기하학자들이 동원되었을 것으로 본다. 일본은 19세기 초부터 수학자를 독일 유학을 시켰다. 우리도 역사 연구에서 위상수학은 물론 초보적인 수학 지식과 수학적인 감각이 있는 역사학자들이 필요하다.

두만강(옛 도문강 또는 훈춘강)과 육진의 위치는 조선의 고지도와 대역적으로 매우 잘 맞지만 경흥, 경원, 온성, 종성, 회령, 무산의 고지도를 각 지역별로 위상적 분석을 하면 북한의 경흥, 경원, 온성, 종성, 회령, 무산의 위상도와는 맞지 않는다. 육진의 고지도의 각 주기를 보면 각 육진에는 성과 보의 기록들이 있다. 하지만 북한의 경흥, 경원, 온성, 종성, 회령, 무산 지역에는 크고 작은 성터가 구글 지도에서 전혀 보이지 않는다. 북한에서 옛 성터들이 이들 지역에서 발견되었다는 기록도 본 적이 없다.

많은 사람들은 조선 시대 고지도에 나타난 경흥, 경원, 온성, 종성, 회령, 무산이 현재 북한 두만강 유역에 위치한 것이라고 믿고 있고 의심조차 하지 않는다.

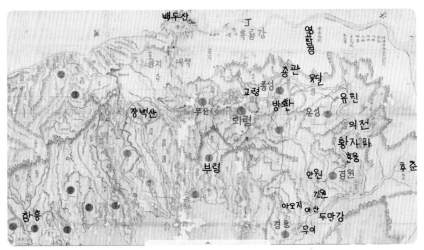

그림1 함경도(비변사인방안지도) 백두산은 흑룡강 강변에 있다. 육진을 연결하는 역참이 황자파 역 등 13개 역이 넘는다.

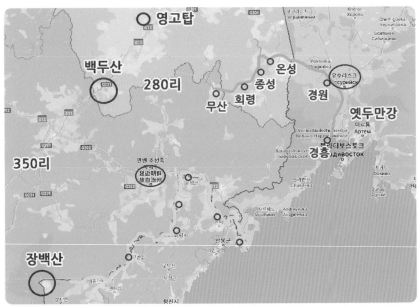

그림2 레카라즈돌나야(Recka Razdolnaya) 강(중국명: 수분하) 근방과 두만강(옛 훈춘강 또는 도문강) 주변 구글지도

인하대 복기대 교수(역사학자)는 유럽에서는 역사 연구에서 국경사가 가장 중요한데 한국에서는 국경사 연구의 중요도가 많이 떨어지고 있다고 한다.

함경도(비변사인방안지도) 지도([그림 1]), 김수홍의 조선팔도고금총람도(1673년), 대동여지도([그림 40]) 연구와 규장각에 있는 조선시대 육진의 여러 종류의 고지도를 연구하면 세종대왕의 육진의 위치를 찾아낼 수 있을 것이다([그림 2]).

북한 두만강 근방에는 옛 육진의 성터가 보이지 않고 성터에 대한 연구보고도 없다. 세종대왕의 육진은 북한 두만강(옛 도문강 또는 훈춘강) 유역에 없고 모두 레카라즈돌나야(Recka Razdolnaya) 강(중국명: 수분하) 근방에 있다.

위상수학을 활용하여 육진의 고지도를 분석하면 육진의 부위의 위치를 알 수 있다. 경흥부 부위는 베네비티노보, 경원부 부위는 보리소부카, 온성부 부위는 동녕, 종성부 부위는 분루두촌 동쪽 30리 무명 지역(밭만 보임), 회령부 부위는 이도구촌, 무산부 부위는 라자구에 있다. 분루두촌에는 종성부의 방환보가 있었던 지역으로 분석된다.

◆ 대동여지도 북부

많은 사람들은 대동여지도의 대략적인 모습을 많이 보았다. 역사 교육을 받은 사람이라면 사군육진의 명칭도 알고 있다. 육진의 위치는 일제가 조선 고지도와 위상적으로 매우 잘 조작해 놓은 위치를 열심히 공부해서 잘 알고 있는 상황이다. 이곳들이 세종대왕이 설치해 놓은 경흥, 경원, 온성, 종성, 회령, 무산의 위치인지 일제가 조작해 놓은 위치인지 아는 역사학자는 없는 것 같다.

사군육진의 위치를 신증동국여지승람 등 서술형 역사 사료만을 분석하여 그들 위치를 알아내는 것은 불가능한 일이다. 하지만 위상적 방법을 사용하여 경흥부, 경원부, 온성부, 종성부, 회령부, 무산부의 고지도들을 분석하면 그들 위치를 찾아낼 수 있다.

대동여지도에 경흥부, 경원부, 온성부, 종성부, 회령부, 무산부의 영역들이 어떤 모습으로 그려져 있는지 상세히 관찰한 역사학자도 있는지 알 수가 없다. 경원 해창은 경흥부 서남쪽 바닷가에 있다. 온성부는 남북으로 있지만 2개의 영역으로 나누어져 있고 남쪽 영역은 바다에 접해 있다. 종성부는 남북으로 길게 있고 남쪽은 바다에 접해 있다. 회령부도 남북으로 길게 있고 남쪽은 바다에 접해 있다. 회령부 고지도의 남쪽에 강들을 잘 그려놓아 현 두만강 하류가 회령부 남쪽 지역에 속함을 위상적으로 확인할 수 있다. 무산부의 큰 영역은 장백산 북쪽에 있고 무산 해창은 회령과 부령의 경계인 바닷가에 작은 영역으로 그려져 있다.

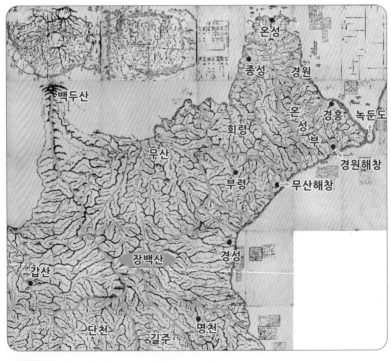

그림3 대동여지도 백두산과 장백산은 다른 곳. 온성은 두 조각.

백두산과 장백산은 서로 다른 곳이다. 현재의 백두산은 장백산을 일제가 백두산으로 바꾸어 놓은 곳이다. 중국은 조선시대 원 명칭인 장백산을 사용하고 있다. 우리는 아직도 조선시대 원 명칭을 모르고 있다. 갑산부는 반 정도를 장백산 북쪽에 그리고 무산부는 전체를 장백산 북쪽에 그려놓았다.

◆ 서울에서 육진까지 거리(그림 [3, 4])

신증동국여지승람에 '서울에서 경흥까지 거리를 2,205리(그림 [3, 4])'라 기록하고 '서울에서 부령까지를 1,815리(초경)'라 기록하고 있다. 이는 부령 초경에서 경흥 초경까지 390리쯤 되는 것이다. 부령강 하구에서 현재의 두 만강까지 직선거리는 200리 정도이다. 이 경우 현재의 두만강에서 세종대 왕 때의 경흥까지 초경은 190리가 넘는 것이다. 대동여지도에서 부령강 하구는 부령부에 속하지 않는다.

	신증동국여지승람	광여도 주기 외
경흥	2,205리	2,250리
경원	2,144리	2,144리
온성	2,101리	2,042리
종성	2,038리	1,950리
회령	1,921리	1,838리
무산		1,950리(해동지도)
부령	1,815리	1,830리
현재경흥		1,955리(가계산)
동래	962리	960리

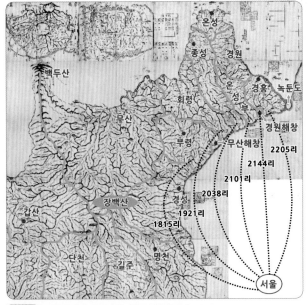

그림 4 대동여지도 서울에서 육진까지 거리

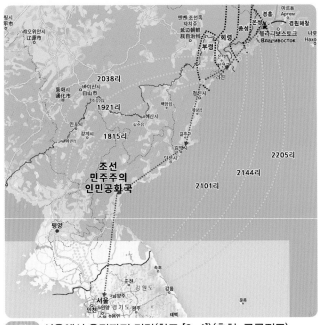

그림 5 서울에서 육진까지 거리(참고 [3, 4])(출처: 구글지도)

백두산 고지도집(참고문헌[6])에는 옛 두만강과 옛 압록강 근방을 그린 고지도들을 방대하게 수집하여 놓았다. 아울러 두만강과 압록강 이북의 만주 지역 고지도들도 매우 많이 수집하였다. 관련 지도의 주기도 상당히 번역해 놓았다. 하지만 이들 고지도와 주기를 사용하여 사군육진 그리고 백두산과 장백산의 위치를 밝히는 연구 내용이 없다.

경흥부, 경원부, 온성부, 종성부 고지도의 위상적 분석 연구 결과들:

(Ω1) 경흥부 고지도의 위상적 분석(원문: 참고 [7])

경흥의 고지도 중에서 구글 지도와 비교 조사하기가 가장 좋은 경흥부 고지도는 필사본(회화식)(1872년 지방지도 - 함경도 - 경흥부) [그림 6]이다.

[그림 6]의 경흥부 고지도에서 지역(영역)의 형태나 색깔의 독특한 특색, 또는 생태계의 특색을 나타내는 지명들이 있다. 이런 특색을 나타내는 지

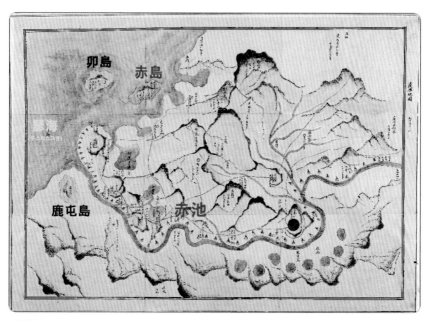

그림6 경흥부 고지도 필사본(회화식)-1872년 지방지도-경흥부

역(영역)으로 赤池, 서수라(西水羅), 묘도(卯島), 적도(赤島), 녹둔도(鹿屯島), 슬해(瑟海)가 보인다.

◆ 적지(赤池)는 '적지주십여리(赤池; 周十餘里)'라 하고 있어 둘레가 십여 리이고 한자명의 뜻은 붉은 연못이라는 설명이다.

◆ 서수라(西水羅)의 한자 뜻은 어느 바다(또는 호수)의 서쪽 물가에 있는 새그물 모양의 지역이라는 뜻이다.

◆ 묘도(卯島)는 '묘도: 주사십삼리 자서수라동남거수로삼십리(卯島; 周四三里, 自西水羅東南距水路三十里)'라 하고 있어 둘레가 43리이고 서수라로부터 동남쪽으로 수로 삼십 리에 있는 동쪽 섬(卯島)이라는 뜻이다. [그림 7]에서는 묘도에 대한 상황 설명이 없어 이 지도로 묘도의 위치나 섬의 크기를 판정할 수 없다. 다른 경흥부 지도에는 묘도의 둘레가 다르게 되어 있다.

◆ 적도(赤島)는 '적도비각; 주십리 상여복구 사면암석개적 자노구산남거수로십리(赤島碑閣; 周十里 狀如伏龜 四面巖石蓋赤, 自蘆邱山南距水路十里)'라 하고 있어 둘레가 10리이고 섬 모양은 엎드려 있는 거북 모양이고, 노구산으로부터 남쪽으로 수로 십 리에 있는 붉은 섬(赤島)이라는 뜻이다.

◆ 녹둔도(鹿屯島)는 강 하구에 있고 한자 지명의 뜻은 사슴이나 순록들이 서식하여 명명된 섬 이름이라고 해석할 수 있다. 녹둔도(鹿屯島)가 육지로부터 멀리 떨어져 있으면 사슴이나 순록들이 쉽게 이동하여 서식하는 것은 그리 흔한 광경이 아니라고 판단할 수 있다.

◆ 슬해(瑟海)의 한자지명의 뜻은 큰 거문고 모양의 바다라고 해석할 수 있다. 슬해(膝海)로 표기된 경흥부 고지도도 있어 이는 굽혀진 무릎 모양의 바다라는 뜻으로 큰 거문고나 굽혀진 무릎의 모습은 비슷한 모습이다.

◆ 악양곶(岳羊串)의 한자 지명의 뜻은 산양 뿔 모양의 반도(곶)라는 뜻이다.

(가) 경흥부(지승) 고지도와 구글지도 비교

경흥부(지승) 고지도의 특징적인 지명을 먼저 찾고 부가적으로 경흥부 주기를 사용하여 다른 지명들을 찾아보자. 슬해, 악양곶, 녹둔도, 서수라, 2개의 호수, 묘도, 적도, 온성초도, 백악산 등은 지명의 특징과 주기를 참고하면 찾을 수 있다.

그림7 **경흥부-지승** 슬해, 악양곶, 녹둔도, 서수라, 2개의 호수, 묘도, 적도, 온성초도, 백악산이 보인다.

[그림 7]의 경흥부 고지도에 대응되는 지역의 구글 지도는 블라디보스톡 서쪽 지역에서 찾을 수 있다.

그림8 경흥부-지승에 묘사된 슬해, 악양곶, 녹둔도, 서수라, 2개의 호수, 묘도, 적도, 온성초도, 백악산의 위치. A는 경원 해창 추정 지역.

◆ 경흥부위는 서수라 북쪽 50리에 있는 베네비티노보에 있는 걸로 분석 된다. 이 지역을 답사하지 않아 부위 성터와 보(堡)의 성터들은 확인하지 못 하여 아쉽다.

(Ω2) 경원부 고지도의 위상적 분석(원문: 참고 [8])

조선조 경원부의 고지도에는 두만강과 지류들이 그려져 있다. 경원부의 고지도의 두만강 중에 귀 모양의 섬인 이도(耳島), 고이도(古耳島), 고욕이 도(古慾耳島), 이도(珥島)가 경원 근방의 고지도에 그려져 있다.

여기서 이도(耳島)는 매끈하게 잘 생긴 귀 모양의 섬이라고 해석된다. 이 도(珥島)는 귀 모양에 귀고리가 매달린 모양의 섬이라고 해석된다. 古耳島

나 古慾耳島는 동일한 섬으로서 귀 모양에 흠집이 생긴 귀 모양의 섬이라고 해석된다.

광여도의 경원부 고지도를 살펴보자.

그림9 광여도-경원부 고지도 두만강에 고욕이도(古慾耳島)가 있다. 솔하천과 회개천 사이에 경원부위가 있다. 오른쪽에 후춘강(厚春江)이 있고 후춘부락도 있다. 훈융(訓戎), 안원(安原), 건원(乾元), 고건원(古乾元), 아산(阿山) 5개의 보가 있다. 고아산역이 있다.

경원부 고지도의 두만강 지류로 1번(솔하천), 2번(회개천), 3번(농보천), 4번, 5번(동림천), 6번(오룡천), 7번(후춘강)이 그려져 있다. 고지도에는 두만강에 古慾耳島가 있고 고욕이도 아래 솔하천(1번 지류)과 회개천(2번 지류)에 府衛가 있다. 오른쪽에 厚春江이 있고 후춘부락도 있다.

광여도의 경원부 고지도 [그림 9]는 북한 경원 근방의 위상도가 아니다.

광여도의 경원부 고지도는 러시아의 우스리스크와 보리소부카 그리고 레카라즈돌라야(Reka Razdolnaya) 강 근방을 위상적으로 그린 것이다.

러시아 레카라즈돌라야(Reka Razdolnaya) 강 근방 우스리스크(옛 후춘부락) 근방에서 조선조 경원부 고지도의 두만강 지류 1번(솔하천), 2번(회개천), 3번(농보천), 4번, 5번(동림천), 6번(오룡천), 7번(후춘강)들을 대응시킬 수 있는 지류 7개의 지류를 찾을 수 있다.

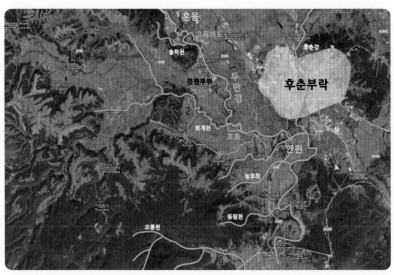

그림 10 조선시대 경원부 두만강 유역의 구글 지도 경원부 두만강 유역에 고이도(古耳島 또는 古慾耳島), 이도(耳島)가 있다. 경원부 고지도의 후춘부락에 대응하는 지역은 우스리스크이다. 두만강 양쪽의 평야 지대에 밭이 많이 보인다. 이 밭에서 조선 시대에는 콩을 많이 재배하였을 것이다.

◆ 경원부위는 솔하천(1번 지류)과 회개천(2번) 사이에 있는 있는 보리소브
카에 있는 걸로 분석된다.

◆ 조선조 경원부 고지도에는 귀 모양의 섬을 나타내는 섬으로 이도(耳
島), 고이도(古耳島)(또는 고욕이도(古慾耳島)), 이도(珥島)가 그려져 있다.

[그림 11] 조선시대 경원부 두만강에 있는 이도(珥島), 고이도(古耳島 또는 고욕이도(古慾耳島)), 이도(耳島) 현재 러시아에서는 이 강을 레카라즈돌라야(Reka Raz-dolnaya) 강이라 하고 상류 부분이 있는 중국에서는 수분하라고 하고 있다. 조선조 두만강이 두 나라에서 강명이 다르다.

그림 12 조선시대 경원부 두만강 유역에 있었던 안원부 성터 지역 옛 경원부 농보천 하류 지역에 안원부 성터가 있다. (참고: 임정규 선생의 성터 답사)

(Ω3) 온성부 고지도의 위상적 분석(원문: 참고 [9])

온성의 고지도 중에서 구글 지도와 비교 조사하기가 가장 좋은 온성부 고지도 중 하나는 해동지도(함경도 - 온성부) [그림 13]이다.

[그림 13]의 온성부 고지도에 있는 두만강에는 섬이 하나도 그려져 있지 않다. 그밖에 온성부 고지도가 여러 장 있는데 이들 온성부 고지도 모두의 두만강에 섬이 하나도 그려져 있지 않다. 이는 조선조 온성부에 있는 두만강에는 상당히 크다고 간주되는 섬이 하나도 없다는 뜻이다.

두만강의 큰 지류로는 분계강이 있고, 작은 지류로 1번, 2번(泉川), 3번, 4번(三漢川), 5번의 5개의 지류가 그려져 있다. 온성부 부위(府衛) 성은 1번 지류와 3번 지류 사이에 있고, 의전(義錢), 황자파(黃柘坡), 유원(柔遠), 유달(柔達)이 그려져 있다.

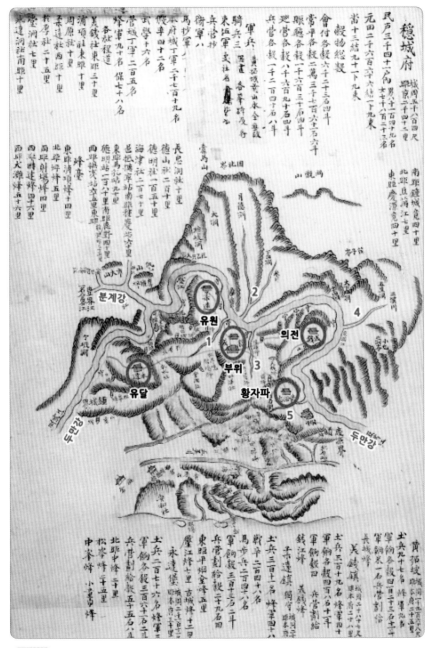

그림 13 해동지도-함경도-온성부 온성부 부위와 황자파, 의전, 유원, 유달이 그려져 있다.

(가) 고지도의 穩城府에서 寧古塔까지 거리 고찰

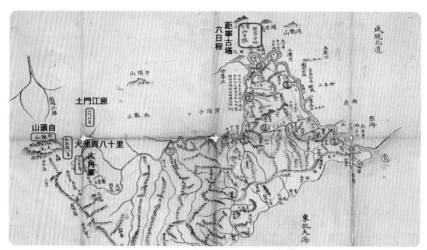

그림 14 **팔도지도-함경북도** 이 지도에서 온성부에 '距寧古塔 六日程'이라고 적혀 있다. 대각봉(大角峯)은 무산 근방에 있다. 백두산 대지(大池)의 둘레를 80리라고 하고 있고 삼지(三池)는 대지(大池) 근방에 있는 것을 묘사하고 있다.

그림 15 **북한 온성에서 영고탑까지 가는 경로** 북한 온성에서 해림시 영고탑(海林市寧古塔)까지 가는 3가지 경로.

[그림 14]의 함경북도 지도의 온성부에서 영고탑까지 도보로 6일정(距寧 古塔 六日程)이라고 기록하고 있는데 북한 온성에서 영고탑까지 거리를 살펴보자.

북한 온성에서 중국 해림시 영고탑(海林市 寧古塔)까지 가는 경로는 여러 가지가 있다. [그림 15]의 구글 지도에서 보는 바와 같이 북한 온성에서 중국 해림시 영고탑 사이에는 높은 산악지대가 많다. 따라서 북한 온성에서 중국 해림시 영고탑까지 연결되는 차마 도로는 많지 않다. 산악지대가 많아 현재도 북한 온성에서 중국 해림시 영고탑까지 연결되는 직선에 가까운 도로는 없다.

[그림 15]의 구글 지도에서는 북한 온성에서 중국 해림시 영고탑까지 가는 3가지 경로를 생각해 보았다. [그림 14]의 함경북도 고지도에서 온성에서 해림시 영고탑까지 도보로 가는 데 6일 소요된다고 기록하고 있다(距寧 古塔 六日程). 3가지 경로에 대하여 살펴보자.

A 코스는 돈화를 경유하는 경로로 비교적 평탄한 경로이며 420km 정도이다. 하루 평균 30km씩 걷는다면 온성에서 海林市 寧古塔까지 도보로 가는 데 14일 정도 소요된다. 6일에는 갈 수 없는 거리이다.

B 코스는 왕청을 경유하는 경로로 산악지대가 많은 경로로 270km 정도이다. 하루 평균 30km씩 걷는다면 온성에서 해림시 영고탑까지 도보로 가는 데 9일 정도 소요된다. 이 경로도 6일에는 갈수 없는 거리이다.

C 코스는 동녕(東寧)을 경유하는 경로로 산악지대가 많은 경로로 460km 이상이다. 하루 평균 30km씩 걷는다면 온성에서 해림시 영고탑까지 도보로 가는 데 15일 정도 소요된다. 이 경로도 6일에는 갈 수 없는 거리이다.

그밖에 온성에서 해림시 영고탑(海林市 寧古塔)까지 최단 경로를 택한다 해도 온성과 해림시 영고탑 사이에는 산악지대가 많기 때문에 북한 온성에서 해림시 영고탑까지 도보로 가는 데는 평균적인 도보 속도로 최소 9일이

넘게 소요된다.

한편 동녕(東寧)에서 해림시 영고탑까지 184km이다. 하루 평균 속도 30km로 걷는다면 6일이 소요된다.

"영고탑에서 6일정" 거리에 있는 온성부는 북한 온성이 아니다.

(나) 조선조 고지도 온성부는 어디에 존재하는가?

온성부 고지도와 위상적으로 동형이고 영고탑까지 6일정 거리인 지역은 동녕이다.

[그림 13]의 온성부 고지도에 있는 두만강에는 섬이 하나도 그려져 있지 않다. 두만강의 큰 지류로는 분계강이 있고, 작은 지류로 1번, 2번(泉川), 3번, 4번(三漢川), 5번의 5개의 지류가 그려져 있다. 온성부 부위(府衛)는 1번 지류와 3번 지류 사이에 있고, 의전(義錢), 황자파(黃柘坡), 유원(柔遠), 유달(柔達)이 그려져 있다.

[그림 16]의 동녕 근방의 구글 지도에서 수분하(옛 두만강)에는 상당한 크기의 섬이 하나도 없어 [그림 13]의 온성부 고지도와 위상적으로 잘 일치한다. 분계강(分界江)에 대응되는 강도 고지도 위상도 위치에 잘 일치되게 대응된다. 고지도의 5개의 지류 1번, 2번(泉川), 3번, 4번(三漢川), 5번의 지류가 고지도의 위상도와 이 영역에 잘 대응되고 있다.

1번 지류와 3번 지류 사이에 온성 부위(府衛)가 있었던 자리에는 동녕 시내가 자리 잡고 있고 여기에 대성자촌([그림 17])이라는 고성이 있다. 1번 지류 왼쪽에는 유원과 유달이 있었던 곳이라고 추정되는 곳도 보인다. 3번 지류와 5번 지류 사이에 의전진(현재 러시아 Poltavka가 있음)과 **황자파(黃柘坡)(현재 러시아 Konstantinovka가 있음)**가 있었던 곳도 보인다. 황자파는 황색의 산뽕나무 언덕이라는 뜻이다. 아직도 황색 산뽕나무 언덕이 있는지

그림 16 **동녕의 수분하 근방** 조선조 온성부가 있던 곳. 3번 오른쪽은 러시아 영토로 되어 있는데 인구밀도가 낮아 황자파와 의전이 있었던 곳만 소도시가 있고 주변에 도시가 없다.

그림 17 **동녕의 수분하(옛 두만강) 남쪽 지역** 조선조 온성의 성터가 있다. 성동촌이 있는데 성동촌은 옛 유원진 보의 동쪽에 있는 지역이라는 뜻이다. 대성자촌은 옛 온성 부위 성터이다. 온성부 주기에 부위의 성의 둘레가 5,804척(1741m)(참고 [9])이라고 기록되어 있는데 옛 온성 부위의 성터인 대성자촌 성의 둘레가 5,804척이다.

확인해 보고 싶다. 러시아 쪽에는 **의전진**(현재 Poltavka)**과 황자파**(현재 Kon-stantinovka) 가까운 근방에 다른 도시가 보이지 않는다.

[그림 17]의 동녕의 수분하(옛 두만강) 남쪽 지역 옛 온성 성터가 있어 옛 두만강을 적을 방어하는 하나의 해자로 활용하고 있다. 옛 온성 부위의 성터인 대성자촌 성의 둘레가 5,804척이고 성 가장자리에 20m 정도의 도랑을 파 놓아 성벽에 사다리를 놓고 성벽을 넘어오지 못하게 만들어 놓았다. 온성부 주기(참고 [9])에 부위의 성의 둘레가 5,804척(1,741m)이라고 기록되어 있는데 옛 온성 부위의 성터인 대성자촌 성의 둘레가 대략 5,804척(1,741m)이다.

(Ω4) 종성부 고지도의 위상적 분석(원문: 참고 [9])
종성의 고지도 중에서 구글 지도와 비교 조사하기가 가장 좋은 종성부 고지도는 필사본(방안식(조선지도 - 함경도 - 종성부))이다.

[그림 18]의 종성부 고지도에 있는 두만강에는 섬이 하나도 그려져 있지 않다. 다른 종성부 고지도에 있는 두만강에도 섬은 하나도 없다. 고지도 모두에 섬이 없다는 것은 유의미한 섬이 존재하지 않는 것이다.

두만강의 작은 지류로 1번, 2번, 3번의 3개 지류가 그려져 있고 더 작은 지류가 조그맣게 그려져 있다. 종성부 부위(府衛)는 1번 지류와 2번 지류 사이에 있고, 북행영(北行營), 녹야사(鹿野社) 등이 그려져 있다.

[그림 18]과 [그림 19]의 종성부 고지도는 북한 종성 근방 두만강 유역의 위상도가 아니다.

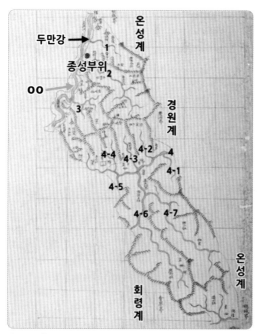

그림 18 필사본(방안식) – 조선지도 – 종성부 종성부 남쪽 바다 동해안에도 강이 그려져 있다.

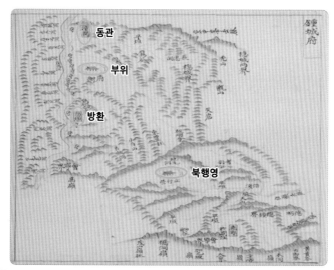

그림 19 종성부 필사본(회화식)–광여도 – 종성부. 두만강에 섬이 없다. 부위, 동관, 방환, 북행영이 보인다.

(가) 조선조 고지도 종성부는 어디에 존재하는가?

본 연구는 종성부 고지도의 특이한 특성을 가진 지역을 위상수학적, 기하학적으로 분석하고 이에 대응되는 지역을 구글 위성도에서 일대일 대응시켜 찾는 것이다. 규장각 고지도편에서는 여러 종류의 종성부의 고지도가 있다. 하지만 특이지역의 특이사항을 상세하게 설명하지 않은 것이 대부분이다.

[그림 18]의 종성부 고지도에 있는 두만강에는 섬이 하나도 그려져 있지 않다. 두만강의 지류로 1번, 2번, 3번의 3개 지류가 그려져 있다.

4번 지류(또는 강)는 독립적으로 그려져 있다. [그림 19]의 종성부 고지도의 4-4 좌측에 북행영(北行營)이 있다. 4-6 하단 왼쪽에 녹야사(鹿野社)가 보인다.

[그림 20]은 동녕(東寧) 서남쪽 수분하 근방의 구글 지도이다. 구글 지도에서 수분하(옛 두만강)에는 상당한 크기의 섬이 하나도 없어 [그림 18]의 종성부 고지도와 잘 일치한다. 고지도의 3개의 지류 1번, 2번, 3번과 작은 지류가 있는데 [그림 20]의 옛 두만강(현 수분하)의 3개의 지류 1번, 2번, 3번과 작은 지류가 잘 대응되고 있다.

위상적으로 판단하여 1번 지류와 2번 지류 사이에 종성 府衛가 있었던 자리에는 도시는 안 보이고 밭으로 이루어진 들판만 보인다. 북행영(北行營)이 있었던 자리에도 도시는 안 보이고 밭으로 이루어진 들판만 보인다. 답사하여 실제 있었던 위치를 확인해 보고 싶다.

이들 두 곳은 세종대왕 때 조선의 군사 지역으로 중요한 역할을 한 지역이었지만 20세기 여러 차례의 전란으로 인하여 황폐화된 지역이 되어 인가가 안 보인다.

4-6 하단 왼쪽에 있었던 녹야사 지역에는 작은 마을이 보인다.

그림 20 **동녕의 서남쪽 수분하 근방 조선조 종성부가 있던 곳. 위상적으로 판단한 종성 부위가 있었던 지역으로부터 30리 거리에 분루두촌이 있고 이곳에 옛 방환보 성터의 흔적이 보인다. 종성부위 위치와 북행영의 위치는 답사로 확인해 보아야 한다.**

그림 21 위상적으로 판단한 종성 부위가 있었던 지역으로부터 30리 거리에 분루두촌이 있고 이곳에 옛 방환보 성터라고 추정되는 흔적이 보인다. 점선 사각형의 노란 직선은 방환보의 해자로 활용된 것으로 추정되는 개울 모습의 흔적이다. 이 곳이 방환보가 있었던 곳인지는 직접 가서 확인해 보아야 알 수 있다.

(Ω5) 회령부 고지도의 위상적 분석 (원문: 참고 [10])

회령의 고지도 중에서 구글 지도와 비교 조사하기가 가장 좋은 회령부 고지도 중 하나는 필사본(방안식)-(조선지도 - 함경도 - 회령부) [그림 22]이다.

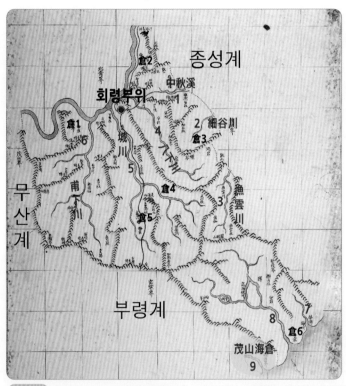

그림 22 **회령부 고지도: 필사본(회화식) - 조선지도 - 회령부** 두만강에 섬이 없다. 8번 하천 하류에 회령 海倉이 있고 부령과 회령 사이 9번 하천 하류에 茂山 海倉이 있다.

조선조 회령부 고지도는 북한 회령 근방의 위상도가 아니다.

(가) 조선조 회령부(북부)는 어디에 존재하는가?

조선조 회령부 위치는 이도구촌에 있었던 것으로 판단된다.

그림 23 동녕의 서남쪽 이도구촌과 수분하 근방 위상적으로 판단한 회령 부위가 있었던 이도구촌 지역. 이도구촌으로부터 서쪽 30리 거리에 운두성이 있었던 곳으로 추정되는 곳이 있다. 이곳에 운두성이 있었다고 판단된다. 이곳에 촌락이 남아 있다.

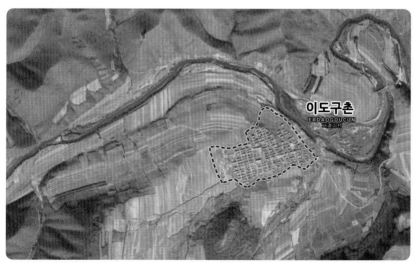

그림 24 옛 회령부 부위 성터 추정지 이도구촌(二道溝村) 촌락이 다른 옛 성 내부의 마을처럼 되어 있다. 이도구촌에 개울과 가장자리와 도로를 따라 점선을 그려 보면 옛 회령부 부위의 성의 길이와 거의 같다.

그림 25　옛 회령 부위가 있었던 곳이라 판단되는 이도구촌에서 서쪽으로 30리(10리는 5km) 운두성이 있었던 지역이라고 추정되는 곳이 있다. 그림의 노란 점선 곡선의 길이는 주기에 나타난 운두성의 둘레의 길이 17040척(5112m)과 거의 같다.

(나) 회령부 고지도의 남쪽 강들

회령부 고지도(필사본(방안식)-조선지도)([그림 26])의 남부지역의 동해바다를 확대하여 조사하면 회령부 남부는 현재의 두만강 하류 지역이다([그림 27]).

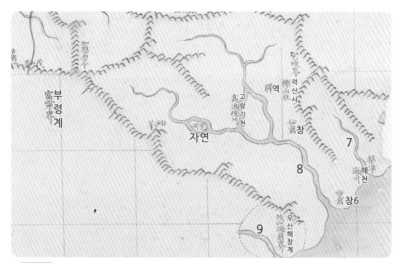

그림 26 **회령부(필사본(회화식)-조선지도) 고지도 남부** 회령부 남쪽 동해바다 쪽 지도에 7번(해천), 8번, 9번 강을 그려놓았다. 8번 강 하류에 창고 (倉)가 있고 중간쯤에 창고(倉)가 하나 더 있고, 고랑기천 오른쪽에 역 (驛)이 있다. 9번 하천 주변에 茂山 海倉이 있다.

그림 27 **옛 회령부 남부** 훈춘강의 상류에서 강이 쪼개져서 고랑기천을 만들고 있다. 회령부 고지도 8번 강은 훈춘강이다.

회령부 남북을 연결하던 역참로(붉은 곡선)로 추정되는 도로에 현재 포장
도로가 있다.

그림 28 조선의 회령부 남북을 연결하는 역참로로 추정되는 길에 포장도로가 있다.

이 연구의 최종 목표는 조선조의 두만강과 세종대왕의 육진의 위치와 백
두산의 위치를 알아내는 것이다. 또 조선조 함경북도 동해바다 섬들의 이
름을 알아내는 것이다.

Ⅱ장에서는 조선조 무산부의 고지도를 분석하여 조선의 무산부는 북한
의 무산 지역이 아님을 밝히고 조선의 무산부의 위치가 羅子溝鎭임을 설명
한다. Ⅲ장에서는 조선조 고지도 분석을 통해서 백두산의 위치를 찾는다.
Ⅳ장에서는 조선조 함경북도 동해의 섬들의 명칭을 찾는다.

II. 무산부 고지도의 위상적 분석

(가) 무산부 고지도와 북한 무산 근방 두만강 유역 위성지도 비교 분석

규장각 한국학연구원 고지도편에 무산과 두만강을 그린 고지도가 6가지가 넘는다.

이들 고지도는 현대식 지도가 아니기 때문에 그리고자 하는 각 목표물들 간의 거리, 방향 등이 정확히 묘사되지 않아 현대식의 거리와 방위가 정확한 지도라고 판단하면 이해하기가 매우 어렵다. 이 고지도들은 묘사하고자 하는 목표물들의 위치 관계를 나타낸 것으로 수학적으로 위상도라 할 수 있다. 이들 지도에서는 여러 가지의 강, 섬, 부위(府衛), 창(蒼), 진(鎭) 등 그리고자 하는 목표물들의 크기나 방위가 현대적이지 않기 때문에 거리와 방위가 정확한 현대지도를 해석하듯이 고지도를 보고 판단하면 많은 오류를 범한다.

중국도인 한 고지도에는 제주도와 한반도의 크기를 비슷하게 그려놓은 것이 있다. 이 지도를 현대적인 관점에서 해석하려 하면 틀린 지도이다. 하지만 위상수학적인 관점에서 보면 그 지도는 잘 그려진 지도이다. 또 다른 한 고지도에는 요양을 심양의 북쪽에 그려놓은 지도도 있다. 이는 방위는 틀렸지만 위상수학적인 관점에서 해석한다면 심양과 요양이 遼寧城에 있는 것을 위상적으로만 나타낸 것이라고 해석한다면 맞는 이야기가 된다.

규장각 한국학연구원 고지도편에 무산과 두만강을 그린 고지도가 6가지가 넘는데 그중에서 실제의 지형지세를 가장 상세히 묘사한 [그림 29]의 茂山府 지도를 설명해 보자.

지형지세를 설명하기 위해 무산부에 있는 두만강 지류에 1~14번의 번호를 부여했다. [그림 29]의 茂山府 지도에 있는 특징적인 지형지세나 문구를 살펴보자.

1. 白頭山과 長白山은 분명히 다른 곳에 있다. 白頭山과 長白山이 그려진 조선 시대 고지도에는 白頭山과 長白山은 서로 다른 산이다. 두 산은 상당히 멀리 떨어져 있다.

2. 水伏流: [그림 44]의 白頭山 바로 아래 水伏流라는 글자가 있다. 水伏流의 뜻은 물이 땅 속으로 흘러가거나 호수 속으로 흘러간다는 뜻이다. 이는 곧 白頭山 大池 밑을 물이 흘러가고 있다는 뜻이다.

3. 分界江 上流: 12번 지류를 分界江 上流라 표시해 놓고 있다. 임진년 (1712년) 국경 분계시 12번 지류를 分界江 上流라 칭한다고 기록해 놓았다 (壬辰分界時以此稱分界江上流).
참고: 12번 지류가 어느 강의 상류인지는 판단하지 못했던 것이다.

4. 大角峯: 大角峯은 큰 뿔 모양의 봉우리라는 뜻이다. 11번 지류 옆에 大角峯이라는 글자가 있다. 이는 11번 지류 근방에 大角峯이 있다는 뜻이다.

5. 大紅丹水와 小紅丹水: 紅丹水의 단순한 뜻은 붉은 물 또는 붉은 강이라는 뜻이다. 13번 지류와 14번 지류를 大紅丹水와 小紅丹水라 명명한 것은 두 지류가 붉은 물이 흐르고 있다는 뜻인데 항상 붉은 물이 흐르는지 홍수 때나 붉은 물이 흐르는지 확인해 보고 싶다. 이름과는 상관없는 그저 이름뿐인 것인지 꼭 확인해 보고 싶다.

6. 木柵: 11번 지류와 12번 分界江 上流를 木柵으로 연결해 놓고 있다.
고려조나 조선조에는 국경선을 정할 때 강이나 산맥으로 정하는 것이 상례
이기 때문에 이 목책은 강의 지류의 연장선에 木柵를 만드는 것이 상례일
것이다.

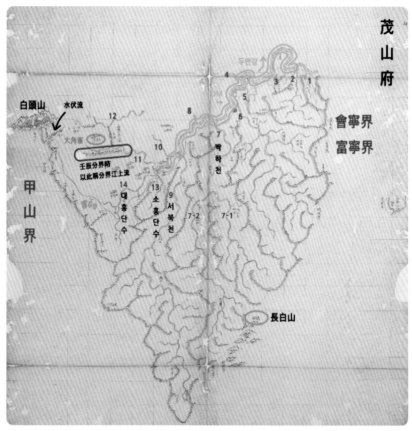

그림 29 무산부 고지도 필사본(회화식)-조선지도- 무산부 두만강에 섬이 없다.
11번 지류는 또 다른 강의 지류 12번과의 사이에 목책을 그려놓고 있다.

[그림 29]의 茂山府 지도에는 여러 가지 특징적인 지형지세나 특징적인 문
구들이 많다.

白頭山과 長白山이 있고 분계강 상류(分界江 上流), 대각봉(大角峯), 대홍
단수(大紅丹水)와 소홍단수(小紅丹水), 11번 지류와 12번 지류를 연결하는
목책(木柵)이 그려져 있다. 대각봉은 큰 뿔 모양의 산이라는 뜻으로 해석할
수 있다. 대홍단수(大紅丹水)와 소홍단수(小紅丹水)는 이 강물이 붉은 빛깔
을 나타내고 있다는 의미인 것 같다. '水伏流(수복류)'는 백두산 대지(大池)의
호수물 속에서 한 지류가 나온다는 의미이다. '壬辰分界時以此稱分界江上
流(임진분계시이차칭분계강상류: 임진년 경계를 나눌 때 이곳을 가지고 분계강 상류라
고 칭하자.)'라는 문구도 있는데 이는 이 지류가 두만강의 분계강의 상류라는
것을 확인할 수가 없어서 '분계강 상류라고 칭하자.'라고 기록한 듯하다.

[그림 29]의 무산부 고지도에 있는 두만강에는 섬이 하나도 그려져 있지 않다.
다른 무산부 고지도에 있는 두만강에도 섬은 하나도 그려져 있지 않다. 무산
부는 군사 지역이기 때문에 의미 있는 섬이 존재하면 반드시 그려 넣어야 한
다. 고지도 모두에 섬이 없다는 것은 유의미한 섬이 존재하지 않는 것이다.

무산부 두만강의 작은 지류로 1번(市川), 2번, 3번(漁雲川), 4번, 5번, 6
번, 7번(博下川), 8번, 9번(西北川), 10번, 11번, 12번(分界江 上流), 13번
(大紅丹水), 14(小紅丹水)번의 14개의 지류가 그려져 있다. [그림 44]의 무
산부에는 11번 지류와 12번 지류 사이에 목책이 그려져 있다. 9번 지류는
서북천이라고 명명하여 이 지류는 무산부 서북쪽에 있다는 뜻이다.

7번 지류 박하천은 다른 고지도에 허수라천(虛水羅川)이라고 표기된 것
도 있다. 또 박하천(朴下川), 림하천(林下川)이라고도 표기된 지도가 있어
잘못 기록한 것인지 시대마다 이름이 바뀐 건지 확인할 수가 없다.

[그림 30]은 또 다른 무산부 고지도(해동지도-무산부)이다. 이 지도보다[그
림 29]의 무산부 고지도가 더 자세하게 그려져 현대 지도와 비교 설명하는
데 더 유용하다.

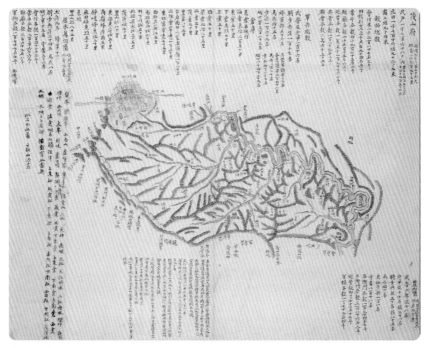

그림30 **무산부(해동지도)** 두만강에 섬이 없다. 백두산 大池 옆에 三池를 그려 놓았다. 大池의 오른쪽으로 土門江이 흐르고 있다. 토문강은 백두산 대지의 물속에서 흘러나오는 것이다.

[그림 30]의 무산부 고지도의 두만강에도 섬이 그려져 있지 않다. 그밖에 무산부 고지도가 6가지 이상 있는데 이들 무산부 고지도 모두의 두만강에도 섬이 하나도 그려져 있지 않다. 이는 조선조 무산부에 있는 두만강에는 상당히 크다고 간주되는 섬이 하나도 없다는 뜻이다.

[그림 29]에서 두만강의 강물로 이루어진 평면 영역을 OM이라 하면, 이 영역 안에는 섬이 하나도 그려져 있지 않다. 따라서 OM의 위상 종수(genus)는

$$g(OM) = 0$$

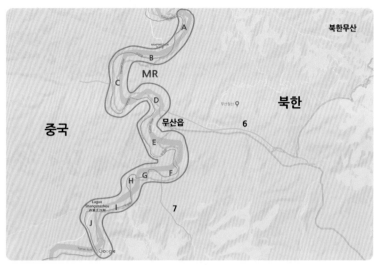

북한 무산 근방 두만강 유역의 구글 위상도. 두만강에 여러 개의 큰
섬이 있다.

[그림 31]은 북한 무산 근방 두만강 유역의 구글 지도이다. 북한 무산 근
방 두만강 유역의 구글 지도에서 영역 MR의 두만강 안에는 A, B, C, D, E,
F, G, H, I, J의 10개의 섬이 있다. 이들 섬들은 상당히 크다. 지도 제작할
때 무시하고 그릴 정도의 작은 섬들이 아니다. 6진은 중요한 군사 지역들
이다. 6진 중의 하나인 무산도 매우 중요한 군사 지역이다. 지도 제작에서
강에 있는 섬을 그려 넣는 것은 필수 사항이라 판단한다.

[그림 31]의 북한 무산 근방 두만강 유역의 두만강 물로 이루어진 평면을
MR이라 하면 MR 내부에 10개의 섬이 있으므로 MR의 종수(genus)는

$$g(MR) = 10$$

위 식과 앞에서의 두 식을 비교하면 우리는 다음을 얻는다.

$$g(OM) = 0 \neq g(MR) = 10$$

따라서 [그림 29]의 무산부 고지도에 있는 두만강 평면 영역 OM과 북한 회령의 구글 지도에 있는 두만강 평면 영역 MR은 동형이 아니다. [그림 29, 30]의 무산부 고지도에 있는 두만강은 북한의 무산 지역에 있는 두만강이 아니다.

[그림 31]의 북한 무산 근방 두만강 유역(현재의 백두산 쪽)의 구글 지도에서 두만강의 지류와 고지도 무산부의 두만강의 지류와 어떻게 일대일 대응을 시켜야 할지 모르겠다. [그림 29]의 무산부 고지도의 分界江 上流(12번 지류)를 찾을 수가 없고 13번 지류도 대응이 잘 안 된다. 큰 뿔 모양의 大角峯도 찾을 수가 없다.

무산부 고지도에 서북천이라는 지류명이 있는데 [그림 32]의 7, 9, 11, 14 지류는 모두 무산읍 서남쪽에 있어 서북천이라고 명명하는 것은 자연스럽지 않다. 이들 지류는 서남천은 될 수 있지만 서북천은 아니다.

<u>그림 32</u> 북한 무산 근방 두만강 유역(현재의 백두산 쪽)의 구글 위상도 서북천은 없다.

그림 33 **북한 무산 읍내의 구글 위상도** 읍내에 옛 성터가 보이지 않는다. 무산읍 바로 옆 두만강에는 큰 섬이 있다.

무산 읍내에는 옛 성터가 보이지 않는다. 구글 지도를 확대해 보아도 옛 성터는 보이지 않는다. 옛 성터가 있다면 옛날에 군사적으로 중요한 지역이라는 걸 확인할 수도 있는 것이다.

무산읍 바로 옆 두만강에는 큰 섬이 있다. 이 정도 큰 섬이라면 군사지도에는 반드시 그려 넣어야 하는 큰 섬이다. 무산부 고지도 모두에는 섬이 그려져 있지 않다.

◆ 무산부의 여러 성터에 대한 주기

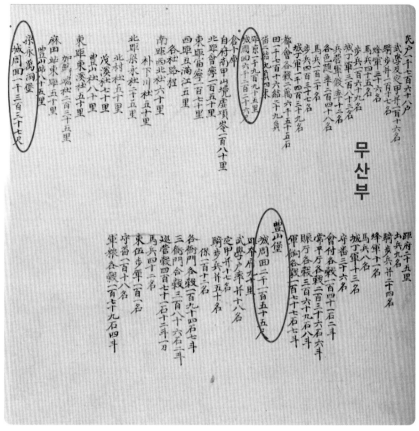

그림 34 무산부 주기

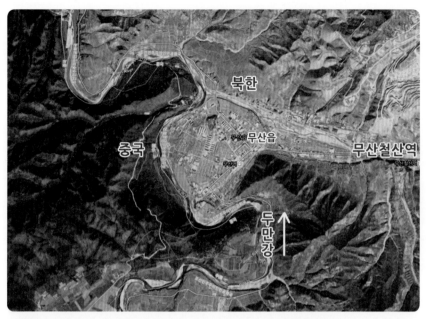

북한 무산 근방 구글지도 북한 무산 근방에서 성터를 발견하기가 쉽지 않다.

[그림 34]의 조선조 무산부 주기에 무산부에는 무산 부위의 성의 둘레가 6,226척(1,868m)인 성이 있다. 작은 성으로 양영만동보 성의 둘레가 1,337척(401m), 풍산보 성의 둘레가 2,155척(647m)이다.

하지만 [그림 32], [그림33]의 북한 무산 근방 영역을 확대하여 관찰해 보아도 옛 성터의 모습은 보이지 않는다. 이 지역의 동쪽, 서쪽, 남쪽 지역을 확대하여 조사해 보아도 옛 성터의 모습은 보이지 않는다. 북한에서 무산 지역에서 옛 성터를 발견하여 발굴했다는 보고가 있었다는 이야기도 들어본 적이 없다. 이는 북한 무산이 세종대왕 때의 무산이라고 확신할 수가 없다.

앞에서 무산부 고지도의 두만강의 섬의 개수와 북한 무산의 섬의 개수가 다르고 두만강과 지류의 위상적 동형을 증명할 수도 없다. 북한 무산에는 옛 성터도 발견되지 않는다. 큰 뿔 모양의 대각봉도 어디인지 알 수가 없다. 서북천도 없다.

이상의 여러 가지 조사 결과에 의하면 [그림 29]의 무산부 고지도는 북한 무산 근방의 위상도가 아니다.

(나) 조선조 무산부는 어디에 존재하는가?

본 연구는 무산부 고지도의 특이한 특성을 가진 지역을 위상수학적, 기하학적으로 분석하고 이에 대응되는 지역을 구글 위성도에서 일대일 대응시켜 찾는 것이다. 규장각 고지도편에서는 여러 종류의 무산부의 고지도가 있다.

[그림 29]의 무산부 고지도에서 무산부의 영역의 두만강과 그 지류들이 상당히 자세히 매우 잘 그려져 있다.

[그림 29]의 무산부 고지도에 있는 두만강에는 섬이 하나도 그려져 있지 않다. 다른 무산부 고지도에 있는 두만강에도 섬은 하나도 그려져 있지 않다. 무산부는 군사 지역이기 때문에 의미 있는 섬이 존재하면 반드시 그려 넣어야 한다. 고지도 모두에 섬이 없다는 것은 유의미한 섬이 존재하지 않는 것이다.

무산부 두만강의 작은 지류로 1번(市川), 2번, 3번, 4번, 5번, 6번, 7번(博下川), 8번, 9번(西北川), 10번, 11번, 12번(分界江 上流라 칭함), 13번(大紅丹水), 14번(小紅丹水)의 14개의 지류가 그려져 있다. [그림 29]의 무산부에는 11번 지류와 12번 지류 사이에 목책이 그려져 있다. 몇 개의 창고(倉)도 표시되어 있다.

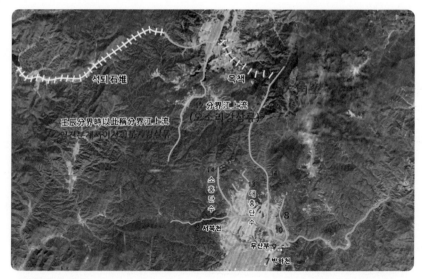

[그림 36] 분루두촌의 서쪽 수분하와 라자구촌(羅子溝村) 근방 조선조 무산부 서쪽.

[그림 36]은 이도구촌의 서쪽 수분하와 라자구촌(羅子溝村) 근방의 구글 지도이다. 구글 지도에서 수분하(옛 두만강)에는 상당한 크기의 섬이 하나도 없고, 이는 [그림 44]의 무산부 고지도에도 섬이 없어 고지도와 잘 일치한다. 11번 지류의 최상류 부분에 대각봉이라고 판단되는 봉우리가 있다. 이 봉우리는 골짜기에서 봉우리까지 수직 높이가 300m쯤 된다. 감히 큰 뿔 모양의 대각봉이라 명명함에 이의가 없을 것이다.

[그림 29]의 고지도의 14개의 지류 중 7번(博下川 또는 虛水羅川), 9번(西北川), 10번, 11번, 12번(分界江 上流), 13번(大紅丹水), 14번(小紅丹水)의 6개의 지류가 있는데 [그림 38]의 7번(博下川 또는 虛水羅川), 9번(西北川), 10번, 11번, 12번(分界江 上流), 13번(大紅丹水), 14번(小紅丹水)과 잘 대응된다. [그림 36, 37]의 11번 지류 끝자락에는 큰 뿔 모양의 봉우리라는 뜻인 大角峯(골짜기에서 수직 높이 300m)이 날카롭게 서 있고 分界江 上流(12번

그림 37 **羅子溝村 (옛 무산부) 북쪽 대각봉과 옛 분계강 상류** 조선조 무산부의 대각봉은 주로 바위로 이루어져 있고 골짜기에서 대각봉 봉우리까지 수직 높이가 300m이다.

지류, 실상은 분계강 상류가 아니고 오소리강 상류임)라 칭했던 또 다른 지류가 보인다. [그림 36], [그림 37]의 무산부(라자구촌 근방) 구글 지도에서는 11번 지류와 12번 지류의 지류로 연결하여 목책을 그려 넣을 수 있다. 이 목책은 [그림 35], [그림 36]에서의 그림처럼 목책이 있었는지 아니면 그보다 상류의 작은 지류에 목책이 설치되어 있었는지는 알 길이 없다.

[그림 29]의 무산부 지도에는 작은 지류로 1번(市川), 2번, 3번(漁雲川), 4번, 5번, 6번, 7번(博下川), 8번, 9번(西北川), 10번, 11번, 12번(分界江 上流), 13번(大紅丹水), 14(小紅丹水)번의 14개의 지류가 그려져 있다.

[그림 37]의 구글 지도에서는 12번 지류(分界江 上流)를 제외하고 1번(市川), 2번, 3번(漁雲川), 4번, 5번, 6번, 7번(博下川), 8번, 9번(西北川), 10번, 11번, 13번(大紅丹水), 14번(小紅丹水)의 13개의 지류를 잘 대응시킬 수 있

다. 9번 지류 서북천은 무산부 부위의 서북쪽에 있는 川(천)이라는 뜻이다.

그림 38 이도구촌의 서쪽 수분하와 라자구촌(羅子溝村) 근방 조선조 무산부 부위가 있었던 곳. 현재 무산 부위 성터가 남아 있다.

그림 39 라자구촌(羅子溝村) 내에는 고성촌(固城村)이라는 옛 무산부 부위(府衛)의 고성이 남아 있다.

[그림 29]의 무산부 고지도의 14개 지류와 [그림 37]의 라자구 구글 지도의 14개 지류는 서로 위상 동형을 이루고 있다.

옛 무산부 중심부였던 라자구촌(羅子溝村) 내에는 무산 부위였던 성터가 아직도 원형 그대로 옛 모습으로 남아 있다. 이 성터는 옛 온성(현재의 東寧)의 성터와 같은 방식으로 직사각형이고 직사각형 밖에 수로를 해자로 건설하여 외적이 성벽을 쉽게 넘어오지 못하도록 하였다. 여기가 고대 군사지역이라는 걸 증명하고 있다.

(다) 결론

(가)의 조사에 의해 북한의 무산 근방 두만강 내부에는 섬이 10개 있고 무산부 고지도에는 이들 섬에 대응시키는 섬이 하나도 그려져 있지 않다. 이는 고지도의 무산부 두만강은 북한 무산 근방의 두만강이 아니라는 뜻이다. 북한의 무산 근방에서는 대각봉도 찾을 수가 없고 분계강(고지도 12번 강)도 대응시킬 수가 없다. 서북천도 없다.

따라서 무산부 고지도는 북한 무산 근방 두만강 유역의 위상도가 아니다.

(나)의 조사에서 라자구촌(羅子溝村) 근방의 구글 지도에서 수분하(옛 두만강)에는 상당한 크기의 섬이 하나도 없어 [그림 29]의 무산부 고지도와 잘 일치한다.

[그림 29]의 무산부 지도에는 작은 지류로 1번(市川), 2번, 3번, 4번, 5번, 6번, 7번(博下川), 8번, 9번(西北川), 10번, 11번, 12번(分界江 上流), 13번(大紅丹水), 14번(小紅丹水)의 14개의 지류가 그려져 있다. 이들 14개의 지류는 [그림 37]과 [그림 29]의 14개의 1~14번 지류와 잘 대응되고 있다. 라자구촌 근방의 구글 지도에는 대각봉도 있고 分界江 上流(12번 지류)도 잘 대응된다. 무산부 부위였던 성터도 원형 그대로 남아 있다.

이상의 (가)와 (나)의 조사에 의해서 [그림 29]의 무산부 지도는 북한 무산 근방 지도가 아니고 라자구촌(羅子溝村) 근방의 위상도이다.

III. 조선조 백두산과 장백산 위치 탐구

(1) 백두산과 장백산 고지도 설명

[그림 29]의 茂山府 지도에서 白頭山과 長白山은 분명히 다른 곳에 있다. 白頭山과 長白山이 그려진 조선 시대 고지도에는 白頭山과 長白山은 서로 다른 산이다. 두 산은 상당히 멀리 떨어져 있는 것 같다. 이 경우 白頭山에는 大池 또는 大澤이라는 큰 호수와 함께 항상 그려 놓았다. 고지도의 長白山에는 大池 또는 大澤이라는 호수가 그려져 있지 않고 天池라는 이름도 없다. 1872년 조선의 지방 지도를 정리할 때까지도 천지 답사는 이루어지지 않은 듯하다.

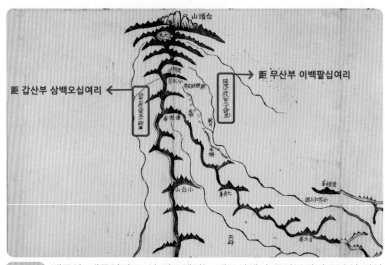

그림 40 **백두산-대동여지도** 이 지도에서는 백두산에서 무산부까지 280여 리이고 갑산부까지 거리를 350여 리라고 기록하고 있다. 백두산은 대지(大池) 북쪽(위 쪽)에 그려져 있다. 이것은 산 정상에 있는 천지는 아니다.

조선의 고지도에 있는 특징적인 지형지세나 문구를 살펴보자.

1. [그림 29]에서 白頭山과 長白山은 분명히 다른 곳에 있다. 白頭山과 長白山이 그려진 조선 시대 고지도에는 白頭山과 長白山은 서로 다른 산이다. 관북도, 대동여지도, 해동지도 등 함경북도가 그려진 조선 시대 고지도에는 白頭山과 長白山은 서로 다른 산이다. 두 산은 상당히 멀리 떨어져 있는 것 같다.

2. 수복류(水伏流): [그림 29]의 白頭山 바로 아래 水伏流라는 글자가 있다. 水伏流의 뜻은 물이 땅 속으로 흘러가거나 호수 속으로 흘러간다는 뜻이다. 이는 곧 白頭山 大池 밑을 물이 흘러가고 있다는 뜻이다.

3. 속석포(束石浦)와 삼지(三池): [그림 41]에는 束石浦와 三池라는 글자가 있는데 이 두 곳은 大池 근방에 있는 것을 묘사한 것으로 판단된다. 束石은 돌들의 묶음으로 束石浦는 큰 돌들의 묶음이 여러 개 나열돼 있는 바위 위를 폭포수가 떨어지는 모습이다. 三池는 3개의 연못이라는 뜻이다. 백두산 근방에 상당한 크기(유의미한)의 연못이 3개 있다는 표현이다. 아마도 연못 하나의 길이는 적어도 300m는 넘어야 유의미한 연못이라 생각한다.

4. 대각봉(大角峯): 大角峯은 큰 뿔 모양의 봉우리라는 뜻이다. [그림 29]의 무산부 지도에 大角峯이라는 글자가 있다. 大角峯은 [그림 29]의 무산부 지도의 11번 지류의 근방이며 분계강 상류([그림 29]의 무산부 지도의 12번 지류)의 근방에 있는 것으로 표현되어 있다. [그림 40]과 [그림 41]에도 大角峯을 나타내고 있다.

5. 白頭山 大池 둘레: [그림 41]에는 白頭山 大池 둘레를 40리라고 하고 있는데, 이는 조선 시대 10리를 5km로 계산하면 大池의 둘레가 20km쯤 이라는 것이다. [그림 42]에서는 白頭山 大池 둘레를 80리라고 하고 있는 데, 이는 조선 시대 10리를 5km로 계산하여 大池의 둘레가 40km쯤이라 는 것이다.

6. 무산부까지 거리: [그림 40]에서 백두산에서 무산부까지 280여 리이 고 갑산부까지 거리를 350여 리라고 기록하고 있다.

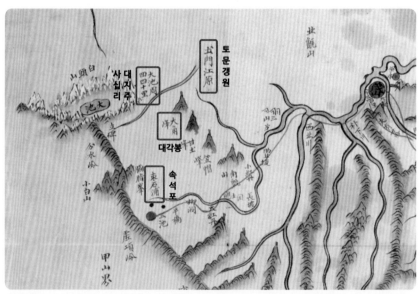

그림 41 백두산-해동지도 이 지도에서 土門江原 끝 부분에 立碑라고 적혀 있어 土門 江原 끝 부분이라고 생각되는 곳에 비석을 세운 듯하다. 大角峯도 있다. 大池 의 둘레를 40리라고 하고 있다. 束石浦와 三池라는 글자가 있는데 이 두 곳은 大池 근방에 있는 것을 묘사한 것으로 판단한다.

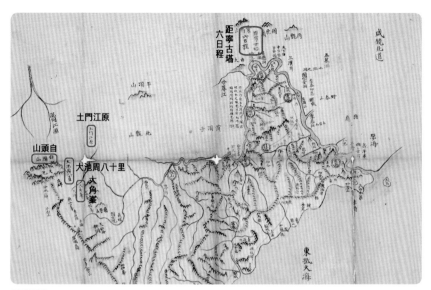

그림42 백두산-팔도지도-함경북도 이 지도에서 土門江原 끝 부분에 立碑라고 적혀 있어 土門江原 끝 부분이라고 생각되는 곳에 비석을 세운 듯하다. 大角峯도 있다. 大池의 둘레를 80리라고 하고 있다. 三池라는 글자가 있는데 이 곳은 大池 근방에 있는 것을 묘사한 것으로 판단한다.

◆ 고지도에서 장백산의 지형지세 기록에 대한 설명을 살펴보자. [그림 43]

1. 橫截數百里 山險 路截 程里不能詳(횡절수백리 산험 노절 정리불능상): 동서로 수백 리 끊어져 있고 산은 험하고 길은 끊어져 있어 계량적 거리를 상세히 설명하는 것이 불가능하다.

2. 山勢甚埈 雄盤數百里多窮壑 長谷人不堪居 五月雪始消七月復有雪(산세심준 웅반수백리다궁학 장곡인불감거 오월설시소 칠월복유설): 산세가 심히 높고 웅장한 쟁반 같은 지형의 수백 리에 끝없는 골짜기가 많고 긴 골짜기에 사람이 감히 살 수가 없다. 오월에 눈이 녹기 시작하고 7월에는 다시 또 눈이 있다.

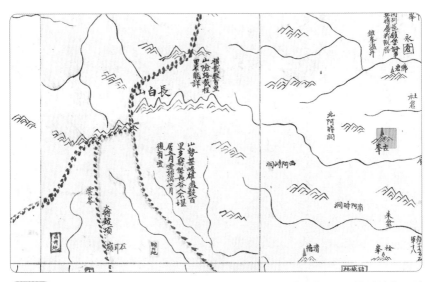

그림 43 장백산-청구요람 장백산에 대하여 橫截數百里山險路截程里不能詳이라고 적고 있다. 백두산 주변이 험란하여 그 주변을 측량하지 못하였다.

　3. 장백산 주변에는 束石浦와 三池가 표시되어 있지 않다. 천지도 그려져 있지 않다. [그림 43]의 지도 설명으로는 답사하지도 측량하지도 않았다는 설명이다. 사실 조선시대에 등반 훈련을 하지 않고 짚신이나 가죽신 신고 수백 리 일정의 백두산(중국명 장백산) 등반은 거의 불가능한 일이다. 말을 타고 백두산에 오르는 일은 불가능에 가깝다. 남이장군이 말을 타고 오른 백두산 주변은 지금의 백두산 주변이 아니라고 본다.

그림 44 백두산(중국 명 장백산) 천지의 둘레의 길이는 약 12km이다. 천지로부터 10km 이내에 길이가 300m 이상 되는 연못이 안 보인다. 삼지는 없다. 10km 이내에 속석포도 안 보인다.

조선의 백두산 고지도에 있는 특징적인 지형지세와 [그림 29]의 백두산 (중국 명 장백산)의 상황과 비교해 보자.

고지도의 白頭山 大池의 둘레를 [그림 41]에서는 40리라고 하고 있고, [그림 42]에서는 白頭山 大池 둘레를 80리라고 하고 있다.

하지만 [그림 29]의 백두산(중국 명 장백산)의 천지의 둘레의 길이는 12km 정도이다. 이는 조선 시대 10리를 5km로 계산하면 天池의 둘레는 24리 정도이다. 40리에도 모자라고 80리에는 더욱더 모자란다.

천지로부터 10km 이내에 길이가 300m 이상인 연못이 하나도 안 보인다. 10km 이내에 三池가 없다. 속석포(束石浦)라고 연상되는 폭포도 보이지 않는다. 고지도의 분계강 상류와 대각봉도 대응시킬 곳도 찾을 수가 없다.

따라서 현재의 백두산(중국명 장백산)과 천지는 고지도의 白頭山과 大池의 위상도가 아니다.

(2) 조선조 고지도의 백두산은 어디인가

백두산 고지도에 있는 특징적인 지형지세나 문구를 다시 살펴보자.

1. 수복류(水伏流): [그림 29]의 白頭山 바로 아래 水伏流라는 글자가 있다. 水伏流의 뜻은 물이 땅 속으로 흘러가거나 호수 속으로 흘러간다는 뜻이다. 이는 곧 白頭山 大池 밑을 물이 흘러가고 있다는 뜻이다.

2. 속석포(束石浦)와 삼지(三池) : [그림 41]에 束石浦와 三池라는 글자가 있는데 이 두 곳은 大池 근방에 있는 것을 묘사한 것으로 판단한다. 束石은 돌들의 묶음으로 束石浦는 큰 돌들의 묶음이 여러 개 나열돼 있는 바위 위를 폭포수가 떨어지는 폭포이다. 三池는 3개의 연못이라는 뜻이다. 백두산 근방에 상당한 크기(유의미한)의 연못이 3개 있다는 표현이다. 아마도 연못 하나의 길이는 적어도 300m는 되어야 유의미한 연못이라 생각한다.

3. 대각봉(大角峯): 大角峯은 큰 뿔 모양의 봉우리라는 뜻이다. [그림 29]의 무산부 지도에 大角峯이라는 글자가 있다. 大角峯은 [그림 29]의 무산부 지도의 11번 지류의 근방이며 분계강 상류([그림 44]의 무산부 지도의 12번 지류)의 근방에 있는 것으로 표현되어 있다. [그림 41]과 [그림 42]에도 大角峯을 나타내고 있다.

4. 白頭山 大池 둘레: [그림 41]에는 白頭山 大池 둘레를 40리라고 하고 있는데, 이는 조선 시대 10리를 5km로 계산하면 大池의 둘레가 20km쯤이라는 것이다. [그림 42]에서는 白頭山 大池 둘레를 80리라고 하고 있는데, 이는 조선 시대 10리를 5km로 계산하여 大池의 둘레가 40km쯤이라는 것이다.

5. 무산부까지 거리: [그림 40]에서 백두산에서 무산부까지 280여 리이고 갑산부까지 거리를 350여 리라고 기록하고 있다.

◆ 김수홍의 조선팔도고금총람도(1673년)에서 백두산은 흑룡강변에 그려져 있다. 여기서 흑룡강은 흑룡강 본류와 목단강을 그린 것이다.

위 고지도의 내용들을 구글 지도와 비교해보자.

[그림 29]의 白頭山 바로 아래 水伏流라는 글자가 있는데 경박호는 목단강 상류의 물이 경박호로 흘러 들어와서 다시 목단강(옛 토문강)으로 흘러 내려가고 있어 白頭山 바로 아래 水伏流라고 기록하고 있는 것이다.

[그림 41]에는 束石浦와 三池라는 글자가 있는데 이 두 곳은 大池 근방에 있는 것을 묘사한 것으로 판단된다. [그림 45]에서 경박호(옛 백두산 대지) 서남쪽에 삼지가 보이고 경박호 동북쪽에 속석포(경박폭포)가 있다. 경박호에서 무산부(라자구)까지는 약 280리 정도이다.

[그림 29, 40, 41, 42]의 무산부와 백두산 고지도에 大角峯라는 글자가 있다. 구글어스를 보면 옛 두만강 상류 남동쪽 11번 지류 시발점에 해발 930m의 대각봉이 있다. 산 모양이 큰 뿔처럼 바위산이라서 우리 조상들이 대각봉이라 명명한 듯하다.

◆ 김수홍의 조선팔도고금총람도[2]에서 백두산은 흑룡강변에 그려져 있다.

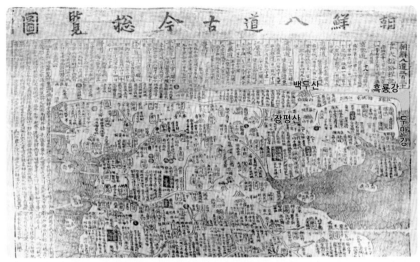

그림 45 조선팔도고금총람도 백두산이 흑룡강 중간에 그려져 있다. 백두산은 흑룡강변에 있다. 흑룡강 아래에 두만강이 있다. 여기 흑룡강은 흑룡강 본류와 목단강을 그린 것이다.

그림 46 김수홍의 조선팔도고금총람도에 위상적으로 대응되는 흑룡강과 두만강 고지도에서 흑룡강의 상류는 목단강을 그린 것이다. 고지도의 두만강은 현재의 중국명 수분하(러시아명 레카라즈돌라야강)이다.

◆ 김수홍의 조선팔도고금총람도([그림 45])에서 백두산은 흑룡강변에 그려져 있다. 또한 백두산의 대지의 둘레가 80리(40km) 정도 되고 백두산에서 무산부까지 거리가 280리이고 갑산부까지 거리가 350여 리이고 근방에 삼지가 있고 속석포가 있는 대상 후보지는 경박호 뒷산이 유일한 후보지이다. 조선조 백두산은 현재 모공산으로 개명되어 있다.

그림 47 **경박호(옛 백두산 대지) 주변** 삼지가 보이고 경박호 동북쪽에 속석포(경박폭포)가 있다. 그림에서 호수 둘레는 80리다. 호수 하구에 제방 설치로 물이 많아져 둘레가 조선조 때보다 길어짐.

그림 48 **경박호와 라자구진 주변** 경박호에서 라자구진(옛 무산부)까지 거리는 280여 리이다.

[그림 40]에서 백두산에서 무산부까지 280여 리라고 기록하고 있는데 경박호(옛 백두산 대지)에서 라자구진(옛 무산부)까지 A경로로 280여 리가 된다.

A코스로 경박호 동쪽에서 라자구진(옛 무산부)까지 280리쯤 된다.

그림 49 **경박폭포(옛 束石浦) 여름 모습.** 돌 묶음 위로 폭포가 쏟아지고 있다.

IV. 동해바다 섬들의 명칭과 두만강

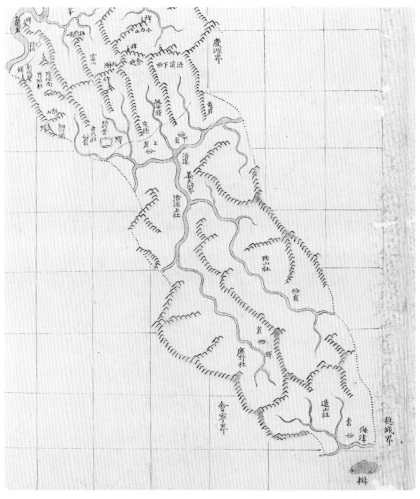

그림50 종성부 남부 동해바다. 필사본(방안식)-조선지도-종성부 남부 종성부 남쪽 동해안에 강이 있고 해진과 창(倉)이 그려져 있다. 섬 가도(椵島)가 있다.

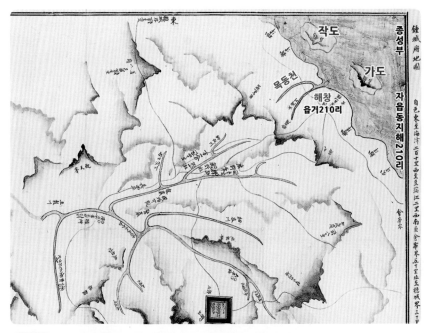

그림 51 1872년 지방지도-종성부 종성부 남쪽에 목동천이 있고 동해 바다에 작도(鵲島)와 가도(椵島)가 있다.

신증동국여지승람에 서울에서 종성 초경이 2,038리이고 온성 초경이 2,101리라 기록되어 있어 종성 초경 지점부터 온성 초경 지점까지 63리 정도이다. [그림 52] 지도에서 A점 근방이 서울에서 종성 2,038리 초경 지점이라면 A 지점에서 B 지점까지 거리가 대략 60리여서 그림에서 목동천은 종성부에 속해야 된다. 종성부 소속 작도(鵲島)와 가도(椵島)가 보인다.

1872년 지방 지도 회령부 고지도 남쪽 동해 바다에 대비도(大朼島)와 소비도(小朼島)가 있다. 구글 지도에서 현 두만강 하구 동북쪽에 대비도(大朼島)로 판단되는 섬이 있고 남서쪽에 소비도(小朼島)로 판단되는 섬이 있다 (참고 [그림 52]).

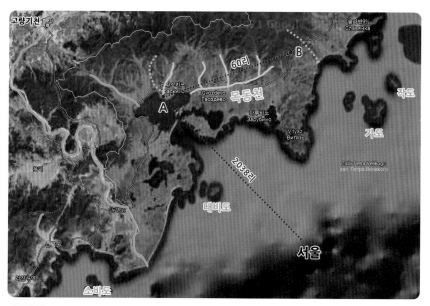

그림 52 종성부 동해(출처: 구글지도) 목동천이라는 강이 있고 동해 바다에 작도(鵲島)와 가도(椵島)가 있다. 회령부 소속 대비도(大枇島)와 소비도(小枇島) 섬에 해당되는 섬이 보인다.

그림 53 1872년 지방지도-회령부 회령부 남쪽 동해 바다에 대비도(大枇島)와 소비도(小枇島)가 있다. 동해의 훈춘강이 그려져 있다.

361

소초도   대초도

그림 54 1872년 지방지도 – 온성부 온성부 남쪽 동해 바다에 대초도(大草島)와 소(초)도(小(草)島)가 있다. 안화사(安和社)는 250리라 기록됨.

◆ 지금까지의 연구내용들을 바탕으로 조선조 육진의 개형과 동해의 섬들 그리고 백두산 위치:

(가) 조선조의 두만강은 현재의 수분하(러시아명: 레카라즈돌나야강)이다.

(나) 백두산의 위치:

   (ᐱ1) 백두산의 위치는 무산부에서 280리이고 갑산부(현재의 갑산이 아님)에서 350리이다.

   (ᐱ2) 백두산은 흑룡강변에 있다.

     참조: 김수홍의 조선팔도고금총람도(1674년) [그림 54]

     함경도(비변사인방안지도) 지도 [그림 1]

   (ᐱ3) 백두산은 토문강변에 있다(참조: 무산부(해동지도) 고지도).

   (ᐱ4) 백두산 앞에 둘레가 80리인 대지(大池)가 있고 주변에 삼지와 속석포가 있다(속석포는 경박호이다).

목단강의 명칭 변경 연구:

흑룡강(1712년 이전) ⇒ 토문강(1712년 ~ 1910년?) ⇒ 목단강(1910년 이후)

(다) 함경북도 동해의 주요 섬 명칭: 묘도, 적도, 대초도, 소초도, 작도, 가
　　도, 대비도. 소비도

참·고·문·헌

- 구글지도(인터넷), 2019.
- 김수홍, 「조선팔도고금총람도(朝鮮八道古今總攬圖)」, 1673.
- 서울대학교 규장각, 고지도, 2019.
- 『신증동국여지승람』 1~6, 규장각 소장, 1530.
- 『세종실록지리지(世宗實錄地理志)』, 1454.
- 양보경, 이현군, 문상명, 백두산 고지도집; 한국 고지도 속의 백두산, 동북아 역사재단, 2016.
- 정택선, 최규흥, 「위상수학을 활용한 慶興府 고지도 분석」, 『세계환단학회지』7(1), 167-192, 2020.
- 정택선, 최규흥, 「위상수학을 활용한 慶源府 고지도 분석」, 『세계환단학회지』7(2), 93-116, 2020.
- 정택선, 최규흥, 「위상수학을 활용한 온성부와 종성부 고지도 분석」, 『세계환단학회지』8(1), 2021.
- 정택선, 「위상수학을 활용한 세종대왕의 회령부 고지도 분석」, Preprint.

위상수학을 활용한 세종대왕의 회령부 고지도 분석

정택선

군산대학교 명예교수

군산대학교 수학과 교수, 학과장

한국수학논문집 편집위원(2009.01-20012.12)

• • •

저 서

『만주에 평양성을 가진 대제국 고려』(공저)
『위상변분법을 활용한 비선형파동방정식연구』(공저)

수학은 공식으로 증명을 하기 때문에 수학 분야 논문에서는 공통되는 공식이 중복으로 나오는 것을 문제 삼지 않습니다. 정택선 박사는 최규흥 박사와 공저자로 저서를 펴낸 적이 있고, 이 책에 기술된 내용은 지도를 바탕으로 한 '위상수학'의 일부이므로 논증을 하기 위한 과정에서 이미지와 설명들이 앞에 나온 최규흥 박사의 논문과 중복될 수 있습니다. 중복 내용과 이미지는 결론을 도출하기 위한 일종의 수학 공식과 같으므로 양해를 바라며, 해당 부분은 정독보다는 통독을 권장합니다. (편집자)

I. 서론

II. 회령부 고지도의 위상적 분석

I. 서론

조선시대 우리 선조들은 사군육진의 국소적인 고지도들을 매우 훌륭하게 제작하여 남겨 놓았다. 세계적으로 최고의 위상도를 남겨 놓았다. 하지만 역사학자들은 선조들이 남겨 놓은 사군육진의 위상도를 위상적으로 분석하는 기법도 모르고 위상적 분석 능력을 가진 학자를 찾으려고도 하지 않는 것 같다. 이들은 위상수학을 모르기 때문에 고지도들을 위상적으로 분석할 수도 없고 고지도를 분석하는데 위상수학이 필요하다는 사실도 모른다. 그들이 왜 고지도를 분석하지 못하는지 그 이유도 모르는 것 같다. 〈동북아 역사재단의 연구: 백두산 고지도집; 한국 고지도 속의 백두산(참고 [6])〉에서 조선의 육진과 국경 관련 고지도를 매우 많이 수집해 놓았다. 하지만 고지도를 분석한 것은 하나도 없다. 어떤 역사학자는 우리의 고지도가 별로 쓸모가 없다고까지 하기도 한다.

조선의 육진의 고지도들은 현재의 두만강 유역의 육진을 그린 것이 아니다. 경흥, 경원, 온성, 종성, 회령, 무산과 두만강(옛 도문강 또는 훈춘강)과의 대역적 위상관계는 조선의 고지도와 잘 맞게 인위적으로 매우 잘 배치되어 있다. 이러한 인위적 조작이 언제 누구에 의해서 이루어졌는지를 정확하게 아는 학자는 한국에는 없다. 육진의 위치를 조선의 고지도와 위상적으로 매우 훌륭하게 일치하게 배치한 학자는 당대 최고의 기하학자들일 것이다. 경흥, 경원, 온성, 종성, 회령, 무산의 고지도를 보고 상당한 수준의 이공계 분야 학자라도 이들 육진의 위치가 현재의 경흥, 경원, 온성, 종성, 회령, 무산과 위상적으로 맞는지 판별하지 못한다. 역사학자들 중에도 수학자가 있어야 한다. 고지도를 분석하는 데는 초보적인 위상수학 지식이 기본이다.

인하대 역사학자 복기대 교수는 일본이 우리의 역사를 왜곡 조작하기 위하여 200여 명의 학자가 동원되어 10년 이상 조작 왜곡해 놓았다고 한다. 역사학자 박지영 교수도 일본이 우리의 역사를 왜곡 조작하였다고 한다.

우리역사 중 국경사를 왜곡하는 데는 일본의 기하학자들이 동원되었을 것으로 본다. 일본은 19세기 초부터 수학자를 독일 유학을 시켰다. 우리도 역사 연구에서 위상수학은 물론 초보적인 수학 지식과 수학적인 감각이 있는 역사학자들이 필요하다.

두만강(옛 도문강 또는 훈춘강)과 육진의 위치는 조선의 고지도와 대역적으로 매우 잘 맞지만 경흥, 경원, 온성, 종성, 회령, 무산의 고지도를 각 지역별로 위상적 분석을 하면 북한의 경흥, 경원, 온성, 종성, 회령, 무산의 위상도와는 맞지 않는다. 육진의 고지도의 각 주기를 보면 각 육진에는 성과 보의 기록들이 있다. 하지만 북한의 경흥, 경원, 온성, 종성, 회령, 무산 지역에는 크고 작은 성터가 구글지도에서 전혀 보이지 않는다. 북한에서 옛 성터들이 이들 지역에서 발견되었다는 기록도 본 적이 없다.

많은 사람들은 조선 시대 고지도에 나타난 경흥, 경원, 온성, 종성, 회령, 무산이 현재 북한 두만강 유역에 위치한 것이라고 믿고 있고 의심조차 하지 않는다.

인하대 복기대 교수(역사학자)는 유럽에서는 역사 연구에서 국경사가 가장 중요한데 한국에서는 국경사 연구의 중요도가 많이 떨어지고 있다고 한다.

조선의 국경을 연구하는데 대동여지도([그림 1]) 연구와 규장각에 있는 조선시대의 여러 종류의 고지도를 연구하면 세종대왕의 육진의 위치를 찾아낼 수 있을 것이다([그림 2]).

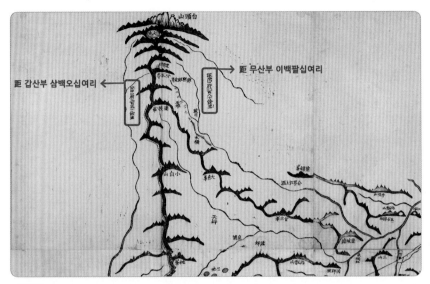

距 무산부 이백팔십여리

距 갑산부 삼백오십여리

그림1 백두산-대동여지도 백두산에서 무산부까지 280여리이고 갑산부까지 거리를 350여리라고 기록하고 있다. 백두산은 대지(大池) 북쪽(위 쪽)에 그려져 있다. 이것은 산 정상에 있는 천지는 아니라고 본다.

그림2 레카라즈돌나야(Recka Razdolnaya) 강(중국명: 수분하) 근방과 두만강(옛 훈춘강 또는 도문강) 주변 구글지도

북한 두만강 근방에는 옛 육진의 성터가 보이지 않고 성터에 대한 연구 보고도 없다. 세종대왕의 육진은 북한 두만강(옛 도문강 또는 훈춘강) 유역에 없고 모두 레카라즈돌나야(Recka Razdolnaya) 강(중국명: 수분하) 근방에 있다.

위상수학을 활용하여 육진의 고지도를 분석하면 육진의 부위의 위치를 알 수 있다. 경흥부 부위는 베네비티노보, 경원부 부위는 보리소부카, 온성부 부위는 동녕, 종성부 부위는 분루두촌 동쪽 30리 무명 지역(밭만 보임), 회령부 부위는 이도구촌, 무산부 부위는 라자구에 있다. 분루두촌에는 종성부의 방환보가 있었던 지역으로 분석된다.

◆ 대동여지도 북부

많은 사람들은 대동여지도의 대략적인 모습을 많이 보았다. 역사 교육을 받은 사람이라면 사군육진의 명칭도 알고 있다. 육진의 위치는 일제가 조선 고지도와 위상적으로 매우 잘 조작해 놓은 위치를 열심히 공부해서 잘 알고 있는 상황이다. 이곳들이 세종대왕이 설치해 놓은 경흥, 경원, 온성, 종성, 회령, 무산의 위치인지 일제가 조작해 놓은 위치인지 아는 역사학자는 없는 것 같다.

사군육진의 위치를 신증동국여지승람 등 서술형 역사 사료만을 분석하여 그들 위치를 알아내는 것은 불가능한 일이다. 하지만 위상적 방법을 사용하여 경흥부, 경원부, 온성부, 종성부, 회령부, 무산부의 고지도들을 분석하면 그들 위치를 찾아낼 수 있다.

대동여지도에 경흥부, 경원부, 온성부, 종성부, 회령부, 무산부의 영역들이 어떤 모습으로 그려져 있는지 상세히 관찰한 역사학자도 있는지 알 수가 없다. 경원 해창은 경흥부 서남쪽 바닷가에 있다. 온성부는 남북으로 있지만 2개의 영역으로 나누어져 있고 남쪽 영역은 바다에 접해 있다. 종성부는 남북으로 길게 있고 남쪽은 바다에 접해 있다. 회령부도 남북으로 길게 있고 남쪽은 바다에 접해 있다. 회령부 고지도의 남쪽에 강들을 잘 그려놓아 현 두만강 하류가 회령부 남쪽 지역에 속함을 위상적으로 확인할 수 있다. 무산부의 큰 영역은 장백산 북쪽에 있고 무산 해창은 회령과 부령의 경계인 바닷가에 작은 영역으로 그려져 있다.

백두산과 장백산은 서로 다른 곳이다. 현재의 백두산은 장백산을 일제가 백두산으로 바꾸어 놓은 곳이다. 중국은 조선시대 원 명칭인 장백산을 사용하고 있다. 우리는 아직도 조선시대 원 명칭을 모르고 있다. 갑산부는 반 정도를 장백산 북쪽에 그리고 무산부는 전체를 장백산 북쪽에 그려놓았다.

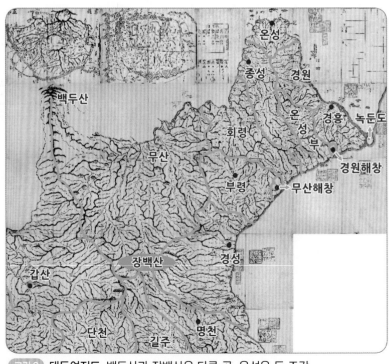

그림 3 대동여지도 백두산과 장백산은 다른 곳. 온성은 두 조각.

◆ 서울에서 육진까지 거리(그림 [3, 4])

신증동국여지승람에 '서울에서 경흥까지 거리를 2,205리(그림 [3, 4])'라 기록하고 '서울에서 부령까지를 1,815리(초경)'라 기록하고 있다. 이는 부령 초경에서 경흥 초경까지 390리쯤 되는 것이다. 부령강 하구에서 현재의 두 만강까지 직선거리는 200리 정도이다. 이 경우 현재의 두만강에서 세종대 왕 때의 경흥까지 초경은 190리가 넘는 것이다. 대동여지도에서 부령강 하 구는 부령부에 속하지 않는다.

	신증동국여지승람	광여도 주기 외
경흥	2,205리	2,250리
경원	2,144리	2,144리
온성	2,101리	2,042리
종성	2,038리	1,950리
회령	1,921리	1,838리
무산		1,950리(해동지도)
부령	1,815리	1,830리
현재경흥		1,955리(가계산)
동래	962리	960리

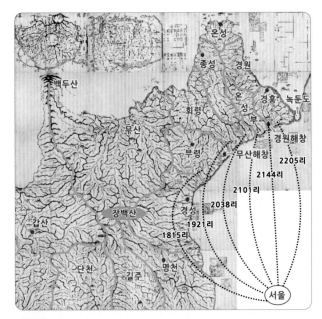

그림 4 대동여지도 서울에서 육진까지 거리

그림 5 서울에서 육진까지 거리(참고 [3, 4])(출처: 구글지도)

백두산 고지도집(참고문헌[6])에는 옛 두만강과 옛 압록강 근방을 그린 고
지도들을 방대하게 수집하여 놓았다. 아울러 두만강과 압록강 이북의 만주
지역 고지도들도 매우 많이 수집하였다. 관련 지도의 주기도 상당히 번역
해 놓았다. 하지만 이들 고지도와 주기를 사용하여 사군육진 그리고 백두
산과 장백산의 위치를 밝히는 연구 내용이 없다.

경흥부, 경원부, 온성부, 종성부 고지도의 위상적 분석 연구 결과들:

1. 경흥부 고지도의 위상적 분석(원문: 참고 [7])

경흥의 고지도 중에서 구글지도와 비교 조사하기가 가장 좋은 경흥부 고
지도는 필사본(회화식)(1872년 지방지도 - 함경도 - 경흥부)[그림 6]이다.

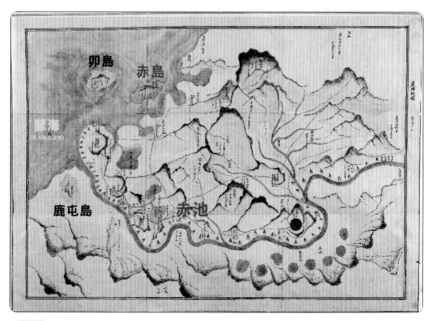

그림 6 경흥부 고지도: 필사본(회화식)-1872년 지방지도-경흥부

[그림 6]의 경흥부 고지도에서 지역(영역)의 형태나 색깔의 독특한 특색, 또는 생태계의 특색을 나타내는 지명들이 있다. 이런 특색을 나타내는 지역(영역)으로 赤池, 서수라(西水羅), 묘도(卯島), 적도(赤島), 녹둔도(鹿屯島), 슬해(瑟海)가 보인다.

◆ 적지(赤池)는 '적지주십여리(赤池; 周十餘里)'라 하고 있어 둘레가 십여 리이고 한자명의 뜻은 붉은 연못이라는 설명이다.

◆ 서수라(西水羅)의 한자 뜻은 어느 바다(또는 호수)의 서쪽 물가에 있는 새그물 모양의 지역이라는 뜻이다.

◆ 묘도(卯島)는 '묘도: 주사십삼리 자서수라동남거수로삼십리(卯島; 周四三里, 自西水羅東南距水路三十里)'라 하고 있어 둘레가 43리이고 서수라로부터 동남쪽으로 수로 삼십 리에 있는 동쪽 섬(卯島)이라는 뜻이다. [그림 5]에서는 묘도에 대한 상황 설명이 없어 이 지도로 묘도의 위치나 섬의 크기를 판정할 수 없다. 다른 경흥부 지도에는 묘도의 둘레가 다르게 되어 있다.

◆ 적도(赤島)는 '적도비각; 주십리 상여복구 사면암석개적 자노구산남거수로십리(赤島碑閣; 周十里 狀如伏龜 四面巖石蓋赤, 自蘆邱山南距水路十里)'라 하고 있어 둘레가 10리이고 섬 모양은 엎드려 있는 거북 모양이고, 노구산으로부터 남쪽으로 수로 십 리에 있는 붉은 섬(赤島)이라는 뜻이다.

◆ 녹둔도(鹿屯島)는 강 하구에 있고 한자 지명의 뜻은 사슴이나 순록들이 서식하여 명명된 섬 이름이라고 해석할 수 있다. 녹둔도(鹿屯島)가 육지로부터 멀리 떨어져 있으면 사슴이나 순록들이 쉽게 이동하여 서식하는 것은 그리 흔한 광경이 아니라고 판단할 수 있다.

◆ 슬해(瑟海)의 한자 지명의 뜻은 큰 거문고 모양의 바다라고 해석할 수 있다. 슬해(膝海)로 표기된 경흥부 고지도도 있어 이는 굽혀진 무릎 모양의 바다라는 뜻으로 큰 거문고나 굽혀진 무릎의 모습은 비슷한 모습이다.

◆ 악양곶(岳羊串)의 한자 지명의 뜻은 산양 뿔 모양의 반도(곶)라는 뜻이다.

◆ 호수 2개: [그림 7]의 경흥부 고지도에 바닷물과 연결된 호수 2개가 그려져 있다.

(라) 경흥부(지승) 고지도와 구글지도 비교

경흥부(지승) 고지도의 특징적인 지명을 먼저 찾고 부가적으로 경흥부 주기를 사용하여 다른 지명들을 찾아보자. 슬해, 악양곶, 녹둔도, 서수라, 2개의 호수, 묘도, 적도, 온성초도, 백악산 등은 지명의 특징과 주기를 참고하면 찾을 수 있다.

그림7 **경흥부-지승** 슬해, 악양곶, 녹둔도, 서수라, 2개의 호수, 묘도, 적도, 온성초도, 백악산이 보인다.

[그림 7]의 경흥부 고지도에 대응되는 지역의 구글지도는 블라디보스톡 서쪽 지역에서 찾을 수 있다.

그림 8 경흥부-지승에 묘사된 슬해, 악양곶, 녹둔도, 서수라, 2개의 호수, 묘도, 적도, 온성초도, 백악산의 위치. A는 경원 해창 추정 지역.

◆ 경흥부위는 서수라 북쪽 50리에 있는 베네비티노보에 있는 걸로 분석된다. 이 지역을 답사하지 않아 부위 성터와 보(堡)의 성터들은 확인하지 못하여 아쉽다.

2. 경원부 고지도의 위상적 분석(원문: 참고 [8])

조선조 경원부의 고지도에는 두만강과 지류들이 그려져 있다. 경원부의 고지도의 두만강 중에 귀 모양의 섬인 이도(耳島), 고이도(古耳島), 고욕이도(古慾耳島), 이도(珥島)가 경원 근방의 고지도에 그려져 있다.

여기서 이도(耳島)는 매끈하게 잘 생긴 귀 모양의 섬이라고 해석된다. 이도(珥島)는 귀 모양에 귀고리가 매달린 모양의 섬이라고 해석된다. 古耳島나 古慾耳島는 동일한 섬으로서 귀 모양에 흠집이 생긴 귀 모양의 섬이라고 해석된다.

광여도의 경원부 고지도를 살펴보자.

그림9 **광여도-경원부 고지도** 두만강에 고욕이도(古慾耳島)가 있다. 솔하천과 회개천 사이에 경원부위가 있다. 오른쪽에 후춘강(厚春江)이 있고 후춘부락도 있다. 훈융(訓戎), 안원(安原), 건원(乾元), 고건원(古乾元), 아산(阿山) 5개의 보가 있다. 고아산역이 있다.

경원부 고지도의 두만강 지류로 1번(솔하천), 2번(회개천), 3번(농보천), 4번, 5번(동림천), 6번(오룡천), 7번(후춘강)이 그려져 있다. 고지도에는 두만강에 古慾耳島가 있고 고욕이도 아래 솔하천(1번 지류)과 회개천(2번 지류)에 府衛가 있다. 오른쪽에 厚春江이 있고 후춘부락도 있다.

광여도의 경원부 고지도는 북한 경원 근방의 위상도가 아니다. 북한 경원 근방의 위상 지도에서 경원부 고지도의 1번(솔하천), 2번(회개천), 3번(농보천), 4번, 5번(동림천), 6번(오룡천), 7번(후춘강)들을 대응시킬 수가 없다.

광여도의 경원부 고지도는 러시아의 우스리스크와 보리소부카 그리고 레카라즈돌라야(Reka Razdolnaya) 강 근방을 위상적으로 그린 것이다.

러시아 레카라즈돌라야(Reka Razdolnaya) 강 근방 우스리스크(옛 후춘부

그림 10 조선시대 경원부 두만강 유역의 구글 지도 경원부 두만강 유역에 고이도(古耳島 또는 古慾耳島), 이도(耳島)가 있다. 경원부 고지도의 후춘부락에 대응하는 지역은 우스리스크이다. 두만강 양쪽의 평야 지대에 밭이 많이 보인다. 이 밭에서 조선 시대에는 콩을 많이 재배하였을 것이다.

락) 근방에서 조선조 경원부 고지도의 두만강 지류 1번(솔하천), 2번(회개천), 3번(농보천), 4번, 5번(동림천), 6번(오롱천), 7번(후춘강)들을 대응시킬 수 있는 지류 7개의 지류를 찾을 수 있다.

◆ 경원부위는 솔하천(1번 지류)과 회개천(2번) 사이에 있는 있는 보리소브카에 있는 걸로 분석된다.

◆ 조선조 경원부 고지도에는 귀 모양의 섬을 나타내는 섬으로 이도(耳島), 고이도(古耳島)(또는 고욕이도(古慾耳島)), 이도(珥島)가 그려져 있다.

그림 11 조선시대 경원부 두만강에 있는 이도(珥島), 고이도(古耳島 또는 고욕이도(古慾耳島)), 이도(耳島) 현재 러시아에서는 이 강을 레카라즈돌라야(Reka Razdol-naya) 강이라 하고 상류 부분이 있는 중국에서는 수분하라고 하고 있다. 조선조 두만강이 두 나라에서 강명이 다르다.

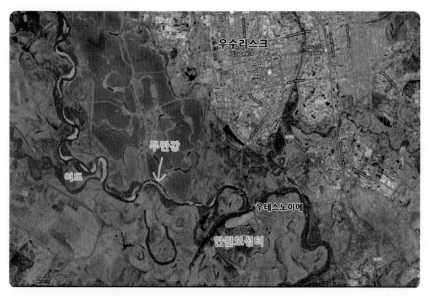

그림 12 조선시대 경원부 두만강 유역에 있었던 안원부 성터 지역 옛 경원부 농보천 하류 지역에 안원부 성터가 있다.(참고: 임정규 선생의 성터 답사)

3. 온성부 고지도의 위상적 분석(원문: 참고 [9])

온성의 고지도 중에서 구글지도와 비교 조사하기가 가장 좋은 온성부 고지도 중 하나는 해동지도(함경도 - 온성부) [그림 13]이다.

[그림 13]의 온성부 고지도에 있는 두만강에는 섬이 하나도 그려져 있지 않다. 그밖에 온성부 고지도가 여러 장 있는데 이들 온성부 고지도 모두의 두만강에 섬이 하나도 그려져 있지 않다. 이는 조선조 온성부에 있는 두만강에는 상당히 크다고 간주되는 섬이 하나도 없다는 뜻이다.

두만강의 큰 지류로는 분계강이 있고, 작은 지류로 1번, 2번(泉川), 3번, 4번(三漢川), 5번의 5개의 지류가 그려져 있다. 온성부 부위(府衛) 성은 1번 지류와 3번 지류 사이에 있고, 의전(義錢), 황자파(黃柘坡), 유원(柔遠), 유달(柔達)이 그려져 있다.

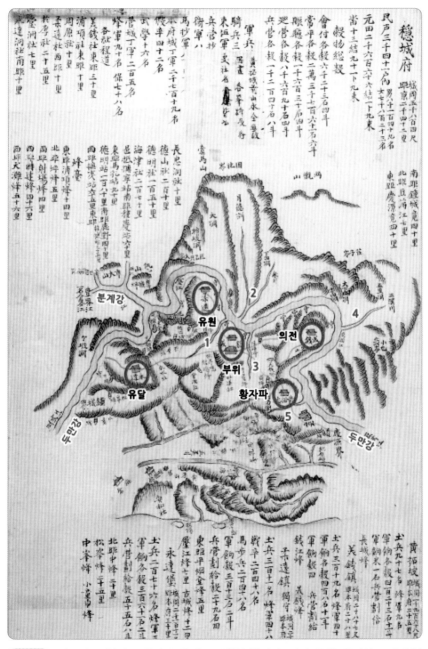

그림 13 해동지도-함경도-온성부 온성부 부위와 황자파, 의전, 유원, 유달이 그려져 있다.

(가) 고지도의 穩城府에서 寧古塔까지 거리 고찰

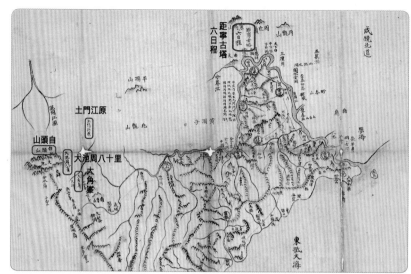

그림 14 팔도지도-함경북도 이 지도에서 온성부에 '距寧古塔 六日程'이라고 적혀 있다. 대각봉(大角峯)은 무산 근방에 있다. 백두산 대지(大池)의 둘레를 80리라고 하고 있고 삼지(三池)는 대지(大池) 근방에 있는 것을 묘사하고 있다.

그림 15 북한 온성에서 영고탑까지 가는 경로 북한 온성에서 해림시 영고탑(海林市 寧古塔)까지 가는 3가지 경로.

[그림 14]의 함경북도 지도의 온성부에서 영고탑까지 도보로 6일정(距寧 古塔 六日程)이라고 기록하고 있는데 북한 온성에서 영고탑까지 거리를 살 펴보자.

북한 온성에서 중국 해림시 영고탑(海林市 寧古塔)까지 가는 경로는 여러 가지가 있다. [그림 15]의 구글 지도에서 보는 바와 같이 북한 온성에서 중 국 해림시 영고탑 사이에는 높은 산악지대가 많다. 따라서 북한 온성에서 중국 해림시 영고탑까지 연결되는 차마 도로는 많지 않다. 산악지대가 많 아 현재도 북한 온성에서 중국 해림시 영고탑까지 연결되는 직선에 가까운 도로는 없다.

[그림 15]의 구글 지도에서는 북한 온성에서 중국 해림시 영고탑까지 가 는 3가지 경로를 생각해 보았다. [그림 14]의 함경북도 고지도에서 온성에 서 해림시 영고탑까지 도보로 가는 데 6일 소요된다고 기록하고 있다(距寧 古塔 六日程). 3가지 경로에 대하여 살펴보자.

A 코스는 돈화를 경유하는 경로로 비교적 평탄한 경로이며 420km 정도 이다. 하루 평균 30km씩 걷는다면 온성에서 海林市 寧古塔까지 도보로 가 는 데 14일 정도 소요된다. 6일에는 갈 수 없는 거리이다.

B 코스는 왕청을 경유하는 경로로 산악지대가 많은 경로로 270km 정도 이다. 하루 평균 30km씩 걷는다면 온성에서 해림시 영고탑까지 도보로 가 는 데 9일 정도 소요된다. 이 경로도 6일에는 갈 수 없는 거리이다.

C 코스는 동녕(東寧)을 경유하는 경로로 산악지대가 많은 경로로 460km 이상이다. 하루 평균 30km씩 걷는다면 온성에서 해림시 영고탑까지 도보로 가는 데 15일 정도 소요된다. 이 경로도 6일에는 갈 수 없는 거리이다.

그밖에 온성에서 해림시 영고탑(海林市 寧古塔)까지 최단 경로를 택한다 해도 온성과 해림시 영고탑 사이에는 산악지대가 많기 때문에 북한 온성에

서 해림시 영고탑까지 도보로 가는 데는 평균적인 도보 속도로 최소 9일이
넘게 소요된다.

한편 동녕(東寧)에서 해림시 영고탑까지 184km이다. 하루 평균 속도
30km로 걷는다면 6일이 소요된다.

"영고탑에서 6일정" 거리에 있는 온성부는 북한 온성이 아니다.

(나) 조선조 고지도 온성부는 어디에 존재하는가?

온성부 고지도와 위상적으로 동형이고 영고탑까지 6일정 거리인 지역은
동녕이다.

[그림 13]의 온성부 고지도에 있는 두만강에는 섬이 하나도 그려져 있지
않다. 두만강의 큰 지류로는 분계강이 있고, 작은 지류로 1번, 2번(泉川), 3
번, 4번(三漢川), 5번의 5개의 지류가 그려져 있다. 온성부 부위(府衛)는 1
번 지류와 3번 지류 사이에 있고, 의전(義錢), 황자파(黃柘坡), 유원(柔遠),
유달(柔達)이 그려져 있다.

[그림 16]의 동녕 근방의 구글 지도에서 수분하(옛 두만강)에는 상당한 크
기의 섬이 하나도 없어 [그림 13]의 온성부 고지도와 위상적으로 잘 일치한
다. 분계강(分界江)에 대응되는 강도 고지도 위상도 위치에 잘 일치되게 대
응된다. 고지도의 5개의 지류 1번, 2번(泉川), 3번, 4번(三漢川), 5번의 지류
가 고지도의 위상도와 이 영역에 잘 대응되고 있다.

1번 지류와 3번 지류 사이에 온성 부위(府衛)가 있었던 자리에는 동녕 시
내가 자리 잡고 있고 여기에 대성자촌([그림 17])이라는 고성이 있다. 1번 지
류 왼쪽에는 유원과 유달이 있었던 곳이라고 추정되는 곳도 보인다. 3번
지류와 5번 지류 사이에 의전진(현재 러시아 Poltavka가 있음)과 황자파(黃柘
坡)(현재 러시아 Konstantinovka가 있음)가 있었던 곳도 보인다. 황자파는 황색

그림 16 **동녕의 수분하 근방** 조선조 온성부가 있던 곳. 3번 오른쪽은 러시아 영토로 되어 있는데 인구밀도가 낮아 황자파와 의전이 있었던 곳만 소도시가 있고 주변에 도시가 없다.

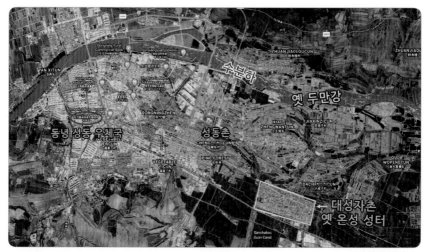

그림 17 **동녕의 수분하(옛 두만강) 남쪽 지역** 조선조 온성의 성터가 있다. 성동촌이 있는데 성동촌은 옛 유원진 보의 동쪽에 있는 지역이라는 뜻이다. 대성자촌은 옛 온성 부위 성터이다. 온성부 주기에 부위의 성의 둘레가 5,804척(1,741m)(참고 [9])이라고 기록되어 있는데 옛 온성 부위의 성터인 대성자촌 성의 둘레가 5,804척이다.

갈의 산뽕나무 언덕이라는 뜻이다. 아직도 황색 산뽕나무 언덕이 있는지 확인해 보고 싶다. 러시아 쪽에는 의전진(현재 Poltavka)과 황자파(현재 Kon-stantinovka) 가까운 근방에 다른 도시가 보이지 않는다.

[그림 17]의 동녕의 수분하(옛 두만강) 남쪽 지역 옛 온성 성터가 있어 옛 두만강을 적을 방어하는 하나의 해자로 활용하고 있다. 옛 온성 부위의 성터인 대성자촌 성의 둘레가 5,804척이고 성 가장자리에 20m 정도의 도랑을 파 놓아 성벽에 사다리를 놓고 성벽을 넘어오지 못하게 만들어 놓았다. 온성부 주기(참고 [9])에 부위의 성의 둘레가 5,804척(1,741m)이라고 기록되어 있는데 옛 온성 부위의 성터인 대성자촌 성의 둘레가 대략 5,804척(1,741m)이다.

4. 종성부 고지도의 위상적 분석(원문: 참고 [9])

종성의 고지도 중에서 구글지도와 비교 조사하기가 가장 좋은 종성부 고지도는 필사본(방안식(조선지도 - 함경도 - 종성부))이다.

[그림 18]의 종성부 고지도에 있는 두만강에는 섬이 하나도 그려져 있지 않다. 다른 종성부 고지도에 있는 두만강에도 섬은 하나도 없다. 고지도 모두에 섬이 없다는 것은 유의미한 섬이 존재하지 않는 것이다.

두만강의 작은 지류로 1번, 2번, 3번의 3개 지류가 그려져 있고 더 작은 지류가 조그맣게 그려져 있다. 종성부 부위(府衛)는 1번 지류와 2번 지류 사이에 있고, 북행영(北行營), 녹야사(鹿野社) 등이 그려져 있다.

[그림 18]과 [그림 19]의 종성부 고지도는 북한 종성 근방 두만강 유역의 위상도가 아니다.

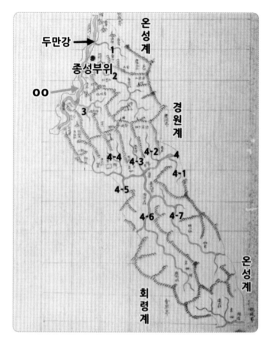

그림 18 필사본(방안식)-조선지도-종성부
종성부 남쪽 바다 동해안에도 강이 그려져 있다.

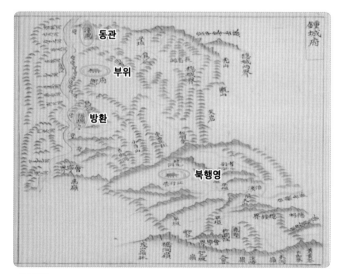

그림 19 종성부. 필사본(회화식)-광여도-종성부
두만강에 섬이 없다. 부위, 동관, 방환, 북행영이 보인다.

(가) 조선조 고지도 종성부는 어디에 존재하는가?

본 연구는 종성부 고지도의 특이한 특성을 가진 지역을 위상수학적, 기하학적으로 분석하고 이에 대응되는 지역을 구글 위성도에서 일대일 대응시켜 찾는 것이다. 규장각 고지도편에서는 여러 종류의 종성부의 고지도가 있다. 하지만 특이지역의 특이사항을 상세하게 설명하지 않은 것이 대부분이다.

[그림 18]의 종성부 고지도에 있는 두만강에는 섬이 하나도 그려져 있지 않다. 두만강의 지류로 1번, 2번, 3번의 3개 지류가 그려져 있다.

4번 지류(또는 강)는 독립적으로 그려져 있다. [그림 19]의 종성부 고지도의 4-4 좌측에 북행영(北行營)이 있다. 4-6 하단 왼쪽에 녹야사(鹿野社)가 보인다.

[그림 20]은 동녕(東寧) 서남쪽 수분하 근방의 구글 지도이다. 구글 지도에서 수분하(옛 두만강)에는 상당한 크기의 섬이 하나도 없어 [그림 18]의 종성부 고지도와 잘 일치한다. 고지도의 3개의 지류 1번, 2번, 3번과 작은 지류가 있는데 [그림 20]의 옛 두만강(현 수분하)의 3개의 지류 1번, 2번, 3번과 작은 지류가 잘 대응되고 있다.

위상적으로 판단하여 1번 지류와 2번 지류 사이에 종성 府衛가 있었던 자리에는 도시는 안 보이고 밭으로 이루어진 들판만 보인다. 북행영(北行營)이 있었던 자리에도 도시는 안 보이고 밭으로 이루어진 들판만 보인다. 답사하여 실제 있었던 위치를 확인해 보고 싶다.

이들 두 곳은 세종대왕 때 조선의 군사 지역으로 중요한 역할을 한 지역이었지만 20세기 여러 차례의 전란으로 인하여 황폐화된 지역이 되어 인가가 안 보인다.

4-6 하단 왼쪽에 있었던 녹야사 지역에는 작은 마을이 보인다.

그림 20 동녕의 서남쪽 수분하 근방 조선조 종성부가 있던 곳. 위상적으로
판단한 종성 부위가 있었던 지역으로부터 30리 거리에 분루두촌이
있고 이곳에 옛 방환보 성터의 흔적이 보인다. 종성부위 위치와 북
행영의 위치는 답사로 확인해 보아야 한다.

그림 21 위상적으로 판단한 종성 부위가 있었던 지역으로부터 30리 거리에
분루두촌이 있고 이곳에 옛 방환보 성터라고 추정되는 흔적이 보인
다. 점선 사각형의 노란 직선은 방환보의 해자로 활용된 거로 추정되
는 개울 모습의 흔적이다. 이 곳이 방환보가 있었던 곳인지는 직접
가서 확인해 보아야 알 수 있다.

이 연구의 최종 목표는 조선조의 두만강과 세종대왕의 육진 중 회령부의 위치를 파악하는 것이다.

Ⅱ장에서는 조선조 회령부의 고지도를 분석하여 조선의 회령부는 북한의 회령 지역이 아님을 밝히고 조선의 회령부의 위치를 찾는다.

Ⅱ. 회령부 고지도의 위상적 분석

(가) 북한의 두만강 유역 회령 근방의 구글 위성도와 회령고지도 비교

회령의 고지도 중에서 구글지도와 비교 조사하기가 가장 좋은 회령부 고지도 중 하나는 필사본(방안식)-(조선지도-함경도-회령부) [그림 22]이다.

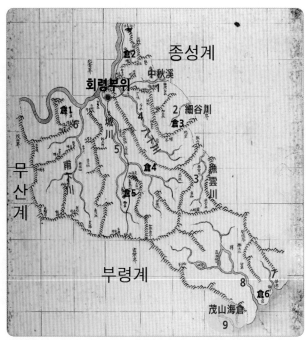

그림 22 회령부 고지도: 필사본(회화식)-조선지도-회령부. 두만 강에 섬이 없다. 8번 하천 하류에 회령 海倉이 있고 부령 과 회령 사이 9번 하천 하류에 茂山 海倉이 있다.

[그림 22]의 회령부 고지도에서 회령부의 영역이 북쪽 두만강으로부터 동해안 바닷가까지 이르는 영역으로 이루어진 영역으로 매우 잘 그려져 있다. [그림 22]의 회령부 고지도에서 지역(영역)의 강과 지류, 군사지역의 독특한 지명들을 살펴보자.

[그림 22]의 회령부 고지도에 있는 두만강에는 섬이 하나도 그려져 있지 않다. 다른 회령부 고지도에 있는 두만강에도 섬은 하나도 그려져 있지 않다. 회령부는 군사 지역이기 때문에 의미 있는 섬이 존재하면 반드시 그려 넣어야 한다. 고지도 모두에 섬이 없다는 것은 유의미한 섬이 존재하지 않는 것이다.

두만강의 작은 지류로 1번(中秋溪), 2번(細谷川), 3번(漁雲川), 4번(八下川), 5번(城川), 6번(甫下川)의 6개의 지류가 그려져 있다.

◆ 회령부 府衛는 4번(八下川) 지류와 5번(城川) 지류 사이에 있다. 여러 개의 창고(倉)의 위치가 표시되어 있다.

동해안 쪽에 7번, 8번, 9번의 하천이 그려져 있고 8번 강 하류에 회령부 海倉이 있고 9번의 하천의 하류에 茂山府 海倉이 있다. 8번 강에 고랑기천이 있다. 여기서 9번 하류 지역은 무산부 행정 구역에 속하며 무산부위가 있는 무산부 부위와는 상당히 멀리 떨어져 있다.

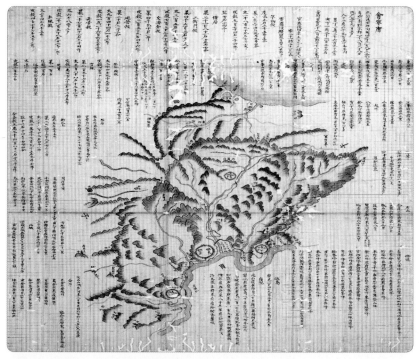

그림 23 회령부: 비변사인방안지도-회령부 두만강에 섬이 없다.

[그림 22]의 회령부 고지도의 두만강에도 섬이 그려져 있지 않다. 그밖에 회령부 고지도가 여러 장 있는데 이들 회령부 고지도 모두의 두만강에도 섬이 하나도 그려져 있지 않다. 이는 조선조 회령부에 있는 두만강에는 상당히 크다고 간주되는 섬이 하나도 없다는 뜻이다.

[그림 22]에서 두만강의 강물로 이루어진 영역을 평면 영역을 OO라 하면, 이 영역 안에는 섬이 하나도 그려져 있지 않다. 따라서 OO의 위상 종수 (genus)는

$$g(OO) = 0$$

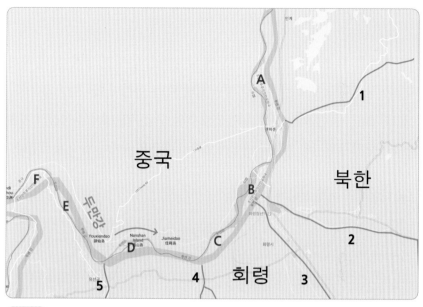

그림 24 북한 회령 근방 두만강 유역의 구글 지도 두만강에 여러 개의 섬이 있다.

[그림 24]은 북한 회령 근방 두만강 유역의 구글 지도이다. 북한 회령 근방 두만강 유역의 구글 지도에서 두만강 안에는 A, B, C, D, E, F의 6개의 섬이 있다. 이들 섬들은 상당히 크다. 지도 제작할 때 무시하고 그릴 정도의 작은 섬들이 아니다. 6진은 중요한 군사 지역들이다. 6진 중의 하나인 회령도 매우 중요한 군사 지역이다. 지도 제작에서 강에 있는 섬을 그려 넣는 것은 필수 사항이라 판단한다.

[그림 24]의 북한 회령 근방 두만강 유역의 두만강 물로 이루어진 평면을 NO라 하면 NO 내부에 6개의 섬이 있으므로 NO의 종수(genus)는

$$g(NO) = 6$$

위 식과 앞에서의 두 식을 비교하면 우리는 다음을 얻는다.

$$g(OO) = 0 \neq g(NO) = 6.$$

따라서 [그림 22]의 회령부 고지도에 있는 두만강 평면 영역 OO와 북한 회령의 구글 지도에 있는 두만강 평면 영역 NO는 동형이 아니다.

[그림 24]의 북한 회령 근방 두만강 유역의 구글 지도에서 두만강의 지류와 고지도의 두만강의 지류와 어떻게 일대일 대응을 시켜야 할지 모르겠다.

◆ 회령부의 여러 성터에 대한 주기

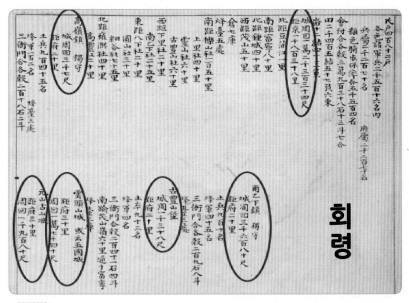

그림 25 **회령부 주기** 회령부 주기에 회령 부위의 성의 둘레가 12,334척(3,700m)이다. 고령진 성의 둘레가 3,007척, 볼하진 성의 둘레가 3,680척, 고령진 성의 둘레가 3,007척, 고풍산 보의 둘레가 1,038척, 운두산성 성의 둘레가 17,040척(5,112m), 원산고산성 성의 둘레가 1,980척이다.

회령부에는 회령 부위의 성의 둘레가 12,334척(3,700m)인 성이 있다. 작은 성으로 고령진 성의 둘레가 3,007척, 볼하진 성의 둘레가 3,680척, 고령진 성의 둘레가 3,007척, 고풍산 보의 둘레가 1,038척, 운두산성 성의 둘레가 17,040척, 원산고산성 성의 둘레가 1,980척이다. 운두산성은 부위에서 서쪽 30리 거리에 있다([그림 27] 참조).

그림 26 북한 회령 근방 구글지도

[그림 25]의 조선조 회령부 주기에 회령 부위의 성의 둘레가 12,334척 (3,700m)이다. 고령진 성의 둘레가 3,007척, 볼하진 성의 둘레가 3,680척, 고령진 성의 둘레가 3,007척, 고풍산 보의 둘레가 1,038척, 운두산성 성의 둘레가 17,040척, 원산고산성 성의 둘레가 1,980척이다.

하지만 [그림 26]의 북한 회령 근방 영역을 확대하여 관찰해 보아도 옛 성터의 모습은 보이지 않는다. 이 지역의 동쪽, 서쪽, 남쪽 지역을 확대하여 조사해 보아도 옛 성터의 모습은 보이지 않는다. 북한에서 회령 지역에서 옛 고성터를 발견하여 발굴했다는 보고가 있었다는 이야기도 들어본 적이 없다. 북한 회령이 세종대왕 때의 회령이라고 확신할 수가 없다.

이상의 결과에 의하면 [그림 22]의 조선조 회령부 고지도는 북한 회령 근방의 위상도가 아니다.

(나) 조선조 회령부(북부)는 어디에 존재하는가?

본 연구는 회령부 고지도의 특이한 특성을 가진 지역을 위상수학적, 기하학적으로 분석하고 이에 대응되는 지역을 구글 위성도에서 일대일 대응시켜 찾는 것이다. 규장각 고지도편에서는 여러 종류의 회령부의 고지도가 있다. 하지만 특이 지역의 특이 사항을 상세하게 설명하지 않은 것이 대부분이다.

[그림 22]의 회령부 고지도에서 회령부의 영역이 두만강으로부터 동해안 바닷가까지 이르는 영역으로 이루어진 영역으로 매우 잘 그려져 있다.

[그림 22]의 회령부 고지도에 있는 두만강에는 섬이 하나도 그려져 있지 않다. 다른 회령부 고지도에 있는 두만강에도 섬은 하나도 그려져 있지 않다. 회령부는 군사 지역이기 때문에 의미 있는 섬이 존재하면 반드시 그려 넣어야 한다. 고지도 모두에 섬이 없다는 것은 유의미 있는 섬이 존재하지 않는 것이다.

두만강의 작은 지류로 1번(中秋溪), 2번(細谷川), 3번(漁雲川), 4번(八下川), 5번(城川), 6번(甫下川 또는 甹下川)의 6개의 지류가 그려져 있다. 회령부 府衛는 4번(八下川)지류와 5번(城川) 지류 사이에 있다. 여러 개의 창고(倉)의 위치가 표시되어 있다.

동해안 쪽에 7번, 8번, 9번의 하천이 그려져 있고 8번 하천 하류에 회령부 海倉이 있고 9번의 하천의 하류에 茂山府 海倉이 있다. 여기서 9번 하류 지역은 무산부 행정 구역에 속하며 무산부위가 있는 무산부 행정 구역과는 상당히 멀리 떨어져 있다.

[그림 27] 동녕의 서남쪽 이도구촌과 수분하 근방 위상적으로 판단한 회령 부위가 있었던 이도구촌 지역. 이도구촌으로부터 서쪽 30리 거리에 운두성이 있었던 곳으로 추정되는 곳이 있다. 이곳에 운두성이 있었다고 판단된다. 이곳에 촌락이 남아 있다.

[그림 27]는 동녕의 서남쪽 수분하와 이도구촌, 노흑산진 근방의 구글 지도이다. 구글 지도에서 수분하(옛 두만강)에는 상당한 크기의 섬이 하나도 없어 [그림 22]의 회령부 고지도와 잘 일치한다. [그림 22]의 고지도의 6개의 지류 1번(中秋溪), 2번(細谷川), 3번(漁雲川), 4번(八下川), 5번(城川), 6번(甫下川)의 6개의 지류가 있는데 [그림 27]의 수분하와 이도구촌, 노흑산진 근방에 두만강(현 수분하)의 6개의 지류 1번, 2번, 3번의 작은 지류와 4번, 5번, 6번 지류가 잘 대응되고 있다.

4번(八下川) 지류와 5번(城川) 지류 사이에 회령 府衛가 있었던 자리에는 二道溝村 마을이 보인다. 二道溝村 마을은 조선조 倉(창고)가 있던 자리에 대응된다. 老黑山鎭 마을도 조선조 倉(창고)가 있던 자리에 대응된다.

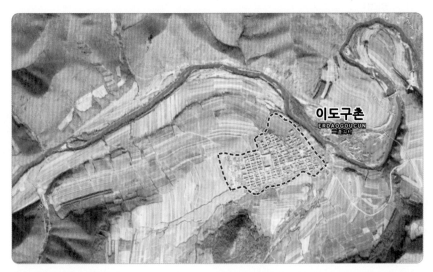

그림 28 옛 회령부 부위 성터 추정지 이도구촌(二道溝村) 촌락이 다른 옛 성 내부의 마을처럼 되어 있다. 이도구촌에 개울과 가장자리와 도로를 따라 점선을 그려보면 옛 회령부 부위의 성의 길이와 거의 같다.

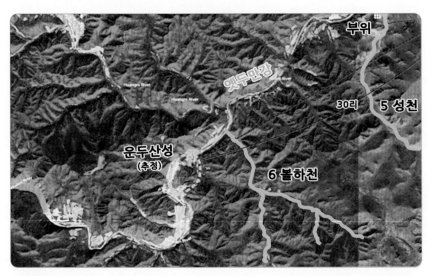

그림 29 옛 회령 부위가 있었던 곳이라 판단되는 이도구촌에서 서쪽으로 30리(10리는 5km) 운두성이 있었던 지역이라고 추정되는 곳이 있다. 그림의 노란 점선 곡선의 길이는 주기에 나타난 운두성의 둘레의 길이 17,040척(5,112m)과 거의 같다.

(다) 회령부 고지도의 남쪽 강들과 북한 두만강 하류

회령부 고지도(필사본(방안식)-조선지도-함경도-회령부)의 남부지역의 동해바다를 확대하여 조사해 보자.

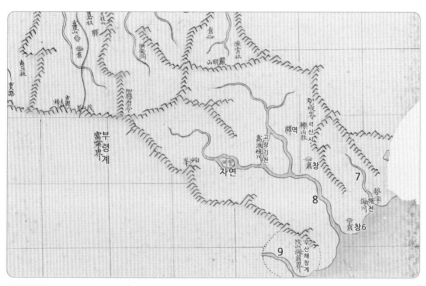

그림 30 회령부(필사본(회화식)-조선지도) 고지도 남부 회령부 남쪽 동해바다 쪽 지도에 7번(해천), 8번, 9번 강을 그려놓았다. 8번 강 하류에 창고(倉)가 있고 중간 쯤에 창고(倉)가 하나 더 있고, 고랑기천 오른쪽에 역(驛)이 있다. 9번 하천 주변에 茂山 海倉이 있다.

위 고지도에서 8번 강 하류에 창고(倉6)가 있고 고랑기천과 원래 강과 만나는 지점 오른쪽에 창고(倉)가 하나 더 있고, 고랑기천 오른쪽에 역(驛)이 있다. 여기서 고랑기천(高浪岐川)은 8번 강의 갈라진 부분을 나타내는 의미로 고랑처럼 갈라진 강(또는 물 흐름의 속도가 빠른 강)이라는 뜻이라고 볼 수 있다. 고랑기천(高浪岐川) 옆에 역이 있어 이 지역에 역로 망 도로가 있다는 뜻이다.

9번 하천 주변에 茂山 海倉이 있다. 원 무산부와 떨어져 있어 무산의 곡식을 바다로 운송하고 관리하기 위한 창고가 있는 지역이라고 볼 수 있다.

회령부 고지도의 남쪽 동해바다 쪽 지도의 7번(해천), 8번, 9번 강이 현재의 어느 강을 그린 것인지를 알아내기 위하여 대동여지도 북부를 관찰해보자.

대동여지도에 경흥부, 경원부, 온성부, 종성부, 회령부, 무산부의 영역들이 어떤 모습으로 그려져 있는지 상세히 관찰하자. 경원 해창은 경흥부 서남쪽 바닷가에 있다. 온성부는 남북으로 있지만 2개의 영역으로 나누어져 있고 남쪽 영역은 바다에 접해 있다. 종성부는 남북으로 길게 있고 남쪽은 바다에 접해 있다. 회령부도 남북으로 길게 있고 남쪽은 바다에 접해 있다. 무산부의 큰 영역은 장백산 북쪽에 있고 무산 해창은 회령과 부령의 경계인 바닷가에 작은 영역으로 그려져 있다.

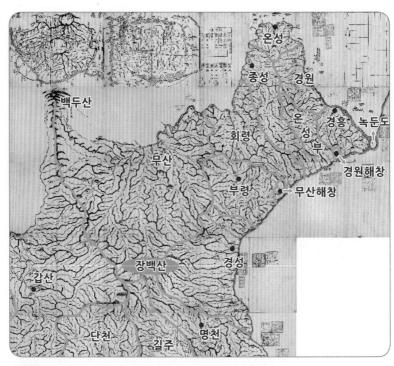

그림 31 대동여지도 백두산과 장백산은 다른 곳. 온성은 두 조각.

◆ 서울에서 육진까지 거리(참고 [3, 4])와 현 두만강 하류까지 거리

신증동국여지승람의 기록에 '서울에서 경흥까지 거리를 2,205리(참고 [4])'
라 기록하고 '서울에서 부령까지를 1,815리'라 기록하고 있다. 이는 부령에
서 경흥까지 390리라는 것이다. 부령읍에서 현재의 경흥 지역 현 두만강까
지는 직선거리 140리 정도이다.

	신증동국여지승람	광여도 주기 외
경흥	2205리	2250리
경원	2144리	2144리
온성	2101리	2042리
종성	2038리	1950리
회령	1921리	1838리
무산		1950리(해동지도)
부령	1815리	1830리
현재경흥		1955리(가계산)
동래	962리	960리

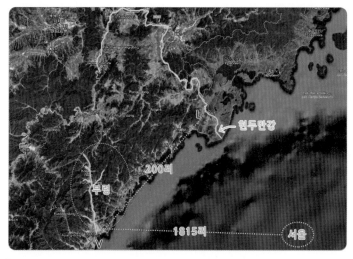

그림 32 **북한 부령강 하구에서 현 두만강 하류 부분까지 거리** 신증동국여지
승람에 서울에서 부령부 초경까지 거리를 1,815라 한다. 부령강 하구
V 지점에서 현 두만강 하구 L 지점까지 직선거리는 200리다. 대동여
지도에서 부령부 하구는 부령부 영역에 속하지 않는다.

신증동국여지승람의 기록에 '서울에서 부령까지를 1,815리(참고 [4])'라 기록하고 있다. 부령읍에서 두만강 L 지점까지 직선거리는 140리이고 부령 강 하구 V 지점에서 두만강 L 지점까지 직선거리는 200리이다. '서울에서 부령까지 거리: 1,815리(참고 [4])'가 서울에서 부령강 하류 V 지점까지라면 서울에서 현 두만강 하류 L 지점까지 거리는 2,015리 내외이다. 대동여지 도에서 부령강 하류는 경성부에 속하게 그려져 있어 부령부 초입부는 부령 강 하류에서 40~50리 지나서 있다.

따라서 서울에서 현 두만강 하류 L 지점까지 거리는 1,985리 정도이다.

서울에서 현 두만강 하류 L 지점까지 거리는 1,980~1,990리이다.

서울에서 현 두만강 하류 L 지점까지 거리는

1,921리(회령초경) < (서울에서 현 두만강 L 지점까지의 거리) < 2,038리(종성초경)

이는 현 두만강 하류가 회령부 남쪽 지역에 속하고 있다는 것이다.

[그림 30]의 남쪽의 7번 지류, 8번 지류, 9번 지류에 대응되는 강은 [그림 33]의 7번 지류, 8번 지류, 9번 지류이다. 8번 지류의 하류는 현 두만강 하류이다. 훈춘강과 두만강 하류는 조선 시대 회령부의 행정구역에 속한다.

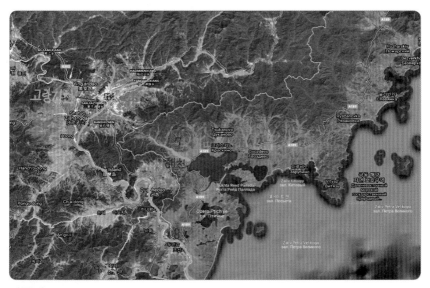

그림 33 옛 회령부 남부 훈춘강의 상류에서 강이 쪼개져서 고랑기천을 만들고 있다. 회령부 고지도 8번 강은 훈춘강이다.

다음은 회령부 고지도의 8번 지류 상류 지역 훈춘강이다.

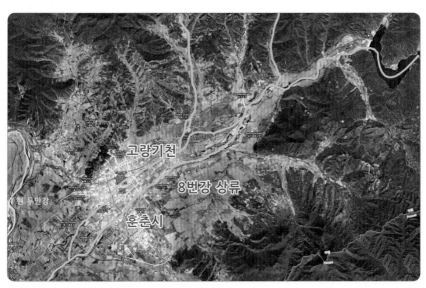

그림 34 훈춘 시내 고랑기천 상세 훈춘강의 상류에서 강이 쪼개져서 고랑기천을 만들고 있다. 회령부 고지도 8번 강은 훈춘강이다.

(라) 결론

(가)절의 조사에 의해 북한의 회령 근방 두만강 내부에는 섬이 6개 있고 회령부 고지도에는 이들 섬에 대응시키는 섬이 하나도 그려져 있지 않다. 따라서 회령부 고지도는 북한 회령 근방 두만강 유역의 위상도가 아니다.

(나)절의 조사에서 동녕의 서남쪽 이도구촌 근방의 구글 지도에서 수분하(두만강)에는 상당한 크기의 섬이 하나도 없어 [그림 30]의 회령부 고지도와 잘 일치한다. 고지도에서 1번(中秋溪), 2번(細谷川), 3번(漁雲川), 4번(八下川), 5번(城川), 6번(甫下川)의 6개의 지류는 [그림 35]의 6개의 지류 1번, 2번, 3번, 4번, 5번, 6번 지류가 잘 대응된다.

회령부 고지도([그림 22])의 북쪽 지역은 동녕의 서남부 이도구촌 근방([그림 35])의 위상도이다.

(다)절의 조사에서 회령부 고지도([그림 35])의 남쪽 지역은 현 훈춘 지역과 두만강 하류이다. 회령부 북쪽에는 팔하천이 있고 남쪽에는 훈춘강이 있다. 회령부의 개형은 아래 그림과 같다.

회령부 남북을 연결하던 역참로(붉은 곡선)로 추정되는 도로에 현재 포장도로가 있다.

그림 35 **회령부 고지도에 대응되는 지역.** 조선의 회령부 남북을 연결하는 역참로로 추정되는 길에 포장도로가 있다. 이 지도는 육진의 개형이다.

참·고·문·헌

- 구글지도(인터넷), 2019.
- 김수홍, 「조선팔도고금총람도(朝鮮八道古今總攬圖)」, 1673.
- 서울대학교 규장각- 고지도, 2019.
- 『신증동국여지승람』 1~6, 규장각 소장, 1530.
- 『세종실록지리지(世宗實錄地理志)』, 1454.
- 양보경, 이현군, 문상명, 백두산 고지도집; 한국 고지도 속의 백두산, 동북아 역사재단, 2016.
- 정택선, 최규흥, 「위상수학을 활용한 慶興府 고지도 분석」, 『세계환단학회 지』7(1), 167-192, 2020.
- 정택선, 최규흥, 「위상수학을 활용한 慶源府 고지도 분석」, 『세계환단학회 지』7(2), 93-116, 2020.
- 정택선, 최규흥, 「위상수학을 활용한 온성부와 종성부 고지도 분석」, 『세계환 단학회지』8(1), 2021.